STAAT UND STAATLICHE ENTWICKLUNG AM BEGINN DER SPANISCHEN KOLONISATION AMERIKAS

VON

HORST PIETSCHMANN

ASCHENDORFFSCHE VERLAGSBUCHHANDLUNG
MÜNSTER WESTFALEN

SPANISCHE FORSCHUNGEN DER GÖRRESGESELLSCHAFT

Begründet von Heinrich Finke, Wilhelm Neuss, Georg Schreiber,
fortgeführt von Johannes Vincke,
in Verbindung mit Quintin Aldea, Theo Berchem, Hans Flasche,
Hans Juretschke und Federico Udina Martorell

HERAUSGEGEBEN VON ODILO ENGELS

ZWEITE REIHE, 19. BAND

MEINEM VATER †

Als Habilitationsschrift
auf Empfehlung der Philosophischen Fakultät der Universität zu Köln gedruckt
mit Unterstützung der Deutschen Forschungsgemeinschaft

© Aschendorff, Münster Westfalen, 1980 · Printed in Germany

Alle Rechte vorbehalten, insbesondere die des Nachdrucks, der fotomechanischen
oder tontechnischen Wiedergabe und der Übersetzung. Ohne schriftliche Zustimmung
des Verlages ist es auch nicht gestattet, aus diesem urheberrechtlich geschützten Werk
einzelne Textabschnitte, Zeichnungen oder Bilder mittels aller Verfahren wie Speicherung und
Übertragung auf Papier, Transparente, Filme, Bänder, Platten und andere Medien zu verbreiten
und zu vervielfältigen. Ausgenommen sind die in den §§ 53 und 54 URG genannten Sonderfälle.

Aschendorffsche Buchdruckerei, Münster Westfalen, 1980

ISSN 0081–3494

ISBN 3-402-05820-0

Inhaltsverzeichnis

Vorwort	IV
I. Einleitung	1
II. Die Grundlegung der staatlichen Organisation im Zeitalter der Entdeckungen und Eroberungen	7
1. Die gestaltenden Kräfte in der überseeischen Ausbreitung	7
a) Das Königtum	9
b) Die Konquistadoren	25
c) Die Kirche	39
2. Rechtliche, geistige und politische Probleme der Landnahme und ihr Einfluß auf die staatliche Organisation	52v
a) Die Rechtfertigung der Besitznahme und die frühe Kolonialpolitik der Krone	52
b) Das Indianerproblem und seine Bedeutung für die staatliche Organisation des kolonialen Hispanoamerika	75
c) Die politisch-administrative Ordnung in der Anfangsphase der Kolonisation	93
III. Das Vordringen des monarchischen Absolutismus und die Entwicklung der staatlichen Machtmittel	105
1. Die Entwicklung der Verwaltungsorganisation	111
a) Die Entstehung der Zentralbehörden im Mutterland	111
b) Der Aufbau der Territorialverwaltung in Übersee unter Karl V. und Philipp II.	116
c) Das Beamtentum	135
2. Der Staat, die Partikulargewalten und die politische Ordnung	147
a) Die Durchsetzung der staatlichen Autorität gegenüber den Konquistadoren	147
b) Die Stellung der Kolonialgebiete zum Mutterland	161
IV. Schlußbetrachtung: Die Rolle des Staates in der inneren Entwicklung der spanischen Überseegebiete	173
Quellen und Literatur	187

Vorwort

Die vorliegende Arbeit wurde von der Philosophischen Fakultät der Universität zu Köln im Sommersemester 1977 als Habilitationsschrift angenommen. Von einigen kleineren Korrekturen und Ergänzungen abgesehen wurde die Untersuchung weitgehend unverändert publiziert.

Für zahlreiche Anregungen und Hilfen bin ich meinen akademischen Lehrern, den Herren Professoren Dres. Richard Konetzke und Günter Kahle, Universität zu Köln, zu besonderem Dank verpflichtet. Für die kritische Durchsicht des Manuskripts danke ich Frau Prof. Dr. Inge Buisson, Universität Hamburg. Mein Dank gilt auch Herrn Prof. Dr. Odilo Engels, der sich spontan bereit erklärte, die Arbeit in die Reihe „Spanische Forschungen der Görresgesellschaft" aufzunehmen, und der Deutschen Forschungsgemeinschaft, die durch eine Druckbeihilfe diese Publikation ermöglicht hat.

Köln, Januar 1979

Horst Pietschmann

I.
Einleitung

Eine geschichtswissenschaftliche Betrachtung des Staates und der staatlichen Organisation mutet angesichts der in den letzten anderthalb Jahrzehnten vollzogenen intensiven Hinwendung zu wirtschafts- und sozialhistorischen Themen einerseits und zu theorie- und begriffsgeschichtlichen Fragestellungen andererseits auf den ersten Blick sicherlich als antiquierter, der Historiographie des 19. und beginnenden 20. Jahrhunderts verhafteter Forschungsansatz an. Neuere Publikationen haben freilich gezeigt, daß die Fragen nach der Entwicklung des Staates, seiner Machtmittel und seiner Politik sowie seiner Stellung zur Gesamtgesellschaft vor allem dann nichts von ihrer Aktualität verloren haben, wenn sie unter Berücksichtigung der Ergebnisse sozialgeschichtlicher und, im Sinne der fächerübergreifenden Bezeichnung, sozialwissenschaftlicher Forschung erfolgen[1].

Alle neueren mit dem Staate befaßten Untersuchungen sehen sich jedoch der Schwierigkeit gegenüber, den Begriff „Staat" zu definieren, der heute in seiner weitesten, vor allem bei Anthropologen gebräuchlichen Auslegung mit der Gesellschaft schlechthin identifiziert wird[2]. Aus dieser Perspektive hat man nicht nur der Trennung von Staat und Gesellschaft, sondern auch dem Begriff „Staat" jeden heuristischen Wert abgesprochen[3]. Diese Auffassung erscheint allerdings als zu weitgehend. Denn gleichviel, ob man den Staat als Teil der Gesamtgesellschaft oder als die Gesellschaft schlechthin versteht, werden aus der Gegenüberstellung eines Bestandteils eines Ganzen und diesem Ganzen selbst, wie unter Zugrundelegung der ersten Definition zu verfahren wäre, oder aus der Konfrontation einer Gesamtheit, mag man sie nun Staat oder Gesellschaft nennen, mit wesentlichen Komponenten dieser Gesamtheit, sprich: gesellschaftlichen Kräften, im zweiten Falle, nützliche Einsichten zu ziehen sein. Darüber hinaus sei dahingestellt, ob eine allgemeingültige, von den verschiedenen Stadien gesellschaftlicher Entwicklung losgelöste Definition des Begriffs „Staat" überhaupt möglich ist, erscheint doch auch denkbar, daß sie analog zum Entwicklungsstand einer Gesellschaft oder verschiedener Typen von Gesellschaft zu variieren ist und sich daraus unterschiedliche Konsequenzen für das Verhältnis von Staat und Gesellschaft zueinander ergeben. So wird man etwa für das Zeitalter des Ancien Régime, in dem der Staat fraglos von dem absolutistischen Königtum repräsentiert wurde, mit guten Gründen für eine Trennung von Staat und Gesellschaft ein-

---

[1] So etwa Roland Mousnier, Les Institutions de la France sous la Monarchie Absolue 1598—1789; oder Ernst-Wolfgang Böckenförde, Staat und Gesellschaft.

[2] Vgl. Georges Balandier, Politische Anthropologie, p. 134ff.

[3] Den heuristischen Wert der Unterscheidung von Staat und Gesellschaft bestreitet von historischer Seite etwa Erich Angermann, Das Auseinandertreten von „Staat" und „Gesellschaft" im Denken des 18. Jahrhunderts, p. 109ff., insbesondere p. 130; zur Negierung dieses Wertes in bezug auf den Begriff „Staat" vgl. Georges Balandier, Politische Anthropologie, p. 133f.

treten können, wobei für den Erkenntniswert dieser Unterscheidung es relativ unerheblich bleibt, wie man die Stellung beider zueinander definiert. Dies um so mehr, als sich in der zeitgenössischen Staatsauffassung in der Gegenüberstellung des Begriffspaares „Krone" und „Gemeinwesen" bereits ein Ansatzpunkt für eine solche Trennung finden läßt. In dem hier interessierenden Zusammenhang ließe sich ein zusätzliches Argument für die Trennung von Staat und Gesellschaft auch daraus herleiten, daß von einem europäischen Staatswesen in Übersee eine staatliche Ordnung errichtet wurde, ohne daß der weitaus überwiegende Teil des betroffenen Gemeinwesens, nämlich die Eingeborenenbevölkerung, in irgendeiner Weise Anlaß hatte, sich mit der errichteten Ordnung zu identifizieren oder sich von ihr gar repräsentiert zu sehen.

Im Rahmen der vorliegenden Arbeit soll der Staat in einer eher der traditionellen Definition nahestehenden Form verstanden werden als *"une personne juridique, un être de droit, qui unifie les membres de la collectivité en une corporation étatique"*[4], wobei diese juristische Person durch das Königtum verkörpert wird[5]. Ohne Rücksicht auf die grundsätzliche Frage nach dem Verhältnis von Staat und Gesellschaft zueinander soll vielmehr untersucht werden, welche Rolle der als Rechtsperson definierte Staat im Prozeß der Ausbildung der staatlichen Ordnung in den neu erworbenen Überseegebieten der spanischen Krone spielte.

Auch die sich mit der hispanoamerikanischen Kolonialgeschichte befassende Historiographie hat sich in den beiden letzten Jahrzehnten in verstärktem Maße wirtschafts- und sozialgeschichtlichen Themenstellungen zugewandt, darüber hinaus aber auch eine regionalgeschichtliche Wendung vollzogen. Der letztgenannte Trend zielte insbesondere darauf ab, mit Hilfe neu erschlossener Quellenmaterialien aus den dem Alltagsleben nahestehenden administrativen Bereichen die regionalen und lokalen wirtschaftlichen und sozialen Verhältnisse zu untersuchen und als Produkte komplexer, sich unter dem Einfluß mannigfacher Faktoren vollziehender Prozesse darzustellen, in deren Ablauf der Staat und die staatliche Politik allenfalls ein Element unter vielen repräsentieren. Diese neue, strukturgeschichtlich orientierte und vor allem von englisch- und französischsprachigen Historikern gebildete Schule wandte sich gegen eine ältere historiographische Tradition, welche aus dem Blickwinkel des Mutterlandes unter starker Betonung der Gesetzgebung allgemeine, in gleicher Weise für alle spanischen Kolonialgebiete gültige Aussagen zu formulieren suchte, dabei aber durch ihre Konzentration auf institutionelle Aspekte der Rechtsgeschichte stark verpflichtet war. Während die neuere Richtung der Kolonialgeschichtsschreibung das Problem der staatlichen Entwicklung weitgehend unbeachtet ließ und noch läßt, ist diese Frage von der der älteren Tradition verpflichteten Historiographie vor allem im Rahmen historischer Gesamtdarstellungen des spanischen Kolonialsystems häufiger behandelt worden. Kennzeichnend für alle diese Arbeiten ist, daß sie die sich ständig vollziehenden inneren Veränderungen und Entwicklungen der kolonialen Ordnung nicht oder nur unvollständig berücksichtigen und das spanische Kolonialreich als einen monolithischen, sich über Jahrhunderte kaum verändernden Block auffassen, der sich im Verlauf des 16. Jahrhunderts entwickelte, dann

---

[4] Roland Mousnier, Les Institutions de la France sous la Monarchie Absolue, p. 500.
[5] Zu diesen definitorischen Aspekten vgl. unten p. 9f.

anderthalb Jahrhunderte nahezu unverändert bestand und schließlich im Gefolge der Reformpolitik der zweiten Hälfte des 18. Jahrhunderts zusammenbrach, eine im Grunde unhistorische, der tatsächlichen Entwicklung in keiner Form entsprechende Betrachtungsweise. Die wohl herausragendste, inzwischen als klassisch angesehene Studie in dieser Linie, die der staatlichen Organisation einen außergewöhnlich breiten Raum zubilligte, ist das Werk von C. H. Haring[6], das noch immer in vieler Hinsicht einen grundlegenden Charakter für sich beanspruchen kann.

Zwischen diesen beiden Richtungen der kolonialzeitlichen Historiographie sind die Untersuchungen von Richard Konetzke anzusiedeln, der, ausgehend von einer grundsätzlichen Trennung von Staat und Gesellschaft, in zahlreichen Studien dem Einfluß des Staates auf die soziale Entwicklung nachging[7]. Auch er wählte die Perspektive des Mutterlandes, die sich bei der Untersuchung des Staates als eines handelnden, geschichtlichen Individuums freilich aufdrängt, und stützte sich vorwiegend auf die Quellenmaterialien aus dem Bereich der spanischen Zentralverwaltung, insbesondere auf die Gesetzgebung der Krone, gab seinen Arbeiten aber eine betont sozialgeschichtliche Ausrichtung, die ihn in die Nähe der modernen historiographischen Strömungen rückt. Als einziger der sich mit dem Phänomen des Staates in der spanischen Kolonialgeschichte befassenden Historiker hat Konetzke darüber hinaus versucht, Verbindungslinien zwischen der allgemeinen europäischen Entwicklung des modernen Staates und den staatlichen Verhältnissen in den Kolonialgebieten zu ziehen. Eine zusammenfassende Darstellung der Forschungsergebnisse steht bislang freilich noch aus[8].

Gleichfalls eine Sonderstellung nimmt das Werk von John Leddy Phelan ein[9]. Phelan untersuchte vermittels sozialgeschichtlicher und soziologischer Methodik die Realität des staatlichen Lebens in einer spanischen Überseeprovinz für das 17. Jahrhundert. Unter Verwendung von Max Webers Kategorien von Herrschaft versuchte er eine Typisierung der staatlichen Organisation Hispanoamerikas, vermischte dabei jedoch in unzulässiger Weise die theoretische Fundierung dieser Herrschaft und ihre konkrete historische Ausprägung.

Sieht man von diesen Ausnahmen ab, die die hier zu behandelnde Problematik in allgemeinerer Perspektive untersuchten, so sind der Staat und die staatliche Entwicklung vornehmlich die Forschungsdomäne der Rechtsgeschichte geblieben. Das Desinteresse Spaniens an seinen abgefallenen Kolonien und die Geringschätzung der Hispanoamerikaner für ihre eigene koloniale Vergangenheit haben jedoch zunächst für lange Zeit sich mit der Kolonialzeit befassende rechtshistorische Studien verhindert. Erst in den 20er Jahren dieses Jahrhunderts bildete sich unter dem Einfluß des Spaniers Rafael Altamira und des Argentiniers Ricardo Levene eine rechtshistorische Schule, die ihre Aufmerksamkeit vor allem dem Phänomen des sich im Gefolge der spanischen Kolonisation herausbildenden kolonialen Sonderrechts, des *Derecho*

---

[6] C.H. Haring, The Spanish Empire in America.
[7] Vgl. beispielsweise Richard Konetzke, Estado y Sociedad en las Indias, p. 33ff. und weitere einschlägige Studien im Literaturverzeichnis.
[8] Die zusammenfassende Darstellung Richard Konetzke, Die Indianerkulturen Altamerikas und die spanisch-portugiesische Kolonialherrschaft, ist breiter angelegt und verfolgt andere Ziele.
[9] John Leddy Phelan, The Kingdom of Quito in the Seventeenth Century. Bureaucratic Politics in the Spanish Empire.

Indiano, zuwandte. Über der Erforschung der Besonderheiten der kolonialen Rechtsentwicklung verlor diese vor allem von spanischsprachigen Historikern vertretene Richtung weitgehend den Kontakt zu den Fragestellungen und Methoden der allgemeinen Rechtsgeschichte und sieht sich neuerdings infolge der allgemeinen Hinwendung zu sozial- und wirtschaftsgeschichtlichen Themen auch innerhalb der Kolonialgeschichtsschreibung zunehmend isoliert. Der sich mit der staatlichen Organisation befassende Zweig dieser Schule versteht jedoch unter Staat nichts anderes als ein Geflecht von Behörden und Institutionen, so daß die Geschichte der staatlichen Entwicklung auf eine Geschichte der Institutionen des öffentlichen und privaten Rechts oder auf eine reine Verwaltungsgeschichte reduziert wird. Diese Verkürzung der Perspektive läßt sich besonders deutlich in den Werken von J. M. Ots Capdequi verfolgen[10]. Eine Ausnahme bildet lediglich Alfonso García-Gallo, der bedeutendste Vertreter dieser rechtshistorischen Schule und Initiator des Zusammenschlusses dieser Gruppe im *Instituto Internacional de Historia del Derecho Indiano*. In zahlreichen Einzelstudien hat García-Gallo die Entwicklung der staatlichen Organisation aus allgemeiner rechtsgeschichtlicher Blickrichtung behandelt[11] und ist darüber hinaus wiederholt dafür eingetreten, die kolonialspanische mit der allgemeinen europäischen Rechtshistorie in Verbindung zu bringen, um so dieses Sondergebiet in einen allgemeineren Rahmen einzuordnen. Ungeachtet dieser Bemühungen fehlt es bislang an vergleichenden Untersuchungen jedoch noch fast vollständig.

Daneben ist schließlich noch ein geistesgeschichtlicher Ansatz zur Erforschung der ideologischen Grundlagen der staatlichen Organisation in den Kolonialgebieten Spaniens zu erwähnen. Hierzu müssen insbesondere die zahlreichen Untersuchungen über die Rechtfertigung der spanischen Besitznahme gezählt werden[12]. Aus den verschiedenen, großenteils theologisch begründeten Rechtfertigungslehren des 16. Jahrhunderts glaubte man die Grundideen der staatlichen Ordnung, ja, sogar neue Staatsideen herauslesen zu können. Stark verpflichtet ist diese Richtung auch der mit der Geschichte der politischen Ideen im Spanien des 16. Jahrhunderts befaßten Historiographie. Tatsächlich hat ja die Nachblüte der Scholastik in Spanien zu jener Epoche eine umfangreiche, an unterschiedliche spätmittelalterliche und zeitgenössische geistige Strömungen anknüpfende politische Literatur hervorgebracht, die sich mit der staatlichem und gesellschaftlichen Ordnung, den internationalen Rechtsbeziehungen, den wirtschaftlichen Vorgängen und verwandten Problemen beschäftigte. Das Staatsdenken dieser Autoren wurde zum Gegenstand zahlreicher neuerer historischer Untersuchungen[13], ja, man wird sogar die Behauptung wagen können, daß die Geschichte der staatlichen Entwicklung Spaniens im ausgehenden 15. und im 16. Jahrhundert überwiegend aus der Perspektive dieser ideengeschichtlichen Studien geschrieben wurde.

---

[10] So vor allem José María Ots Capdequi, El Estado español en las Indias; ferner ders., Historia del Derecho Español en América y del Derecho Indiano.
[11] Vgl. dazu die Titel im Literaturverzeichnis.
[12] Vgl. dazu beispielsweise die Arbeiten von Carro, Castañeda und Hanke im Literaturverzeichnis.
[13] Vgl. dazu in einem weiteren zeitlichen Rahmen José Antonio Maravall, Estado moderno y mentalidad social. (Siglos XV a XVII). 2 vols., und neuerdings J. A. Fernández-Santamaría, The State, War and Peace. Spanish Political Thought in the Renaissance 1516—1559.

Erst in neuester Zeit ist mit der in vielfältiger Hinsicht anregenden Darstellung von Mario Góngora[14] ein Versuch zur Verknüpfung der verschiedenartigen rechts-, institutions-, geistes- und sozialgeschichtlichen Ansätze in der Untersuchung der staatlichen Entwicklung des hispanoamerikanischen Kolonialreichs unternommen worden. Zwar sind die einzelnen Teile des Werkes als selbständige, in sich abgeschlossene Studien konzipiert, stellen im Zusammenhang aber einen Überblick über die wichtigsten Probleme der staatlichen Organisation in den einzelnen Stadien der kolonialen Entwicklung dar, so daß die Veröffentlichung durchaus den Charakter einer Gesamtdarstellung erhält, auch wenn der Verfasser diesen Anspruch nicht ausdrücklich erhebt.

Von allen Epochen der hispanoamerikanischen Kolonialgeschichte hat die Phase der Entdeckung, Eroberung und beginnenden Kolonisation das Interesse der Geschichtsschreibung am meisten auf sich gezogen, so daß für dieses Zeitalter eine schier unübersehbare Flut historischen Schrifttums vorliegt. Auf den ersten Blick mag es daher verfehlt erscheinen, diese Epoche erneut zum Gegenstand einer Untersuchung zu machen. Dagegen wäre einzuwenden, daß gerade der Prozeß der spanischen Landnahme in Übersee Anlaß zu so vielfältigen Spekulationen, Hypothesen, Polemiken und Theorien gegeben hat, daß angesichts der Vielfalt der Meinungen und des Dickichts der Detailforschung die Grundlinien der Entwicklung kaum noch zu erkennen sind und eine Revision der wichtigsten Problemstellungen angebracht erscheint. Darüber hinaus ist die Frage nach der Rolle des Staates in dieser Phase der beginnenden Kolonisation bislang nur in wenigen übergreifenden rechts- und institutionsgeschichtlichen Studien behandelt worden[15]. Ein Wiederaufgreifen dieses so zentralen Themas unter allgemeinerem, die Forschungsergebnisse der Historiographie über die Entstehung und Organisation des modernen Staates ebenso wie die von der Kolonialgeschichtsschreibung entwickelten Ansätze berücksichtigenden Blickwinkel drängt sich daher geradezu auf. Die kritische Revision des Forschungsstandes, die Zusammenfassung verschiedener, einzeln vorgetragener Denkansätze und die Weiterführung der Diskussion durch das Setzen neuer Akzente bilden mithin die Ziele der folgenden Darstellung, deren zeitlicher Rahmen von der Regierungszeit der Katholischen Könige über das Zeitalter Karls V. bis hin zu Philipp II. reicht. Zeitlich am weitesten vorangetrieben wird die Untersuchung des zentralen Komplexes der staatlichen Organisation, während die daraus resultierenden Konsequenzen etwa für die Bereiche Wirtschafts- und Sozialordnung lediglich in zusammenfassender Form im Schlußkapitel gestreift werden. Diese Beschränkung erfolgte vor allem im Hinblick auf die Absicht, in einem späteren Band die Untersuchung weiterzuführen, um schließlich zu einer die gesamte Kolonialzeit umfassenden Darstellung zu gelangen.

---

[14] Mario Góngora, Studies in the Colonial History of Spanish America.
[15] So vor allem Silvio Zavala, Las instituciones jurídicas en la Conquista de América; und Mario Góngora, El Estado en el Derecho Indiano. Epoca de Fundación (1492—1570).

II.

Die Grundlegung der staatlichen Organisation im Zeitalter der Entdeckungen und Eroberungen

1. Die gestaltenden Kräfte in der überseeischen Ausbreitung

Der 1492 in dem gerade eroberten maurischen Granada zwischen den Katholischen Königen und Kolumbus in der Rechtsform eines königlichen Privilegs geschlossene Vertrag, in dem sich der Entdecker gegen finanzielle Beteiligung am Gewinn und die erbliche Übertragung der Ämter und Würden eines Admirals des Ozeanischen Meeres, Vizekönigs und Gouverneurs verpflichtete, die westwärts im Atlantik aufzufindenden Inseln und Festländer für die Könige in Besitz zu nehmen, bildet den Ausgangspunkt der hispanoamerikanischen Rechts-, Verfassungs- und Verwaltungsgeschichte.

Ein Abkommen zwischen den Repräsentanten staatlicher Gewalt und einem privaten Unternehmer leitete mithin den als „weltgeschichtlichen Moment"[1] bezeichneten Vorgang der Entdeckung Amerikas ein, den die Historiographie als einen der wesentlichen Marksteine im Prozeß des Umbruchs vom Mittelalter zur Neuzeit ansieht. Zweifellos bedeutete die überseeische Ausbreitung zunächst der iberischen Völker und später der übrigen europäischen Seemächte die Auflösung des relativ geschlossenen Weltbildes des mittelalterlichen Europa, von der neue Impulse auf nahezu alle Bereiche des geistigen, staatlichen, wirtschaftlichen und sozialen Lebens selbst in den nicht unmittelbar an den überseeischen Unternehmungen beteiligten Staaten ausgingen. Wenn daher auch kaum bestritten werden kann, daß die Kolonisation Amerikas durch die Europäer ein wichtiger Bestandteil der neuzeitlichen Geschichte ist, so impliziert dies jedoch nicht unbedingt, daß die im Zeitalter der Epochenwende erfolgte Grundlegung der staatlichen und gesellschaftlichen Ordnung in Übersee gleichfalls nach neuzeitlichen, modernen Gestaltungsprinzipien vollzogen wurde.

Insbesondere in bezug auf Spanien und Hispanoamerika ist darüber gestritten worden, ob der Vorgang der Entdeckung und Kolonisation dem Mittelalter oder der beginnenden Neuzeit zuzuordnen ist. Dieser Streit mag auf den ersten Blick müßig erscheinen. Indes hat der Umstand, daß gerade in der Übergangszeit vom Mittelalter zur Neuzeit das an der Peripherie des christlichen Abendlandes gelegene Spanien zur europäischen Hegemonialmacht und zu einer außereuropäischen Kolonialmacht mit wahrhaft weltumspannenden Interessen aufsteigen konnte, immer wieder zu der Frage angeregt, ob die spanische Monarchie, die der Träger der überseeischen Expansion war, mehr mittelalterliche oder überwiegend moderne Züge aufwies. Während

---

[1] So Richard Konetzke, Der weltgeschichtliche Moment der Entdeckung Amerikas, p. 267ff.

der Bezug zur Neuzeit sich aus den allgemeinen gesamteuropäischen Entwicklungen jener Epoche mühelos herleiten ließ, schienen die Chronologie der spanischen Geschichte und die Vorgänge in Spanien selbst eher die Zuordnung zum Mittelalter zu rechtfertigen. Insbesondere die dem Vertragsabschluß von Granada im Augenblick der Beendigung der *Reconquista* innewohnende Symbolik und die an lehnsrechtliche Schenkungen erinnernden weitreichenden Zugeständnisse der Krone an Kolumbus sowie der im Anschluß an die Entdeckung erfolgende, anachronistisch anmutende Rekurs der Könige auf die zerfallende Universalität des Papsttums zur rechtlichen Sanktion der Besitznahme schienen das Verhaftetsein der christlichen Reiche auf der Iberischen Halbinsel in mittelalterlichen Traditionen zu bestätigen.

Diese Umstände haben insbesondere die nichtspanische Geschichtsschreibung immer wieder zu dem Versuch angeregt, den inneren Zustand der spanischen Reiche und die Politik ihrer Monarchen vor dem Hintergrund dieses Epocheneinschnitts zu analysieren, während sich andererseits die spanische Historiographie dieser Problematik kaum gestellt hat[2]. Vor allem die strukturgeschichtlich arbeitende französisch- und englischsprachige Forschung betont in diesem Zusammenhang die Kontinuität mittelalterlicher Strukturen im Spanien des Ancien Régime und sieht in der überseeischen Ausbreitung die Fortsetzung der mittelalterlichen *Reconquista*[3]. Dagegen stellt die mit der politischen Geschichte und mit der Frage nach der Entstehung des modernen Staates befaßte Geschichtsschreibung die Modernität der von den Katholischen Königen eingeleiteten Veränderungen heraus[4] und knüpft damit bewußt oder unbewußt an die mit Machiavelli und den italienischen Humanisten einsetzende, über Baltasar Gracián, die Aufklärung und die Historiographie des 19. Jahrhunderts bis in die Gegenwart fortdauernde Diskussion des Werkes dieser beiden herausragenden Herrschergestalten an[5]. Freilich schließen sich die einmal auf die inneren Strukturen und zum anderen auf die Politik der Könige und ihre Auswirkungen bezogenen Interpretationen gegenseitig nicht aus.

Auch für die hispanoamerikanische Kolonialgeschichte und für die Geschichte des lateinamerikanischen Subkontinents insgesamt ist die Charakterisierung des

---

[2] Darauf verweist Antonio Domínguez Ortiz, El Antiguo Régimen: Los Reyes Católicos y los Austrias. Davon sind allerdings einige ideengeschichtlich orientierte Studien spanischer Historiker auszunehmen, die sich sehr wohl mit dieser Problematik befaßten, vgl. die in Anm. 4 zitierten Arbeiten.

[3] Stellvertretend für die Schule der *Annales* etwa Pierre Chaunu, L'Espagne de Charles Quint. 2 vols., vor allem vol. 1, Kapitel 2 und 3; und Joseph Pérez, L'Espagne du XVIe siècle, um nur zwei neuere Werke anzuführen; zur englischsprachigen Historiographie vgl. etwa J. H. Elliott, Imperial Spain, 1469—1716, der neben den Wirtschafts- und Sozialstrukuren vor allem das spanische Verhältnis zur Religion als Indiz mittelalterlicher Prägung ansieht; John Lynch, Spain under the Habsburgs. vol.1, vor allem Kapitel 1.

[4] So etwa Richard Konetzke, Geschichte des spanischen und portugiesischen Volkes, p. 109; desgleichen Gerhard Ritter, Die Neugestaltung Deutschlands und Europas im 16. Jahrhundert, p. 40ff.; Kurt von Raumer, Absoluter Staat, korporative Libertät, persönliche Freiheit, p. 183f.; auf spanischer Seite vor allem die ideengeschichtlichen Untersuchungen von Fernando de los Ríos, Religión y Estado en la España del siglo XVI, p. 68ff.; José Cepeda Adán, En torno al concepto de estado en los Reyes Católicos; José Antonio Maravall, El pensamiento político de Fernando el Católico, p. 9ff.

[5] Vgl. dazu Angel Ferrari, Fernando el Católico en Baltasar Gracián, der einen Überblick über die Wertung der Regierungszeit Ferdinands des Katholischen von den Zeitgenossen bis ins 19. Jahrhundert hinein vermittelt.

iberischen Erbes ebenfalls ein die Geschichtsschreibung bis in die Gegenwart hinein beschäftigendes Problem geblieben. So ist etwa die mittelalterliche Grundlegung der überseeischen Ausbreitung auch bezüglich ihrer institutionellen Formen untersucht, ja, der Prozeß der Landnahme als ein weitgehend nach dem Vorbild der Wiederbesiedlung der im Verlauf der *Reconquista* zurückgewonnenen Gebiete organisiertes Unternehmen angesehen worden[6]. Erst in jüngster Zeit entspann sich unter den Wirtschaftshistorikern eine ausgedehnte Diskussion darüber, ob die koloniale Wirtschaftsordnung feudal oder kapitalistisch geprägt war[7]. Diese auf unterschiedliche Strömungen marxistischer Geschichtsauffassung zurückgehende, inzwischen aber quer durch alle ideologischen Fronten verlaufende Auseinandersetzung wirft letztlich ebenfalls die Alternative des Fortlebens mittelalterlicher Strukturen oder des Überwiegens neuzeitlicher Entwicklungstendenzen in der Kolonisation Amerikas auf. Der Umstand, daß diese Debatte mit der Suche nach den Ursachen der Unterentwicklung Lateinamerikas verknüpft wurde, wie dies in den während der 60er Jahre entwickelten *Dependencia*-Theorien erfolgte, läßt schließlich erkennen, daß die Problematik bis in die aktuelle Politik des globalen Nord-Süd-Gegensatzes hineinwirkt[8], in dem die vom europäischen Kolonialismus geprägten Strukturen der Entwicklungsländer ebenfalls ein zentrales Thema darstellen.

Vor diesem Hintergrund ergibt sich auch für die Geschichte der staatlichen Organisation des kolonialen Hispanoamerika die Notwendigkeit, die sich in jener Zeit vollziehenden Wandlungen der innenpolitischen Ordnung zu beleuchten und vor allem die Kräfte zu charakterisieren, die die spanische Kolonisation in Übersee maßgeblich geprägt haben: das Königtum, das private Unternehmertum, repräsentiert durch die Entdecker und Eroberer, und die Kirche.

a) Das Königtum

Die Frage nach der Stellung des Königtums in den europäischen Monarchien im Zeitalter der Renaissance wird gemeinhin im Zusammenhang mit der Suche nach den Ursprüngen des modernen Staates beantwortet. Die Machtentfaltung des Königtums vor allem gegenüber den Partikulargewalten und der Prozeß der fortschreitenden Identifikation von Königtum und Staat gelten dabei als die Gradmesser für das Auf-

---

[6] Zur mittelalterlichen Grundlegung vgl. etwa Richard Konetzke, Das spanische Weltreich. Grundlagen und Entstehung; Charles Verlinden, Précédents médiévaux de la Colonie en Amérique, der allerdings mehr die allgemeinen mediterranen Voraussetzungen der überseeischen Kolonisation herausstellt. Die Kontinuität von *Reconquista* und *Conquista* betonte zuerst Claudio Sánchez-Albornoz in zahlreichen Veröffentlichungen, zusammengefaßt in ders., España, un enigma histórico, insbesondere vol. 2; vgl. ferner Luis Weckmann, The Middle Ages in the Conquest of America, p. 130ff.; neuerdings betont diese Kontinuität Mario Góngora, Studies in the Colonial History, vor allem p. 1ff.

[7] Zu dieser Auseinandersetzung vgl. das kurze *Résumé* bei Ruggiero Romano, Les mécanismes de la conquête coloniale: les conquistadores, p. 161ff.

[8] Die *Dependencia*-Theorie, die zunächst nur die Unterentwicklung Lateinamerikas als Folge der Abhängigkeit von den Industriestaaten zu erklären suchte, wurde dann aber zu einem Erklärungsmodell für die gesamte Geschichte Lateinamerikas seit Kolumbus ausgeweitet, vgl. dazu etwa André Gunder Frank, Capitalism and Underdevelopment in Latin America, und zahlreiche Schriften in dessen Gefolge.

kommen des modernen Staates im 16. und 17. Jahrhundert. Schon Ranke erschien „für die gesammte Geschichte von Europa ... keine Frage wichtiger, als wie sich der romanisch-germanische Staat des Mittelalters in den neueren umgesetzt hat, der bis in die Zeiten der Revolution in Europa herrschte"[9].

In der Fülle der Literatur, die sich mit diesem Problem beschäftigt, finden sich denn auch ständig Begriffe wie „Staat", „moderner Staat", „moderner Anstaltsstaat", „Ständestaat", „Nationalstaat", „Souveränität", „souveräner Staat", „Absolutismus", „absoluter Staat" etc. Alle diese meist ohne klare Definition verwandten Begriffe sind jedoch umstritten und dienen häufig zur Kennzeichnung sehr unterschiedlicher Entwicklungen im Verhältnis von Herrschern und Beherrschten für die Zeit vom 13. Jahrhundert bis zum Ausgang des Ancien Régime[10]. Mit ihrer Hilfe hat die Geschichtsschreibung versucht, ein Phänomen zu charakterisieren, das man als den sich im Wechselspiel von äußerer und innerer Politik vollziehenden Prozeß der Herausbildung abstrakt verstandener Herrschaftsordnungen in sozialen Gemeinwesen innerhalb fixierter Territorialgrenzen bezeichnen könnte, dessen Ergebnis der moderne Staat als ein idealtypisch verstandenes, souverän handelndes, auf den Prinzipien von Legitimität und Legalität begründetes historisches Individuum ist. Für Otto Hintze repräsentiert der „liberale Rechts- und Verfassungsstaat mit der Richtung auf die persönliche Freiheit des Individuums" die vollendete Form des modernen Staates, der sich in vier Entwicklungsstufen herausbildete, deren erste der „souveräne Machtstaat im Rahmen des europäischen Staatensystems" vom 16. bis zum 19. Jahrhundert darstellt[11]. In Anlehnung an Max Weber ließe sich diese Entwicklungsphase auch als die des „patrimonial-bürokratischen modernen Staats" bezeichnen[12]. Unter dem Begriff „Absolutismus" sollen hier die Erscheinungen zusammengefaßt werden, die, wie die Überwindung des Dualismus „Fürst – Stände", das Aufkommen des Souveränitätsprinzips und des Gedankens der Staatsraison sowie die Entstehung einer nach Rationalisierung der Herrschaftsausübung strebenden Bürokratie die Ausbildung dieser Entwicklungsstufe des modernen Staates begünstigten.

Es erschiene vermessen, im Rahmen der vorliegenden Untersuchung auf diese umstrittenen Fragen näher eingehen zu wollen. Da es für den Historiker jedoch unumgänglich ist, mit den angeführten Begriffen zu arbeiten, ist es erforderlich, auf diese komplexe Problematik hinzuweisen und wenigstens in groben Umrissen zu verdeutlichen, in welcher Bedeutung und in welchem Zusammenhang diese Begriffe nachfolgend verwandt werden. Vor diesem Hintergrund muß daher die Frage nach der Stellung des Königtums folgendermaßen präzisiert werden: wie weit war die Entwicklung des monarchischen Absolutismus und damit die Ausbildung des souveränen Machtstaates auf der Iberischen Halbinsel fortgeschritten und welche

---

[9] Leopold von Ranke, Die Osmanen und die spanische Monarchie im sechzehnten und siebzehnten Jahrhundert, p. 259.
[10] Darauf verweist neuerdings sehr zutreffend Helmut Quaritsch, Staat und Souveränität. Band 1: Die Grundlagen, p. 20ff. und 72ff., vor allem hinsichtlich des Begriffs „Staat". — Zur Problematik von „Absolutismus" vgl. Fritz Hartung und Roland Mousnier, Quelques problèmes concernant la Monarchie absolue, p. 1ff.; desgl. den Sammelband Walther Hubatsch, Hg., Absolutismus.
[11] Otto Hintze, Wesen und Wandlung des modernen Staates, p. 475f.
[12] Max Weber, Wirtschaft und Gesellschaft, p. 763, 770 und 1001ff.

Schlußfolgerungen lassen sich daraus für die Grundlegung der staatlichen Organisation in Übersee ziehen?

Es wäre verfehlt, diese Problematik vornehmlich aus der Perspektive des entstehenden spanischen Einheitsstaates anzugehen. Zwar wurden durch die Heirat Isabellas von Kastilien und Ferdinands von Aragón im Jahre 1469 die Reiche beider Kronen vereint, doch handelte es sich dabei lediglich um eine Personalunion. Die Rechtsordnung und die Verwaltungsorganisation der einzelnen Teilreiche blieben dadurch völlig unberührt. Die ältere Geschichtsschreibung hat den Umstand, daß die Katholischen Könige und ihre Nachfolger keine energischen Schritte zur Vereinheitlichung der institutionellen Ordnung unternahmen, immer wieder als eine schwerwiegende Unterlassung, ja, als einen Fehler angesehen. Dieser Vorwurf ist freilich abwegig, da er, ausgehend von modernen Vorstellungen, die Möglichkeiten des Königtums in jener Epoche falsch einschätzt. Einmal war zu jener Zeit die Autorität des Königtums noch nicht so gefestigt, um Maßnahmen durchsetzen zu können, die als ein Anschlag auf die geltende politische und soziale Ordnung angesehen werden mußten, und zum anderen beruhte die monarchische Autorität zu einem großen Teil gerade auf der Funktion eines obersten Hüters des tradierten Rechts, die beim Regierungsantritt durch einen vor den Ständen zu leistenden Eid auf die Rechtsverfassung untermauert werden mußte. Die willkürliche Veränderung der Rechtsordnung eines der Kronreiche hätte also nicht nur einen Rechtsbruch, sondern auch den Bruch eines feierlichen Eides und somit einen Verstoß gegen die noch nicht überwundene scholastische Theorie vom Vertragscharakter des Verhältnisses zwischen Monarch und Untertanen bedeutet, aus der ein Widerstandsrecht gegen den Herrscher abgeleitet werden konnte, eine Auffassung, die gerade in der spanischen Spätscholastik eine Wiederbelebung erfuhr. Es sei in diesem Zusammenhang nur daran erinnert, daß zur gleichen Zeit in Frankreich die Eingliederung der Bretagne und später der Franche Comté in die französische Krone ebenfalls unter Wahrung der in diesen Gebieten bestehenden Rechtsordnung erfolgte und daß etwa die unter Maximilian wieder vereinigten habsburgischen Erblande gleichfalls nicht miteinander verschmolzen wurden. Die Respektierung institutioneller Traditionen in ererbten Reichen ist selbst zur Zeit des voll ausgebildeten Absolutismus ein überall in Europa geübtes Prinzip gewesen[13]. Neben der Möglichkeit zu einer langsamen Aushöhlung überkommener Verfassungsordnungen und der Einführung neuer Bürokratien aufgrund neu entstandener Verwaltungsbedürfnisse bot sich den Fürsten nur im Falle des offenen Widerstandes gegen die legitime Herrschaft eine Handhabe zur Aufhebung bestehender Rechte und Privilegien und somit zur Vereinheitlichung der staatlichen Organisation. In Spanien ergab sich diese Gelegenheit erst während des Erbfolgekrieges zu Beginn des 18. Jahrhunderts, als sich die Reiche der Krone von Aragón für den habsburgischen Thronprätendenten erklärt hatten und von Philipp V. mit Waffengewalt unterworfen worden waren. Erst dieser Tatbestand der offenen Rebellion verschaffte Philipp den rechtlichen Vorwand, die aragonesischen Reiche kastilischem Recht zu unterwerfen. Das loyale Navarra behielt dagegen auch weiterhin seine angestammte Rechts- und Verwaltungsordnung.

---

[13] Darauf und auf das verbreitete Fortleben mittelalterlicher Verfassungstraditionen unterhalb der zentralen Ebene absolutistischen Regiments in den meisten Staaten Europas verweist neuerdings auch Gerhard Oestreich, Strukturprobleme des europäischen Absolutismus, p. 179ff.

Dennoch ist nicht zu übersehen, daß die Katholischen Könige sich un die Einigung ihrer verschiedenen Reiche bemühten und, wo immer dies möglich war, institutionelle Anpassungen vornahmen. So wurden etwa in Kastilien nach katalanischem Vorbild Handelskonsulate als korporative Standesorganisation der Kaufmannschaft eingeführt. Im Zusammenhang mit der Errichtung der Inquisition wurde eine einheitliche, für die verschiedenen Reiche gleichermaßen zuständige Verwaltungsorganisation mit dem zentralen Inquisitionsrat an der Spitze geschaffen[14].

Gerade die Wiederbelebung der Inquisition unter direkter königlicher Kontrolle und, damit verknüpft, die Religionspolitik der Katholischen Könige dienten dazu, durch Erlangung der religiösen Homogenität der Bevölkerung die innere Einigung zu erzielen. Nicht primär religiöse Intoleranz oder gar eine Kreuzzugsidee, wie immer wieder behauptet wurde, veranlaßten die Könige dazu, das – von Unterbrechungen abgesehen – jahrhundertelang relativ friedliche Zusammenleben von Christentum, Islam und Judentum zu beenden und durch Vertreibung der nicht assimilierbaren Juden und durch die Zwangsbekehrung der unterworfenen maurischen Bevölkerung die religiöse Einigung zu vollziehen. Es war vielmehr die Vorstellung, daß nur eine einheitliche Religion die innenpolitische Einheit festigen und die Kontrolle des Königtums über die Bevölkerung gewährleisten konnte. Religion bedeutete somit auch Herrschaftsinstrument, mit dessen Hilfe es möglich war, die Massen in Botmäßigkeit zu halten[15]. Die durch die Reformation ausgelösten politischen Auseinandersetzungen in Europa waren nicht zuletzt eine Folge dieser Auffassung, die schließlich im Reich in der Formel *cuius regio, eius religio* ihren Niederschlag fand. Der religiöse Glaube begann damit im Zeitalter der Katholischen Könige zu einem Gegenstand der Staatsraison zu werden, und Spanien, das im Gegensatz zu den übrigen europäischen Staaten über zahlenmäßig starke religiöse Minderheiten verfügte, nahm mit der Zwangsvereinheitlichung des Glaubens lediglich eine gesamteuropäische Entwicklung vorweg. Vor diesem Hintergrund läßt sich auch die Wiedereinführung der Inquisition nicht als eine Konsequenz von Rassenhaß und religiösem Fanatismus interpretieren, wie dies selbst in neueren Darstellungen aus der Feder ernsthafter Autoren immer noch anklingt[16]. Es handelte sich dabei vielmehr um die logische Folge der neuen Auffassung von der staatspolitischen Bedeutung des Glaubens, galt es doch ein Instrument zu schaffen, daß das Weiterleben des jüdischen und islamischen Glaubens unter dem Deckmantel des Konvertitentums oder die Entstehung eines religiösen Synkretismus zu verhindern, d.h. also für eine dauerhafte Integration der bekehrten Bevölkerungsgruppen zu sorgen vermochte. Die Neueinrichtung der Inquisition ist daher als eine Maßnahme anzusehen, die in den

---

[14] Vgl. zu den hier angeführten Fakten die in den Anmerkungen ³ und ⁴ zitierten Werke zur spanischen Geschichte.

[15] José Antonio Maravall, Estado moderno y mentalidad social, vol.1, p. 236. — Die Auffassung, daß die religionspolitischen Maßnahmen der Könige im Zusammenhang mit der Ausbildung des modernen Staates in Spanien gesehen werden müssen, vertreten ebenfalls Luis Suárez Fernández, Documentos acerca de la expulsión de los judíos, p. 10f. und Manuel Fernández Alvarez, La sociedad española del Renacimiento, p. 216; desgleichen Christopher Dawson, The Dividing of Christendom, p. 180f., der allerdings die Verbindung von Staat und Kirche eher als religiös-theokratisch geprägt ansieht.

[16] Dieser Anklang findet sich etwa deutlich bei Henry Kamen, The Spanish Inquisition, obwohl auch Kamen gerade die politische Bedeutung der Inquisition stark hervorhebt.

Zusammenhang der religionspolitischen Einigungsbestrebungen der Krone eingeordnet werden muß. Dafür spricht auch der Umstand, daß die Inquisition in einigen spektakulären Prozessen gegen hohe kirchliche Würdenträger offenkundig als Mittel zur politischen Disziplinierung eingesetzt wurde.

Freilich kann nicht geleugnet werden, daß in der Bevölkerung Rassenhaß und Glaubensfanatismus mehr oder weniger ausgeprägt vorhanden waren, wie zahlreiche, periodisch aufflackernde Massenausschreitungen gegen religiöse und rassische Minderheiten während des ganzen Mittelalters in Spanien ebenso wie auch im übrigen Europa zeigen. Es bestehen allerdings begründete Annahmen, daß die Ausschreitungen in erster Linie auf wirtschaftliche und soziale und nicht primär auf religiöse oder rassische Vorurteile zurückgeführt werden müssen[17]. Vor allem kurzfristige Verschärfungen der Versorgungslage mit hohen Preissteigerungsraten im Gefolge scheinen die latent stets vorhandenen Ressentiments gegen die in der Verfolgung ihrer Gewerbe, Handels- und Geldgeschäfte durch keinerlei korporative oder religiöse Schranken behinderten Juden und Mauren intensiviert und Anlaß zu lokal oder regional begrenzten Progromen gegeben zu haben. Gegenüber diesen Tendenzen haben aber gerade das Königtum und der Adel vorwiegend aus wirtschaftlichen Gründen stets eine Minderheitenschutzpolitik betrieben. Wenn es auch den Anschein hat, daß sich im Verlauf des 15. Jahrhunderts solche Ausschreitungen häufen, so bestand für die Krone dennoch kein Anlaß, etwa als Reaktion auf die „öffentliche Meinung" oder um des Zieles willen, die Unterstützung einer breiten Öffentlichkeit für die königliche Politik zu erlangen, von der traditionellen Haltung des Königtums zu diesem Problemkomplex abzurücken[18].

Die neue staatspolitische Bedeutung der Religion wird vollends deutlich, wenn man sich die Politik der Monarchen gegenüber der römischen Kurie vergegenwärtigt, die ganz auf die Erlangung einer direkten Kontrolle über die kirchlichen Institutionen abzielte und damit auf der Linie des französischen Gallikanismus oder der landeskirchlichen Bestrebungen protestantischer Fürsten im 16. und 17. Jahrhundert lag. In dieses Gesamtbild paßt auch die Unterstützung, die die Könige der vornehmlich von dem späteren Kardinal Jiménez de Cisneros betriebenen Kloster- und Kirchenreform angedeihen ließen, bedeutete doch die Disziplinierung des allzu verweltlichten Klerus eine verstärkte Glaubwürdigkeit des Christentums gegenüber den Neubekehrten.

Die Funktion, die die Könige der Religion im Rahmen ihrer Politik zuerkannten, schließt nicht aus, daß Ferdinand und Isabella selbst religiös waren und in ihrem Herrschertum eine religiöse Verpflichtung sahen. Sicherlich waren sie von einer religiösen Flexibilität im Sinne eines *„Paris vaut bien une messe"* Heinrichs IV. von Frankreich weit entfernt, doch wäre es verfehlt, daraus ihre Religionspolitik erklären zu wollen, deren unmittelbare Nachteile – Verlust einer wirtschaftlich sehr aktiven

---

[17] Philippe Wolff, The 1391 Progrom in Spain. Social Crisis or not?, p. 4ff.; Angus MacKay, Popular Movements and Progroms in Fifteenth-Century Castile, p. 33ff. und Juan Ignacio Gutiérrez Nieto, La estructura castizo-estamental de la sociedad castellana del siglo XVI, p. 519ff. betonen neuerdings die wirtschaftlichen und sozialen Ursachen der Ausschreitungen gegen die religiösen Minderheiten.

[18] Die Auffassung, daß die Religionspolitik der Könige auch im Hinblick auf die öffentliche Meinung konzipiert war, vertritt Peggy K. Liss, Mexico under Spain 1521–1556. Society and the Origins of Nationality, p. 3.

Bevölkerungsgruppe durch die Austreibung der Juden – den in jeder Hinsicht politisch bewußten Monarchen nicht verborgen bleiben konnten. In welchem Grade die Maßnahmen der Könige im religiös-kirchlichen Bereich politisch kalkuliert waren, wird auch daraus ersichtlich, daß sie die Pläne ihres wichtigsten Beraters, Jiménez de Cisneros, nicht aufgriffen, der in Fortsetzung der *Reconquista* die Glaubenskriege in Nordafrika weiterführen wollte, ein Unternehmen, das angesichts des hohen Bevölkerungsanteils nicht assimilierter Mauren entlang der spanischen Mittelmeerküste risikoreich gewesen wäre und möglicherweise zu neuen Konflikten mit Portugal geführt hätte. Stattdessen begnügten sich die Könige mit dem Erwerb von Stützpunkten zur Sicherung der Seeherrschaft im westlichen Mittelmeer.

Zusammenfassend wird man daher folgern dürfen, daß Ferdinand und Isabella eine Politik der inneren Einigung der verschiedenen, durch Personalunion vereinigten Teilreiche vor allem auf religiösem Gebiet betrieben. Trotz ihres Rigorismus, der die eher von Liberalität und Toleranz geprägte Geschichtsschreibung der neueren und neuesten Zeit abstößt, muß die Religionspolitik Ferdinands und Isabellas durchaus als modern bezeichnet werden, da sie auf die Schaffung eines einheitlichen Staatsvolkes abzielte und somit Bestrebungen vorwegnahm, die sich im 16. und 17. Jahrhundert überall in Europa beobachten lassen.

Ein wichtiges Moment der inneren Einigung bildete auch die Außenpolitik der Könige, die die traditionell unterschiedlichen Interessen Aragóns und Kastiliens zu einer einheitlichen spanischen Politik zusammenfaßte, in der sich bereits das Modell des habsburgischen Spaniens abzeichnete: Ausgleich und familiäre Bindungen mit Portugal, Einkreisung Frankreichs durch enge Beziehungen mit England und dem Reich und maritime Vorherrschaft im westlichen Mittelmeer und im Atlantik durch den Besitz Süditaliens und den Erwerb von Stützpunkten in Nordafrika. An diesem Konzept ist nicht so sehr von Bedeutung, ob Kastilien oder Aragón mehr von seinen herkömmlichen Interessen einbringen konnte, als vielmehr die Tatsache, daß in Verfolgung dieser aus der Sicht des geeinten Spaniens entworfenen Politik Kastilier und Aragonesen Seite an Seite im maurischen Granada, in Italien und in Navarra kämpften, wodurch ein Zusammengehörigkeitsbewußtsein bzw. das Bewußtsein einer spanischen Identität gefördert wurde. „*Enlaces dinásticos, conquistas, anexiones y descubrimientos, proyectan sobre el viejo y el nuevo mundo la imagen integral de España,* y el eco de su grandeza llega a los españoles desde el exterior", schreibt zutreffend Carande[19]. Neben der insbesondere in der Religionspolitik faßbaren inneren Staatsbildung zeichnet sich hier auch bereits ein Prozeß der äußeren Staatsbildung ab[20], der sich u.a. darin manifestiert, daß schon unter Karl V. sich die Bezeichnung *La Corona de España* als Ausdruck dieses Einheitsempfindens verbreitet[21]. Während jedoch die Religionspolitik der Katholischen Könige als ein bewußter Bruch mit der Tradition konzipiert war und einen in die Zukunft weisenden Neubeginn darstellt, kann der von der Außenpolitik ausgehende Vorgang einer äußeren Staatsbildung wohl kaum als ein im klaren Bewußtsein der Folgen angestrebtes Ziel angesehen werden. Der Umstand, daß diese Außenpolitik die Fortsetzung her-

---

[19] Ramón Carande, La economía y la expansión ultramarina bajo el gobierno de los Reyes Católicos, p. 23. — Die Hervorhebung ist hinzugefügt.
[20] Im Sinne von Otto Hintze, Staatenbildung und Verfassungsentwicklung, p. 34ff.
[21] José Antonio Maravall, Estado moderno . . ., vol. 1, p. 334.

kömmlicher Bestrebungen jeweils eines der beiden Teilreiche darstellte, und die Tatsache, daß die neu erworbenen Reiche jeweils einer der beiden Kronen angegliedert wurden, lassen deutlich werden, daß die Könige sich durchaus auch im Rahmen überkommener politischer Denkweisen bewegten.

Angesichts des sich nur zögernd manifestierenden Prozesses einer inneren Einigung und der fortdauernden institutionellen Verschiedenartigkeit der in Personalunion vereinten spanischen Reiche wird verständlich, daß die Frage nach der Stellung des Königtums und nach einer der Politik der Monarchen innewohnenden Modernität nur aus der Perspektive der einzelnen Teilreiche zu beantworten ist. In diesem Zusammenhang drängt sich die Beschränkung auf Kastilien nicht nur deshalb auf, weil dieses Reich die führende Macht in dem entstehenden Einheitsstaat war, sondern auch weil das überseeische Imperium einen integralen Bestandteil der kastilischen Krone bilden sollte und daher auch seine innere Ordnung von den kastilischen Rechtsverhältnissen beeinflußt wurde.

Neben der weitaus größeren Ausdehnung, der ungleich höheren Bevölkerungsdichte und der überlegenen Wirtschaftskraft muß die Ursache für die Vormachtstellung Kastiliens nicht zuletzt auch darin gesehen werden, daß sich hier die monarchische Gewalt gegenüber den Ständen und den anderen Partikulargewalten in viel stärkerem Maße durchzusetzen vermocht hatte als in Aragón, Katalonien und Valencia. Im Gegensatz zu den genannten Reichen der Krone Aragóns, die jeweils eigene Ständeversammlungen besaßen, waren die verschiedenen Teilgebiete Kastiliens auch institutionell zu einer festen Einheit verschmolzen; lediglich die baskischen Provinzen hatten eigenständige Repräsentativorgane zu bewahren vermocht, die jedoch kaum mehr als den Charakter von Munizipalversammlungen besaßen. Die Ständeversammlung Kastiliens, die *Cortes*, war zudem politisch wenig bedeutsam, und lediglich der dritte Stand, repräsentiert durch die Städte, verfügte durch das Recht zur Steuerbewilligung über die Möglichkeit politischer Einflußnahme. Die Könige besaßen die volle Gesetzgebungsgewalt und hatten außerdem eine weitgehende Kontrolle selbst über die grundherrliche Gerichtsbarkeit bewahren können[22]. Die hoheitlichen Befugnisse des Feudaladels waren vergleichsweise gering. Sie beschränkten sich auf die Erhebung bestimmter Steuern und die Ernennung von Munizipalbeamten und Richtern in den Gebieten grundherrschaftlicher Gerichtsbarkeit, die ihre Funktionen jedoch nach königlichem Recht auszuüben hatten. Außerdem besaß Kastilien in den auf Alfons X. zurückgehenden *Siete Partidas* einen Rechtskodex, der eine einheitliche, über den lokalen Sonderrechten (*fueros*) stehende Rechtsordnung begründet hatte.

Gleichzeitig repräsentieren die aus dem 13. Jahrhundert stammenden *Siete Partidas* den Durchbruch einer säkularisierten, korporativen Staatsauffassung[23], in der das Königtum, das Territorium und der ständisch gegliederte, zum Territorium gehörende Untertanenverband die konstituierenden Elemente des politischen Gemeinwesens darstellten. Durch legitime Erbfolge war der König der „natürliche Herr" (*Señor natural*) über das Land und seine Bewohner. Diese im Volks- und im Natur-

---

[22] Zum spätmittelalterlichen Rechtswesen in Kastilien vgl. Miguel Angel Pérez de la Canal, La justicia de la corte de Castilla durante los siglos XIII al XV, p. 385ff.

[23] Vgl. Angel Ferrari, La secularización de la teoría del Estado en las Partidas, p. 449ff.; ferner José Antonio Maravall, Del régimen feudal al régimen corporativo en el pensamiento de Alfonso X., p. 87ff.

recht wurzelnde, auf der Vorstellung vom Territorium und seinen Bewohnern basierende Konzeption vom staatlichen Gemeinwesen überlagerte das überkommene Netz feudalrechtlicher vasallitischer Bindungen und Abhängigkeiten, das als Lehnsverband eine sehr viel lockere staatliche Einheit bildete, und förderte die Ausbildung eines in sich geschlossenen zentralisierten Staatswesens[24]. Die damit verbundene Zurückdrängung des in Spanien ohnehin erst spät eingedrungenen Feudalismus ermöglichte eine Stärkung der königlichen Autorität und gestattete, daß *„el poder público, encarnado en la autoridad atribuida al Rey de un pueblo y de un territorio constituidos en una comunidad política diferenciada, mantuvo siempre su unidad soberana y, por medio de sus oficiales y agentes, ejerció su acción sobre todo el territorio del estado y sobre todos los súbditos"*[25]. Nach dieser korporativen Staatsauffassung wird also das politische Gemeinwesen erst als unteilbares Ganzes konstituiert, ein Umstand von größter Tragweite, wenn man sich die häufigen Reichsteilungen des spanischen Hochmittelalters vergegenwärtigt. Eine solche Konzeption bot überhaupt erst die Voraussetzungen dafür, daß das Königtum in der Auseinandersetzung mit den verschiedenen Partikulargewalten seine Machtstellung ausbauen konnte, indem es sich durch Identifikation mit dem Staat zum Träger einer abstrakt verstandenen, über den unterschiedlichen gesellschaftlichen Gruppen und Interessen stehenden öffentlichen Gewalt machte.

Tatsächlich finden sich in den *Partidas* auch schon die Anfänge eines Souveränitätsbegriffs, die in der Auffassung zu erkennen sind, daß der König als „Kaiser in seinem Königreich" keine irdische Macht über sich habe und unter Achtung des Rechts und in Verantwortung gegenüber Gott und dem Gemeinwohl frei sei, Gesetze zur Regierung seines Landes zu erlassen[26]. In dieser Konzeption manifestieren sich bereits die Anfänge des Strebens der Krone nach Überwindung des dualistisch organisierten Staates und nach Identifikation des Königtums mit dem Staat. Es ist bezeichnend, daß parallel zur Entwicklung dieser Ansätze zu einer modernen Staatsauffassung, wie sie sich erst im 17. Jahrhundert durchsetzen sollte, hier im Kastilien des 13. Jahrhunderts auch schon der Begriff des Amtes aufkam und in Verknüpfung damit eine Schicht juristisch geschulter Beamter kleinadeliger oder gar bürgerlicher Herkunft im Entstehen begriffen war, die in wachsendem Maße öffentliche Aufgaben übernahm[27]. Zur gleichen Zeit fand auch die Volkssprache Eingang in die Verwaltung. Diese der gesamteuropäischen Entwicklung entsprechenden Neuerungen verwundern nicht, wenn man sich die engen Kontakte der christlichen Reiche auf der Iberischen Halbinsel mit dem Italien Kaiser Friedrichs II. vor Augen hält.

Gestützt auf diese Vorstellungen und auf die militärische Bedeutung des Königtums in den fortdauernden *Reconquista*-Kriegen konnte die kastilische Krone daher schon früh ein Übergewicht gegenüber den repräsentativen Gewalten erringen. Nichts verdeutlicht dies besser als der Umstand, daß ausgangs des 15. Jahrhunderts

---

[24] José Angel García de Cortázar, La época medieval, p. 291.
[25] Luis G. de Valdeavellano, Curso de historia de las instituciones españolas. De los orígenes al final de la Edad Media, p. 408. — Die Hervorhebung ist ergänzt.
[26] Vgl. Código de las Siete Partidas, II[a] partida, título I, ley V und andere desselben Titels. — José Antonio Maravall, Estado moderno, vol. 1, p. 252 und 270.
[27] Dazu José Antonio Maravall, Los „hombres de saber" o letrados y la formación de su conciencia estamental, p. 345ff.

noch etwas mehr als die Hälfte der kastilischen Bevölkerung von grundherrlichen Bindungen frei war und unmittelbar der Krongewalt unterstand[28].

Es hat den Anschein, daß auch in Kastilien besonders die Städte und damit eine neue soziale Schicht zu Verfechtern der modernen Staatsauffassung wurden. Diese griffen vor allem auf sie zurück, um die Errichtung neuer Grundherrschaften durch die Krone zu verhindern und so die wirtschaftliche und politische Unabhängigkeit des Herrschers gegenüber dem Feudaladel zu begünstigen. Während das Königtum insbesondere in Krisenzeiten immer wieder neue Grundherrschaften vergab, um sich der Unterstützung des Adels zu versichern, haben die Vertreter der Städte bei den *Cortes*-Tagungen stets die Krone aufgefordert, den königlichen Patrimonialbesitz nicht durch Errichtung neuer Adelsherrschaften zu schmälern. Noch im 15. Jahrhundert haben einzelne Städte gegenüber einem erstarkten Königtum heftigen Widerstand geleistet, wenn sie selbst oder Teile ihres Jurisdiktionsgebietes an Adelige verliehen werden sollten[29]. Solche Fälle verdeutlichen, daß die Zurückdrängung des Feudalismus in Kastilien kein kontinuierlicher Prozeß war, sondern sich nur langsam und schubweise vollzog. Die zahlreichen Grundherrschaften, die vor allem die Könige aus dem Hause Trastámara neu vergaben und die die Ausbildung einer neuen Adelsschicht begünstigten[30], kennzeichnen den vielleicht bedeutsamsten Rückschlag in der skizzierten Entwicklung. Vor allem während der turbulenten Regierungszeit Heinrichs IV. gelang dem Adel durch zahlreiche königliche Konzessionen und durch Usurpation beträchtlicher Teile des königlichen Patrimonialbesitzes eine erhebliche Verstärkung seiner politischen und wirtschaftlichen Machtstellung. Diese Ausweitung der Grundherrschaft, die man als feudale Reaktion bezeichnen könnte, war jedoch ein Ergebnis der praktischen Politik und bedeutete keineswegs eine Ablösung der im 13. Jahrhundert aufkommenden Staatsauffassung mit allen ihren Implikationen für eine Stärkung der monarchischen Gewalt. Im Gegenteil entwickelten sich ungeachtet der unter den Trastámaras zu beobachtenden Festigung der Stellung des Adels diese vormodernen Konzeptionen unter dem Einfluß der rasch an Bedeutung gewinnenden Universitäten und ihrer Rechtsschulen weiter. Nur am Rande sei vermerkt, daß eine ähnliche feudale Reaktion wärend des 14. und 15. Jahrhunderts auch außerhalb der Iberischen Halbinsel zu beobachten ist und es sich dabei offensichtlich um ein gemeineuropäisches Phänomen handelt.

Bei der Beurteilung der Regierungszeit der Katholischen Könige ist es erforderlich, diese beiden miteinander im Widerstreit liegenden Traditionslinien gleichermaßen zu berücksichtigen. Mißt man das Werk Ferdinands und Isabellas ausschließlich an der Hinterlassenschaft ihrer unmittelbaren Vorgänger, wie es die vorwiegend mit der Geschichte Spaniens während der frühen Neuzeit befaßte nichtspanische Historiographie häufig zu tun pflegt, so ergeben sich weitaus mehr Affinitäten zur Politik

---

[28] Dies schätzt Antonio Domínguez Ortiz, El Antiguo Régimen, p. 16.
[29] Emilio Cabrera Muñoz, La oposición de las ciudades al régimen señorial: el caso de Córdoba frente a los Sotomayor de Belalcázar, p. 11ff., bei dem sich weitere Literaturhinweise zu ähnlichen Fällen finden.
[30] Vgl. Salvador de Moxó, El señorío, legado medieval, p. 105ff., insbesondere p. 110ff. und ders., De la nobleza vieja a la nobleza nueva. La transformación nobiliaria castellana en la Baja Edad Media, p. 1ff., insbesondere p. 209f. Zur Grundherrschaft in Spanien allgemein vgl. Richard Konetzke, Territoriale Grundherrschaft und Landesherrschaft im spanischen Spätmittelalter, p. 299ff.

der Habsburger des 16. Jahrhunderts als etwa zu der Johanns II. oder Heinrichs IV. und demgemäß eine viel stärkere Betonung der Modernität als dies bei der die Gesamtheit des spanischen Mittelalters überblickenden Geschichtsschreibung der Fall ist[31]. Gerade die Wiederherstellung der königlichen Autorität und der inneren Ordnung in Kastilien nach den Wirren des Erbfolgekrieges erfolgte unter zielbewußter Wiederbelebung und Erneuerung überkommener Institutionen, unter entschlossener Ausnutzung der traditionell weitreichenden richterlichen Vollmachten des Königtums und gestützt auf die verschiedenartigen, seit dem 13. Jahrhundert entwickelten theoretischen Ansätze von der uneingeschränkten, unmittelbar von Gott hergeleiteten Gewalt des Herrschers[32]. Die Erneuerung der *Santa Hermandad* als Instrument zur Sicherung des Landfriedens[33], die Generalisierung und Festigung der seit dem 14. Jahrhundert aufkommenden Institution des *Corregimiento* zur Unterwerfung der Städte unter den Willen des Königs[34] und die persönliche Ausübung des höchstrichterlichen Amtes vor allem durch Isabella sowie die in den zeitgenössischen Dokumenten sich häufende Betonung des *poder absoluto* oder der *soberanía* des Königtums[35] sind beredte Beispiele für das Fortleben der Verfassungstradition und ihrer Weiterentwicklung unter den Katholischen Königen, zugleich aber auch für die weitgespannten Möglichkeiten zu einer modernen Politik, die dieses Erbe in sich barg. Auch in der Wirtschaftspolitik der Herrscher hat man gleichzeitig die Kontinuität zu den Vorgängern und die Ansätze eines planvollen Merkantilismus konstantiert[36].

In der Tat ist nicht zu übersehen, daß nunmehr mit zunehmender Häufigkeit traditionelle Mittel in veränderter Form und zur Erlangung neuer Ziele eingesetzt werden[37]. So waren die alten *Hermandades* spontane Zusammenschlüsse von Städten zur Sicherung der Verkehrwege im Interesse städtischer Wirtschaft, während die *Santa Hermandad* der Katholischen Könige ein zwar von den Städten zu stellendes, aber im Dienste der Krone und unter ihrer direkten Kontrolle stehendes Instrument zur Sicherung der Ordnung auf dem flachen Land darstellte. Die politische Neutralisierung der mächtigen Ritterorden und die Nutzbarmachung ihrer reichen Einkünfte für die Kronfinanzen vermittels der Übernahme der Großmeisterwürden durch die Könige ist ein weiteres Beispiel für diese sich des traditionellen Rahmens bedienende politische Neuerung. Ähnliches gilt auch für die schon erwähnte Wiederbelebung der

---

[31] Vgl. zu ersterem die unter Anm. 4 genannten Arbeiten, dagegen z. B. Luis Suárez Fernández y Manuel Fernández Alvarez, La España de los Reyes Católicos. 1474—1516, p. 5ff. und die in Anm. 30 zitierten Studien von Salvador de Moxó.

[32] Die Entwicklung dieser geistigen Strömungen, die im 16. Jahrhundert in der Souveränitätslehre Bodins zu einer in sich geschlossenen Theorie zusammengefaßt wurden, schildert für Spanien José Antonio Maravall, Estado moderno, vol. 1, p. 249ff.

[33] Dazu Marvin Lunenfeld, The Council of the Santa Hermandad.

[34] Vgl. Benjamín González Alonso, El corregidor castellano, 1348—1808, p. 71ff.

[35] Entwicklung und Bedeutung dieser noch nicht im Sinne Bodins gebrauchten Begriffe erläutern José Antonio Maravall, Estado moderno, vol. 1, p. 269ff. und 278ff.; Luis Sánchez Agesta, El „poderío real absoluto" en el testamento de 1554 (Sobre los orígenes de la concepción del Estado), p. 439ff.

[36] Zur Kontinuität der Wirtschaftspolitik vgl. Ramón Carande, La economía, p. 7ff. Als merkantilistisch interpretiert die Wirtschaftspolitik der Könige Richard Konetzke, Das spanische Weltreich, p. 74ff.

[37] Darauf verweist sehr zu Recht José Antonio Maravall, Estado moderno, vol. 1, p. 19.

Inquisition und ihre gleichzeitige Umformung zu einem Machtinstrument des Königtums wie auch allgemein für die in den Dienst der nationalen Einigung gestellte Religionspolitik der Monarchen.

In Ergänzung dazu läßt sich im Bereich der Verwaltung eine konsequente Straffung und Weiterentwicklung bestehender Institutionen feststellen, eine Tendenz, die durch die organisatorische Durchbildung des königlichen Rates (*Consejo Real*)[38], die Errichtung neuer zentraler Ratsbehörden für die *Santa Hermandad*, die Inquisition und für die Ritterorden, durch die Fixierung der Arbeitsweise der obersten Appellationsgerichte, der *Audiencia y Chancillería* von Valladolid und der gleichnamigen, neu errichteten Behörde in Ciudad Real und später in Granada, weiter durch Bestrebungen zur Sanierung des Finanzwesens[39] und schließlich durch die Reglementierung der *Corregimientos*[40] und ihre Ausdehnung auf alle kastilischen Städte dokumentiert wird. Kaum Beachtung fand bislang eine gesetzliche Bestimmung der Katholischen Könige, die eine regelmäßige Entsendung königlicher Kommissare (*veedores*) in alle Provinzen Kastiliens vorsah[41]. In Ermangelung einschlägiger Untersuchungen läßt sich diesbezüglich allerdings nur die Vermutung äußern, daß die Könige bereits systematischen Gebrauch von diesem klassischen Instrument zur Stärkung königlicher Gewalt machten[42]. Ergänzt wurden diese Bemühungen um Straffung der Verwaltungsorganisation durch eine geschickte Politik bei der Rekrutierung des Personals zur Wahrnehmung öffentlicher Aufgaben, für die in verstärktem Maße juristisch ausgebildete Angehörige mittlerer sozialer Schichten herangezogen wurden[43].

Bedauerlicherweise erlaubt der Forschungsstand nicht, über diese allgemeine Aussage zur Tendenz bei der Rekrutierung des Beamtentums hinausgehende Angaben zur Zusammensetzung und sozialen Herkunft oder gar zur geistigen Prägung, Denkweise und Amtsauffassung der staatlichen Amtsträger zu machen, deren Zahl im 16. Jahrhundert vor allem auf zentraler Ebene stark anstieg. Es ist offenkundig, daß dies ein ganz zentraler Fragenkomplex für die Geschichte der staatlichen Entwicklung in jener Zeit ist, da dieses aufstrebende Beamtentum ja nicht nur für die Ausführung des herrscherlichen Willens, sondern auch für die Artikulation und die rechtliche Absicherung der monarchischen Politik zu sorgen hatte. Zwar ist man versucht, bezüglich der geistigen Prägung, Denk- und Verhaltensweisen auf die in der Einleitung angeführte reichhaltige Literatur zur Geschichte der politischen Ideen jener Epoche zurückzugreifen, doch wäre dies ein methodisch zweifelhaftes Ver-

---

[38] Zu dieser lange Zeit fehlerhaft beurteilten Maßnahme vgl. jetzt Alberto Yalí Román Román, Orígen y evolución de la secretaría de Estado y de la secretaría del despacho, insbesondere p. 44ff.

[39] Dazu Miguel Angel Ladero Quesada, La hacienda real de Castilla en el siglo XV.

[40] Vgl. Antonio Muro Orejón, ed., Los capítulos de corregidores de 1500.

[41] Vgl. Ordenamiento de las Cortes de Toledo de 1480, § 60, in: Cortes de los antiguos Reinos de León y de Castilla, p. 138.

[42] Vgl. Otto Hintze, Der Commissarius und seine Bedeutung in der allgemeinen Verwaltungsgeschichte, p. 242ff. für die Bedeutung kommissarischer Funktionen bei der Ausbildung des monarchischen Absolutismus.

[43] So konnte z. B. Ramón Menéndez Pidal, Die Spanier in der Geschichte, p. 62ff., die Politik der Auslese geeigneter Mitarbeiter geradezu zum Charakteristikum der Regierungszeit Ferdinands und Isabellas erheben.

fahren, da ungeachtet der Reputation der zeitgenössischen Autoren die Fragen nach den vorherrschenden Staats-, Gesellschafts- und Rechtsauffassungen anhand von Quellen aus der Regierungs- und Verwaltungspraxis zu beantworten sind. Aus diesem Grund ist in dem hier interessierenden Zusammenhang auch Skepsis gegenüber der erwähnten ideengeschichtlichen Literatur angebracht. Sicherlich haben einzelne der untersuchten Autoren, wie etwa Juan Ginés de Sepúlveda oder die Gebrüder Valdés, einflußreiche Stellungen am Hofe oder in der Verwaltung innegehabt, doch reicht dieser Umstand nicht aus, um ihr Gedankengut zu den geltenden Maximen staatlicher Politik zu erklären.

Das Ergebnis dieser Politik der Könige war nicht nur eine Stärkung der monarchischen Autorität, sondern auch gleichzeitig eine entscheidende Schwächung ständischer repräsentativer Gewalt. Für Kastilien läßt sich somit der Ursprung der modernen staatlichen Organisation in Übereinstimmung mit Werner Näf von den sich im 13. Jahrhundert vollziehenden Veränderungen herleiten. „Um 1500 stand ein Staatstyp da, der mit allem, was in ihm lebendig und entwicklungsfähig war, vom ‚mittelalterlichen' Staat wesensverschieden, aller Zukunft des ‚modernen Staates' dagegen unmittelbar verbunden war. Der Staat steht jetzt anders in der Gesamtheit des menschlichen Daseins; seine Aufgaben sind gewachsen;... Sein Lebensgfühl ist neu, ‚modern'; es drängt zu Organisation und Macht, zu organisierter Macht. Der Verwaltungs- und Machtstaat seit dem 16. Jahrhundert wird die diesem Willen dienstbare Form erst eindeutig erreichen"[44]. Dies gilt uneingeschränkt auch für das Kastilien des beginnenden 16. Jahrhunderts.

In den Reichen der Krone Aragóns war, wie schon erwähnt, diese Entwicklung freilich noch nicht so weit fortgeschritten, so daß man mit Juan Linz in bezug auf den neu entstehenden spanischen Einheitsstaat sicherlich von „a case of partial early state-building in Castile and delayed state-building of Spain[44a]" sprechen kann. Zwar wird man nicht übersehen dürfen, daß sich ähnlich moderne Entwicklungen auch schon in Aragón, Valencia und selbst Katalonien beobachten lassen, die diesbezüglich zwar hinter Kastilien zurückstanden, sich aber durchaus auf einem etwa den deutschen Territorien vergleichbaren Stand befanden. Angesichts der sich auf Ausdehnung, Bevölkerungsdichte, wirtschaftlicher Entwicklung und militärischem Potential gründenden unanfechtbaren Vormachtstellung Kastiliens in diesem neu entstehenden Einheitsstaat wird man sicherlich *pars pro toto* setzen und das entstehende Spanien nach der Modernität und der Dynamik Kastiliens beurteilen dürfen. Dies wird verständlich, wenn man berücksichtigt, daß sich eine nennenswerte Opposition gegen die Krone und die beherrschende Stellung Kastiliens in den Reichen der Krone Aragóns erst zur Zeit des Verfalls und der politischen Ohnmacht des führenden Teilreiches im 17. Jahrhundert zu regen beginnt.

Darüber darf freilich nicht vergessen werden, daß auch in Kastilien die durch die feudale Reaktion unter den Trastámaras begründete Tradition noch sehr lebendig war. Entgegen der häufig vertretenen Ansicht, daß die Katholischen Könige den Adel unterwarfen, haben neuere Forschungen gezeigt, daß das Vorgehen der Herrscher

---

[44] Werner Näf, Frühformen des ‚modernen Staates' im Spätmittelalter, p. 111.

[44a] Zitiert nach Margaret E. Crahen, Spanish and American Counterpoint: Problems and Possibilities in Spanish Colonial Administrative History, p. 37.

gegen den Adel bei weitem nicht so rigoros war, wie häufig angenommen wurde[45]. Zwar haben sie es verstanden, adeliger Macht Schranken zu setzen und seinen politischen Einfluß einzudämmen, doch geschah dies um den Preis einer Konsolidierung der wirtschaftlichen Basis des Adels, wie die weitgehende Anerkennung nahezu aller bestehenden Grundherrschaften zeigt. Selbst gegenüber den Adelshäusern, die im Erbfolgekrieg gegen die Katholischen Könige gekämpft hatten, zeigten sich die Herrscher relativ versöhnlich und belohnten darüber hinaus sogar treue Gefolgsleute mit neuen Grundherrschaften. Zwar hielten sich solche Neuvergaben in engen Grenzen, aber sie bildeten eben immer noch, und man muß hinzufügen auch noch lange Zeit danach, ein Mittel königlicher Politik. Auch die Festigung der Majorate durch die *Leyes de Toro* aus dem Jahre 1505 und die weitreichenden Privilegien, die die Könige der *Mesta*, der kastilischen Schafzüchterkorporation, gewährten und die für die Landwirtschaft und das Tuchgewerbe verhängnisvolle Auswirkungen zeitigen sollten, kamen ebenfalls dem Adel zugute und verdeutlichen, daß sich die Monarchen die politische Abstinenz des Adels durch weitgehende wirtschaftliche Zugeständnisse erkauften[46].

Beide Maßnahmen bedeuteten eine Festigung traditioneller mittelalterlicher Institutionen, die wesentlich dazu beitrugen, die Entstehung eines zahlenmäßig, wirtschaftlich und politisch starken Bürgertums zu verhindern, da die Begünstigung der exportorientierten *Mesta* durch extensive Weiderechte den landwirtschaftlichen Klein- und Mittelbesitz schädigte, durch unzureichende Rohstoffbelieferung die Entstehung einer bedeutenden einheimischen Tuchindustrie behinderte und so die Entfaltung bürgerlichen Unternehmergeistes einschränkte. Die Reglementierung der Majorate wiederum sicherte nicht nur dem Adel den ungeteilten und unveräußerlichen Besitz seiner Patrimonialgüter, sondern räumte gleichzeitig auch dem Bürgertum die Möglichkeit ein, durch selbständiges Wirtschaften erworbenes Vermögen in Majoratsbesitz umzuwandeln, das auf diese Weise einer Reinvestition und dadurch dem Wirtschaftsprozeß entzogen wurde. Die Katholischen Könige haben somit dem Bürgertum die Möglichkeit erleichtert, adelige Lebensweise nachzuahmen und auf diese Weise die vertikale soziale Mobilität vergrößert[46a], zugleich jedoch damit eine folgenreiche wirtschaftliche und soziale strukturelle Schwäche Kastiliens begründet. So ist insgesamt zu folgern, daß neben den dominierenden, auf die Ausbildung des

---

[45] So Alfonso María Guilarte, El régimen señorial en el siglo XVI, p. 291ff.; Salvador Moxó, El señorío, legado medieval, p. 110ff.; ebenso Luis Suárez Fernández y Manuel Fernández Alvarez, La España de los Reyesatólicos, p. 142ff.

[46] Zum Majoratswesen vgl. Antonio Domínguez Ortiz, El Antiguo Régimen, p. 14. — Zur *Mesta* siehe Ramón Carande, Carlos V y sus banqueros, vol. 1, p. 73ff. — Die riesigen Wanderherden der *Mesta* zogen im saisonalen Wechsel zwischen Nord- und Südspanien hin und her. Alle abgeernteten oder in Brache liegenden Felder mußten den Herden zugänglich gemacht werden. Besitzer der Herden waren hauptsächlich Adelige. — Zur wirtschaftlichen Konsolidierung des Adels vgl. Jaime Vicens Vives, The Economy of Ferdinand and Isabella's Reign, p. 252f.

[46a] Es hat sogar den Anschein, als seien die Möglichkeiten zu sozialem Aufstieg, zur vertikalen Mobilität also, in Kastilien besonders groß gewesen und zwar gerade auch im Vergleich zu anderen mittel- und westeuropäischen Ländern jener Zeit. Zumindest scheint nirgendwo sonst der Aufstieg in den Adel durch den Erwerb von Reichtum so leicht gewesen zu sein wie in Kastilien. Ob und inwieweit dieser Umstand zur besonderen politischen Stabilität und zur Festigung der monarchischen Autorität beigetragen hat, läßt sich aufgrund des Forschungsstandes bislang nicht mit Gewißheit sagen.

modernen Verwaltungs- und Machtstaates hindrängenden Entwicklungen auch noch starke beharrende, den modernen Strömungen zuwiderlaufende Kräfte das politische Geschehen erheblich beeinflußten. Neben England, Frankreich und Venedig zeigt sich zwar der moderne Staat in Spanien mit am frühesten und beweist eine beträchtliche Dynamik und weitreichendes Durchsetzungsvermögen, doch bleibt auch im 16. Jahrhundert die Politik in ihren Organisationsformen, ihren Zielsetzungen und in ihren Mitteln noch in starkem Maße mittelalterlich bestimmt[47]. Die neuere Absolutismusforschung hat freilich erwiesen, daß dies in den meisten europäischen Territorialstaaten der frühen Neuzeit gleichfalls der Fall war und daß ebenso wie in Spanien überall die traditionellen ständischen und feudalen Institutionen unterhalb der zentralen Ebene der Kronverwaltung noch lange Zeit einen erheblichen Anteil an der regionalen und lokalen Verwaltung behielten und von da aus auch politischen Einfluß auszuüben vermochten[48].

Vor diesem Hintergrund wird verständlich, daß sich ungeachtet der absolutistischen, auf bürokratische Rationalisierung und Stärkung der herrscherlichen Gewalt ausgerichteten Politik des Königtums in der Anfangsphase der überseeischen Ausdehnung so weitgehende, an feudale Traditionen anknüpfende Konzessionen an die Entdecker und Eroberer finden, wie sie in dem eingangs erwähnten Abkommen zwischen den Katholischen Königen und Kolumbus enthalten waren. Nachdem sich schon nach der zweiten Kolumbusfahrt abzuzeichnen begann, daß eine staatlich finanzierte Erschließung der entdeckten Gebiete die Finanzkraft des Fiskus deutlich überfordern würde, sah sich die Krone zur Beteiligung der Privatinitiative an den überseeischen Unternehmungen gezwungen, um so die finanziellen Risiken weitgehend auf private Unternehmer abwälzen zu können. Um diese Mitwirkung zu erreichen, erwies es sich auch in der Folgezeit, ja, bis weit ins 16. Jahrhundert hinein, als unumgänglich notwendig, den privaten Unternehmerkräften weitgehende Zugeständnisse zu machen. Immer wieder sah sich die Krone daher dazu gezwungen, mit der Übertragung oberster militärischer, richterlicher und ziviler Ämter **hoheitliche Befugnisse in großem Umfang als erblichen Besitz** zu verleihen und so eine Souveränitätsbeschränkung hinzunehmen[48a]. Sicherlich erfolgte diese Verleihung nicht in Form einer Belehnung, sondern als Vergabe eines königlichen Privilegs im Rahmen einer vertraglichen Abmachung zwischen dem Monarchen und dem privaten Unternehmer, barg jedoch gleichwohl die Gefahr einer Feudalisierung der zu entdeckenden Gebiete in sich. Die freilich nur widerstrebend zugestandene Abtretung hoheitlicher Rechte als erblicher Besitz vereinbarte sich in jener Epoche also durchaus mit einer insgesamt auf die Stärkung der monarchischen Gewalt ausgerichteten „modernen" Politik, vor allem dann, wenn es opportun erschien, außergewöhnliche Verdienste zu belohnen oder Anreize zur Durchführung so gefahrvoller Unternehmungen wie den Vorstoß in unbekannte Weltgegenden zu bieten. Die sich in der Anfangsphase der Kolonisation aus diesen Konzessionen ergebende Gefahr

---

[47] José Antonio Maravall, Estado moderno, vol. 1, p. 17f.
[48] Darauf verweist Gerhard Oestreich, Strukturprobleme des europäischen Absolutismus, p. 179ff.
[48a] Vgl. dazu auch p. 29 und p. 75ff. Näheres über die Abmachungen zwischen der Krone und den Anführern von Entdeckungs- und Eroberungszügen bei Silvio Zavala, Las instituciones jurídicas en la Conquista de América, p. 101ff.

eines Vordringens feudaler Institutionen in den neu erworbenen Überseegebieten wurde als der Preis angesehen, der für die Aussicht auf eine beträchtliche Ausdehnung königlicher Macht und auf eine Steigerung der Kroneinkünfte zu zahlen war, da es gegenüber den Forderungen nach Belohnung und Privilegierung des privaten Unternehmertums keine Alternativen gab. Auch England, Frankreich und die Niederlande sahen sich bei ihren sehr viel später in Gang kommenden überseeischen Unternehmungen noch gezwungen, in Anknüpfung an feudale Traditionen Herrschaftsrechte an einzelne Unternehmer oder gar an Handelskompagnien zu veräußern, und im französischen Kanada etwa hat weit später eine viel tiefer gehende Feudalisierung stattgefunden, als dies in Hispanoamerika je der Fall war[49].

Während jedoch die spanischen Könige für neu zu entdeckende oder in Besitz zu nehmende Regionen noch solche Konzessionen machten, führten sie in anderen, bereits in der Konsolidierung begriffenen Kolonisationsgebieten schon den Kampf gegen die Konquistadoren zur Rückgewinnung der unumschränkten königlichen Verfügungsgewalt über die neu erworbenen Provinzen. Noch während der Phase der überseeischen Ausdehnung setzt also schon die Reaktion des souveränen Königtums gegen die zentrifugalen Kräfte ein, wie etwa das Vorgehen gegen Kolumbus erkennen läßt.

Das Ringen zwischen monarchischer Gewalt und den gesellschaftlichen Gruppen um die Form der staatlichen Organisation ist somit bereits in der Anfangsphase der überseeischen Kolonisation zu beobachten. Es ist daher unzutreffend, wenn Pierre Chaunu schreibt, daß im Gegensatz zu Portugals überseeischen Unternehmungen die Staatsgewalt an den spanischen Endeckungs- und Eroberungszügen kaum beteiligt war[50]. Einmal strebte Portugal unter staatlicher Leitung, wenn auch ebenfalls unter Beteiligung privaten Unternehmertums, die Errichtung eines durch Stützpunkte gesicherten Handelsimperiums an, während Kastilien bereits nach den ersten Kolumbusfahrten dazu überging, eine Siedlungskolonisation in den entdeckten Gebieten in die Wege zu leiten[51], ein Unternehmen, das nicht unter direkter staatlicher Leitung, sondern nur mit Hilfe privater Initiative durchzuführen möglich war, so daß beide Unternehmungen von anderen Voraussetzungen ausgingen; zum anderen war die staatliche Autorität in der spanischen Kolonisation von Anfang an bemüht, sich ungeachtet aller weitreichenden Konzessionen an einzelne Entdecker und Eroberer, die Kontrolle über die verschiedenen Unternehmungen zu erhalten und feste Regeln über die Organisation, das Ziel und den Ablauf der einzelnen Expeditionen durchzusetzen.

Ein beredtes Zeugnis von diesen Bemühungen legen die ausführlichen Dienstanweisungen für die Anführer der einzelnen Unternehmungen ab, die bereits in den Kapitulationen enthalten waren. Diese Anweisungen verpflichteten zur Einhaltung bestimmter Verfahrensweisen bezüglich der Organisation des Unternehmens, der Form der Besitznahme, der Behandlung der angetroffenen Bevölkerung etc. Auch

---

[49] Eine kurze vergleichende Betrachtung dieses Problemkomplexes findet sich bei Frédéric Mauro, L'Expansion européenne (1600—1800), p. 183ff.
[50] Pierre Chaunu, Conquête et exploitation des Nouveaux Mondes. (XVIe siècle), p. 220.
[51] Zum Wandel von der Handels- zur Siedlungskolonie in der spanischen überseeischen Ausbreitung vgl. Juan Pérez de Tudela, Castilla ante los comienzos de la colonización de las Indias, p. 11ff. und weitere Studien desselben Vf.s in den Heften 60—62 derselben Zeitschrift.

versuchte die Krone durch die förmliche Übertragung der höchsten militärischen, zivilen und richterlichen Gewalt, wie sie sich in der Ernennung der Anführer solcher Expeditionen zum *Adelantado* und/oder *Capitán General* äußerte, den von privater Initiative getragenen Unternehmungen einen öffentlich-rechtlichen Charakter zu geben. Außerdem waren die Herrscher stets bemüht, die Allmacht dieser Entdecker und Eroberer dadurch einzuschränken, daß sie Personen mit der Teilnahme an den einzelnen Expeditionen beauftragten, die aufgrund ihres Ansehens oder ihres Amtes ein Gegengewicht zur Person des Anführers bilden konnten, also etwa Geistliche und insbesondere die nur der Krone verantwortlichen Finanzbeamten der Expeditionen. Auch wenn also die Krone nicht direkt die verschiedenen Entdeckungsunternehmungen organisierte und in eigener Verantwortung durchführen ließ, hatten letztlich alle Entdeckungs- und Eroberungszüge auch einen staatlichen Charakter, da sie direkt oder indirekt immer im Auftrag der kastilischen Krone durchgeführt wurden und nur unter Berufung auf diesen Auftrag legitimiert werden konnten. Sicherlich vermochten die in den Kapitulationen enthaltenen Anweisungen an die Eroberer und die gesetzliche Reglementierung der Entdeckungs- und Eroberungsunternehmungen Mißbräuche and Ausschreitungen nicht zu verhindern, aber sie bildeten doch die rechtliche Grundlage für ein zu jeder Zeit mögliches königliches Eingreifen mit dem Ziel, der zentralen Staatsgewalt eine unmittelbare Einflußnahme auf die Entwicklung in den neu erworbenen Gebieten zu gestatten. Trotz aller weitreichenden Konzessionen an die Entdecker und Eroberer und trotz der maßgeblichen Beteiligung privaten Unternehmertums an der überseeischen Ausbreitung war die Staatsgewalt in der spanischen Kolonisation von allem Anfang an gegenwärtig und unmittelbar darum bemüht, den einzelnen Unternehmungen einen staatlichen Charakter zu verleihen und sich die Kontrolle über die neu erworbenen Gebiete zu sichern.

Die Ambivalenz, die den vertraglichen Abmachungen zwischen der Krone und den Entdeckern innewohnte, resultierte folglich aus der Vererbbarkeit bzw. der zumindest lebenslänglich erfolgten Vergabe der übertragenen Ämter in neu zu entdeckenden oder zu erobernden Gebieten, die die Intentionen der Konquistadoren deutlich macht, und zum anderen aus dem Amtscharakter, den das Königtum den Anführern solcher Unternehmungen zu geben bemüht war. Der Konflikt zwischen der staatlichen Autorität und den Unternehmern von Entdeckungs- und Eroberungszügen war daher schon in den vertraglichen Vereinbarungen zwischen beiden Seiten angelegt, da beide Vertragspartner von unterschiedlichen Zukunftserwartungen ausgingen.

Die Verankerung staatlicher Interessen in den Kapitulationen legt aber auch den Schluß nahe, daß dieser heraufziehende moderne Staat die politische Bedeutung einer staatlich gelenkten Expansion in Übersee erkannt hatte und für seine Zwecke zu nutzen entschlossen war. Diese Auffassung wird auch durch den Umstand gestützt, daß offenkundig höfische Finanzkreise um König Ferdinand schließlich den entscheidenden Anstoß dazu gaben, daß die Krone den Kolumbusplänen doch noch zustimmte. Daraus wird man folgern dürfen, daß nunmehr in Kastilien, ebenso wie bereits ein Jahrhundert zuvor in Portugal, handelskapitalistisch orientierte Interessengruppen hinter dem Gedanken einer überseeischen Expansion standen[51a].

[51a] Zu diesem Komplex, insbesondere in bezug auf Portugal, vgl. Vitorino Magalhães Godinho, L'économie de l'Empire Portugais aux XVe et XVIe siècles, p. 39f.

b) Die Konquistadoren

Die Herkunft, der soziale Hintergrund, die Beweggründe und die Ziele der Eroberer und ersten Kolonisten der Neuen Welt haben immer wieder das Interesse der Geschichtsschreibung auf sich gezogen. Eine solche Untersuchung sollte sich jedoch nicht nur darauf beschränken, die durch spätmittelalterliche Ritterromane beeinflußte Abenteuerlust, die Gier nach Gold und Beute, die Kriegstüchtigkeit, das missionarische Sendungsbewußtsein, die Rücksichtslosigkeit und Grausamkeit hervorzuheben und zu erklären, die den Teilnehmern der Eroberungszüge auch heute oft noch unkritisch nachgesagt werden, sondern vielmehr darauf ausgerichtet sein, differenzierend die wirtschaftlichen, sozialen, staatlichen und geistigen Strukturen der Gesellschaft aufzuzeigen, der diese Männer entstammten. Nur so ist der Vorgang des Entstehens einer neuen Ordnung in den eroberten und kolonisierten Gebieten zu verstehen. Auch eine mit dem Staat und staatlicher Organisation befaßte Studie muß diese im weitesten Sinne sozialgeschichtlichen Phänomene berücksichtigen. Roland Mousnier hat die Bedeutung der Sozialgeschichte für die Verfassungs- bzw. Institutionengeschichte klar umrissen: *„Une institution, c'est d'abord... l'idée d'une fin déterminée de bien public à atteindre... Cette idée a été acceptée par un groupe d'hommes qui se sont chargés... d'atteindre cette fin"* und weiter *„En simplifiant et en forçant les termes, l'on pourrait presque dire qu'une institution, c'est un groupe d'hommes"* sowie schließlich *„Mais ces hommes... appartiennent à d' autres groupes sociaux, famille, groupe d'existence, strate sociale, paroisse, ville, seigneurie, province etc."*[52].

Wenn sich, wie bereits festgestellt, das erstarkende Königtum des ausgehenden 15. Jahrhunderts gezwungen sah, verdienten Gefolgsleuten ebenso wie auch Entdeckern und Eroberern die königliche Souveränität einschränkende Herren- und Hoheitsrechte zu übertragen, so scheint dies bereits darauf hinzudeuten, daß die Mentalität breiter Schichten der Bevölkerung noch weitgehend von mittelalterlichen, feudalen Vorstellungen geprägt war. Tatsächlich läßt sich nicht leugnen, daß diese Tradition auch das Denken der Eroberer beeinflußt hat, wie die aufkommende Gefahr des Vordringens feudaler Institutionen nach Amerika im Verlauf der Landnahme erkennen läßt.

Das darin zum Ausdruck kommende Streben nach adeligen Lebensformen ist nun aber vor allem zu einem Charakteristikum der „spanischen Mentalität" deklariert worden. Während etwa die französische, englische oder deutsche Mentalität des 16. Jahrhunderts so gut wie gar nicht, die Mentalität der Landsknechte oder des Klerus etc. allenfalls am Rande und nur die Mentalität des „aufsteigenden" Bürgertums oder des Protestantismus in breiterem Rahmen die Historiographie beschäftigt haben, findet sich dagegen eine Fülle von Schriften, in denen die „spanische Mentalität" zum Gegenstand eingehender Erörterungen erhoben wurde oder zur Erklärung bestimmter Vorgänge der spanischen Geschichte diente. Dabei wird, häufig unter Rückgriff auf die spanische Literatur des Goldenen Zeitalters, fast durchgehend das Fehlen eines starken und dynamischen Bürgertums und einer bürgerlichen Gesinnung sowie einer modernen Auffassung vom Eigenwert wirtschaftlicher und gewerb-

---

[52] Roland Mousnier, Les Institutions de la France sous la Monarchie Absolue, p. 5 und 6.

licher Aktivität mit dem Vorherrschen eben jenes Strebens nach adeliger Lebenshaltung und der daraus folgenden Geringschätzung manueller Arbeit oder auf Gelderwerb ausgerichteter Tätigkeiten erklärt. Stattdessen suche der Spanier lieber Ruhm, Ehre und Reichtum durch kriegerische Unternehmungen, sei es in Übersee, sei es in Europa.

Diese häufig aufzufindende Interpretation vom „Wesen des Spaniers"[53] und von seinen adeligen Neigungen läßt außer acht, daß zu jener Zeit in Europa überall der Erwerb einer Herrschaft oder hoheitlicher Befugnisse als erblicher Besitz und das Leben von Renteneinkommen insbesondere für die dynamischen Gruppen des niederen Adels oder des Bürgertums begehrte Ziele darstellten, da dies mehr denn bloßer Reichtum oder wirtschaftlicher Erfolg als sichtbares Zeichen sozialen Aufstiegs und adeliger Lebensweise galt[54]. Es sei hier nur daran erinnert, daß auch die Fugger zu Reichsgrafen aufstiegen, sich dann von ihren Geschäften zurückzogen und von Renteneinkommen lebten. Auch war bei allen wirtschaftlichen Unternehmungen jener Zeit das Risiko so groß – man denke nur an die Unwägbarkeiten des Transports, das komplizierte Zoll- und Steuerwesen, die verwirrende Währungsvielfalt und die mangels rascher Kommunikationsmittel schwer zu kalkulierende Marktlage –, daß erfolgreiche Unternehmer gezwungen waren, zumindest einen Teil ihres Vermögens in sichere Renten oder in Landbesitz anzulegen, um auf diese Weise eine finanzielle Rücklage zu bilden. Ein solches Verhalten wird dann leicht als „Streben nach adeliger Lebensweise" mißverstanden. Aber davon abgesehen waren der Adel und sein Lebensstil zu jener Zeit allemal gesellschaftliche Vorbilder zumindest für diejenigen Schichten des Bürgertums, welche über die Mittel verfügten, um sich in die Schicht des Adels einzukaufen oder sich zumindest adeligem Lebensstil anzupassen. Es sei diesbezüglich nur auf den Nachahmungsdrang in bezug auf Mode, äußeren Prunk, Familienwappen, Haushaltsführung und so fort hingewiesen. Nicht zuletzt spielten dabei auch konkrete Vorteile eine große Rolle, war doch der Adel von der Zahlung vieler Abgaben, insbesondere der so belastenden indirekten Steuern, befreit. Fernand Braudel hat diese Haltung als *„trahison de la bourgeoisie"* bezeichnet und Beispiele für diese Verhaltensweise auch außerhalb Spaniens angeführt[55]. Selbst das kapitalistische Unternehmertum *par excellence*, das kalvinistische Bürgertum des 16. und 17. Jahrhunderts, welches – der bis heute Anerkennung findenden These Max Webers von der protestantischen Ethik zufolge – durch innerweltliche Askese geprägt sein müßte, fügte sich offenbar in dieses allgemeine Verhaltensmuster des Bürgertums ein [56]. Gegen die Annahme, daß es sich hierbei um eine spanische

---

[53] Vor allem in der in Spanien selbst geführten Diskussion um die „Hispanität" ist dies von Bedeutung gewesen. Vgl. zu dieser Diskussion etwa Américo Castro, España en su historia. Christianos, Moros y Judíos; ders., La realidad histórica de España; dagegen Claudio Sánchez-Albornoz, España, un enigma histórico; ferner Ramón Menéndez Pidal, España y su historia. Auch heute noch spielt diese Mentalitätsproblematik sowohl in der spanischen als auch in der nichtspanischen Geschichtsschreibung über die Iberische Halbinsel vor allem zum 16. und 17. Jahrhundert eine besondere Rolle.

[54] Für Frankreich vgl. dazu etwa Roland Mousnier, Les Institutions, p. 172ff. über *„Les Anoblis et les Bourgeois, ,vivant noblement'"*.

[55] Fernand Braudel, La Méditerranée et le Monde Méditerranéen à l'Époque de Philippe II, vol. 2, p. 68ff.

[56] Darauf verweist unter Anführung von beredten Beispielen Hugh Redwald Trevor Roper, Religion, Reformation und sozialer Umbruch. Die Krisis des 17. Jahrhunderts, p. 26f.

Besonderheit handelt, spricht auch die Tatsache, daß sich auf der iberischen Halbinsel wie auch andernorts im Europa des 16. Jahrhunderts starke, gegen den Feudaladel gerichtete Volksbewegungen beobachten lassen, wie etwa die Rebellion der *Germanías* in Valencia und der *Comunero*-Aufstand in Kastilien während der 20er Jahre des 16. Jahrhunderts[57]. Selbst wenn man konzedieren will, daß adeliger Lebensstil in Spanien in stärkerem Maße als im übrigen Europa ein gesellschaftlich prägendes Element gewesen sein soll, so sagt dies gleichwohl wenig über die Ursachen für das Fehlen eines unternehmerisch tätigen Bürgertums und ebensowenig über die Umstände aus, die die Gefahr einer Feudalisierung der neu entdeckten Gebiete heraufbeschworen. Dies um so mehr, als diese Auffassung die Frage vollkommen offen läßt, ob die angeblich so vom Adel beeinflußte Mentalität des Spaniers Ursache oder Folge des Fehlens einer breiten bürgerlichen Schicht gewesen ist.

Einen bedeutenden Fortschritt gegenüber dieser älteren, wenn auch bis heute in verschiedenartig variierter und implizit selbst in einem Großteil der neuesten wirtschafts- und sozialgeschichtlichen Literatur hartnäckig fortlebenden Auffassung bedeutete die Erforschung der mittelalterlichen *Reconquista* und ihrer Konsequenzen für die politische, wirtschaftliche und soziale Verfassung Kastiliens am Beginn der Neuzeit[58]. Vor allem die Untersuchung der Mechanismen der *Reconquista*, wie etwa die Art der Kriegführung und die Wiederbesiedlung des von den Mauren befreiten, großenteils menschenleeren Landes, förderte nicht nur zahlreiche Elemente zu Tage, die spanische Besonderheiten des Lehnswesen und der Grundherrschaft zu erklären vermochten, so beispielsweise das Fehlen von Leibeigenschaft und die Freiheit des unter grundherrlicher Gerichtsbarkeit stehenden Individuums, sondern sie zeigte auch mannigfache Parallelen zu den organisatorischen Formen der überseeischen Ausbreitung auf. Ein großer Teil des Instrumentariums der *Conquista*, der überseeischen Ausbreitung also, wurde in diesem Zusammenhang als angeblich mittelalterlichen Ursprungs identifiziert[59].

So wurden Institutionen und Praktiken wie etwa die bereits erwähnten vertraglichen Abmachungen zwischen Krone und Entdeckern mit der Abtretung von Hoheitsrechten und der Übertragung des Amtes eines *Adelantado*, die *Encomienda*, als Vergabe von Gruppen unterworfener Indianer in die Obhut einzelner Konquistadoren bei gleichzeitiger Auferlegung wechselseitiger Verpflichtungen[60], und die Rekrutierung und organisatorische Struktur der *Hueste*, der Konquistadorentrupps[61], als

---

[57] Über die sozialen Aspekte des *Comunidades*-Aufstandes vgl. Joseph Pérez, La Révolution des „Comunidades" de Castille (1520—1521).

[58] Besondere Verdienste um die Erforschung dieses Themenkomplexes erwarben sich Claudio Sánchez-Albornoz und sein Schülerkreis, vgl als eine Art Zusammenfassung den das Mittelalter betreffenden Teil von Claudio Sánchez-Albornoz, España, un enigma histórico, vol. 2, p. 7ff.

[59] Unter den Autoren, die sich mit dieser Thematik beschäftigten, sind vor allem zu nennen: Silvio Zavala, Las instituciones jurídicas en la Conquista de América, und zahlreiche weitere Arbeiten; Richard Konetzke, Das spanische Weltreich, p. 8ff.; Mario Góngora, El Estado en el Derecho Indiano; Charles Verlinden, Précédents médiévaux; desgleichen Claudio Sánchez-Albornoz, España, vol. 2, p. 500ff., allerdings in mehr epischer Form.

[60] Vgl. Robert S. Chamberlain, Castilian Backgrounds of the Repartimiento-Encomienda, p. 33f.

[61] Vgl. dazu Silvio Zavala, Las instituciones jurídicas, p. 106ff. und 501ff.; desgleichen Mario Góngora, Studies, p. 1ff.

Organisationsformen nachgewiesen, die ihren Ursprung in der *Reconquista* hatten und über die frühen Kolonisationsunternehmen im Atlantik, wie etwa die Besiedlung der Kanarischem Inseln, nach Amerika gelangten.

Während infolge ihrer Herkunft aus dem Komplex feudaler und mittelalterlicher militärischer Traditionen diese Ableitung aus der *Reconquista* für die *Ecomienda* und die Übertragung hoheitlicher Funktionen als erbliche Besitztümer an die Anführer von Entdeckungs- und *Conquista*-Unternehmungen offenkundig ist, erscheint sie hinsichtlich der Rekrutierung der Teilnehmer an solchen Unternehmen nicht unumstritten. Man hat diese Konquistadorentrupps deutlich von den zu Beginn des 16. Jahrhunderts aufkommenden regulären, von der Krone besoldeten Truppen unterschieden, die als die spanischen *Tercios* in den europäischen Kriegen zu militärischem Ruhm gelangten, und betont, daß die Konquistadoren von dem jeweiligen, mit einem königlichen Patent ausgestatteten Anführer eines Eroberungszuges verpflichtet wurden und ohne feste Bezahlung, sondern lediglich gegen die Anwartschaft auf Beute nur dem Anführer Gefolgschaft, Treue und Gehorsam schuldeten[62]. Neuerdings ist auch ausdrücklich hervorgehoben worden, daß die Konquistadoren eben keine Soldaten, sondern allenfalls „Kämpfer" (*warriors*) waren[63]. Zwar ist es richtig, daß die Angehörigen der regulären Truppen einen allerdings geringen Sold bezogen, doch die Anwartschaft auf Beute stellte einen sehr viel größeren Anreiz zur militärischen Laufbahn dar als die knappe Besoldung[64]. Auch die Rekrutierung der regulären Truppen erfolgte in der gleichen Weise wie die der Teilnehmer der *Conquista*-Unternehmen: Ein von der Krone ernannter *Capitán* erhielt den Auftrag, in einer bestimmten Ortschaft oder Gegend durch Werbung Freiwillige zum Eintritt in seine Kompanie zu veranlassen[65]. Vom Zeitpunkt der Verpflichtung an unterstanden die Angeworbenen dem Kriegsrecht und natürlich der Befehlsgewalt des Anführers. Zu Soldaten wurden diese, den verschiedenen sozialen Schichten und Berufen entstammenden Personen erst durch langjährige Erfahrung. Angesichts dieser Parallelen sollte man die mittelalterlichen Vorläufer der Konquistadorentrupps nicht zu sehr in den Vordergrund stellen, da sich auch hier wieder ein deutlicher Zusammenhang zwischen mittelalterlichen und neuen institutionellen Praktiken beobachten läßt, wie er schon im voraufgehenden Abschnitt in anderer Hinsicht festgestellt werden konnte.

Ungeachtet der verschiedenartigen persönlichen Motive, die die Männer jener Zeit dazu veranlaßten, Kriegsdienste zu leisten oder sich an Entdeckungsunternehmen zu beteiligen, finden sich bei ihnen allen, gleichgültig, ob sie in Amerika, Flandern, Deutschland oder Italien kämpften, so etwas wie ein Nationalstolz und das Bewußtsein, im Dienste der Krone für ihr Land und zumeist auch für ihren Glauben

---

[62] Silvio Zavala, Las instituciones, p. 107f.
[63] Dies unterstreicht James Lockhart, Spanish Peru 1532—1560. A Colonial Society, p. 222.
[64] Dies betont Geoffrey Parker, The Army of Flanders and the Spanish Road 1567—1659. The Logistics of Spanish Victory and Defeat in the Low Countries' War, p. 181, der dazu weiterführende Literatur angibt.
[65] Über das Fortleben dieser Rekrutierungspraxis bis ins 17. Jahrhundert, verbunden mit einer plastischen Schilderung des militärischen Lebens vgl. den autobiographischen Bericht des spanischen Offiziers Contreras: Fernando Reigosa, ed., Alonso de Contreras, Vida, nacimiento, padres y crianza del capitán Alonso de Contreras, p. 118ff.

zu kämpfen. Mit vollem Recht hat Mario Góngora darauf hingewiesen, daß die Konquistadoren aus diesem Bewußtsein heraus ein Anrecht auf Belohnung durch die Krone ableiten zu können glaubten und daß diese von der Krone gesetzlich anerkannte Anwartschaft auf Belohnung im Prozeß der Kolonisation von erheblicher politischer und sozialer Bedeutung war, weil durch die Bevorzugung dieses Personenkreises bei der Vergabe von *Encomiendas*, Ämtern und Würden eine *de jure* privilegierte Schicht entstand, die einen gesellschaftlich prägenden Einfluß ausüben, aber auch den Kern einer Opposition gegen das Mutterland bilden sollte, als sie sich in ihren Erwartungen enttäuscht sah[66]. Die gleiche Anwartschaft auf Belohnung glaubten aber auch die Soldaten der stehenden Truppen zu erwerben. Zwar ist bislang nichts darüber bekannt, inwieweit die Krone auch hier diese Anwartschaft anerkannte, doch steht fest, daß ein großer Teil altgedienter Offiziere aus den in Europa kämpfenden spanischen Heeren nach langen Dienstjahren ein Amt als Gouverneur oder Distriktsbeamter zur Belohnung übertragen bekam. Dieses Anrecht auf Belohnung beschränkte sich nun aber nicht nur auf verdiente Gefolgsleute des Monarchen oder auf altgediente Militärs oder Konquistadoren. Auch Beamte, Angehörige des Klerus, Kaufleute und einzelne Berufsstände glaubten ebenfalls, solche Anrechte erworben zu haben. Die Verpflichtung des patrimonialen Königtums zur Belohnung verdienter Untertanen, der häufig durch die Erteilung von Privilegien nachgekommen wurde, ist somit nicht nur im Zeitalter des sich durchsetzenden modernen Anstaltsstaates erhalten geblieben, sondern durch das von ihr begünstigte Privilegienwesen konnte sie sich zu einer das soziale Gefüge bestimmenden Kraft entwickeln. Nicht zu Unrecht bezeichnet man daher auch den Staat des *Ancien Régime* als Privilegienstaat[67]. Die *rewards of conquest*[68] haben zwar bei der Begründung der kolonialen Gesellschaft eine wichtige Rolle gespielt, sind aber gleichwohl in den Rahmen dieses gesamteuropäischen Privilegienstaates zu stellen und nicht so sehr Ausdruck eines Fortlebens mittelalterlicher Institutionen in Spanien.

Die Untersuchung der *Reconquista* hat aber nicht nur institutionelle Kontinuitäten zur *Conquista* zu Tage gefördert, sondern ist auch zum Ausgangspunkt einer Gesamtinterpretation der Wirtschafts- und Sozialstruktur vor allem Kastiliens zu Beginn der Neuzeit, ja sogar der gesamtspanischen neueren Geschichte geworden, die ihrerseits zur Erklärung der *Conquista* herangezogen wurde. Diese Deutung erfolgte unter Benutzung des von nordamerikanischen Historikern aus der Analyse des im eigenen Lande vollzogenen Kolonisationsprozesses abgeleiteten *Frontier*-Konzepts, das als Interpretationsschema auf Expansionsbewegungen hochzivilisierter Völker in menschenleere oder von Menschen niederer oder andersartiger Zivilisation bewohnte Gegenden angewandt wurde[69]. Hinsichtlich der spanischen *Reconquista* ergab diese Analyse im wesentlichen, daß die permanente Südausdehnung mit der Besitznahme und Wiederbesiedlung weiter Gebiete eine durch die persönliche

---

[66] Mario Góngora, Studies, insbesondere p. 21ff.
[67] Darauf verweist Richard Konetzke in seinen Arbeiten, zuletzt: Para un estudio de la historia del estado y la sociedad en la Hispanoamérica colonial, p. 52.
[68] Nach Góngora, Studies, p. 21.
[69] Aus der Fülle des Schrifttums zu diesem Thema vgl. lediglich Walker D. Wyman and Clifton B. Kroeber, eds., The Frontier in Perspective, mit zahlreichen Einzelbeiträgen zu verschiedenen Beispielen. Über die Verwendung dieses Interpretationsschemas vgl. die Einleitung der Herausgeber.

Freiheit des Individuums, durch geographische und auch soziale Mobilität gekennzeichnete, adelig-feudal strukturierte Hirten- und Ackerbauerngesellschaft mit einem starken kriegerischen Einschlag, bedingt durch die militärischen Erfordernisse der Grenze, hervorbrachte. Es würde zu weit führen, diese Argumentation im einzelnen nachzuvollziehen. Dagegen ist ein dieser Gesellschaft zugeschriebenes Strukturmerkmal hervorzuheben, das als Zwang zu extensiven Lösungen wirtschaftlicher und sozialer Probleme charakterisiert wird und seinen Ursprung in der dünnen Besiedlung des Landes hat. Der vor allem im Süden Spaniens vorherrschende Großgrundbesitz, ein extensiv betriebener Ackerbau, das Überwiegen der Viehzucht, die Entwicklung von Stadtgemeinden mit weit ausgedehnten Jurisdiktionsbezirken, das Streben nach dem Erwerb von Reichtum durch Beutezüge ins Maurengebiet, dünne Besiedlung und das Fortleben der im übrigen Europa im Rückzug befindlichen, weit verzweigten Großfamilie verdeutlichen diesen Zwang zu extensiven Lösungen[70].

Angesichts dieser Interpretation der kastilischen Gesellschaft erscheint der Schluß geradezu zwingend, daß „*la Conquête coloniale espagnole a relayé immédiatement la Reconquête achevée. Il est désormais devenu banal de souligner l'unité fondamentale des deux entreprises.*"[71]. Reconquista und Conquista bilden hier eine fundamentale Einheit. Man vergegenwärtige sich jedoch: Im Zeichen einer *unité fondamentale* gelangten Spanier in einem acht Jahrhunderte währenden Vorstoß von Covadonga[72] über Granada nach México, Lima and Manila. Auch wenn man, wie die beiden zitierten Autoren dies tun, diese Kontinuität nur in sehr allgemeinen Wesensmerkmalen im Rahmen der *longue durée* hervorhebt, gewinnt diese Verallgemeinerung nicht an Aussagekraft. Selbst wenn man sie auf die Motive, die Verhaltensweisen und den sozialen Hintergrund der Konquistadoren einengt und diese Charakterzüge der Eroberer aus den durch die *Reconquista* geprägten Sozialstrukturen zu erklären versucht[73], lassen sich die verschiedenen Phänomeme nicht ausschließlich aus der spanischen Geschichte erklären, bzw. erweisen sich bei näherem Hinsehen als auch außerhalb Spaniens zu beobachtende Zeiterscheinungen. Bei diesem neuerlichen, wenn auch solider begründetem Rückgriff auf die Mentalität begegnen abermals die schon erwähnten, in stereotyper Wiederholung gebrauchten Wesenszüge

---

[70] Diese unter Verwendung des *Frontier*-Konzepts erfolgende strukturelle Analyse, in der der Zwang zu extensiven Lösungen betont wird, findet sich in dieser Deutlichkeit bei Pierre Chaunu, L'Espagne de Charles Quint, vol. 1: L'Héritage espagnol. L'Héritage de la „Frontière", p. 77ff., als Phänomen der „longue durée": p. 157. Dies bedeutet nicht, daß der Vf. die Ergebnisse der neueren Untersuchungen zur Wirtschafts- und Sozialgeschichte Spaniens im 16. Jahrhundert nicht zur Kenntnis nähme, er bewertet die Ergebnisse lediglich nicht als zu neuen Strukturen gehörig, siehe dazu unten p. 33ff. — Weitere Studien unter Verwendung des Frontier-Konzepts sind u.a. Claudio Sánchez-Albornoz, The Frontier and Castilian Liberties, p. 27ff.; Charles Julian Bishko, The Castilian as Plainsman: The Medieval Ranching Frontier in La Mancha and Extremadura, p. 47ff.; Silvio Zavala, The Frontiers of Hispanic America, p. 35ff.

[71] Pierre Vilar, La Catalogne dans l'Espagne moderne. Recherches sur les fondements économiques des structures nationales, vol. 1, p. 510f. Pierre Chaunu, L'Espagne..., vol. 1, p. 152f. übernimmt das Zitat im Schlußabschnitt seines *Frontier*-Kapitels.

[72] Das 722 stattgefundene Scharmützel zwischen Mauren und Christen im asturischen Covadonga gilt als Beginn der *Reconquista*.

[73] Diese Tendenz findet sich bei Ruggiero Romano, Les mécanismes de la conquête coloniale, auch wenn der Vf. die Möglichkeit einräumt, die Triebkräfte aus allgemeineren Zeiterscheinungen zu erklären, p. 17.

des Eroberers, wie Abenteuerlust, Goldgier, adelige Gesinnung usw. Während die Goldgier sich bei einer sorgfältigen Analyse als das Bedürfnis nach Zahlungsmitteln im Rahmen der sich zunehmend selbst finanzierenden *Conquista* entpuppt[74], sind viele der übrigen Eigenschaften und Beweggründe der Eroberer allgemeine Zeiterscheinungen, die sich aus der Kultur der Renaissance erklären lassen[75].

Sicherlich stellt die *Conquista* im Rahmen der für sich betrachteten spanischen Geschichte in vieler Hinsicht eine Anknüpfung an die *Reconquista* dar, wie schon in bezug auf bestimmte institutionelle Kontinuitäten angemerkt wurde. Doch ist die *Reconquista* kein derart in sich geschlossener, zusammenhängender Vorgang gewesen, daß er einheitliche Strukturen in ganz Spanien oder auch nur in ganz Kastilien hätte hervorbringen können, da allein die zeitliche Ausdehnung der Rückeroberung dazu geführt hatte, daß in Asturien entfernte Vergangenheit war, was sich in Andalusien an den Grenzen des maurischen Granada noch als unmittelbare Gegenwart darstellte.

Selbst der Krieg gegen Granada vollzog sich in gänzlich neuen, mit den früheren *Reconquista*-Unternehmungen nicht vergleichbaren Formen. So wurde nach ersten Scharmützeln bald ein strategisches Konzept entwickelt, das planvoll auf die Eroberung des gesamten Maurenreiches abzielte. In Ergänzung dazu mobilisierten die Könige die Ressourcen beider Reichsteile und entwickelten ein umfangreiches logistisches System zur Versorgung der Truppen. Die Kriegszüge selbst zielten auf die Eroberung strategisch wichtiger Plätze des Maurenreiches, die durch Vernichtung des feindlichen Umlandes und umfangreiche Belagerungsvorbereitungen, wie Schanzarbeiten und Fällen ganzer Wälder, eingeleitet und schließlich unter Einsatz neuer mauerbrechender Waffen und Artillerie erreicht wurde. Vieles an diesem Krieg, insbesondere aber die methodische Vorbereitung und Planung, erinnert weit mehr an moderne militärische Unternehmungen als an das mittelalterliche, durch Fußsoldaten und Bogenschützen ergänzte Ritterheer. Mit Fug und Recht könnte man daher den Kampf gegen Granada als den ersten neuzeitlichen Krieg des im Entstehen begriffenen modernen spanischen Staates bezeichnen, zumal sich aus ihm nicht nur ein stehendes Heer, sondern auch die überlegene Kriegskunst der Spanier des 16. und beginnenden 17. Jahrhunderts entwickelte.

Grundsätzlich wird gefragt werden müssen, ob es zulässig ist, einen zwar epochalen, primär aber militärisch-politischen Vorgang, der sicherlich in viele Bereiche des geschichtlichen Lebens ausstrahlte, sich aber in sehr unterschiedlichen und in zeitbedingt veränderlichen Formen vollzog, zu einem auch die wirtschaftlichen und sozialen Strukturen gleichförmig und langfristig prägenden Wesensmerkmal aufzuwerten. Dies wäre etwa dem Versuch vergleichbar, das europäische Mittelalter als Zeitalter der Scholastik zu begreifen, wofür geistesgeschichtlich zutreffende Gründe vorhan-

---

[74] Darauf verweisen neuerdings James Lockhart und Enrique Otte, eds., Letters and People of the Spanish Indies. Sixteenth Century, p. 19, die verschiedentlich Front gegen gängige Klischeevorstellungen vom Wesen der Konquistadoren machen.

[75] Vgl. dazu etwa Jacob Burckhardt, Die Kultur der Renaissance in Italien, wo sich zahlreiche Beispiele für kriegerische Betätigungen (Turniere), Abenteuerlust, Streben nach Reichtum, Ruhm und Ritterwürde etc. in Italien finden, die verdeutlichen, daß die Konquistadoren sich durchweg im Rahmen der Verhaltensnormen jener Zeit bewegten; vgl. dazu ebenfalls Fernand Braudel, La Méditerranée, vol. 2, etwa die Kapitel V-VII.

den sein mögen, und daraus ein prägendes Merkmal zur Interpretation der parallel sich entwickelnden Wirtschafts- und Sozialstrukturen herleiten zu wollen. Sicherlich sind auch von dem in sich sehr differenzierten scholastischen Denken Einflüsse auf die wirtschaftlichen und sozialen Prozesse ausgegangen, aber sie sind eben nicht strukturprägend gewesen. In bezug auf Spanien und die *Reconquista* ist schließlich auch darauf hinzuweisen, daß viele der auf die *Reconquista* zurückgeführten Strukturmerkmale auch in den meisten übrigen christlichen ebenso wie nichtchristlichen Mittelmeeranrainerländern zu beobachten sind, in Gebieten also, die, wie Südfrankreich, Süditalien, Griechenland etc., in ihrer Geschichte kein *Reconquista*-Phänomen zu verzeichnen haben[76].

Auch Entdeckung und Eroberung Amerikas lassen sich nicht allein aus der iberischen Geschichte erklären, sondern können nur aus dem Zusammenwirken zahlreicher, vielfach typisch mediterraner, oft gesamteuropäischer Entwicklungsfaktoren und den aus den Verhältnissen in der Neuen Welt resultierenden Einflüssen verstanden werden[77]. Diese größeren Zusammenhänge gilt es, sich ständig zu vergegenwärtigen, auch wenn die Thematik der vorliegenden Studie dazu zwingt, die staats- und gesellschaftsbeeinflussenden Kräfte, die im Verlauf der Kolonisation wirksam wurden, besonders herauszustellen, die in erster Linie durch die Untersuchung der Entwicklungen in Spanien und in den neu entdeckten Gebieten selbst erfaßt werden müssen.

Insgesamt gesehen wird man feststellen müssen, daß es sicher unsinnig wäre, das Weiterleben prägender, aus dem spanischen Mittelalter und der *Reconquista* stammender Traditionen in den verschiedenen Bereichen des geschichtlichen Lebens leugnen zu wollen. Ebenso ist es zweifellos erforderlich, diesen Kontinuitäten ihren Platz in einer Gesamtdeutung der spanischen Geschichte wie auch in der Geschichte der überseeischen Ausbreitung einzuräumen. Dabei müssen jedoch zwei Dinge unbedingt beachtet werden, die in der bisher vorliegenden Literatur zu diesem Problemkomplex nur allzuoft außer acht gelassen wurden. So erscheint es fragwürdig, eine Fülle von Traditionslinien aufzuzeigen, die innerhalb eines historischen Prozesses, wie etwa der überseeischen Expansion, wirksam gewesen sind, und mit diesen von ihrem Ursprung her definierten Traditionen den beobachteten Vorgang charakterisieren zu wollen. Dies ist selbst dann bedenklich, wenn man die verschiedenen Traditionen zu einer Struktur verwebt, um dann vermittels des Aufsuchens der einzelnen Strukturmerkmale einen zeitlich sich anschließenden Vorgang interpretieren zu wollen, eine Tendenz, die in dem mehrfach zitierten Werk von Chaunu zu beobachten ist. In beiden Fällen wird der Blick auf neue Entwicklungen verstellt. Zum anderen erscheint es nur möglich, den Stellenwert der ermittelten Traditionen innerhalb des untersuchten Phänomens zu bestimmen, indem ihre Bedeutung durch Vergleiche mit den Verhältnissen in anderen Gebieten oder Ländern näher bestimmt

---

[76] Braudel, La Méditerranée, vol. 1, p. 88f. etwa zur Verbreitung der Transhumanz, sowie zahlreiche weitere Beispiele in den beiden ersten den Strukturen gewidmeten Teilen.

[77] Dies haben Charles Verlinden, Précédents ... ; Richard Konetzke, Überseeische Entdeckungen und Eroberungen, p. 535ff. neben anderen Autoren deutlich herausgearbeitet. In seinem Werk „L'expansion européenne du XIIIe au XVe siècle", stellt auch Pierre Chaunu die Bedeutung dieser gesamteuropäischen Entwicklungen für die spanischen Entdeckungen heraus, während er in „L'Espagne de Charles Quint" durch die Betonung der Kontinuität *Reconquista-Conquista* diesen gesamteuropäischen Aspekt stark relativiert.

wird. Konkret heißt dies, daß es unzulässig erscheint, allein aus dem Umstand, daß im Verlauf der überseeischen Expansion mittelalterliche Institutionen fortwirkten, bzw. aus der Tatsache, daß Spanien um 1500 noch weitgehend unter dem Einfluß mittelalterlicher Traditionen stand, zu schließen, daß die gesamte Expansionsbewegung ebenfalls weitgehend mittelalterlich geprägt gewesen sei. Beides könnte nur dann als ein besonderes Charakteristikum angesehen werden, wenn der Nachweis gelänge, daß die in Spanien konstatierten Traditionen oder Strukturen zumindest in den wichtigsten Ländern Europas bereits durch neue Entwicklungen abgelöst wurden. Eine solch grundlegende Diskrepanz zwischen Spanien und dem übrigen Europa für die Zeit um 1500 annehmen zu können, erscheint schwer vorstellbar, wenn man sich die engen Beziehungen zwischen der Iberischen Halbinsel und beispielsweise Italien vergegenwärtigt, von wo diese modernen Entwicklungen ja großenteils ausgingen.

Inzwischen ist im Gefolge des bedeutenden Werkes von Fernand Braudel über den Mittelmeerraum zur Zeit Philipps II. eine Fülle großenteils durch die französische strukturgeschichtliche Schule beeinflußter Studien zur Wirtschafts- und Sozialgeschichte Spaniens insbesondere im 16. und 17. Jahrhundert vorgelegt worden, durch die ein sehr viel differenzierteres Bild der inneren Entwicklungen und der Strukturen der spanischen Monarchie entworfen wurde[78]. Zwar fehlt es immer noch an tiefschürfenden Untersuchungen zur Stellung des so oft in den Mittelpunkt der Untersuchung gerückten Adels, zur Bedeutung seiner Gliederung in verschiedene Gruppen oder Schichten und zu der Frage, ob und inwieweit der Adel eine nach unten klar abgeschlossene soziale Schicht darstellte, ein Problem, welches vor allem für die Einstufung der *Hidalgos* innerhalb der Gesellschaft und für deren Verhältnis zum städtischen Patriziat bürgerlichen Ursprungs höchst wichtig wäre[79], doch ist andererseits der Nachweis gelungen, daß in Spanien nicht nur kapitalistische Verhaltensweisen[80] verbreitet waren, sondern daß darüber hinaus im beginnenden 16. Jahr-

---

[78] So etwa die Arbeiten von Bartolomé Bennassar, Henri Lapeyre, Felipe Ruiz Martín, Noël Salomon, José-Gentil da Silva, Pierre Vilar u. a., neben anderen zusammenfassend ausgewertet bei Pierre Chaunu, L'Espagne..., insbesondere Kapitel 3ff.

[79] Obwohl der Adel, seine Verhaltensweisen zur Wirtschaft und sein politischer, wirtschaftlicher und sozialer Einfluß auf die gesellschaftliche Entwicklung bei allen Analysen und Deutungsversuchen implizit oder explizit eine so herausragende Rolle spielen, fehlt es nahezu völlig an monographischen Untersuchungen zur Sozialgeschichte des Adels für die Zeit des *Ancien Régime*. Problematisch erscheint vor allem, daß die *Hidalgos*, eine unterhalb der Ritterschaft stehende, zahlenmäßig bedeutende Gruppe des Adels, die in sich jedoch so stark differenziert war, daß sie von manueller Arbeit lebende Handwerker und Bauern ebenso umfaßte wie vermögende, sich von der Ritterschaft kaum unterscheidende Gruppen, weitgehend kritiklos und pauschal zum Adel als der sozialen Oberschicht gerechnet werden. Sicherlich lassen sich die *Hidalgos* nicht als einheitliche Gruppe nach ihrem sozialen Ansehen einstufen und dürften vielfach nur schwer vom städtischen Patriziat bürgerlicher Herkunft zu unterscheiden sein.

[80] Für das 16. Jahrhundert stellt dies u. a. José Antonio Maravall, Estado moderno, vol. 2, p. 130ff. deutlich heraus. Da er den Kapitalismus als eine an die Ausbildung des Manufakturwesens geknüpfte Erscheinung ansieht, stuft er die bürgerliche Mentalität des 16. Jahrhunderts als „präkapitalistisch" ein. Zu Maravall ist anzumerken, daß er nicht zu den von der französischen Schule beeinflußten Historikern gehört und seine Untersuchungen über die Mentalität vorwiegend auf zeitgenössische literarische Quellen stützt.

hundert ein dynamisches, kapitalkräftiges und expandierendes Bürgertum existierte. Ein großer Teil gerade der erfolgreichen Angehörigen dieser aufstrebenden Schicht scheint sich aus vom Judentum zum Christentum übergetretenen Konvertiten rekrutiert zu haben. Ohne in die Diskussion über die religiösen Ursprünge des Kapitalismus eingreifen zu wollen, sei zu diesem Phänomen lediglich festgestellt, daß es sich dabei offenbar eher um ein Minderheiten- als um ein religiöses Problem handelt[81].

Die bedeutendsten unternehmerisch tätigen Vertreter dieser Schicht, die Großkaufleute von Burgos, Medina del Campo und Sevilla verfügten nicht nur über beträchtliche Kapitalien, sondern unterhielten auch enge Kontakte zu den großen europäischen Handelsplätzen wie Antwerpen oder Florenz. Darüber hinaus hatte sich mit Zentrum in Segovia ein wollverarbeitendes Gewerbe entwickelt, das sich in Richtung auf ein Manufakturenwesen ausbildete und in der zweiten Hälfte des 16. Jahrhunderts sowohl in bezug auf Quantität als auch hinsichtlich der Qualität seiner Erzeugnisse durchaus mit den großen flandrischen Unternehmen konkurrieren konnte[82]. Allerdings scheint die Entwicklung kapitalistischer Verhaltensweisen in Spanien gegenüber Mitteleuropa vergleichsweise spät eingesetzt zu haben. Dennoch läßt sich im 16. Jahrhundert auch in Spanien eine breite Kapitalakkumulation beobachten[83].

Diese insgesamt doch recht bedeutenden Ansätze zu einer modernen sozialen und wirtschaftlichen Entwicklung sind bereits unter den Katholischen Königen durch Maßnahmen behindert worden, die auf Kosten des Gewerbes den Export landwirtschaftlicher Produkte, insbesondere Wolle, und die Ausbildung des Besitzes der Toten Hand begünstigten. Später, im Zeitalter der Habsburger, haben die Niederlage der städtischen gewerbetreibenden Bevölkerungsschichten im *Comunero*-Aufstand und die daraus resultierende Mißachtung ihrer Interessen, die imperiale Politik des Königtums und die über das europäische Durchschnittsniveau hinauswachsende Inflationsrate diese günstige Entwicklung zum Stillstand gebracht[84]. Vor allem die Finanzierung der europäischen Politik der Krone hatte nicht nur einen

---

[81] Vgl. zu den Konvertiten unten p. 36f.; zur Beteiligung der Konvertiten am Wirtschaftsleben vgl. z. B. Ruth Pike, Aristocrats and Traders. Sevillian Society in the Sixteenth Century, p. 99ff. Bezüglich der Auseinandersetzung über die religiösen Ursachen des Kapitalismus scheint mir das Problem durch Untersuchungen wie etwa Herbert Lüthy, Variationen über ein Thema von Max Weber, p. 99ff. oder Hugh Redwald Trevor-Roper, Religion, Reformation und sozialer Umbruch, in den richtigen historischen Zusammenhang gestellt worden zu sein. Aus diesem Grund wird auch hinsichtlich der Konvertiten davon abgesehen, religiöse Ursachen für die wirtschaftliche Sonderstellung dieser Gruppe anzunehmen.

[82] Vgl. dazu die knappe Zusammenfassung bei Joseph Pérez, L'Espagne du XVIe siècle, p. 22ff.

[83] Vgl. Bartolomé Bennassar, Consommation, investissement, mouvements de capitaux en Castille aux XVIe et XVIIe siècles, p. 139ff. — Angesichts der breiten Streuung dieser Kapitalakkumulation zeigt sich auch Bennassar überrascht, daß sie nicht zu Investitionen in wirtschaftliche Unternehmungen führte. Bei dem Versuch der Erklärung dieses Umstands wirkt der Vf. relativ hilflos; doch scheint für die von ihm untersuchte Zeit vor allem darin die Ursache für diesen Umstand zu sehen zu sein, daß die rapide Inflation für die von Bennassar konstatierte, eher mittelständisch zu nennende Kapitalakkumulation keine Investitionsmöglichkeiten bot, da zur Realisierung von Inflationsgewinnen zumindest zu den Bedingungen jener Zeit eher große Kapitalien erforderlich waren.

[84] Weitgehend resümiert in Joseph Pérez, L'Espagne, p. 11ff.; ausführlicher und differenzierter bei Pierre Chaunu, L'Espagne, vol. 2, p. 365ff.

ständigen Zahlungsmittelabfluß zur Folge[85], sondern sie zwang den Staat auch dazu, den großen europäischen Bank- und Handelshäusern, die die in Flandern, Deutschland und Italien benötigten Gelder an Ort und Stelle zur Verfügung stellen konnten, als Sicherheit die Einziehung großer Teile der Kroneinkünfte zu überlassen. Dadurch wurde nicht nur die Entstehung eines Steuerpacht-, Staatslieferanten- und Kriegsfinanzierungskapitalismus in Spanien erheblich behindert, sondern auch die spanische Wirtschaft dem Zugriff mächtiger ausländischer Unternehmerinteressen ausgeliefert[86]. Schließlich wurde insbesondere durch die überseeische Expansion eine erhöhte Nachfrage nach Agrarprodukten geschaffen, so daß die Preise für landwirtschaftliche Erzeugnisse schneller stiegen als die für gewerbliche Produkte, was wiederum zur Folge hatte, daß die Landwirtschaft mehr Investitionen anzog als die gewerbliche Wirtschaft. Nicht zuletzt hat aber auch die Preisrevolution des 16. Jahrhunderts eine „Flucht in die Sachwerte" begünstigt, um einen modernen Ausdruck zu gebrauchen, wie der weit verbreitete Besitz hochwertiger Konsumgüter in den spanischen Haushaltungen jener Zeit verdeutlicht[87]. Zahlreiche Faktoren haben mithin zusammengewirkt, um das Scheitern eines spanischen Kapitalismus und des spanischen Bürgertums im 16. Jahrhundert auszulösen.

Festgehalten zu werden verdient hier aber vor allem die Tatsache, daß sich zum Zeitpunkt der Entdeckung diese modernen sozialen und wirtschaftlichen Entwicklungen noch in voller Expansion befanden und in starkem Ausmaß auch an der *Conquista* beteiligt waren, da die Ursachen, die diese Tendenzen schießlich zum Scheitern brachten, erst im weiteren Verlauf des 16. Jahrhunderts wirksam wurden. Neben der Feudal-, Ackerbauern-, Hirten- und Kriegertradition ist somit auch das Phänomen des von einer aufstrebenden sozialen Schicht getragenen Kapitalismus in der überseeischen Ausbreitung Spaniens wirksam geworden[88], obwohl dieser Umstand in der Literatur häufig nicht oder nur unzureichend zur Kenntnis genommen wird. Der Aufstieg Sevillas zu einer der bedeutendsten Handelsmetropolen, die unternehmerische Betätigung zahlreicher Konquistadoren und der rasche Transfer europäischer Handels-, Gewerbe- und Agrartechniken nach Übersee sind ein sichtbarer Ausdruck dieser Beteiligung unternehmerischer Kräfte an der *Conquista*.

---

[85] Vgl. dazu z.B. die Graphik bei Fernand Braudel, La Méditerranée, vol. 1, p. 435.
[86] Richard Konetzke, Die spanischen Verhaltensweisen zum Handel als Voraussetzungen für das Vordringen der ausländischen Kaufleute in Spanien, p. 4ff., stellt die Frage nach den Ursachen für das Fehlen dieser Kapitalismusformen in Spanien. Ein wichtiger Grund dafür scheint eben darin zu sehen zu sein, daß das Königtum Geld und Warenlieferungen vorwiegend zur Versorgung der spanischen Truppen außerhalb der Halbinsel und zur Finanzierung seiner europäischen Politik an den verschiedenen Höfen benötigte, so daß auf Bankhäuser zurückgegriffen werden mußte, die am jeweiligen Ort über ausreichendes Kapital bzw. hohen Kredit verfügten.
[87] Auf die verbreitete Existenz von Haushaltsgegenständen aus massivem Edelmetall, von hochwertigen Bekleidungsstücken, Möbeln, Teppichen usw. verweist B. Bennassar, Consommation, investissement, p. 143f.
[88] Ein solches Beispiel für die Beteiligung spanischen Unternehmertums an der *Conquista* untersucht etwa Guillermo Lohmann Villena, Les Espinosa: une famille d'hommes d'affaires en Espagne et aux Indes à l'époque de la colonisation. — Sicherlich handelte es sich dabei noch um einen Handelskapitalismus, wie er sich im Verlauf des Spätmittelalters vor allem in Italien ausgebildet hatte.

Im Gefolge der verschärften Religionspolitik und der Zwangsbekehrungen der jüdischen und maurischen Minderheiten gewann außerdem ein religiös-ethnisch begründetes soziales Differenzierungsprinzip im beginnenden 16. Jahrhundert rasch an Bedeutung, das in veränderter Form auch in den überseeischen Kolonialgebieten zu einem gesellschaftsstrukturierenden Merkmal werden sollte. Gemeint ist das Prinzip der *limpieza de sangre*[89]. Diese „Blutreinheit" bezog sich zunächst nur auf die Abstammung eines Individuums oder einer Familie von altchristlichen Vorfahren. Durch die von der Inquisition genährten Verdächtigungen bezüglich der religiösen Orthodoxie wurde sehr bald die Rechtgläubigkeit all derjenigen in Zweifel gezogen, die auch nur einen Tropfen jüdischen oder – seltener – maurischen Blutes in ihren Adern hatten, so daß sich religiöse und volksgruppenbezogene Beurteilungskriterien vermischten und selbst überzeugte Christen aufgrund entfernter Verwandtschaften als religiös suspekt und daher auch als sozial minderwertig diskriminiert wurden. Die Herabstufung dieses Personenkreises erstreckte sich häufig auch auf Berufe und Tätigkeiten, die diese Gruppe bevorzugt ausübte, also insbesondere Geldgeschäfte und bestimmte Handwerke. Allerdings wird die von hier ausgehende Geringschätzung einzelner Berufe offensichtlich überschätzt, denn es finden sich genügend Altchristen, die in Ausübung solcher Berufe zu sozialem Ansehen innerhalb ihrer Dorf- oder Stadtgemeinden gelangten. Im Zusammenhang mit dem bereits geschilderten Mentalitätsproblem wird für Spanien auch die soziale Diskriminierung handwerklicher Berufe überbetont, wie schon ausgeführt wurde. Dies wird durch die große Bedeutung der Zünfte und religiösen Bruderschaften der verschiedenen Berufsstände innerhalb des städtischen Sozialgefüges unterstrichen. Außerdem entwickelten die Zünfte wie überall in Europa auch in Spanien ein eigenes Standesbewußtsein und suchten sich gegen das Eindringen von Personen ungewisser sozialer Herkunft zu schützen[90], was eher gegen eine Diskriminierung des Handwerkerstandes spricht. Das Leben in relativ geschlossenen sozialen Verbänden, wie es für jene Zeit allgemein kennzeichnend war, führte leicht zur Mobilisierung von Abwehrmechanismen gegen alles, was fremdartig oder nicht mit den verschiedenen Normen vereinbar erschien. So galten uneheliche Geburt, fremdartiges Aussehen und selbst der Umstand, Ausländer zu sein, als verdächtig und trugen zur Auslösung solcher Abwehrmechanismen bei. In diesen Zusammenhang wird man daher auch die Diskriminierung der *Conversos* zu stellen, gleichzeitig aber zu beachten haben, daß in der Alltagspraxis diese tendenzielle Neigung zur Diskriminierung der Konvertiten sehr unterschiedliche Formen angenommen hat und nicht als ein unabänderliches Faktum anzusehen sein dürfte. Nicht umsonst konnten zahlreiche *Conversos* zu Reichtum, Würden, Ämtern und Ansehen gelangen[91].

---

[89] Vgl. Albert Sicroff, Les controverses des statuts de „pureté de sang" en Espagne du XVe au XVIIe siècle; Antonio Domínguez Ortiz, Los judeoconversos en España y América, insbesondere p. 79ff.

[90] Zur Ausbildung dieses Standesbewußtseins und der Tendenz zur Abwehr „suspekter" Elemente in den Zünften und Gilden vgl. Richard Konetzke, Las ordenanzas de gremios como documentos para la historia social de Hispanoamérica durante la época colonial, p. 421ff., der nicht nur die Verhältnisse in Spanien selbst skizziert, sondern auch Hinweise auf solche Abwehrmechanismen bei deutschen, englischen und französischen Zünften gibt.

[91] Beispiele dazu finden sich etwa bei Ruth Pike, Aristocrats, p. 100ff.

Immerhin ist nicht zu bestreiten, daß durch das Konzept von der *limpieza de sangre* eine besondere soziale Gruppe entstehen konnte, die manchen gesetzlichen Einschränkungen unterworfen war und zumindest potentiell gesellschaftlicher Diskriminierung ausgesetzt war. Dadurch wurden in die ständisch gegliederte Sozialordnung des christlichen Spanien Stratifikationsprinzipien einer Kastengesellschaft eingeführt, wie sie vor der Zwangsbekehrung der Juden und Mauren nur gegenüber diesen andersgläubigen und in die christliche Gesellschaft nicht voll integrierten Minderheiten galten[92]. In der entstehenden kolonialen Sozialordnung setzten sich solche Differenzierungsprinzipien teilweise bei der Eingliederung der Indianer- und insbesondere der Mischlingsbevölkerung durch.

Zusammenfassend kann festgestellt werden, daß die wirtschaftlichen und sozialen Strukturen Spaniens bei aller regionalen Verschiedenheit sicherlich noch in vieler Hinsicht durch mittelalterliche und vielfach aus der *Reconquista* herzuleitende Phänomene geprägt waren. Besonders die Notwendigkeit zur raschen Organisation ausgedehnter Gebiete mit Hilfe einer zahlenmäßig geringen Bevölkerung, der Zwang zur Assimilierung religiös und ethnisch verschiedenartiger Minderheiten und die Erfordernisse und Begleiterscheinungen einer Grenze gegenüber nichtchristlichen Reichen führten zur Entstehung verschiedenartiger Besonderheiten, die moderne Entwicklungsprozesse behinderten, wie sie im europäischen Spätmittelalter weithin zu beobachten sind. In diesem Zusammenhang ist vor allem die spanische Sonderform der Grundherrschaft zu erwähnen, die keine juristische Bindung des Individuums an den Grundherrn kannte und sich durch relativ geringe Abgabenverpflichtungen an den Grundherrn auszeichnete. Obwohl bislang kaum untersucht, scheint an Stelle der rechtlichen Bindung eine Art Klientelverhältnis entstanden zu sein, womit sich die Herkunft dieser für die spanische und hispanoamerikanische Sozialgeschichte so wichtigen Form persönlicher Beziehungen erklären ließe. Wie auch immer die künftige Forschung diese Fragen deuten mag, so bleibt hier festzuhalten, daß in Spanien von der Grundherrschaft kein Impuls zur Flucht in die „freie Stadtluft" ausging und die Städte daher, von wenigen Zentren abgesehen, ein eher ländliches Gepräge behielten. Ungeachtet dieser Kontinuitäten läßt sich jedoch auch auf der Iberischen Halbinsel im 15. Jahrhundert mit einiger zeitlicher Verzögerung die Entwicklung eines rasch expandierenden Bürgertums beobachten, das durch Entfaltung seiner unternehmerischen Kräfte erheblich dazu beitrug, Spanien eine bis in die zweite Hälfte des 16. Jahrhunderts reichende Wirtschaftsblüte zu bescheren, und zunehmend Einfluß auf die politischen Entscheidungen gewann. Der Entschluß der Krone, dem Vorbild Portugals folgend den Weg einer überseeischen Expansion einzuschlagen, ist sicherlich zu einem guten Teil auf das Drängen dieser aufstrebenden Kräfte zurückzuführen. Wie in weiten Teilen Europas schon früher, so bahnte sich jetzt auch in Spanien ein sozialer und wirtschaftlicher Umbruch an, der aller-

---

[92] Zu den Stratifikationsprinzipien einer ständischen und einer Kastengesellschaft vgl. Roland Mousnier, Les hiérarchies sociales de 1450 à nos jours, p. 19ff. und 24ff. — Auf den Umstand, daß durch die Vorstellung von der *limpieza de sangre* Beurteilungskriterien einer Kastengesellschaft in Spanien Eingang fanden, beharrt neuerdings Juan Ignacio Gutiérrez Nieto, La estructura castizo-estamental de la sociedad castellana del siglo XVI, p. 519. — Der Autor betont allerdings in übertriebener Weise die Auswirkungen des Prinzips der *limpieza de sangre* auf die Entwicklung des Bürgertums.

dings durch eine Reihe im Verlauf des 16. Jahrhunderts wirksam werdender Faktoren seine Dynamik verlor und nicht zur Vollendung kam.

Für die überseeische Ausbreitung Spaniens ist nun aber von ausschlaggebender Bedeutung, daß die Konquistadoren die Gesamtheit dieser durch den Widerstreit zwischen agrarisch-feudalen und bürgerlich-kapitalistischen Kräften gekennzeichneten Gesellschaft vertraten, d.h. also keine einheitliche soziale Gruppe oder Schicht, sondern sowohl hinsichtlich ihrer regionalen als auch ihrer sozialen Herkunft die komplexe Gesamtgesellschaft repräsentierten. Neuere Forschungen haben gezeigt, daß *„an essentially intact, complete Spanish society was transferred to Peru in the conquest and civil war period"* und daß dies auch für die übrigen amerikanischen Kolonialgebiete Spaniens zutreffen dürfte[93]. Nahezu alle sozialen Schichten, mit Ausnahme des Hochadels, alle Berufsstände und alle Regionen Spaniens waren an den überseeischen Unternehmungen beteiligt. Besonders bedeutsam erscheint, daß die Konquistadoren auch in Amerika zunächst ihren sozialen Status behielten, anfangs sogar ihre zumeist handwerklichen Berufe ausübten und fast durchweg unternehmerische Aktivitäten entfalteten[94]. Dies aber bedeutet insgesamt gesehen, daß die gesellschaftliche Entwicklung in den Kolonialgebieten nicht von Anfang an in einer bestimmten Richtung vorgeprägt, sondern grundsätzlich offen war. Alle Versuche, die soziale Ordnung in den spanischen Kolonialgebieten als von Anfang an durch den Feudalismus oder den Kapitalismus bestimmt zu interpretieren, entbehren daher jeder Grundlage[95]. Es waren vielmehr sehr verschiedenartige soziale Gruppen und Kräfte, die im Verlauf der spanischen Landnahme nach Übersee gelangten, so daß die sich ausbildende Gesellschaftsordnung in Hispanoamerika Ergebnis eines eigenständigen, freilich auch in vieler Hinsicht von den sozialen Institutionen des Mutterlandes und der staatlichen Politik beeinflußten Entwicklungsprozesses ist. Der Grund dafür, daß schon diese frühe Phase der Eroberung und Kolonisation nicht überwiegend von den die Expansion unterstützenden, handelskapitalistisch orientierten neuen sozialen Kräften geprägt wurde und sich stattdessen ein Abbild der Gesamtgesellschaft beobachten läßt, dürfte vor allem darin zu sehen sein, daß Spanien im Gegensatz zu Portugal schon kurz nach der Entdeckung Amerikas zur Siedlungskolonisation überging und sich nicht mit der Errichtung von Handelsstützpunkten begnügte.

Neben diesem allgemeineren sozialen Hintergrund sind die aus der *Reconquista* ableitbaren, aber in der *Conquista* bereits in mancher Weise veränderten und den neuen Bedürfnissen angepaßten institutionellen Mechanismen der spanischen Landnahme in sehr viel unmittelbarerer Form gesellschafts- und damit auch staatsbildend wirksam geworden. Zu nennen sind in diesem Zusammenhang vor allem die *Encomienda* als Instrument zur Ausübung der Herrschaft über die unterworfene Bevölkerung, die Rekrutierung der Teilnehmer der *Conquista*-Züge und in geringerem Umfang auch die Abmachungen zwischen der Krone und den Anführern der Entdeckungs- und Eroberungsunternehmen, die durch ihre Ansprüche auf Belohnungen für die im Dienste der Krone vollbrachten Leistungen die Übertragung eines sich immer

---

[93] James Lockhart, Spanish Peru, p. 221.
[94] Ebenda, p. 221ff.
[95] Vgl. dazu Anm. 7 dieses Kapitels.

mehr ausdehnenden Privilegienwesens nach Amerika erzwangen. Dagegen scheinen die Übertragung bestimmter, mittelalterlichen Traditionen entstammender Ämter und damit zusammenhängende institutionelle Kontinuitäten, erinnert sei hier nur an das Amt des *Adelantado*, von relativ geringer Bedeutung gewesen zu sein.

c) Die Kirche

Tiefgreifende Wandlungen, wie sie schon bezüglich der staatlichen Organisation und der wirtschaftlichen und sozialen Entwicklungen festgestellt werden konnten, bahnten sich im ausgehenden 15. Jahrhundert auch im kirchlich-religiösen Bereich an. Es wurde bereits darauf verwiesen, daß im Zeitalter der Katholischen Könige die Religion zu einem Instrument der Innenpolitik wurde, wovon die den Juden und Mauren gestellte Alternative „Bekehrung oder Auswanderung" und im Zusammenhang damit die Wiedererrichtung der Inquisition ein beredtes Zeugnis geben. Die religiöse Einheit aller Untertanen wurde zunehmend als Voraussetzung für die Loyalität gegenüber dem den Staat repräsentierenden Monarchen angesehen, der in dem Maße, in dem sich das Papsttum zu einer weltlichen Macht entwickelte, die Funktion eines Beschützers und Förderers der Religion in allen weltlichen, aber auch geistlichen Belangen übernahm und so den sakralen Charakter der Herrschaft zu unterstreichen vermochte. Diese Auffassung bewirkte zusammen mit den aufkommenden Vorstellungen von Souveränität und Staatsraison auch eine veränderte Haltung gegenüber der Kirche als Institution, da sich aus diesen Konzeptionen die Notwendigkeit einer verstärkten Kontrolle des Staates über die kirchliche Ämterhierarchie ergab. In diesem vorwiegend politischen Zusammenhang muß der gemeinhin als Ausbildung eines Staatskirchentums bezeichnete, im europäischen Spätmittelalter allenthalben zu beobachtende Prozeß auch in Spanien gesehen werden[96].

Die späterhin im Verlauf der überseeischen Expansion festzustellende massive Unterstützung der Indianermission durch den Staat und die daraus resultierende Machtstellung der Kirche in Übersee lassen sich auch nicht ausschließlich aus einem vordergründigen religiösen Eifer der Herrscher erklären, sondern müssen gleichfalls vor dem Hintergrund dieser staatspolitischen Auffassungen verstanden werden. Aus der Sicht der Krone war daher die Bekehrung der Indianer auch die Voraussetzung für ihre Erziehung zu loyalen Untertanen und für eine dauerhafte Eingliederung in den Staatsverband.

Obwohl schon unter Johann II. und Heinrich IV. Bestrebungen zur Ausbildung eines Staatskirchentums nachzuweisen sind, waren es wiederum die Katholischen Könige, die diese Entwicklung entschlossen vorantrieben und die Grundlagen des

---

[96] Während die inneren Wandlungen im Bereich der staatlichen Organisation, der Wirtschafts- und Sozialstruktur Spaniens im ausgehenden 15. Jahrhundert in den allgemeinen Darstellungen kaum, sehr oberflächlich oder verzerrt registriert wurden, hat die Ausbildung des Staatskirchentums dagegen eine breitere Beachtung gefunden, wie die Durchsicht der neueren Handbücher zur europäischen Geschichte jener Epoche deutlich macht. Aus diesem Grunde soll dieser Aspekt nachfolgend auch nur kurz skizziert werden.

spanischen Staatskirchentums legten[97]. Ihr Hauptgegner in dieser Auseinandersetzung war zweifellos die römische Kurie. Zugleich stellte sich ihnen aber auch die Aufgabe, im Innern die oft recht unklaren und daher extensiv ausgelegten Kompetenzen, Rechte und Pflichten des Klerus und vor allem der kirchlichen Behörden zu begrenzen, um so zur Stärkung der staatlichen Autorität und ihrer Organe beizutragen.

Neben diesen Bemühungen um die direkte Oberhoheit über die Inquisition und die Ritterorden führte insbesondere das hartnäckige Streben der Krone nach Einfluß auf die Besetzung der Bischofssitze und auf die Vergabe der kirchlichen Pfründen zu wiederholten heftigen Zusammenstößen mit dem Papsttum. Um ihren Forderungen Nachdruck zu verleihen, ordneten die Könige an, daß in ihrem Herrschaftsbereich keine wie auch immer gearteten päpstlichen Anweisungen durchgeführt werden dürften, sofern sie nicht die Billigung des königlichen Rates erhalten hätten. Die Einhaltung dieses Gesetzes schien den Herrschern so wichtig, daß Ferdinand seinem Vizekönig in Neapel den Befehl erteilen konnte, einen päpstlichen Abgesandten aufzuhängen, der gegen diese Bestimmungen verstoßen hatte[98]. Insgesamt verfügte die Krone in der Auseinandersetzung mit dem Papsttum über die besseren Waffen. Mit dem Hinweis, die Einberufung eines allgemeinen Konzils betreiben zu wollen, und mit der Drohung, die Übersendung der von der spanischen Kirche geschuldeten Gelder nach Rom zu unterbinden, gelang es den Königen immer wieder, die Päpste zum Einlenken zu bewegen, zumal diese auch auf die diplomatische und militärische Unterstützung Spaniens bei der Abwehr des französischen Vordringens in Italien angewiesen waren. So konnten die Könige schrittweise einen großen Teil ihrer Forderungen durchsetzen. Sie erreichten nicht nur die Oberhoheit über die Inquisition und die Ritterorden, verbunden mit der so wichtigen Kontrolle über die Finanzgebahrung beider Einrichtungen, sondern auch die vollen Patronatsrechte über die kirchliche Organisation in Granada, auf den Kanarischen Inseln und in Hispanoamerika. Mit den Patronatsrechten in diesen neu erworbenen, erst zu christianisierenden Gebieten war ein für das Papsttum verbindliches Vorschlagsrecht der Könige bei der Besetzung aller Bischofssitze und Pfründen und eine weitreichende Oberaufsicht über die kirchlichen Behörden in allen weltliche Interessen berührenden Angelegenheiten verbunden. Auch wenn es den Monarchen noch nicht gelang, die uneingeschränkten Patronatsrechte ebenfalls für die altchristlichen Reiche der Krone durchzusetzen, erreichten sie doch, daß die Päpste ihnen ein Supplikationsrecht bei der Besetzung der Bischofssitze einräumten. Obwohl diese Rechtskonstruktion das Papsttum nicht verpflichtete, die königlichen Personalvorschläge zu akzeptieren, kam dies angesichts der Druckmittel, über die das Königtum gegenüber der Kurie verfügte, in der Praxis dem Präsentationsrecht gleich, wie es mit dem Kirchenpatronat in den übrigen, neu erworbenen Reichen verknüpft war. Diese päpstlichen Zuge-

---

[97] Vgl. dazu die neueren Darstellungen von José Antonio Maravall, Estado moderno, vol. 1, p. 216ff.; Antonio Domínguez Ortiz, El Antiguo Régimen, p. 220ff.; und die Stichworte *Iglesia y Estado* und *Patronato* in: Quintin Aldea Vaquero, Tomás Marín Martínez, José Vives Gatell, eds., Diccionario de Historia Eclesiástica de España. Einen wichtigen Einzelaspekt im Gesamtzusammenhang des Verhältnisses von Staat und Kirche untersucht Clemens Bauer, Studien zur spanischen Konkordatsgeschichte des späten Mittelalters. Das spanische Kondordat von 1482, p. 43ff.

[98] Maravall, Estado moderno, vol. 1, p. 227.

ständnisse ermöglichten der Krone in Verbindung mit der in eigener Verantwortung gesetzlich verankerten staatlichen Zustimmungspflicht zu allen päpstlichen Bullen und Dekreten eine unmittelbare Kontrolle über die kirchliche Hierarchie. Zugleich ist in diesen rechtlichen Veränderungen die Grundlegung des spanischen Staatskirchentums zu erblicken, das von der Krone im Verlauf der nächsten Jahrhunderte konsequent ausgebaut wurde.

Gegenüber der kirchlichen Hierarchie im Lande selbst erwies es sich vor allem als notwendig, die Einmischung der kirchlichen Gerichtsbarkeit in rein weltliche Angelegenheiten, den Mißbrauch der Exkommunikation durch ihre Anwendung auf alle möglichen, nicht durch Glaubensfragen ausgelösten Streitfälle zwischen Klerus und Laien und die Ausuferung der kirchlichen Immunität durch deren Ausdehnung auf die Vielzahl von Trägern niederer Weihen und selbst auf Dienstpersonal des Klerus zu bekämpfen. Obwohl es in diesem Bereich erst im Verlauf des 16. Jahrhunderts und später zu einem energischen Vorgehen des Staates und zu spektakulären Auseinandersetzungen mit einzelnen kirchlichen Institutionen und sogar mit der römischen Kurie kam, haben schon die Katholischen Könige einige der gesetzlichen Grundlagen geschaffen, mit deren Hilfe der Staat seine Ansprüche durchzusetzen suchte. Das wichtigste Mittel, dessen sich die Staatsgewalt bei dem Streben nach Eindämmung kirchlicher Autoritätsausübung bediente, war das Rechtsinstrument des *Recurso de fuerza*, das die Appellation gegen Maßnahmen oder Urteile der kirchlichen Justiz an weltliche Gerichtsinstanzen gestattete. Mit dieser von den Königen durch ein Gesetz aus dem Jahre 1500 geregelten, anscheinend aber älteren Appellationsmöglichkeit konnten nicht nur die Gültigkeit eines von einem kirchlichen Gericht gefällten Urteils, sondern sogar die Rechtmäßigkeit eines kirchlichen Gerichtsverfahrens, ja, selbst die Zuständigkeit des kirchlichen Tribunals angefochten werden. Die Häufigkeit, mit der von diesem Rechtsinstrument Gebrauch gemacht wurde, und die scharfe Reaktion des Papsttums auf die Aufnahme des entsprechenden Gesetzes in die Neufassung der kastilischen Gesetzessammlung, die *Nueva Recopilación*, im 16. Jahrhundert beweisen, daß dieses Rechtsmittel offenbar seinen Zweck erfüllte[99]. Seine Einführung und Verbreitung bedeutete zusätzlich einen wichtigen Schritt zur „Verstaatlichung" des Rechtswesens und zur Unterwerfung einer autonomen Gewalt unter staatliche Kontrolle. Sehr viel langwieriger und schwieriger zu verwirklichen waren die Versuche des Königtums, die Privilegien und Immunitäten des Klerus und der von der Kirche abhängigen Institutionen zu beschneiden, da es dazu einmal keine Rechtsgrundlagen gab und es zum anderen auch nicht opportun erschien, den grundsätzlich zur Zusammenarbeit mit der Krone bereiten einheimischen Klerus durch ein allzu rigoroses Vorgehen herauszufordern.

Wenn man sich andererseits vergegenwärtigt, daß wichtige Bereiche des öffentlichen Lebens, wie etwa das gesamte Bildungswesen bis hin zu den Universitäten, die mit der städtischen Wirtschaft eng verknüpften religiösen Bruderschaften oder in klösterlichem Besitz befindliche Grundherrschaften, unter direkter Kontrolle der Kirche standen und daß gleichzeitig aus den kirchlichen Immunitäten weitreichende

---

[99] Vgl. das Stichwort *Recurso de fuerza*, in: Quintin Aldea Vaquero, Tomás Marín Martínez, José Vives Gatell, eds., Diccionario, wo jedoch das Gesetz aus dem Jahre 1500 nicht erwähnt wird. Der Hinweis darauf findet sich bei Maravall, Estado moderno, vol. 1, p. 220.

Exemtionen hinsichtlich Steuerzahlung, Militärdienst und Gerichtsbarkeit, ja, selbst eine gewisse Exterritorialität von Kirchen und Klöstern[100] abgeleitet wurden, so wird das Interesse des Staates an einer Einschränkung dieser Privilegien deutlich. Da jede generelle Lösung dieses Problems zu schwerwiegenden, in ihren Konsequenzen nicht überschaubaren Konflikten mit der Kirche geführt hätte, entwickelte sich seit dem 16. Jahrhundert ein bis an die Gegenwart heranreichender, zäh betriebener „Kleinkrieg" zwischen den staatlichen und kirchlichen Organen, der sich zumeist auf unterer Ebene an konkreten Einzelfällen entzündete und allmählich zu einer Beschneidung und Aushöhlung des kirchlichen Immunitätswesens führte. Es ist bezeichnend, daß sich diese Auseinandersetzung im Verlauf des 16. Jahrhunderts zunehmend intensivierte, d.h. zugleich aber, daß in dem Maße, in dem die spanische Krone sich zur führenden politischen Macht der Gegenreformation entwickelte, sie im Innern bemüht war, eine weitgehende Kontrolle über die kirchliche Hierarchie zu erlangen.

Nun beschränkte sich allerdings das Königtum nicht nur darauf, den Einfluß des Staates auf die kirchliche Organisation zu verstärken und die Autorität kirchlicher Institutionen in vorwiegend weltlichen Angelegenheiten einzuschränken, sondern die Krone griff mehr und mehr auch in die inneren Belange der Kirche ein. Beispielhaft dafür ist die von den Katholischen Königen betriebene Reform des Klerus. Bereits in den 90er Jahren des 15. Jahrhunderts ließen sich die Monarchen durch mehrere Papstbullen zu geeigneten Schritten ermächtigen, um die geistliche Disziplin des Welt- und Ordensklerus wiederherzustellen[101]. Im Rahmen dieser Politik, die entscheidend von dem Franziskaner Jiménez de Cisneros gefördert und beeinflußt wurde, der innerhalb weniger Jahre zum Erzbischof von Toledo und Generalinquisitor aufstieg, erfolgte die Durchführung zahlreicher Maßnahmen, die später das Konzil von Trient für die gesamte Kirche beschloß. So ordnete die Krone etwa die Residenzpflicht für alle Bischöfe und geistlichen Würdenträger an, veranlaßte die Einführung von Pfarrbüchern und damit eine verstärkte Kontrolle über die Pfarrgemeinden und ließ das klösterliche Leben den jeweiligen Ordensregeln entsprechend reformieren. Zwar stieß diese Politik teilweise auf erheblichen Widerstand aus den Reihen des Klerus und verschiedentlich auch auf die Gegnerschaft der römischen Kurie, doch da andererseits in weiten Kreisen der Geistlichkeit der Wunsch nach Reform des religiösen und kirchlichen Lebens verbreitet war, fanden die von der Krone ausgehenden Bestrebungen eine breitere Unterstützung auch innerhalb der Kirche. Es hat sogar den Anschein, als habe das Eingreifen des Königtums lediglich dazu geführt, den innerhalb der Kirche bestehenden reformerischen Strömungen zum Durchbruch zu verhelfen und so eine Erneuerungsbewegung des religiösen Lebens

---

[100] Diese Exterritorialität manifestierte sich vor allem in dem Asylrecht, das den Organen der weltlichen Justiz die Ergreifung von Personen, die sich in eine Kirche oder ein Kloster geflüchtet hatten, untersagte. — Die Exemtion von bestimmten indirekten Steuern führte wiederum zu umfangreichen Steuerhinterziehungen durch die Einschaltung von Klerikern in kommerzielle Transaktionen etc. — Durch diese Vorteile reklamierten immer neue Personengruppen die kirchlichen Immunitätsprivilegien für sich, so etwa die Studenten der Universitäten, Laien, die im Dienste der Kirche standen etc.

[101] Zu diesen Reformbestrebungen vgl. etwa Marcel Bataillon, Erasmo y España. Estudios sobre la historia espiritual del siglo XVI, vol. 1, p. 1ff. (Infolge einiger Bearbeitungen des Vf.s empfiehlt sich die Benutzung der späteren spanischsprachigen Fassung); Tarcisio Azcona, La elección y reforma del episcopado español en tiempo de los Reyes Católicos.

einzuleiten, die sich schließlich selbständig weiter entfaltete. Es besteht Anlaß zu der Vermutung, daß die Förderung und Orientierung dieses innerkirchlichen Erneuerungsstrebens durch den Staat dazu beigetragen haben, eine Spaltung innerhalb des Klerus zu verhindern und so einer Entwicklung vorzubeugen, wie sie wenige Jahre später durch Luthers Thesenanschlag ausgelöst wurde. So unzutreffend es freilich wäre, den geringen Erfolg der Reformation in Spanien mit dem Hinweis auf die Reformen des ausgehenden 15. Jahrhundert erklären zu wollen, so sicher wird man dagegen annehmen können, daß die staatliche Politik der religiösen Einigung und der innerkirchlichen Reform, verbunden mit der Schaffung eines so effektiven Repressionsinstruments wie der Inquisition, und im Zusammenhang damit die innenpolitische Stabilität eines Staatswesens, das durch eine expansive Außenpolitik ein Ventil für mögliche soziale Spannungen geschaffen hatte, die Voraussetzungen für ein Übergreifen der Reformation auf Spanien weitgehend ausgeschaltet hatten[102]. Das Zusammenwirken dieser politischen Faktoren läßt deutlich werden, daß die relativ frühzeitige Entfaltung des modernen Machtstaates in Spanien sicherlich als eine der wesentlichen Ursachen dafür angesehen werden muß, daß Spanien die inneren Erschütterungen einer Glaubensspaltung erspart blieben.

Die staatlich betriebene Reform des Klerus und insbesondere der Aufbau der Inquisition scheinen auf den ersten Blick die Schlußfolgerung nahezulegen, daß schon um die Jahrhundertwende der Staat und einflußreiche Teile des Klerus bemüht waren, den spanischen Katholizismus auf jene militante Orthodoxie festzulegen, wie sie fälschlicherweise dem Spanien der Gegenreformation nachgesagt wird. Tatsächlich ist aber gerade das Gegenteil der Fall gewesen. Die religiöse Erneuerungsbewegung beschränkte sich nämlich nur insoweit auf disziplinarische Maßnahmen, als sie vom Staat gefördert und betrieben wurde. Die geistige Elite des spanischen Klerus, die diese Bewegung trug, hat darüber hinaus aber auch in großem Umfang die geistigen Strömungen aufgenommen, die die Vorreformationszeit in Europa prägten[103]. Die Aufwertung der religiösen Bedeutung des Laiendaseins, Mystizismus und Illuminismus als Versuche direkter Kommunikation des Gläubigen mit der Sphäre des Göttlichen fanden in Spanien ebenso Verbreitung wie die vom Humanismus inspirierte, wissenschaftliche Beschäftigung mit den Bibelüberlieferungen. Es mehrten sich Buchveröffentlichungen mit Auszügen aus der Heiligen Schrift, die auch dem gebildeten Laien den direkten Zugang zu den Traditionen des Glaubens und ein unmittelbares Verhältnis zur Religion eröffnen sollten.

Zum bedeutendsten Förderer dieser geistigen Erneuerungsbewegung wurde Kardinal Jiménez de Cisneros selbst, dem als Primas der spanischen Kirche und Generalinquisitor nicht nur die Sorge für das theologische Niveau des spanischen Klerus, sondern auch die Überwachung der Rechtgläubigkeit anvertraut waren. Um diesem geistigen Aufbruch eine Heimstatt zu geben und gleichzeitig seine Kontinuität zu sichern, gründete Cisneros die Universität von Alcalá de Henares, an der neben der traditionellen Theologie eines Thomas von Aquin und Duns Scotus auch der Nominalismus Ockhams gelehrt und neben dem Latein auch das Studium der grie-

---

[102] Bataillon, Erasmo, vol. 1, p. 2 scheint insgesamt gesehen die politischen Ursachen für die fehlende Wirkung der Reformation in Spanien weniger hoch einzuschätzen.

[103] Vgl. dazu und zu dem folgenden die grundlegende Untersuchung von Marcel Bataillon, Erasmo y España.

chischen und hebräischen Sprache betrieben wurde. Hier ließ der Kardinal auch unter seiner Leitung die erste polyglotte Bibelausgabe erarbeiten, die nur infolge äußerer Umstände später als die entsprechende Ausgabe des Erasmus von Rotterdam gedruckt werden konnte. Die neue geistige Führungsschicht unterhielt zugleich enge Kontakte mit den kulturellen Zentren Europas, wie etwa den Universitäten von Bologna und Paris, und Cisneros selbst war bestrebt, anerkannte ausländische Gelehrte nach Spanien zu holen. So lud er auch Erasmus ein, dessen Schriften in Spanien auf starken Widerhall stießen und zur Zeit Karls V. den spanischen Hof beeinflußten. Wenn auch einzelne Gelehrte, wie etwa Nebrija, der berühmteste spanische Humanist jener Zeit, gelegentlich Schwierigkeiten mit der Inquisition hatten, so hat diese Institution sich in dieser Epoche vor allem darauf konzentriert, das Weiterleben jüdischer und islamischer Glaubenstraditionen unter den zwangsbekehrten Juden und Mauren zu verfolgen, sich dagegen aber kaum mit den verschiedenen Strömungen innerhalb des Katholizismus befaßt. Erst unter Philipp II., im Zeitalter der Gegenreformation, ist die Inquisition zu jener unbeugsamen Hüterin einer starren Rechtgläubigkeit geworden, als die sie in die Geschichte eingegangen ist.

Es ist sicherlich nicht leicht, den Einfluß und die Breitenwirkung dieser Erneuerungsbestrebungen abzuschätzen, doch wird man die Vielzahl von Universitätsneugründungen, den steilen Anstieg der Studentenzahlen und den allgemeinen Aufschwung des Bildungswesens im Verlauf des 16. Jahrhunderts sowie nicht zuletzt auch das hohe geistige und wissenschaftliche Niveau der spanischen Spätscholastik zu einem guten Teil auf die Impulse zurückführen müssen, die von der geistigen Erneuerung des späten 15. Jahrhunderts ausgingen[103a]. Dies gilt in gleicher Weise auch für die enormen missionarischen, wissenschaftlichen und zivilisatorischen Leistungen, die der Ordensklerus in der überseeischen Kolonisation vollbrachte, sowie insgesamt für die ebenfalls vorwiegend von Ordensgeistlichen geleistete geistige Verarbeitung des Phänomens der Entdeckung einer neuen Welt mit dessen mannigfaltigen theologischen, philosophischen, rechtlichen und kulturellen Implikationen. Gerade die herausragende Rolle der Orden bei der Bewältigung einer solchen Fülle weitgehend neuartiger Probleme läßt sich nur durch die Vertiefung der philosophisch-theologischen Bildung, die gesteigerte Flexibilität des Denkens und durch die Wiederherstellung der religiösen Disziplin erklären, die die kirchlichen Reformen in Verbindung mit der humanistisch beeinflußten geistigen Erneuerungsbewegung hervorbrachten. Man denke in diesem Zusammenhang nur an die durch die Entdeckung und Eroberung ausgelösten Diskussionen über völkerrechtliche Fragen, über die Behandlung der Eingeborenen und über deren ethnische Herkunft oder die historische und ethnographische Beschäftigung mit den Indianerkulturen und an die daraus entwickelten Missionsmethoden[104]. Wie relativ unbeholfen reagierte dagegen die

---

[103a] Zu den Universitätsneugründungen, der Entwicklung der Studentenzahlen und des Bildungswesens vgl. Richard L. Kagan, Students and Society in early modern Spain, insbesondere die Graphiken p. 64 und 200.

[104] Vgl. dazu die grundlegenden Untersuchungen von Joseph Höffner, Kolonialismus und Evangelium. Spanische Kolonialethik im Goldenen Zeitalter; Lee Eldridge Huddleston, Origins of the American Indians. European Concepts, 1492—1729; Robert Ricard, La conquista espiritual de México. Ensayo sobre el apostolado y los métodos misioneros de las órdenes mendicantes en la Nueva España de 1523—24 a 1572; Fernando de Armas Medina, Cristianización del Perú (1532—1600), um nur einige Beispiele zu nennen.

spanische Kirche noch kurz zuvor auf die geistige Herausforderung, die sich ihr in Gestalt der zu assimilierenden Maurenbevölkerung im eigenen Land gestellt hatte. Diese Diskrepanz im Verhalten zu einander ähnlichen Problemen im Verlauf von weniger als einem halben Jahrhundert, läßt sich offenkundig nur aus dem geistigen Aufbruch des ausgehenden 15. Jahrhunderts erklären.

Vor dem Hintergrund dieser vor allem von Teilen des Ordensklerus getragenen religiös-geistigen Erneuerungsbewegung wird aber auch deutlich, daß es methodisch höchst fragwürdig ist, die spanische Kirche als homogene Institution zu betrachten. Gerade im Hinblick auf die herausragende Rolle, die sowohl einzelne Vertreter der Geistlichkeit als auch die Kirche als Einheit in der überseeischen Kolonisation spielten, stellen sich die Fragen nach den unterschiedlichen theologischen Strömungen innerhalb der spanischen Kirche, nach der sozialen Herkunft und Zusammensetzung des Klerus, nach der Beziehung zwischen den Trägergruppen des religiösen Erneuerungsstrebens und den wirtschaftlich aktiven, dynamischen Schichten der Gesellschaft etc., von deren Beantwortung ausgehend die Untersuchung des Problems der geistigen Prägung und sozialen Herkunft der an der überseeischen Kolonisation beteiligten Geistlichkeit in Angriff zu nehmen wäre. Tatsächlich finden sich im Schrifttum zur spanischen Kirchengeschichte jener Zeit und insbesondere in der schier unübersehbaren Missionsliteratur zur Christianisierung Hispanoamerikas zahlreiche Hinweise darauf, daß nicht nur die Unterschiede im religiös-theologischen Bereich zwischen den einzelnen Mönchsorden beträchtlich waren, sondern daß selbst innerhalb der einzelnen Orden sehr verschiedenartige Stömungen miteinander rivalisierten. Zusammenhängende Untersuchungen dieser verschiedenartigen Strömungen, ihre Verknüpfung mit den zeitgenössischen sozialen Entwicklungen und vor allem die Herstellung der Beziehungen zwischen den innerkirchlichen Vorgängen im Mutterland und dem in die überseeische Mission drängenden Klerus bleiben nach wie vor dringende Desiderata der Forschung[104a]. Die Unmöglichkeit, in dem angedeuteten Sinne zu differenzieren, zwingt daher zur Beibehaltung des amor-

---

[104a] Für Spanien hat die angeschnittenen Fragen für einen Teilbereich Marcel Bataillon, Erasmo, untersucht, ohne jedoch bisher, soweit übersehbar, Nachfolger gefunden zu haben, die diese Thematik weiterverfolgt hätten. Für Hispanoamerika sind bislang vor allem die unterschiedlichen Auffassungen über die Bekehrbarkeit der Eingeborenen und die dabei anzuwendenden Missionsmethoden herausgearbeitet worden, wobei die Aufmerksamkeit sich besonders auf die Missionsutopien der Franziskaner richtete, vgl. z. B. John Leddy Phelan, The Millennial Kingdom of the Franciscans in the New World: A Study of the Writings of Gerónimo de Mendieta, 1525—1604, oder die umfangreiche Literatur über die Hospitalgründungen des Franziskanerbischofs Vasco de Quiroga in Michoacán/Mexiko. Studien über die soziale Herkunft des hispanoamerikanischen Klerus beschränken sich weitgehend darauf, die Auseinandersetzungen über die Zulassung andersrassiger Personen zum Priesteramt zu verfolgen und einschlägige Fälle zu untersuchen. In der neueren und neuesten Literatur werden jedoch die hier aufgeworfenen Fragen kaum behandelt, vgl. diesbezüglich etwa Edwin Edward Sylvest, Jr., Motifs of Franciscan Mission Theory in Sixteenth Century New Spain Province of the Holy Gospel. — Francisco Morales, O.F.M., Ethnic and Social Background of the Franciscan Friars in Seventeenth Century Mexico; — C. R. Boxer, The Church Militant and Iberian Expansion 1440—1770; Ansätze zu einer Betrachtungsweise in o. a. Form finden sich lediglich vereinzelt, etwa bei Jacques Lafaye, Quetzalcóatl et Guadalupe. La formation de la conscience nationale au Mexique, oder bei Georges Baudot, Utopie et histoire au Mexique. Les premiers chroniqueurs de la civilisation mexicaine (1520—1569), wenn auch freilich in anderem Zusammenhang.

phen Begriffs Kirche, der das Vorhandensein einer fiktiven, tatsächlich wohl nicht existierenden Homogenität suggeriert.

Die herausragende Beteiligung der Kirche an weltlichen Vorgängen, wie beispielsweise der überseeischen Expansion, das Eingreifen der Krone in innerkirchliche Angelegenheiten und vor allem die zentrale Bedeutung der Religion in der spanischen Politik insbesondere unter den Habsburgern haben die Geschichtsschreibung immer wieder auf die besonders enge Verflechtung von Staat und Kirche im frühneuzeitlichen Spanien hinweisen lassen. So konnte etwa Gerhard Ritter behaupten: „und eben auf diese Masse [des tief religiösen Volkes] stützte sich der neubegründete Absolutismus der ‚katholischen Könige', in deren Regiment geistliche und weltliche Obrigkeit so eng miteinander verbunden waren wie nirgends sonst"[105]. Ganz abgesehen davon, daß sich der monarchische Absolutismus in Spanien zu keiner Zeit auf „die Volksmassen stützte", erscheint auch die Behauptung von der engen Verbindung von geistlicher und weltlicher Obrigkeit zumindest in dieser undifferenzierten Form höchst fragwürdig. Sie impliziert, daß staatliche und kirchliche Autorität einander durchdrangen bzw. sich vermischten. Hier erfolgt offenkundig ein Rückschluß von der Bedeutung der Religion für die spanische Politik auf die Stellung der Kirche als Institution im Staat. Darin äußert sich jedoch eine unzutreffende Einschätzung der Rolle, die die Kirche und der Klerus im staatlichen Leben Spaniens tatsächlich spielten. Zumindest gilt dies uneingeschränkt für das 16. Jahrhundert. Mit den Katholischen Königen wurde nämlich der Prozeß der Verstaatlichung der Kirche in wesentlichen Bereichen schon abgeschlossen. Vergleicht man etwa die hoheitlichen Befugnisse der Kirche in Spanien oder die Privilegien des spanischen Klerus mit den Verhältnissen in Frankreich[106], so läßt sich eine weitgehende Entsprechung feststellen. Zwar haben auch in Spanien wie überall in Europa die königlichen Beichtväter einen nicht zu unterschätzenden politischen Einfluß ausgeübt, dagegen hat jedoch der hohe Klerus nie eine derart dominierende Rolle in der spanischen Politik gespielt, wie dies beispielsweise die Reihe bedeutender Kardinäle in Frankreich tat. Ebenso wird meist übersehen, und dies erscheint in diesem Zusammenhang als ein recht bezeichnendes Phänomen, daß, bezogen auf den Zeitraum vom Spätmittelalter bis zum Ausgang des *Ancien Régime*, die Zahl der spanischen Geistlichkeit im letzten Drittel des 16. Jahrhunderts sowohl absolut als auch relativ zur Gesamtbevölkerung ihren niedrigsten Stand erreichte[107]. In der Phase der größten Machtentfaltung Spaniens und bei gleichzeitiger wirtschaftlicher Prosperität und anhaltendem Bevölkerungswachstum sank mithin die Zahl des Klerus auf einen Tiefstand ab. Wie dies mit dem angeblich so innigen Verhältnis der Spanier des 16. Jahrhunderts zur Religion zu vereinbaren ist, sei nicht weiter erörtert. Immerhin machen all diese Umstände deutlich, daß man hier zwischen Religion und ihrer Bedeutung für die spani-

---

[105] Gerhard Ritter, Die Weltwirkung der Reformation, p. 23; besonders extrem findet sich diese Auffassung neuerdings bei Josef Engel, Von der spätmittelalterlichen respublica christiana zum Mächte-Europa der Neuzeit, p. 92ff.

[106] Zur Stellung der Kirche und des Klerus in Frankreich vgl. Roland Mousnier, Les Institutions, p. 222ff.

[107] Felipe Ruiz Martín, Demografía eclesiástica, in: Quintin Aldea Vaquero, Tomás Marín Martínez, José Vives Gatell, eds., Diccionario, vol. 2, p. 682ff., vor allem p. 688f.; weniger dezidiert Pierre Chaunu, L'Espagne, vol. 1, p. 297ff. unter Bezugnahme auf noch nicht abgeschlossene, quantitative Erhebungen.

sche Politik einerseits und der Kirche als Institution und ihrer Stellung in Staat und Gesellschaft andererseits unterscheiden muß.

Nicht die Kirche als Institution, sondern die Religion hatte aber im politischen System der Katholischen Könige eine zentrale Bedeutung erhalten. Die dergestalt gefestigte Identität der Interessen von Kirche und Staat hat sicherlich nicht unerheblich dazu beigetragen, daß die Kirche die Unterordnung unter die Staatsgewalt widerstrebend akzeptierte, erreichte sie doch durch die Einordnung in die neue staatliche Ordnung die politische Anerkennung ihrer mannigfach bedrohten Vorrangstellung in Staat und Gesellschaft. Die Kirche konnte ihren Einfluß eben nicht mehr als von der weltlichen Gewalt weitgehend unabhängige, ja, ihr übergeordnete geistige Macht bewahren, sondern nur durch Unterordnung unter die erstarkende weltliche Gewalt. Die dominierende Rolle des Königtums wird gerade daraus ersichtlich, daß die Kirche direkte Eingriffe der Staatsgewalt in ihre inneren Belange hinnehmen mußte und sich zugleich in ihren Befugnissen gegenüber dem Kirchenvolk zunehmend durch die staatliche Bürokratie eingeschränkt sah. Wenn sich im Verlauf des 16. Jahrhunderts alle in Richtung auf die Ausbildung des monarchischen Absolutismus fortgeschrittenen Territorialstaaten gegen die Reformation stellten, so geschah dies nicht bloß aufgrund des großen Einflusses der Kirche, sondern weil die katholische Religion und mit ihr die Kirche unter veränderten Verhältnissen eine staatstragende und damit eine politische Funktion erhalten hatten, so daß ein Religionswechsel der Monarchen oder auch bloß eine weitreichende Toleranz gegenüber dem neuen Glauben die Gefahr des Zusammenbruchs der neu entstehenden staatlichen Ordnung heraufbeschworen hätte. Diese Umstände lassen erkennen, daß der Einfluß der Kirche im Staat weitgehend von ihrer Loyalität gegenüber den staatspolitischen Zielen des Königtums abhängig war. Dies gilt uneingeschränkt auch für Spanien, so daß es sich erübrigt, zur Erklärung der spanischen Religionspolitik des 16. Jahrhunderts auf Glaubensfanatismus, einen im Vergleich zum übrigen Europa besonders starken Einfluß des Klerus auf die staatliche Politik oder auf einen überentwickelten Sendungsgedanken zurückzugreifen. Soweit diese Phänomene in Spanien zu beobachten sind, bilden sie entweder das Ergebnis einer späteren, vom Staat geförderten Entwicklung oder es handelt sich, wie im Falle des religiösen Fanatismus, um allgemeine Zeiterscheinungen. Nicht zuletzt hat die Religion in Spanien auch deshalb eine so herausragende Rolle gespielt, weil die staatliche Kontrolle über Religion und Kirche der einzige voll zentralisierte Bereich in dem aus mehreren Teilreichen bestehenden Staatswesen war. Es darf in diesem Zusammenhang nicht vergessen werden, daß sich von allen europäischen Großmächten jener Zeit gerade Spanien am besten gerüstet zeigte, um insbesondere an religiösen Fragen sich entzündende innere Auseinandersetzungen abzuwehren, verfügte es doch in der staatlich kontrollierten, für alle Teilreiche gleichermaßen zuständigen Inquisition über ein ungemein wirksames Repressionsinstrument, das zudem sogar vorbeugend eingesetzt werden konnte, da dieser Institution die Überprüfung des gesamten im Lande hergestellten oder importierten Schrifttums oblag. Nichts kennzeichnet die Wirksamkeit dieses institutionellen Mechanismus besser als die Tatsche, daß es seit den Katholischen Königen in Spanien keine spontanen individuellen oder kollektiven Ausschreitungen gegen der Häresie verdächtige oder überführte Personengruppen mehr gab, sondern die Bekämpfung solcher Gruppen ausschließlich auf staatlich kontrolliertem, administrativem Wege erfolgte.

Hier ist auch auf das immer wieder vorgebrachte Argument einzugehen, daß die Reformation in Spanien deshalb nicht in größerem Ausmaß Fuß fassen konnte, weil es infolge der strukturellen Prägung durch die *Reconquista* kein reformatorisch gesinntes Menschenpotential gegeben habe. Dem ist jedoch die Feststellung Bataillons entgegenzuhalten, daß gerade die große Zahl jüdischer Konvertiten gegenüber den vorreformatorischen geistigen Strömungen besonders aufnahmebereit war[108]. Warum sollte dann diese Schicht, die eine so prominente Rolle im geistigen, politischen und wirtschaftlichen Leben Spaniens spielte, nicht auch gegenüber der Reformation aufgeschlossen gewesen sein, zumal gerade die *Conversos* aufgrund ihrer oft weitgespannten wirtschaftlichen Interessen doch Kontakte zum Ausland gehabt haben und daher wohl schneller und besser über die Vorgänge im übrigen Europa informiert gewesen sein dürften als die überwiegende Mehrheit der Bevölkerung? Akzeptiert man die tendenzielle Neigung der *Conversos* zur Übernahme solcher Auffassungen, wie die, die sich in der Reformation zu einem religiösen System verdichteten, so läßt sich der relativ geringe Einfluß der Reformation in Spanien nur so erklären, daß die ihr potentiell zugewandten Bevölkerungsschichten aus Furcht vor Verfolgung und Diskriminierung keine Abweichung vom Katholizismus zu riskieren wagten, als die Inquisition im 2. Drittel des Jahrhunderts das geistige Leben sehr viel strenger zu überwachen begann. Hier ist auch daran zu erinnern, daß die Inquisition vor allem deshalb so effektiv sein konnte, da das vom Staat gestützte, von ihm selbst jedoch sehr selektiv gehandhabte[109] Prinzip der *Limpieza de sangre* dazu führte, daß wechselweise ein Konvertit der religiösen Abweichung bzw. jede Person, die eine scheinbar oder tatsächlich gegen die Orthodoxie gerichtete Äußerung tat, als Konvertit verdächtigt und dann eben häufig bei der Inquisition denunziert wurde.

Geht man davon aus, daß der Staat bzw. das den Staat repräsentierende Königtum sich der Religion, der Kirche und des *Limpieza de sangre*-Prinzips zumindest teilweise auch zur Erlangung politischer Ziele bediente, so wird erkennbar, daß der spanische Staat in 16. Jahrhundert zunehmend gewisse totalitäre Züge aufwies, die ihn von den übrigen europäischen Staaten, welche weder eine staatliche Inquisition noch die Einrichtung der *Limpieza de sangre* als ergänzenden sozialen Kontrollmechanismus[110] kannten, unterschieden und möglicherweise eine der Ursachen für seine besondere militärische und politische Überlegenheit darstellten.

Ebensowenig läßt sich der geringe Erfolg der Reformation in Spanien ausschließlich auf die genannten politischen Umstände zurückführen. Sicherlich hat die Expan-

---

[108] Marcel Bataillon, Erasmo, vol. 1, p. 70ff.

[109] Trotz aller gesetzlichen Schranken, die den *Conversos* vor allem in den kirchlichen Laufbahnen gesetzt wurden, hat die Krone immer wieder Vertreter dieser Schicht zu hohen Beamten ernannt oder gar in den Adelsstand erhoben.

[110] Derartige soziale Kontrollmechanismen existierten in den übrigen europäischen Staaten allenfalls in vager, für politische Ziele kaum nutzbar zu machender Form, so z.B. in Form des Hexenwahns. In dem Moment, wo eine religiöse Abweichung infolge Verknüpfung mit sozialen Problemen zu einer Massenbewegung wurde und so ihren sektiererischen Charakter verlor, erwies sich auch der Vorwurf des Ketzertums als wirkungslos. Hier wird deutlich, wie wichtig das Vorhandensein eines staatlich kontrollierten Repressionsinstruments bereits vor dem Ausbruch einer Glaubensspaltung war, denn nur gestützt darauf konnten solche virulenten Vorurteile mobilisiert, gesteuert und politisch ausgenutzt werden.

sionspolitik Spaniens und die wirtschaftliche Aufwärtsentwicklung in ihrem Gefolge den inneren sozialen Spannungen ein Ventil eröffnet und so eine Verbindung von sozialen Unruhen und religiösem Erneuerungsstreben verhindert. In jedem Fall waren es jedoch zeitbedingte Umstände, politische ebenso wie soziale, die gemeinsam viele Ansätze zu einer sich an religiösen Fragen entwickelnden inneren Spaltung beseitigten, so daß es überflüssig erscheint, die Ursachen dafür in einem Rückgriff auf mittelalterliche Besonderheiten zu suchen.

Natürlich läßt sich jedes einzelne der in dem vorliegenden Zusammenhang angeführten Phänomene in seiner Entstehung weit in die Vergangenheit zurückverfolgen. Wie schon an früherer Stelle muß auch hier wiederum auf die Fragwürdigkeit eines Verfahrens hingewiesen werden, das einzelne Phänomene in ihrer geschichtlichen Bedingtheit aufzuzeigen bemüht ist und allein daraus eine wesentlich traditionale Prägung abzuleiten sucht, ohne die Art des Zusammenwirkens der untersuchten Phänomene in der jeweils analysierten Gegenwart zu berücksichtigen. Neben dem Umstand, daß die spanische Expansionspolitik es ermöglichte, dem Adel auf breiter Linie neue politische Aufgaben im Dienste der Krone zuzuweisen und ihn so innenpolitisch zu neutralisieren und unter Kontrolle zu halten, dürfte die geschilderte Form des Zusammenwirkens von Staat, Religion und Kirche auf gesamtstaatlicher Ebene eine wesentliche Ursache für die Stärke der staatlichen Gewalt im Spanien des 16. Jahrhunderts gewesen sein.

Hervorgehoben zu werden verdient jedoch, daß die Führungsposition des Staates gegenüber Religion und Kirche weitgehend von den starken Herrscherpersönlichkeiten begründet und behauptet wurde, die Spanien im Verlauf des 16. Jahrhunderts beschieden waren. Unter deren schwachen Nachfolgern im 17. Jahrhundert gewannen im Gefolge des politischen und wirtschaftlichen Niedergangs religiöse Probleme wiederum die Oberhand gegenüber der Politik, und entsprechend wuchs auch der Einfluß von Kirche und Klerus. Man darf in diesem Zusammenhang nicht übersehen, daß die moderne Vorstellung vom „klerikalen Spanien", die selbst die Geschichtsschreibung indirekt stark beeinflußt hat, von Erscheinungen abgeleitet ist, die auf Entwicklungen zurückzuführen sind, welche sich erst im 17. und nicht etwa schon im 16. Jahrhundert vollzogen.

Festgehalten zu werden verdient im Hinblick auf die Thematik dieser Untersuchung vor allem, daß der Einfluß der Kirche auf die spanische Politik im 16. Jahrhundert von der politischen Bedeutung der Religion für die einzelnen Gebiete staatlichen Lebens abhing, so daß die Kirche nur in dem Maße und in den Bereichen Einfluß ausübte, in denen der Staat ihr dies gestattete. Die Kanalisierung dieser Einflußmöglichkeit erfolgte weitgehend durch die Krone und insbesondere durch die zentralen Ratsbehörden, die im Bedarfsfall Sondergutachten kirchlicher Instanzen oder Würdenträger einholten. In den Ratsgremien selbst war der Klerus dagegen zahlenmäßig nur sehr schwach vertreten. Zumindest seit der Zeit Karls V. sind die Ratsbehörden mit ihrem juristisch geschulten Personal und die königlichen Sekretäre die ausschlaggebenden politischen Ratgeber der Krone gewesen.

Wie unterschiedlich der kirchliche Einfluß auf die Politik in einzelnen Angelegenheiten sein konnte und wie sehr er außerdem staatlicher Lenkung unterlag, wird gerade am Beispiel der spanischen Kolonisation in Amerika deutlich. In kaum einem anderen Bereich hat die spanische Krone kirchlichen Instanzen, einzelnen geistlichen Würdenträgern und gelehrten Theologen einen so weitgehenden Einfluß eingeräumt wie gerade in den mit der überseeischen Expansion zusammenhängenden Fragen. So wurden nicht nur wichtige Probleme, wie etwa die Behandlung der Indianer oder die sich aus der Landnahme ergebenden rechtlichen Fragen, der Begutachtung durch Theologenversammlungen oder durch Vertreter des Episkopats unterworfen, sondern auch wichtige Regierungsaufgaben zumindest temporär kirchlichen Würdenträgern übertragen, was im Mutterland selbst nur in seltenen Ausnahmefällen geschah. Die wichtigste Ursache für dieses Verhalten der Krone ist sicherlich darin zu sehen, daß die Rechtstitel der Besitznahme, auf deren politische Bedeutung noch einzugehen sein wird, zu einem großen Teil religiös fundiert waren und daß darüber hinaus die Religion den schlechthin entscheidenden Integrationsfaktor bei der Eingliederung der unterworfenen indianischen Bevölkerung in eine nach europäischem Vorbild strukturierte Gesellschaftsordnung darstellte. Man wird daher alles in allem für das spanische 16. Jahrhundert davon auszugehen haben, daß nicht etwa die Kirche sich des Staates zur Erlangung ihrer Ziele bediente oder der Staat sich in besonderem Maße zur Unterstützung kirchlicher Interessen bereitfand, sondern daß vielmehr der Staat es geradezu meisterhaft verstand, sich die Religion und durch sie auch die Kirche zur Verwirklichung seiner Politik dienstbar zu machen. Es muß daher zumindest als irreführend bezeichnet werden, ohne diese Präzisierung von einer besonders engen Verbindung von geistlicher und weltlicher Obrigkeit zu sprechen.

Unter Zusammenfassung der in den vorangehenden Abschnitten getroffenen Feststellungen sind die tiefgreifenden Wandlungen hervorzuheben, die sich im Verlauf der Regierungszeit der Katholischen Könige, Ferdinands und Isabellas, im Bereich der staatlichen Organisation, der wirtschaftlichen und sozialen Entwicklungen und im Verhältnis von Staat und Kirche zueinander sowie auch innerhalb der Kirche selbst vollzogen. Wenn überhaupt in einer so kurzen Zeitspanne neue Entwicklungen als charakteristisch gegenüber traditionellen Strukturen und den von ihnen ausgehenden Kräften der Beharrung angesehen werden können, so ist dieser Fall für das Spanien des ausgehenden 15. Jahrhunderts gegeben. Pierre Chaunu hat diese Vorgänge treffend als „*Ouverture*", als die Öffnung Spaniens nach Europa, ja, nach dem gesamten, in seinen Dimensionen sich gerade erst erschließenden Erdball bezeichnet[111]. Während jedoch die modernen wirtschaftlichen und sozialen Tendenzen erst verhältnismäßig spät zum Durchbruch gelangten, hatte sich das Königtum als Träger eines modernen Staatsgedankens schon früh gegen die Partikulargewalten durchzusetzen vermocht.

Vor allem Ferdinand und Isabella trieben den Ausbau der staatlichen Ordnung auf institutionell-administrativer, insbesondere aber auf politischer Ebene entscheidend voran, indem sie den königlichen Machtanspruch gegenüber dem Adel, der Kirche und den Städten zur Geltung brachten, die Zentralverwaltung ausbauten und sich in der Inquisition ein für alle Teilreiche gleichermaßen zuständiges Machtinstrument von hoch einzuschätzender politischer Bedeutung schufen. Die Katholischen Könige ermöglichten damit ihren Nachfolgern die Errichtung eines absolutistischen Regiments, das nicht nur keine nennenswerte innere Opposition zu fürchten hatte, sondern sich auch die politischen Kräfte des Landes effektiv nutzbar zu machen verstand. Religion und politische Expansion waren die wichtigsten Mechanismen, die zur Erhaltung der Machtstellung des Königtums dienten.

---

[111] Pierre Chaunu, L'Espagne, vol. 2, p. 361.

Obwohl also der spanische Absolutismus des 16. Jahrhunderts in erster Linie politisch und nicht so sehr institutionell-administrativ begründet war, gelang bereits Karl V. in Weiterentwicklung der von den Katholischen Königen ererbten staatlichen Organisation die Errichtung einer administrativ wirksamen und durchaus den Erfordernissen der Zeit entsprechenden Zentralverwaltung, die aus miteinander kommunizierenden, teils nach fachlichen und teils nach territorialen Gesichtspunkten spezialisierten obersten Ratsbehörden bestand. Dieses System zentraler Ratsbehörden gestattete eine weitgehende Überwindung der administativen Probleme, die sich aus der institutionellen Verschiedenartigkeit der einzelnen Teilreiche ergaben. Auch wenn sich die staatliche Organisation Spaniens im 16. Jahrhundert durchaus mit derjenigen vergleichbarer europäischer Staaten[112] messen konnte, so beruhte die Überlegenheit Spaniens doch insbesondere auf der effektiven politischen Absicherung staatlicher Gewalt insbesondere in Kastilien, dem politischen, wirtschaftlichen und kulturellen Zentrum des neuen spanischen Einheitsstaates. Obwohl die inneren Entwicklungen in wichtigen Bereichen nicht den Stand anderer europäischer Länder erreicht hatten, muß Spanien hinsichtlich seiner politischen Organisation als erster moderner Staat der frühen Neuzeit bezeichnet werden, der über eine den Zeitumständen angemessen moderne Verwaltungsstruktur verfügte, gleichzeitig aber auch politisch straff organisiert war und nur aufgrund dieser seiner organisatorischen Überlegenheit zur europäischen Hegemonialmacht aufsteigen konnte. Neuerdings bezeichnet man daher bereits das Spanien der Katholischen Könige als absolutistisch regierten Staat[113]. Vor diesem Hintergrund erweist sich, daß die eingangs aufgeworfene Frage, ob Spanien im Zeitalter der Entdeckungen tradtional-mittelalterlich oder neuzeitlich-modern geprägt war, mit derart allgemeinen Kategorien nicht beantwortet werden kann. Man wird Spanien vielmehr am zutreffendsten als ein Produkt jenes „Zeitalters der Renaissance" bezeichnen, das durch das Nebeneinander von Altem und Neuem in den verschiedensten Bereichen des geschichtlichen Lebens die Zeitenwende markiert.

Hinter der überseeischen Expansion stand somit ein kraftvolles, sich rasch weiter entwickelndes Staatswesen mit einem umfassenden politischen Machtanspruch, den es durch eine Ausweitung der Bürokratie und den Einsatz von Religion und Kirche für seine staatspolitischen Zwecke zu verwirklichen suchte. Es ist daher verständlich, daß sich dieser moderne Staat auch um die Gestaltung der Verhältnisse in den neu

---

[112] Wie schon an anderer Stelle erwähnt, findet sich auch in neuerer historischer Literatur vielfach noch die Auffassung, daß die staatliche Organisation Spaniens vergleichsweise rückständig war, so etwa bei Ramón Carande, Carlos V y sus banqueros, vol. 2, p. 3ff. und 149 und in Anlehnung daran auch bei Pierre Chaunu, L'Espagne, vol. 2, p. 448 bezüglich der Finanzverwaltung. Diese von sehr anerkannten, mit der Verwaltungsgeschichte gleichwohl wenig vertrauten Historikern vertretene Auffassung geht von den Verhältnissen in modernen, zentralistisch organisierten Staaten, wie etwa Frankreich, aus und berücksichtigt nicht die Verwaltungsorganisation vergleichbarer Staaten jener Zeit. Schon wenn man als Bezugspunkt einen heutigen föderalistisch aufgebauten Staat heranzieht, würde der Vergleich ganz anders ausfallen. Aber auch im Vergleich mit zeitgenössischen Staaten war die spanische Bürokratie keineswegs rückständig, eher das Gegenteil war der Fall.
[113] So Antonio Morales Moya, El estado absoluto de los Reyes Católicos, p. 75ff., der in Anknüpfung an Hartung-Mousnier (vgl. Anm. 10) die von diesen beiden Autoren für Spanien postulierte, jedoch unzureichend begründete Absolutismusthese abzusichern sucht.

erworbenen Überseegebieten bemühte, zumal diese sich schon bald durch ihren Edelmetallreichtum als gewinnträchtige Einnahmequelle des Fiskus erwiesen und so einen gewichtigen Beitrag zum weiterem Ausbau der Krongewalt leisten konnten. Die Entdecker und Eroberer dagegen repräsentierten zwar die ganze geographische und soziale Vielfalt dieses aufkommenden modernen Spaniens, brachten aber neben neuen unternehmerischen Verhaltensweisen auch die traditionalen Normen und Denkweisen ihrer sozialen Schichten und ihrer berufsständischen Korporationen nach Amerika. Diese geistige Prägung hinderte die Eroberer einerseits nicht daran, durch Entfaltung unternehmerischer Aktivitäten nach Reichtum zu streben, andererseits hatte sie aber zur Folge, daß die Konquistadoren in ihrem Bemühen um sozialen Aufstieg sich an adelig-feudalen Wertvorstellungen orientierten und in der Verfolgung ihrer Ziele daher den Konflikt mit dem absolutistischen Staat, zugleich aber auch mit der in der Indianermission stark engagierten Kirche heraufbeschworen. Die unterschiedliche Interessenlage von Staat und privatem Unternehmertum führte daher nach Erreichung des gemeinsam verfolgten Zieles der Landnahme zu einer Rivalität zwischen der Krone und den Kolonisten um die Gestaltungsprinzipien der wirtschaftlichen, sozialen und politischen Ordnung in der Neuen Welt[114].

2. Rechtliche, geistige und politische Probleme der Landnahme und ihr Einfluß auf die staatliche Organisation

a. Die Rechtfertigung der Besitznahme und die frühe Kolonialpolitik der Krone

Kaum ein Aspekt der europäischen Ausbreitung in Übersee hat die Aufmerksamkeit der Geschichtsschreibung derart gefesselt wie die Rechtfertigung der Besitznahme jener unbekannten, von fremdartigen Völkerschaften bewohnten Gebiete. Insbesondere die intensive, das ganze 16. Jahrhundert anhaltende Diskussion um die Rechtstitel der spanischen Landnahme in Amerika, die als einer der spektakulärsten Vorgänge im Prozeß des europäischen Ausgreifens nach Übersee das Interesse in besonderem Maße auf sich zog, bildete den Ausgangspunkt für eine Vielzahl von Untersuchungen und – man ist versucht zu sagen: entsprechend vielen – Polemiken. Freilich waren es sehr verschiedenartige Beweggründe, die zu der umfangreichen Beschäftigung mit diesem Problemkomplex geführt haben. Manche Autoren glaubten in den zeitgenössischen Erörterungen der Rechtmäßigkeit der Besitznahme die Anfänge des modernen Völkerrechts zu entdecken, andere sahen in ihr den Beweis für ein von hohen ethischen Werten getragenes Sendungsbewußtsein der Spanier, mit dessen Hilfe die *Leyenda Negra*, die sogenannte „Schwarze Legende"[115], welche in der spanischen Kolonisation Amerikas nichts anderes als eine ununterbrochene Abfolge von Brutalität und Vernichtung sieht, widerlegt werden könnte, und wieder

---

[114] Vgl. dazu Kapitel III.
[115] Zum Begriff der *Leyenda Negra* und zu ihrer Entstehungsgeschichte vgl. die klassische Darstellung von Julián Juderías, La Leyenda Negra; desgleichen Rómulo D. Carbía, Historia de la Leyenda Negra Hispanoamericana und zahlreiche neuere Darstellungen.

andere bemühten sich, aus jener Diskussion die ideologischen Fundamente der spanischen Kolonialherrschaft zu rekonstruieren[116].

Es war aber nicht nur die unterschiedliche Motivation der sich mit diesem Fragenkomplex befassenden Historiker, die die ganze Thematik kontrovers und diffus werden ließ, vielmehr haben auch die Fülle zeitgenössischer Stellungnahmen zu dieser Problematik, ihre häufig unklaren Rückbezüge auf vergangene Tatbestände oder ältere Autoren, Lücken in der Quellenüberlieferung und schließlich sehr verschiedenartige Zielsetzungen bei den Protagonisten jener Rechtfertigungsdiskussion, man denke diesbezüglich nur an den Zusammenprall so gegensätzlicher Intentionen wie die von Las Casas und Sepúlveda, Anlaß zur Spekulation und Hypothesenbildung gegeben. Von der aristotelischen Auffassung vom Recht zur Unterwerfung und Versklavung unzivilisierter Barbaren, der auf Augustinus zurückgehenden Lehre vom gerechten Krieg, über die päpstliche Universalgewalt über den Erdkreis im Sinne einer theokratisch fundierten Oberherrschaft und der auf die Konstantinische Schenkung zurückgeführten Verfügungsgewalt des Papstes über herrenlose Inseln und die mittelalterliche Kaiseridee bis hin zum einfachen Recht der Entdeckung hat man alle möglichen Anknüpfungen an antike und mittelalterliche Theorien und Rechtsvorstellungen zum Verhältnis des christlichen Abendlandes gegenüber fremdartigen, heidnischen Völkern in den zeitgenössischen Schriften aufgezeigt oder zu entdecken geglaubt. Obwohl die Vielfalt der in jener Epoche vorgebrachten Argumente eher dafür spricht, daß keine eindeutige Definition der spanischen Rechtstitel möglich ist und auch gar nicht im Interesse der Krone liegen konnte, bedeutete doch die Existenz einer Vielzahl möglicher juristischer Beweggründe eine Erweiterung des politischen Spielraums des Staates, ist immer wieder versucht worden, die alleinige Gültigkeit einzelner Theorien nachzuweisen. All diese Umstände haben dazu geführt, daß sich die Erörterung dieses Themenkomplexes immer mehr aus ihrem konkreten historischen Bezugsrahmen, nämlich der Geschichte der spanischen Entdeckungen und Eroberungen, löste und sich in rein geistes-, kirchen- und insbesondere rechtsgeschichtliche Bereiche verlagerte.

---

[116] Aus der Fülle des Schrifttums zu diesem Problemkomplex seien hier nur die wichtigsten neueren Arbeiten genannt: Die Literatur, die in der Rechtfertigungsdiskussion des 16. Jahrhunderts die Anfänge des Völkerrechts zu erkennen glaubt, resümiert Josef Engel, Von der spätmittelalterlichen respublica christiana zum Mächte-Europa der Neuzeit, p. 92ff. und 359ff.; Joseph Höffner, Kolonialismus und Evangelium. Spanische Kolonialethik im Goldenen Zeitalter, und Lewis Hanke, The Spanish Struggle for Justice in the Conquest of America, nebst anderen Arbeiten desselben Autors, wenden sich insbesondere gegen die *Leyenda Negra;* mehr rechtsgeschichtlich orientiert Silvio Zavala, Las instituciones jurídicas en la Conquista de América; Alfonso García-Gallo, Las bulas de Alejandro VI y el ordenamiento jurídico de la expansión portuguesa y castellana en Africa e Indias, p. 461f.; grundlegend auch Manuel Giménez Fernández, Nuevas consideraciones sobre la historia y sentido de las letras alejandrinas de 1493 referentes a las Indias, p. 173ff.; mehr philosophisch-theologisch ausgerichtet neuerdings Paulino Castañeda Delgado, La teocracia pontifical y la conquista de América; und die immer noch wichtige ältere Untersuchung von Venancio D. Carro, O. P., La teología y los teólogos-juristas españoles ante la conquista de América. In völliger Unkenntnis der grundlegenden Literatur und hier nur im Hinblick auf den deutschsprachigen Leser sei angeführt die Studie von Eberhard Straub, Das Bellum Iustum des Hernán Cortés in México, Kapitel 1.

Im Zusammenhang der vorliegenden Studie könnte daher darauf verzichtet werden, auf diese Fragen einzugehen, wenn nicht immer wieder der Versuch unternommen würde, aus der Rechtfertigungslehre der spanischen Besitznahme unmittelbar auch besondere Wesensmerkmale der staatlichen Ordnung in den Kolonialgebieten abzuleiten, aus denen wiederum spezifische Maximen staatlicher Tätigkeit resultieren. So stützt sich etwa die erst jüngst wieder vertretene Auffassung: „Spaniens Herrschaft über die Neue Welt wurde als unmittelbare Herrschaft Gottes verstanden, als Herrschaft der Heiligen Kirche ..."[117] auf die Darlegung des Kronjuristen Palacios Rubios zur Rechtfertigungsfrage. Aus dieser Sicht drängt sich die Schlußfolgerung auf, daß die „Verbreitung des Glaubens die Staatsmaxime schlechthin"[118] war. Tatsächlich wird die Vorstellung, daß sich aus den Rechtstiteln der Besitznahme eine besondere Verpflichtung zur Missionierung ergab, die als ein Ziel staatlicher Tätigkeit ein besonderes Charakteristikum des spanischen Staates in Amerika darstellte, in mehr oder minder pointierter Form von den meisten Autoren geteilt, die sich mit der staatlichen Organisation des kolonialen Hispanoamerika beschäftigt haben[119]. Einige gingen sogar so weit, den in der gesamten Rechtfertigungslehre zentralen Missionsgedanken zur Leitidee der spanischen Kolonisation in Amerika überhaupt zu erheben, der bereits die erste Kolumbusreise bestimmt habe[120]. Der Umstand, daß immer wieder eine direkte Beziehung zwischen Entdeckung und Eroberung, ihrer geistigen und rechtlichen Bewältigung und der staatlichen Ordnung in den kolonisierten Gebieten hergestellt wird, zwingt daher dazu, die Thematik in dem vorliegenden Zusammenhang aufzugreifen. Freilich muß die Untersuchung sich darauf beschränken, die wichtigsten Akte der Rechtsetzung und die so zentrale Missionsidee hinsichtlich ihrer Bedeutung für die geistige und rechtliche Grundlegung der staatlichen Ordnung in Amerika zu untersuchen.

Vor der Erörterung dieses Fragenkomplexes ist es jedoch erforderlich, darauf hinzuweisen, daß alle Argumente, mit deren Hilfe die Zeitgenossen die Rechtmäßigkeit des spanischen Vorgehens in Amerika zu verteidigen suchten, Teile einer Rechtfertigung von bereits vollzogenen Tatsachen waren. Alle Autoren, die diese Problematik im 16. Jahrhundert aufgriffen, analysierten nachträglich die Rechtslage und bemühten sich, juristisch ausreichende Gründe zum Beweis der Rechtmäßigkeit der Besitznahme der überseeischen Gebiete beizubringen. Auch die Krone hat nur in den seltensten Fällen versucht, vor dem Beginn einer größeren Unternehmung ihre Rechtstitel zu klären, obwohl schon bei der ersten Kolumbusreise deutlich wurde, daß internationale Verwicklungen befürchtet werden mußten. So kann gar kein Zweifel daran bestehen, daß die Katholischen Könige aufgrund des 1479 mit Portugal geschlossenen Vertrages von Alcáçovas, in dem die jeweiligen Interessensphären im Atlantik abgegrenzt worden waren, sich der Tatsache bewußt sein mußten, daß ein Erfolg der Kolumbusunternehmung zwangsläufig zu Auseinan-

---

[117] Josef Engel, Von der spätmittelalterlichen respublica christiana zum Mächte-Europa der Neuzeit, p. 95.
[118] ebenda.
[119] So neuerdings zum Beispiel Mario Góngora, Studies, Kapitel 2 und p. 71.
[120] Diese Auffassung findet sich bei Alfonso García-Gallo, Las bulas de Alejandro VI, p. 633ff., dessen Untersuchung, zusammen mit der erwähnten Studie von Manuel Giménez Fernández, sich noch am wenigsten vom historischen Ablauf der Geschehnisse entfernt, so daß das Eintreten für diese Auffassung einigermaßen überrascht.

dersetzungen mit dem iberischen Nachbarreich führen würde. Auch die beiden Geleitbriefe an unbekannte Herrscher, die die Monarchen Kolumbus vor seiner Abfahrt aushändigen ließen, zeugen davon, daß diplomatische Verwicklungen als möglich erachtet wurden[121]. Gerade diese Briefe, die Kolumbus als Beauftragten der Katholischen Könige auswiesen, lassen erkennen, daß die Krone in vorausschauender Weise bemüht war, das Unternehmen diplomatisch abzusichern. Um so mehr muß es überraschen, daß vor der Ausreise von Kolumbus offensichtlich nicht das Bedürfnis empfunden wurde, die Rechtslage zu klären, dagegen nach erfolgter Rückkehr der Expedition schnelle Vorkehrungen unternommen wurden, um die bekannten Papstbullen zu erwirken, die dann sogar alle noch im selben Jahr der Rückkehr des Kolumbus in den Besitz der Könige gelangten.

Auch die späterhin zu beobachtenden amtlichen Diskussionen über die Rechtslage werden von der Krone jeweils als Reaktion auf spektakuläre Ereignisse in die Wege geleitet. So waren die Gesetze von Burgos über die Behandlung der Eingeborenen und das berühmte *Requerimiento* (1513), das die Aufforderung zur Bekehrung zum Christentum und zur Unterwerfung unter spanische Herrschaft enthielt und vor der Eröffnung von Feindseligkeiten den Indianern verlesen werden sollte, Konsequenzen der aufsehenerregenden Predigt des Dominikanerpaters Montesinos aus dem Jahre 1511, in der die spanische Herrschaft in Amerika einer scharfen Kritik unterzogen worden war. Lediglich im Fall der Beratungen von 1512/13 hat die Krone die Ausfahrt einer Expedition nach Amerika verzögert, um das Ergebnis einer der Frage der Rechtstitel gewidmeten Konferenz von Juristen und Theologen abzuwarten. Auf die Gründe, die dazu führten, die Abreise des Pedrarias Dávila nach Panamá hinauszuschieben, wird noch einzugehen sein. Alle späteren Diskussionen dieser Fragen, die auf Veranlassung der Krone zurückgingen, kamen ebenfalls unter dem Eindruck bedeutender Ereignisse in Gang, wie etwa die Überlegungen, die zur Formulierung der *Leyes Nuevas*, der Neuen Gesetze, im Jahre 1542 führten, welche auf die scharfen Reaktionen des Dominikanerordens auf die Begleitumstände der Eroberung Perus zurückzuführen waren. Freilich diente die Erörterung der Rechtstitel inzwischen vorwiegend nur noch dazu, die Grundlagen für gesetzliche Regelungen über die Behandlung der amerikanischen Eingeborenen zu erstellen.

Gleichgültig, ob man aus dieser Haltung der Krone ein Desinteresse an rechtlichen Fragen herauslesen will oder darin die Bestätigung dafür sehen will, daß die Könige ohnehin ein Recht auf ein derartiges Vorgehen zu haben glaubten, so folgt daraus doch wohl in jedem Falle, daß der Anstoß zur überseeischen Ausbreitung vorwiegend politischer Natur war. Diese Dominanz des Politischen läßt sich durchgehend im Verlauf der spanischen Landnahme in Übersee beobachten, ja, sie muß sogar als allgemeine Zeiterscheinung angesehen werden. Nicht eine Rechtslage be-

---

[121] Einer der beiden in lateinischer Sprache abgefaßten Briefe richtete sich an unbekannte heidnische Herrscher im Orient, während der zweite an befreundete christliche Könige und ihre Repräsentanten adressiert war. In dem erstgenannten Schreiben bekunden die Katholischen Könige ihr Interesse, mit den Herrschern jener Gegenden in Kontakt zu treten, während in dem anderen um Unterstützung für Kolumbus ersucht wird. Der eigentliche Auftrag des Kolumbus, neu zu entdeckende Länder für die Katholischen Könige in Besitz zu nehmen, wird jedoch in keinem der beiden Schriftstücke erwähnt, vgl. die bei Alfonso García-Gallo, Las bulas de Alejandro VI, p. 788-790 publizierten Dokumente.

stimmte das Handeln der Staaten und Herrscher jener Zeit, sondern die jeweilige politische Interessenlage. Die große Zahl von Verträgen, die lediglich aus taktischen Gründen geschlossen und ebenso rasch wieder gebrochen wurden, die schnell wechselnden Bündnisse und das vorherrschende Klima politischer Intrigen und Ränke bringen dies deutlich genug zum Ausdruck. Vor diesem Hintergrund ist es daher nicht nur irreführend, sondern schlechthin falsch, aus nachträglich vorgenommenen Rechtfertigungsversuchen des jeweiligen politischen Handelns die Motive und Absichten rekonstruieren zu wollen, die eben diese politischen Akte auslösten. Dies gilt auch in vollem Umfang für die spanischen Entdeckungen und Eroberungen in Amerika. Die Katholischen Könige haben die Kolumbusfahrten und die späteren Unternehmungen nicht deshalb veranlaßt, weil sie ein Recht zur Durchführung dieser Fahrten und der damit verbundenen Besitznahme unbekannter Länder zu haben glaubten, sondern weil sie ein politisches Interesse daran hatten. Dieser Tatbestand wird in der Diskussion um die Rechtstitel immer noch meist übersehen. Die wirtschaftliche Bedeutung der von Portugal neu besiedelten Atlantikinseln als Getreide- und Zuckerlieferanten, die steigenden Gewinne des Afrikahandels und die zu einem großen Teil auch wirtschaftlich motivierte Rivalität mit Portugal zeigen deutlich genug, welcher Art diese Interessen der spanischen Herrscher gewesen sind.

Es ist daher auch unhaltbar, wenn behauptet wird, daß bereits die erste Kolumbusreise zumindest teilweise von einem religiösen Sendungsbewußtsein ausgelöst worden sei und missionarische Absichten verfolgt habe[122]. Bei dieser Auffassung handelt es sich offenkundig um einen aus der späteren Rechtfertigungsdoktrin abgeleiteten Rückschluß auf frühere Vorgänge, der durch die Quellenbefunde zu den Kolumbusunternehmungen in keiner Weise zu belegen ist. Die Auffassung stützt sich letztlich auf wenige Anmerkungen, die Kolumbus zu diesem Thema machte, so insbesondere eine von ihm schriftlich fixierte Beobachtung über das Verhalten der Eingeborenen gegenüber den religiösen Bräuchen der Spanier, aus dem der Entdecker die Möglichkeit einer schnellen Christianisierung ableiten zu können glaubte. Darüber hinaus wird in diesem Zusammenhang auf den an unbestimmte christliche Herrscher gerichteten Geleitbrief verwiesen, den die Katholischen Könige Kolumbus vor Antritt der Reise hatten aushändigen lassen und der vor allem der diplomatischen Absicherung der Kolumbusfahrt dienen sollte.

In diesem Brief, in dem Kolumbus als Beauftragter der Katholischen Könige vorgestellt und für ihn um Unterstützung ersucht wurde, findet sich der Hinweis darauf, daß Kolumbus im Dienste Gottes zur Mehrung des orthodoxen Glaubens und zum Wohle und Nutzen der Könige nach Indien entsandt worden sei[122a]. Diesen Passus als Beweis für eine missionarische Zielsetzung akzeptieren zu wollen, erscheint un-

---

[122] So Alfonso García-Gallo, Las bulas de Alejandro VI, p. 633ff. — Unbegreiflicherweise gelangt neuerdings Mario Góngora, Studies, p. 35, zu dem Schluß, daß García-Gallo's Ausführungen einen schlüssigen Beweis für die Existenz solcher missionarischen Absichten darstellten.

[122a] Der lateinische Text lautet: *„Mittimus in presenciarum nobilem virum Cristoforum Colon cum tribus caravelis armatis, per maria Oceana, ad partes Indie, pro aliquibus causis et negociis servicium Dei ac fidei ortodoxe augmentum, necnon beneficium et utilitatem nostram concernentibus."* (Die unkorrekten Schreibweisen sind in der publizierten Version des Dokuments enthalten). Vgl. Alfonso García-Gallo, Las bulas de Alejandro VI, p. 788.

zulässig. Angesichts der Notwendigkeit, eine Begründung für das Erscheinen ihres Abgesandten in fremden, von anderen Monarchen reklamierten Hoheitsgebieten geben zu müssen, konnten Ferdinand und Isabella ja keinesfalls den wahren Grund für die Kolumbusunternehmung nennen, nämlich fremde, unbekannte Gebiete für die Könige von Kastilien und Aragón in Besitz zu nehmen. Eine solche Offenheit verbot sich einmal aus dem Grund, daß kein christlicher Monarch Veranlassung dazu hatte, die Expansionsbestrebungen anderer Herrscher zu unterstützen, und zum anderen auch deshalb, da dies den König, dem Kolumbus das Schreiben zum Zwecke der Identifizierung seiner Person oder / und zum Ansuchen um Hilfe würde aushändigen müssen, dazu hätte bewegen können, seinerseits Anspruch auf die entdeckten oder noch zu entdeckenden Gebiete zu erheben bzw. eigene Expeditionen auszurüsten. Es steht sogar fest, daß sich das Schreiben nicht nur an christliche Herrscher in Europa richtete, sondern an eventuell anzutreffende christliche Monarchen des Orients[123]. Im Hinblick auf diesen Fall bestand sogar noch eine sehr viel dringlichere Notwendigkeit zur Verschleierung der wahren Absichten. Es mußte also für alle denkbaren Fälle eine möglichst unverbindliche, für einen christlichen Herrscher gleichwohl aber plausible Begründung gegeben werden. Was wäre dazu aber besser geeignet gewesen als die Angabe, daß die Unternehmung zum Nutzen des gemeinsamen Glaubens erfolge? Aufgrund seines diplomatischen Charakters als Geleitbrief, dessen Aufgabe darin bestand, Kolumbus und seine Schiffsbesatzungen als Beauftragte der Katholischen Könige auszuweisen und sie so vor möglichen Verfolgungen als Freibeuter oder Piraten zu schützen[124], ist dieses Schreiben völlig ungeeignet, als Beweis für irgendwelche Beweggründe der Entdeckungsfahrt zu dienen.

Ähnlich verhält es sich auch mit den vereinzelten Äußerungen des Entdeckers über die Leichtigkeit, mit der die Eingeborenen der aufgefundenen Inseln zum christlichen Glauben bekehrt werden könnten. Soweit diese Bemerkungen den Königen gegenüber gemacht wurden, muß dahinter die Absicht vermutet werden, die Verhältnisse in Amerika in möglichst günstigem Licht erscheinen zu lassen, um die eigenen Verdienste zu unterstreichen und das Interesse der Könige an weiterführenden Unternehmungen zu wecken oder wach zu halten, um dadurch die Bereitstellung weiterer Mittel und Kräfte für die Kolonisation der aufgefundenen Inseln zu erreichen. Darüber hinaus war für einen gläubigen Katholiken wie Kolumbus die Bekehrung der Eingeborenen eine selbstverständliche Voraussetzung für die Umwandlung

---

[123] Man denke in diesem Zusammenhang daran, daß zu jener Zeit in Europa Vorstellungen von christlichen Herrschern im Orient kursierten, so etwa vom Reich des Priesterkönigs Johannes. Für diese Annahme spricht auch, daß im Text nicht vom katholischen Glauben, sondern vom „orthodoxen Glauben" gesprochen wird, eine Formulierung, die unter den Zeitumständen nur gegenüber christlichen, aber nicht von Rom abhängigen Glaubensgemeinschaften sinnvoll erscheint.

[124] Eine solche kriegsrechtliche Absicherung war im Zeitalter eines oft noch auf eigene Faust kriegführenden Söldnertums und eines ausgedehnten Korsarenwesens unbedingt erforderlich, wie auch aus dem Schreiben zu entnehmen ist: " . . . *eam ob rem vos serenissimos atque illustrissimos reges et eorum primogenit(o)s, ceterosque cuiquis gradus, condicionis et dignitatum, ad quorum maria, portus, plagias, dominia, terras, opida et iurisdiccionem predictus Christoforus Colon pervenerit affectuosse et enixe rogamus ut eum nostro respectu et contamplacione comendatum habere velitis, eumque cum caravelis et navigiis et comitiva . . . verum eciam illum tuto ire sinatis et libere permitatis . . .*", vgl. Alfonso García-Gallo, Las bulas de Alejandro VI, p. 788f.

dieser nackten Wilden, als die sich ihm die Indianer darstellten, in zivilisierte Untertanen christlicher Könige. Alles in allem hat jedoch Kolumbus in seinen Briefen und sonstigen Schriften eine Vielfalt einander so widersprechender Auffassungen von den Möglichkeiten zur Nutzung der entdeckten Gebiete geäußert, aus denen allenfalls die Phantasie eines Kaufmanns, nicht aber staatsmännische Überlegungen eines Vizekönigs und Gouverneurs sprechen, daß er ebenfalls nicht als Kronzeuge für die wahren Ursachen und Absichten herangezogen werden kann, die die Entdeckungsfahrten auslösten. Damit soll nicht ausgeschlossen werden, daß die Auffindung der amerikanischen Eingeborenenbevölkerung Missionsgedanken sowohl bei den Beteiligten als auch im Mutterland selbst geweckt hat. Ein ursächlicher Zusammenhang zwischen einer allgemeinen Missionsidee und dem Entschluß zur Entdeckungsfahrt ist jedoch allein schon deshalb abzulehnen, da sich für ein missionarisches Sendungsbewußtsein in unmittelbarer Nachbarschaft der Iberischen Halbinsel ein ausgedehntes Betätigungsfeld eröffnete und dennoch keine nennenswerten, gar staatlich gelenkten Versuche zur Missionierung unternommen wurden. [125]

Wenn nun aber bei der ersten Kolumbusreise ein Missionsgedanke als treibendes Motiv auszuschließen ist und darüber hinaus feststeht, daß die Krone sich jeweils nur auf besondere Veranlassung mit dem Rechtfertigungsproblem beschäftigte, so erheben sich zwei Fragen, von deren Beantwortung die Beurteilung der historischen Bedeutung der Rechtfertigungstheorien und insbesondere der Auswirkungen dieser Theorien auf die Grundlegung der staatlichen Ordnung in Übersee entscheidend abhängt. So ist einmal zu fragen, wem gegenüber eine Rechtfertigung erforderlich war, und zum anderen ist zu klären, warum eine solche Rechtfertigung sich als notwendig erwies. Erstaunlicherweise sind diese beiden Fragen bisher vorwiegend nur im Hinblick auf die Papstbullen von 1493 aufgegriffen worden, was vor allem darauf zurückzuführen sein dürfte, daß sich die Historiographie vor allem mit dem Inhalt der verschiedenen Theorien und ihrem jeweiligen Ursprung nicht aber mit der Funktion befaßte, die den einzelnen Rechtfertigungslehren in ihrem historischen Zusammenhang beizumessen ist.

Relativ eindeutig lassen sich die Fragen hinsichtlich der Papstbullen von 1493 beantworten. Zwar sind Entstehungsgeschichte und Interpretation der Bullen noch immer umstritten, dessenungeachtet ist die Funktion dieser Dokumente in ihrer Gesamtheit dank der Untersuchungen von Giménez Fernández und García-Gallo inzwischen jedoch wohl eindeutig geklärt[126]. Sie bestand in erster Linie darin, die Ansprüche der Katholischen Könige gegenüber Portugal zu untermauern. Darüber hinaus dienten sie aber auch dazu, die königliche Souveränität über die neu entdeckten Gebiete gegenüber den Vasallen der Krone zur Geltung zu bringen.

---

[125] Auch Manuel Giménez Fernández, Nuevas consideraciones, lehnt einen solchen Zusammenhang ab. Insbesondere für die Zeit der Regentschaft Ferdinands streitet der Vf. jede idelle Motivation für die überseeische Kolonisation ab, vgl dazu auch ders., Bartolomé de las Casas, vol.1, p. 23f. Aus dem letztgenannten Werk gewinnt man jedoch den Eindruck, daß diese Ablehnung auch dazu dient, die Verdienste des Titelhelden zu unterstreichen, dessen Bemühungen es maßgeblich zu verdanken sei, daß die spanische Kolonialpolitik sich an ethischen Normen zu orientieren begann.

[126] Vgl. Alfonso García-Gallo, Las bulas de Alejandro VI, p. 563 und p. 551, wo der Vf. weitere hier noch nicht genannte Arbeiten von Giménez Fernández zu dieser Thematik anführt.

Nachdem Kolumbus bei der Rückkehr von seiner ersten Entdeckungsfahrt sich dazu gezwungen sah, den Hafen von Lissabon anzulaufen, und auf diese Weise der portugiesische König als erster von den neuen Inseln im Atlantik Kenntnis erhalten hatte, entspann sich sofort eine diplomatische Auseinandersetzung zwischen beiden Höfen. Aufgrund des Vertrages von Alcáçovas glaubte Johann II., Besitzrechte auf die entdeckten Inseln geltend machen zu können, und sandte daher eine Gesandtschaft an Ferdinand und Isabella, um sich seiner vermeintlichen Rechte zu versichern. Darüber hinaus rüstete er auch selbst eine Flotte aus, die die von Kolumbus aufgefundenen Inseln ausfindig machen sollte[127]. Um diesem Anspruch gegenüber eine starke Verhandlungsposition aufzubauen, die sich nicht nur auf das Recht der Erstentdeckung stützen müßte, wiesen die Katholischen Könige ihren Botschafter in Rom umgehend an, sich den Besitz der Inseln durch den Papst bestätigen zu lassen. Es dürfte zweifelsfrei feststehen, daß diese Demarche gegenüber der römischen Kurie vor allem deshalb erfolgte, weil die portugiesischen Herrscher sich ihrerseits den Besitz der früher kolonisierten Atlantikinseln vom Papst hatten bestätigen lassen und dieser darüber hinaus auch den Vertrag von Alcáçovas sanktioniert hatte. Die Papstbullen von 1493 boten damit nicht nur einen zusätzlichen Rechtstitel für die Verhandlungen mit Portugal, sondern sie bestätigten den Katholischen Königen indirekt auch, daß sie sich im Hinblick auf die Abmachungen von Alcáçovas keines Vertragsbruchs schuldig gemacht hatten. Da sich die Könige in den Bullen auch die noch zu entdeckenden Inseln und Festländer hatten zuerkennen lassen, konnten sie mit Portugal aus einer Position der Stärke heraus verhandeln und im schließlich abgeschlossenen Vertrag von Tordesillas (1494) eine neue Abgrenzung der jeweiligen Interessengebiete durchsetzen.

Wenn auch der Dissens mit Portugal wohl der Hauptgrund war, der die Katholischen Könige veranlaßte, um die Papstbullen nachzusuchen und Einfluß auf die Redaktion der Dokumente zu nehmen, so haben sie sich ihrer offenkundig auch dazu bedient, ihren Souveränitätsanspruch über die neu entdeckten und noch aufzufindenden Inseln und Festländer gegenüber ihren Untertanen geltend zu machen oder zumindest zu unterstreichen. Zu diesem Zweck sandten sie Kolumbus, der in Andalusien mit der Vorbereitung einer weiteren Entdeckungsfahrt beschäftigt war, den Text einer der Bullen – welcher ist nicht genau festzustellen – mit der Aufforderung zu, ihn in Andalusien bekannt zu machen, damit alle Untertanen darüber informiert seien, daß sie nicht ohne Erlaubnis der Herrscher in jene Gegenden fahren dürften[128]. Gleichzeitig wiesen die Könige den Entdecker an, eine autorisierte Kopie der Bulle auf der zweiten Reise mitzuführen, um sie im Bedarfsfall vorzuzeigen[129]. Bedauerlicherweise geht aus der Formulierung des Schreibens nicht klar hervor, in welchen Fällen und wem eventuell Kolumbus die Kopie der Papstbulle im Verlauf

---

[127] Bezüglich der Details dieser Verhandlungen und ihrer Beziehung zu den Papstbullen vgl. Alfonso García-Gallo, Las bulas de Alejandro VI.

[128] Vgl. Alfonso García-Gallo, Las bulas de Alejandro VI, p. 527. Die Tatsache, daß andalusische Adelige bereits früher auf eigene Rechnung Entdeckungsfahrten im Atlantik durchführen ließen und auch bereit waren, die Pläne des Kolumbus auf eigene Verantwortung zu unterstützen, lassen erkennen, daß die Durchsetzung des königlichen Souveränitätsanspruchs gegenüber den Untertanen nicht bloß eine Formalität darstellte.

[129] „ . . . y llevadla con vos, por que si a alguna tierra aportaredes la podáis mostrar luego", ibidem.

seiner nachfolgenden Endeckungsfahrt vorzeigen sollte, eine Frage, die von zentraler Bedeutung für die Interpretation der Bullen durch die Könige selbst anzusehen ist.

Damit benutzten Ferdinand und Isabella die Bullen für drei verschiedene Zwecke, nämlich in erster Linie als Instrument zur Stärkung ihrer Verhandlungsposition in der Auseinandersetzung mit Portugal, sodann als Mittel zur Untermauerung ihrer Souveränitätsansprüche über die entdeckten und noch aufzufindenden Gebiete gegenüber den eigenen Untertanen und schließlich als eine Dokumentation, die in einer nicht näher bestimmten Form im Verlauf der weiteren überseeischen Unternehmungen Verwendung finden sollte. Auffällig daran ist nun aber vor allem, daß die Katholischen Könige die Papstdokumente unmittelbar dazu verwandten, um ihre Ansprüche gegenüber tatsächlichen oder möglichen Rivalen durchzusetzen, die entweder, wie der König von Portugal, die Autorität des Papsttums nicht in Zweifel ziehen konnten, da sie sich ihrer in ähnlichen Fällen für vergleichbare Zwecke bedient hatten, oder die, wie die Untertanen der spanischen Krone, eine solche Autorität ohnehin anerkannten. Dies bedeutet aber, daß die so viel diskutierte Frage, mit welchem Recht der Papst eine derartige Vergabe vornehmen konnte, sich den Königen gar nicht stellte, ihnen zumindest aber gleichgültig sein konnte. Daraus muß aber wiederum geschlossen werden, daß die von den Königen erbetenen Bullen keinen Beweis dafür darstellen, daß Ferdinand und Isabella eine universale Gewalt des Papsttums anerkannt haben oder die Notwendigkeit einer juristischen Bestätigung ihrer Neuerwerbung durch irgendeine übergeordnete Macht sahen. In diesen beiden Fällen haben sich die Könige der Bullen in rein funktionaler Weise bedienen können, so daß aus den juristischen Implikationen der Papstbullen, welcher Art sie auch sein mögen, nicht gefolgert werden kann, daß die päpstlichen Urkunden für Ferdinand und Isabella irgendwelche rechtlich bindenden Konsequenzen hinsichtlich des Charakters ihrer Herrschaft in Übersee enthielten. Formal gesehen läßt sich daraus noch nicht einmal mit letzter Gewißheit folgern, daß die Monarchen selbst die Rechtstheorie anerkannten, auf die der Papst sein Recht zur Verleihung jener neu entdeckten Gebiete stützte. Dies müßte selbst dann angenommen werden, wenn die Könige die Absicht gehabt haben sollten, vermittels der Bullen die Unterwerfung der von Kolumbus auf seinen folgenden Reisen neu zu entdeckenden Reiche zu fordern, ein Problemkomplex, auf den im Zusammenhang mit der Frage nach der Bedeutung des *Requerimiento* erneut einzugehen sein wird. Ungeachtet der oben angeführten Bemerkung der Monarchen[130] scheint eine solche Absicht jedoch zunächst nicht bestanden zu haben, da in den Instruktionen, die Kolumbus vor Antritt seiner folgenden Reisen ausgehändigt erhielt, diesbezüglich keinerlei Hinweise zu finden sind.

Übernahmen nun die Katholischen Könige durch die Papstbullen irgendwelche Verpflichtungen? Oder folgten aus der päpstlichen Verleihung gar rechtliche Konsequenzen für den Satus der neu erworbenen Gebiete? Hinsichtlich des letztgenannten Aspekts ist vor allem der Theorie Beachtung zu schenken, die in der päpstlichen Übertragung einen Akt lehnsrechtlicher Schenkung sehen will[131], vermittels derer

---

[130] Vgl. Anm. 129.
[131] Hier sei lediglich auf Alfonso Garcìa-Gallo, Las bulas de Alejandro VI, p. 686ff. verwiesen, wo die These diskutiert wird und ihre Vertreter aufgeführt werden.

die Könige zu Vasallen des Papstes wurden. Außer der in den Bullen in unterschiedlicher Form begegnenden Formulierung „*donamus, concedimus et assignamus*", in einer Version um ein „*investimus*" erweitert[132], lassen sich keine weiteren Hinweise finden, die eine solche feudalrechtliche Erklärung zu stützen vermögen. Weder haben Ferdinand und Isabella irgendwelche Akte der Anerkennung der Oberhoheit des Papstes vollzogen, wie sie nach feudalrechtlicher Praxis bei einer Belehnung etwa in Form von Eidesleistung oder Zahlung einer wenn auch nur symbolischen Abgabe zu erwarten gewesen wären, noch findet sich in den Texten ein klarer Lehensauftrag oder gar eine Poenformel, die Sanktionen für den Fall eines Fehlverhaltens androhte. Selbst die Christianisierung der Eingeborenen wird in den Bullen nicht als ein Auftrag formuliert, der unmittelbar und rechtlich eindeutig mit der päpstlichen Verleihung verknüpft ist; diese erfolgt vielmehr aufgrund des vom Papst zur Kenntnis genommenen Willens zur Missionierung als ein bedingungsloser Akt päpstlicher Autorität. Während aber den Monarchen weder ein juristisch verbindlicher Auftrag erteilt, noch ihnen eine Strafe für den Fall der Vernachlässigung der Eingeborenenbekehrung angedroht wird, kündigt eine abschließende Poenformel allen jenen die göttliche und päpstliche Indignation an, die gegen die päpstliche Verleihung verstoßen, d.h. die die Katholischen Könige am Erwerb oder Besitz der entdeckten oder noch aufzufindenden Gebiete hindern sollten[133].

Die sorgfältig redigierten päpstlichen Bullen vermeiden mithin ganz offenkundig jede Formulierung, die für die Katholischen Könige selbst eine irgendwie bindende Verpflichtung darstellen könnte oder als Einschränkung ihrer Souveränität über die in Besitz zu nehmenden Gebiete aufgefaßt werden müßte. Eine päpstliche Belehnung der beiden Monarchen in feudalrechtlichem Sinne kann daher wohl mit Sicherheit ausgeschlossen werden. Dafür spricht auch, daß sowohl Kolumbus als auch spätere Konquistadorengruppen in den auftretenden Streitigkeiten mit der Krone nie den Versuch unternommen haben, sich an den Papst zu wenden, um seine Unterstützung zu erlangen, was an sich ein sehr naheliegender Rekurs gewesen wäre, hätte man den Papst als obersten Lehnsherren angesehen. Zwar wandte sich Kolumbus 1502 in einem ausführlichen Schreiben an den Papst und erwähnte darin auch, daß man ihm entgegen allen Abmachungen das Gouvernment über die von ihm in Besitz genommenen Inseln entzogen habe, der Hauptgrund des Schreibens ist jedoch das Ansuchen des Entdeckers um die päpstliche Autorisation zur Rekrutierung von Missionaren, die seinen Weisungen unterworfen sein sollten[134]. Kolumbus suchte damit aber nicht etwa gegen die Könige um die Untersützung des obersten Lehensherrn nach, was als förmliche Klage hätte geschehen müssen, sondern offensichtlich ging es ihm nur darum, durch die Erlangung eines besonderen päpstlichen Privilegs als Vorkämpfer des Missionsgedankens zu erscheinen, um so seine Stellung gegenüber den Katholischen Königen zu stärken.

---

[132] Vgl. den Text der wichtigsten Bullen bei Alfonso García-Gallo, Las bulas de Alejandro VI, p. 799ff.

[133] Vgl. dazu die Texte bei Alfonso García-Gallo, Las bulas de Alejandro VI, insbesondere p. 801f. und 806f.

[134] Vgl. den Text des Kolumbusbriefes in: Colección de Documentos para la Historia de Costa Rica relativos al Cuarto y Ultimo Viaje de Cristóbal Colón, p. 5ff.

Abgesehen von der Disposition, daß die überseeischen Gebiete fester Bestandteil der kastilischen Krone werden sollten, worauf später noch einzugehen sein wird[135], abgesehen auch von dem Verbot, Entdeckungsreisen im Bereich der portugiesischen Einflußsphäre im Atlantik durchführen zu lassen und Gebiete in Besitz zu nehmen, auf die andere christliche Herrscher Ansprüche erheben konnten, enthielten die Papstbullen keine rechtlich unmittelbar bindenden Verpflichtungen für die spanischen Könige. Die päpstlichen Dokumente stellten lediglich in sehr allgemeiner Form einen Zusammenhang zwischen der Gebietsverleihung und der Ausbreitung des christlichen Glaubens unter den Heidenvölkern jener Gegenden her. Ein konkreter Missionsauftrag ist jedoch aus den päpstlichen Urkunden nicht abzulesen. Offensichtlich fühlten sich die beiden Monarchen auch nicht dazu verpflichtet, sofort größere Anstrengungen zur Christianisierung der Eingeborenenbevölkerung auf den von Kolumbus in Besitz genommenen Inseln zu unternehmen. Zwar veranlaßten sie im Zusammenhang mit der diplomatischen Demarche in Rom hinsichtlich der päpstlichen Verleihung auch die Ernennung des Paters Bernardo Boil zum päpstlichen Vikar „der Indien" und ließen außerdem die Ausreise einer kleinen Gruppe von Missionaren nach Amerika vorbereiten[136], doch blieb dies ein Unternehmen von episodenhaftem Charakter. Nach Abschluß des Vertrages von Tordesillas, in dem die kastilische Krone mit Hilfe der Papstbullen ihre politischen Ziele gegenüber Portugal durchzusetzen vermocht hatte, sind auf Jahre hinaus keine besonderen Anstrengungen zur Bekehrung der Antillenindianer unternommen worden. Auch als die Krone von der ursprünglich verfolgten Kolonialpolitik abging, die in der Anlage von Stützpunkten zum Zweck des Tauschhandels mit den Eingeborenen bestand, und seit der Mitte der 90er Jahre zunehmend eine planmäßige Siedlungskolonisation in die Wege leitete, erfolgten keine besonderen Anstöße zur Christianisierung der autochthonen Bevölkerung. Auch der Umstand, daß die Regelung der kolonialen Verwaltungsangelegenheiten einem Geistlichen, dem Bischof Rodríguez de Fonseca, übertragen wurde, führte nicht zu einer Intensivierung der Missionstätigkeit. Die Monarchen beschränkten sich vielmehr darauf, in den Instruktionen an ihre Bevollmächtigten in Übersee die Sorge für die Bekehrung der Eingeborenen als eine der Amtspflichten anzuführen, ähnlich wie dies zur selben Zeit bezüglich der Maurenbevölkerung des unterworfenen Granada geschah. Eine Verknüpfung des in den Instruktionen erteilten Bekehrungsauftrags mit den Papstbullen ist jedoch nicht festzustellen. Andererseits diente die Heidenbekehrung den Königen als willkommener Vorwand, um von der römischen Kurie politische Zugeständnisse in Form von Kontrollrechten über die entstehende kirchliche Organisation in Amerika zu erlangen. So setzte die Krone 1501 die Übertragung des Kirchenzehnten und schließlich 1508 die vollen Patronatsrechte über die koloniale Kirche beim Papst durch.

Alles in allem hatten somit die Papstbullen keinen Einfluß auf die beginnende überseeische Kolonisation, die gerade in ihrer Anfangsphase in besonders hohem Maße von wirtschaftlichen Interessen geleitet war. Es erscheint daher verfehlt, in den Papsturkunden eine theokratische Fundierung der spanischen Herrschaft in Übersee oder gar entsprechende Einflüsse auf die Grundlegung des spanischen Imperiums

---

[135] Vgl. Abschnitt II. 2. b.
[136] Vgl. die Papstbulle *Piis fidelium* in: Alfonso García-Gallo, Las bulas de Alejandro VI, p. 810ff.

und seiner staatlichen Organisation erblicken zu wollen. Ein Missionsgedanke taucht freilich bei einzelnen Protagonisten der frühen Entdeckungsgeschichte auf und ist auch in verschiedenen, von der Krone erlassenen Dienstanweisungen als eine von vielen Aufgaben angesprochen worden, ohne allerdings den Ablauf der Ereignisse oder den Organisationsprozeß der Koloniegründungen nennenswert zu beeinflussen. Dies kann nicht überraschen, wenn man berücksichtigt, daß die Bedeutung der Entdeckungen zunächst noch gar nicht abzusehen war, so daß die Besitznahme einiger Inseln, ähnlich wie im Falle des Kanarischen Archipels, keine besonders schwerwiegenden Probleme aufwarf. Zwar verbanden sich mit den Kolumbusfahrten hohe Erwartungen, doch bestand für die Krone keine Veranlassung zur Entfaltung besonderer Aktivitäten, solange sich keine Komplikationen ergaben. Schließlich darf darüber nicht vergessen werden, daß sich den Königen in Spanien selbst und ebenso in der europäischen Politik sehr viel dringlichere Fragen stellten, die ihre Aufmerksamkeit in weitaus höherem Maße beanspruchten. Das einzige einer raschen Lösung bedürfende Problem, das sich aus den ersten Entdeckungen ergab, war der drohende Konflikt mit Portugal, der dank der Papstbullen und der durch sie begründeten starken Verhandlungsposition Kastiliens nicht nur schnell beigelegt werden konnte, sondern auch Anlaß zu einer Revision der für Spanien ungünstigen Abmachungen des Vertrages von Alcáçovas bot. Darüber hinaus hatten die Könige mit den geschickt formulierten Papstbullen, die sie zu nichts verpflichteten, was sie nicht ohnehin zuzugestehen bereit waren, höchst vielseitig verwendbare Rechtstitel erworben, die die Politik der Krone den jeweiligen Bedürfnissen entsprechend abzusichern vermochten. Die so viel diskutierten Papsturkunden stellen somit in erster Linie einen weiteren Beweis für das überlegene diplomatische Geschick der fernandinischen Außenpolitik dar[137].

Die nächste Gelegenheit, bei der sich eine Notwendigkeit zur Rechtfertigung ergab, bildete die Legitimitätskrise, die durch die berühmte Predigt des Dominikaners Montesinos im Jahre 1511 ausgelöst wurde. Montesinos hatte den Kolonisten in Santo Domingo die grausame Ausbeutung der Eingeborenen vorgehalten und die Frage aufgeworfen, mit welchem Recht sie sich die Indianer dienstbar machten[138]. Verbunden mit der Aufforderung zur Befreiung der *Indios* von jeder Dienstpflicht drohte Montesinos den Siedlern an, ihnen im Falle der Zuwiderhandlung die Absolution in der Beichte zu verweigern. Obwohl in der Predigt formell nur die Kolonisten angesprochen wurden, kann nicht übersehen werden, daß die Vorwürfe sich auch an die Adresse der Krone richteten, die die Dienstpflicht der Eingeboren gesetzlich eingeführt hatte[139]. Indirekt stellte Montesinos damit also auch die Berechtigung der Krone in Frage, über die autochthone Bevölkerung zu verfügen, was letztlich nichts anderes bedeutete, als die königliche Souveränität über die neu gewonnenen Gebiete in Zweifel zu ziehen. Damit bahnte sich ein Konflikt zwischen den Siedlern und der Krone auf der einen Seite und der Kirche auf der anderen an. Vor

---

[137] Eine ähnliche Auffassung vertritt auch J. H. Elliott, The Old World and the New 1492—1650, p. 80.
[138] Vgl. dazu und zur Reaktion von Siedlern und Krone auf diese Predigt Richard Konetzke, Die Indianerkulturen Altamerikas und die spanisch-portugiesische Kolonialherrschaft, p. 174ff.
[139] So durch ein Gesetz aus dem Jahre 1503, vgl. Richard Konetzke, Colección de Documentos para la Historia de la Formación Social de Hispanoamérica 1493—1810, vol. 1, p. 16f.

allem gegenüber den Kolonisten besaß die Kirche äußerst wirksame Druckmittel, die von der Verweigerung der Lossprechung bei der Beichte bis zur Exkommunikation reichten und samt und sonders nicht nur religiöse, sondern auch sehr weitreichende zivil- und privatrechtliche Folgen für die Betroffenen haben konnten. Montesinos stellte mit seiner Aufforderung zum Verzicht auf die indianische Arbeitskraft die Siedler mithin vor die Alternative, entweder auf ihre wirtschaftliche Existenzgrundlage zu verzichten oder sehr schwerwiegende Gewissenskonflike mit möglichen familiären und rechtlichen Konsequenzen in Kauf zu nehmen.

Die Tragweite der Predigt von Montesinos erklärt denn auch die heftige Reaktion der Kolonisten und der Krone selbst. Ferdinand zeigte sich über die „skandalöse Predigt" sehr verärgert, übernahm für sich und seine Berater jede eventuell bestehende Gewissensschuld und veranlaßte strenge disziplinarische Maßnahmen gegen die auf der Antilleninsel wirkenden Dominikaner, die Montesinos an den königlichen Hof entsandten[140]. Dessen Vorstellungen hatten die Einberufung einer aus Theologen und Juristen zusammengesetzten Konferenz nach Burgos zur Folge, die schließlich die sogenannten *Leyes de Burgos* über die Behandlung der Indianer und durch ihr Mitglied Palacios Rubios den Text des bereits erwähnten *Requerimiento* erarbeitete.

Die unmittelbare Antwort auf die durch die genannte Predigt ausgelöste Situation stellt der Gesetzestext der *Leyes de Burgos* dar, auf deren Bedeutung für die Indianerpolitik der Krone noch einzugehen sein wird. Obwohl jedoch Montesinos die grundsätzliche Frage nach dem Recht, demzufolge die Indianer in der von ihm kritisierten Form behandelt wurden, aufgeworfen hatte, vermieden die Gesetze von Burgos eine ausdrückliche Bezugnahme auf die Rechtstitel, sondern beschränkten sich darauf, in einer ungewöhnlich ausführlichen Präambel den Willen der Krone zur Bekehrung der Eingeborenen und die königliche Sorge für das Wohl der neuen Untertanen auszudrücken. Damit begegnet in diesen Gesetzen erstmals der Missionsgedanke als Begründung nicht etwa für das Recht der Krone zur Verfügung über die Eingeborenen, sondern als Begründung einer besonderen gesetzgeberischen Aktivität. Dies bedeutet, daß die von Montesinos aufgeworfene Frage nach dem Recht, aus dem sich jede Verfügungsgewalt über die Eingeborenen herleiten läßt, umgangen und allenfalls indirekt mit dem Hinweis auf die Missionsabsichten beantwortet wird. Die in der Präambel enthaltene Missionsidee, die als Begründung eines konkreten Gesetzgebungsaktes völlig überflüssig, zumindest aber nicht notwendig gewesen wäre, hat in diesem Zusammenhang also vor allem die Funktion, die grundsätzliche Kritik am spanischen Verhalten gegenüber den Indianern durch Berufung auf die gerade von Geistlichen nicht zu bestreitende Missionsverpflichtung zurückzuweisen, ohne gleichzeitig eine rechtlich verbindliche Aussage über den Ursprung und den Charakter des spanischen Herrschaftsanspruchs über die Eingeborenen machen zu müssen. Die Papstbullen finden in der Präambel keine Erwähnung, und auch die Missionsabsicht wird nicht als Verpflichtung, sondern als freier Willensakt der Krone dargestellt.

Der Umstand, daß es mit Hilfe der Gesetze von Burgos möglich war, diese Krise des beginnenden Kolonialsystems beizulegen, läßt deutlich werden, daß offenkundig bereits zu dieser Zeit die grundsätzliche Frage nach den Rechtstiteln, wie sie Monte-

---

[140] Vgl. Richard Konetzke, Die Indianerkulturen, p. 175.

sinos aufgeworfen hatte, vor allem als taktisches Mittel dazu diente, um von der Krone Zugeständnisse hinsichtlich des Indianerschutzes zu erreichen. In der Folgezeit sollte sich die amerikanische Kirche noch häufig der Methode bedienen, durch Erzeugung von Gewissenskonflikten mit Hilfe der Rechtstitelfrage die spanischen Monarchen zu politischen Zugeständnissen zu bewegen. Dabei darf allerdings nicht übersehen werden, daß der Indianerschutz durchaus auch dem allgemeinen Staatsinteresse entsprach, da die Fortschritte der Entdeckungen bereits erkennen ließen, daß Spanien mit seiner vergleichsweise geringen Bevölkerungszahl kaum dazu in der Lage sein würde, die neuen Gebiete ausschließlich mit europäischen Siedlern zu kolonisieren. Kirchlich humanitäre und staatspolitische Interessen begannen sich mithin, als Folge des Übergangs zur Siedlungskolonisation hinsichtlich des Problems der Behandlung der Eingeborenen einander anzunähern.

Ganz anders wurde dagegen bei der Abfassung des *Requerimiento* verfahren. In dem Text wird im Anschluß an eine Skizzierung der Menschheitsgeschichte der Papst als oberste von Gott eingesetzte Autorität über alle Menschen vorgestellt. Danach wird hervorgehoben, daß er den Katholischen Königen die Herrschaft über die Inseln und Festländer im Atlantischen Ozean übertragen habe. Daran anschließend führt das Dokument aus, daß sich die Bewohner anderer Inseln bereits zum katholischen Glauben bekehrt hätten und die Monarchen sie daher als ihre Untertanen wohlwollend behandelten. Die jeweils angesprochenen Eingeborenen werden dann aufgefordert, sich friedlich den wahren Glauben verkünden zu lassen, um sich nach angemessener Bedenkzeit zu bekehren, was die Könige mit zahlreichen Vergünstigungen zu entlohnen versprechen. Sollte dies jedoch verweigert werden, so drohe den Eingeborenen der totale Krieg, Verlust ihrer Besitztümer und die Versklavung[141].

Derselbe Monarch, der bei anderer Gelegenheit seinen Vizekönig in Neapel angewiesen hatte, einen päpstlichen Gesandten aufhängen zu lassen, weil er die königliche Souveränität mißachtet habe, erkennt nunmehr eine universale Gewalt eben dieses Papstes über alle Menschen an und erklärt, daß sein Herrschaftsanspruch auf die Schenkung dieser obersten Autorität zurückgehe. Es war allerdings weniger dieser Widerspruch im Verhalten der Krone, der die historische Forschung so intensiv beschäftigte[142], als vielmehr der Inhalt des Dokumentes, der zu umfangreichen Spekulationen Anlaß bot und bald als theokratische Begründung der spanischen Herrschaft in Amerika, bald als alttestamentarische Rechtfertigung von Krieg angesehen wurde. Bezeichnenderweise haben jedoch auch die Zeitgenossen das Dokument unterschiedlich interpretiert. Während Las Casas sich darüber entrüstete, daß man diesen Text und die Art des mit seiner Verlesung verbundenen Vorgehens für geeignet halte, um die Indianer von der Richtigkeit des katholischen Glaubens zu überzeugen[143], berichtete der Chronist Gonzalo Fernández de Oviedo, daß er den Verfasser des *Requerimiento*, den Kronjuristen Palacios Rubios, gefragt habe, ob dieses

---

[141] Das Dokument liegt in zahlreichen Veröffentlichungen vor, hier wurde die bei Lewis Hanke, La lucha por la justicia en la Conquista de América, p. 52ff., publizierte Fassung zugrundegelegt.

[142] Das *Requerimiento* wird fast ausnahmslos in der sich mit den Rechtstiteln der spanischen Landnahme beschäftigenden Literatur behandelt; die neueste und wohl auch gründlichste Studie dazu ist Annie Lemistre, Les origines du „Requerimiento", p. 161ff.

[143] Vgl. Mario Góngora, Studies, p. 41.

Dokument tatsächlich das christliche Gewissen zufriedenstellen könne[144]. Während also Las Casas, dessen ganzes Leben und Denken dem Kampf für die Rechte der amerikanischen Eingeborenen gewidmet war, das Dokument wörtlich als Aufforderung an die Indianer zur Annahme des christlichen Glaubens verstand und es in diesem Zusammenhang als unsinnig bezeichnete, sah offenbar der Chronist und Höfling Fernández de Oviedo, der der europäischen Politik sehr viel mehr zugewandt war als Las Casas, in dem *Requerimiento* ein Mittel zur Beschwichtigung des christlichen Gewissens, das sich wohl mehr an die bei der Verlesung anwesenden Spanier und weniger an die unmittelbar angesprochenen Indianer richtete. Welche Bedeutung ist dem *Requerimiento* vor diesem Hintergrund nun tatsächlich beizumessen?

Völlig zu Recht hat die Historiographie das *Requerimiento* in Zusammenhang mit den mittelalterlichen Theorien vom gerechten Krieg gestellt und den Inhalt als Versuch einer spanischen Rechtfertigung der kriegerischen Unternehmungen in Übersee interpretiert. Darüber wurde jedoch offenkundig der formale Aspekt dieses Dokuments entweder ganz übersehen oder als relativ unbedeutend aufgefaßt[145]. Nun handelt es sich bei dem *Requerimiento* aber nicht nur um ein Manifest oder eine Proklamation[146], sondern um ein Ultimatum, ja, genauer, um die Form der Kriegserklärung, die im ausgehenden Mittelalter und in der frühen Neuzeit zwischen christlichen Herrschern ebenso üblich war wie zwischen Christen und Muselmanen. Kriegserklärungen oder der Beginn der Belagerung einer Stadt vollzogen sich nach festen Regeln, die als formale Eröffnung der Feindseligkeiten eine Erklärung an den Gegner vorsahen. In dieser Erklärung wurde zumeist wohl eine Begründung für die Anwesenheit von Truppen – im Falle der Belagerung einer Stadt – oder eine Darlegung des eigenen Rechtsstandpunktes verbunden mit der Aufforderung, den Ansprüchen Genüge zu tun, verlesen und für den Fall einer Weigerung die Eröffnung von Feindseligkeiten angekündigt. Diese von Herolden überbrachten Botschaften glichen in ihrem Aufbau weitgehend dem *Requerimiento* und wurden auch so genannt [147]. Sie bildeten einen festen Bestandteil der auf das Fehdewesen zurückgehenden ritualisierten Formen der Kriegführung des Renaissancezeitalters[148]. Aufgrund der Ritualisierung und Formalisierung des Kriegswesens erwartete man auch nicht, daß die Überzeugungskraft der in einem solchen Ultimatum enthaltenen Erklärungen das Verhalten des Gegners beeinflussen würde. Diesem sollte damit lediglich kundgetan werden, daß von nun an Kriegsrecht herrsche und somit alle Gewaltakte legitimiert seien. Dieses Kriegsrecht verpflichtete die Truppen der kriegführenden Parteien dazu, sich in Feindesland auszuweisen, d.h. sich als Gefolgsleute einer der kriegfüh-

---

[144] Zitiert nach Annie Lemistre, Les origines du „Requerimiento", p. 165.

[145] Lediglich Annie Lemistre, Les origines du „Requerimiento", p. 199 ff. behandelt in einem abschließenden Teil diesen Aspekt, sieht jedoch in dem *Requerimiento* eher eine auf den Umgang mit Nichtchristen beschränkte Form der Kriegserklärung.

[146] Lewis Hanke, La lucha por la justicia, p. 52, sieht im *Requerimiento* ein „Manifest"; Josef Engel, Von der spätmittelalterlichen respublica christiana, p. 96, nennt es eine „rituelle Proklamation".

[147] Zahlreiche Hinweise auf die instutionalisierten Formen des Krieges und die Verbreitung des Begriffs *Requerimiento* in der Bedeutung von Ultimatum finden sich etwa in der zeitgenössischen Chronik Alonso de Santa Cruz, Crónica de los Reyes Católicos, vol. 2, p. 140ff.

[148] Vgl. dazu und zum folgenden M. H. Keen, The Laws of War in the Late Middle Ages, p. 2f.

renden Parteien erkennen zu geben, und sicherte ihnen im Falle der Gefangenschaft gewisse Rechtsansprüche[149]. Um aber für die eigenen Truppen die Behandlung nach Kriegsrecht zu erreichen, bedurfte es einer Kriegserklärung. Fehlte diese, so konnte der Gegner alle Gefangenen als Kriminelle aburteilen lassen. Die Formalisierung und Ritualisierung dieser Kriegsbräuche hatte aber zur Folge, daß hinsichtlich des Gegners keine besonders überzeugenden Rechtsgründe für die Kriegserklärung erforderlich waren. Dem Feinde gegenüber genügte es, aus welchem Grunde auch immer, den Krieg zu erklären, entscheidend war nur die Notifikation, daß man vom Friedens- in den Kriegszustand übergehe.

Im Gegensatz dazu war jedoch gegenüber den eigenen Gefolgsleuten eine plausible Rechtfertigung vonnöten. In einer Zeit, in der der moderne Staat noch nicht so gefestigt war, daß ein Befehl des Königs genügte, um seine Untertanen zu den Waffen greifen zu lassen, in der sich allenfalls erste Ansätze zur Entwicklung eines stehenden Heeres beobachten lassen und in der das Königtum bei kriegerischen Unternehmungen in besonderem Maße auf die Gefolgschaft des Adels und die Finanzierungsbereitschaft der Städte angewiesen war, mußte jeweils deutlich gemacht werden, daß für eine gerechte Sache eingetreten wurde. Dies war vor allem deshalb erforderlich, da häufig gerade die adeligen Gefolgsleute etwa durch familiäre oder lehnsrechtliche Bande auch dem jeweiligen Gegner verbunden sein konnten[150]. Darüber hinaus mußte durch gerechte Kriegsgründe auch die Kirche beschwichtigt und nach Möglichkeit zur Unterstützung gewonnen werden, konnte doch jeder Priester in einer konkreten Situation durch Exkommunikation die königlichen Gefolgsleute nicht nur in schwere Gewissenskonflikte stürzen, sondern sie auch der Vorteile des Kriegsrechts verlustig gehen lassen. Durch eine einleuchtende Begründung übernahm außerdem der Kriegsherr die Verantwortung für alle Folgen, die seinen Truppen aus der Kriegführung erwachsen konnten. Die Notwendigkeit, eine militärische Auseinandersetzung zu einem gerechten Krieg zu erklären und somit die eigene Rechtsposition darzulegen, bestand mithin in erster Linie gegenüber den eigenen Gefolgsleuten.

Im Hinblick auf das *Requerimiento* wird man daher folgern dürfen, daß es sich weniger an die Eingeborenen in Übersee richtete, als vielmehr an die an den *Conquista*-Zügen beteiligten Spanier, wie dies der weltgewandte Chronist Fernández de Oviedo offenbar richtig erkannt hatte. Dies wird besonders deutlich, wenn man sich vergegenwärtigt, daß der Anstoß zur Ausarbeitung dieses Dokuments von Montesinos' Predigt und der Unruhe, die sie unter den Kolonisten ausgelöst hatte, ausgegangen war. Es verwundert auch nicht, die im christlichen Europa üblichen kriegsrechtlichen Formalien auf die Verhältnisse in Amerika angewandt zu sehen, da die Ausarbeitung des *Requerimiento* zusammenfiel mit dem spanischen Ausgreifen auf das amerikanische Festland. Die Expedition des Pedrarias, die bis zur Fertigstellung des Dokuments an der Ausfahrt gehindert wurde, sollte ja gerade in Panamá den ersten spanischen Stützpunkt auf dem Festland ausbauen, von dem die Spanier durch vorhergehende Kontakte mit den Eingeborenen wußten, daß sie dort auf mächtige

---

[149] Vgl. die Beispiele bei M. H. Keen, The Laws of War, p. 101ff. und 156ff.
[150] Vgl. dazu M. H. Keen, The Laws of War, p. 82ff., der zahlreiche Beispiele zu dieser Poblematik anführt.

Großreiche stoßen könnten, die den Indianern der Antilleninseln kulturell weit überlegen waren. Nach der vorausgegangenen, durch die Dominikaner ausgelösten Legitimitätskrise boten sich daher sowohl die in Europa übliche, durch die Literatur vom gerechten Krieg abgesicherte Form des *Requeriminto* als auch der Rückgriff auf die päpstliche Autorität an, um gerade die Kirche zu beruhigen, von der in dieser Situation eine Störung der überseeischen Unternehmungen zu befürchten war. Gleichzeitig gab die Form des *Requeriminto* die Möglichkeit, den durch kirchliche Einflüsse möglicherweise verunsicherten Konquistadoren vor Beginn der entscheidenden Kriegshandlungen nochmals in Erinnerung zu rufen, daß ihr Vorgehen durch das geistliche Oberhaupt der Christenheit sanktioniert worden war und sie daher in völliger Übereinstimmung mit der Kirche handelten, die Verantwortung aber in jedem Falle beim Monarchen lag.

Bedeuten nun die Formulierungen des *Requeriminto* tatsächlich die Anerkennung einer so weitgehenden, auch in weltlichen Dingen gültigen Oberhoheit des Papstes durch die spanische Krone, daß daraus Folgerungen für den Charakter der spanischen Landnahme gezogen werden können? Zur Stützung der These, daß die Katholischen Könige eine solche Oberhoheit des Papstes anerkannten, wird gelegentlich auch auf das Verhalten der Krone bei der Eroberung von Navarra verwiesen. Als der König von Navarra, Juan d'Albret, während des Schismas von Pisa ein Bündnis mit Frankreich schloß, das auf Seiten der schismatischen Partei stand, ließ Ferdinand ihn durch den Papst als Anhänger des Schismas seines Reiches für verlustig erklären und durch seine Truppen Navarra erobern. In dem sich anschließenden Krieg mit Frankreich blieb der katholische König ebenfalls siegreich. Nun hatte Ferdinand die päpstliche Erklärung sicher nicht deshalb erbeten, um gegen einen schismatischen christlichen Monarchen Krieg führen zu können, dazu hätte allein die Tatsache ausgereicht, daß Navarra mit Frankreich, dem Gegner Spaniens, ein Bündnis geschlossen hatte. Sie diente vielmehr dazu, die Einverleibung Navarras in die entstehende spanische Monarchie zu begründen. Gleichzeitig wird aber deutlich, daß es zur Durchsetzung des päpstlichen Spruches besonderer politischer Umstände und insbesondere auch einer entsprechend starken militärischen Macht bedurfte. Wie sehr der Papst hier nur ausführendes Organ im Dienste der mit ihm verbündeten Mächte war, zeigt sich auch daran, daß man sich nur jeweils das rechtlich sanktionieren ließ, was man für politisch sinnvoll hielt. Obwohl Ferdinand mit dem Kaiser und England gemeinsam gegen Fankreich kämpfte, somit also berechtigte Aussichten auf einen Erfolg haben konnte, hat er nicht versucht, auch den französischen König, als den Initiator des Schismas, für abgesetzt erklären zu lassen, da ein solcher Spruch keine Aussicht gehabt hätte, durchgesetzt zu werden. Der päpstliche Bannstrahl gegen den König von Navarra erleichterte somit Ferdinands Eroberungsabsichten, löste sie aber sicherlich nicht aus, wie die militärischen Vorbereitungen beweisen, die bereits vor dem Spruch des Papstes getroffen wurden.

Alles in allem wird man daher folgern dürfen, daß die päpstliche Autorität in jener Zeit die Machtverhältnisse nicht mehr zu verändern vermochte. Dennoch bedeutete bei ausgeglichenen Kräfteverhältnissen zwischen gegnerischen Mächten oder Bündnissystemen die Unterstützung des Papsttums eine wertvolle Hilfe für die begünstigte Partei, da das Ansehen Roms nicht nur die Rechtfertigung der eigenen Politik erleichterte, sondern auch zur Erzielung höherer Mobilisierungseffekte bei der eigenen Gefolgschaft, zur Beschwichtigung innerer Opposition und nicht zuletzt auch zur Finanzierung eines kriegerischen Unternehmens eingesetzt werden konnte. Der Umstand, daß sich die Katholischen Könige immer dann auf päpstliche Entscheidungen beriefen, wenn sie sich dadurch zu nichts verpflichteten, was nicht ohnehin ihren politischen Interessen entsprach, und wenn sie sich von der päpstlichen Unterstützung Vorteile oder Erfolg versprachen, läßt erkennen, daß die Krone sich in ihrer Haltung gegenüber dem Papsttum durchaus den zeitbedingten europäischen Verhaltensnormen anpaßte. Man suchte damals allgemein die Unterstützung des Stuhles Petri, wagte auch noch nicht, seine Autorität in Zweifel zu ziehen, doch bemühte man sich andererseits aber darum, diese Autorität zu eigenen Gunsten zu manipulieren und schreckte notfalls auch nicht davor zurück, ein Schisma herbeizuführen, um auf diese Weise über eine rechtliche und moralische Absicherung der eigenen Politik zu verfügen, die in Anbetracht der labilen inneren Verhältnisse vonnöten schien. Aus dieser Situation hat Spanien unter den Katholischen Königen meisterhaft für sich Kapital zu schlagen vermocht. Vor diesem Hintergrund wird aber deutlich, daß die Frage, ob die Krone wirklich eine weltliche Oberhoheit des Papstes anerkannte oder nicht, im Grunde nicht beantwortet werden kann, da es kaum möglich sein dürfte, die Grenze zwischen politischem Kalkül und wirklicher Überzeugung zu ziehen. Der weitere Verlauf der Debatte um die spanischen Rechtstitel bringt dies allein schon dadurch klar zum Ausdruck, daß selbst Vertreter der Geistlichkeit die weltliche Autorität des Papstes verneinten. Der defensive Gebrauch, den die Krone offenkundig von den Papstbullen und selbst von dem so häufig zitierten Missionsgedanken machte, läßt vielmehr erkennen wie weit der geistige Säkularisierungsprozeß jener Epoche auch auf der staatlichen Ebene in Spanien bereits fortgeschritten war.

Ganz deutlich läßt sich dies hinsichtlich des Missionsgedankens verfolgen, der sowohl in der zeitgenössischen Diskussion um die spanischen Rechtstitel als auch in der sich darauf beziehenden historischen Literatur unserer Zeit eine so herausragende Rolle spielt. In der häufig mit apologetischen Absichten verfaßten Rechtstitelliteratur wird dieser Missionsgedanke durchgehend im eigentlichen Wortsinn als „Wunsch nach Verbreitung des katholischen Glaubens", d.h. als ein ausschließlich religiöses Bestreben, aufgefaßt. Bereits in sehr früher Zeit begegnet in den Dokumenten aber im Zusammenhang mit der Missionsidee auch schon der Hinweis auf den „lasterhaften Charakter der Indianer", der sich als Topos in der gesamten kolonialzeitlichen, mit Indianerproblemen beschäftigten Dokumentation finden läßt. So heißt es etwa schon in der umfangreichen, ausschließlich mit der Missionsabsicht befaßten Präambel der *Leyes* von Burgos „*y según se ha visto por luenga experiencia diz que todo no basta para que los dichos caciques e indios tengan el conocimiento de nuestra fe, que sería necesaria para su salvación, porque de su natural son inclinados a ociosidad y malos vicios de que nuestro Señor es deservido y no ha ninguna manera de virtud ni doctrina, y el principal estorbo que tienen para no se enmendar de sus vicios y que la doctrina no les aproveche ni en ellos imprima, ni lo tomen, es tener sus asientos y estancias tan lejos .... de los lugares donde viven los españoles...*"[151]. Der von Natur aus lasterhafte Indianer muß also nach den Vorstellungen der Krone durch das Vorbild der Europäer erzogen werden. Wie sich aus späteren Passagen der *Leyes* von Burgos und aus unzähligen anderen Berichten und

---

[151] Richard Konetzke, Colección de Documentos, vol. 1, p. 38f.

Dokumenten entnehmen läßt, handelt es sich dabei nicht nur um religiöse Unterweisung, d.h. um Unterricht in Glaubensfragen und -dogmen, sondern um die Erziehung zu einer christlichen Lebensweise, die alle Bereiche des individuellen Verhaltens und Denkens sowie der zwischenmenschlichen Beziehungen erfassen sollte. Diese Umerziehung zielte nicht nur darauf ab, „lasterhafte" oder unchristliche Sitten und Gebräuche auszumerzen, sondern sie strebte im positiven Sinne die Annahme europäischer Verhaltensweisen durch die Eingeborenen an. Diese sollten sich beispielsweise kleiden, arbeitsam sein und lernen, vorausschauend für ihren Unterhalt und für ihre Familien zu sorgen, sie sollten die spanische Sprache, europäische handwerkliche Fertigkeiten, landwirtschaftliche Anbauformen und Siedlungsweisen annehmen. Die Bekehrung zum Christentum bedeutete mithin die Übernahme der europäischen Zivilisation und den Versuch, das indianische kulturelle Erbe nach Möglichkeit zu beseitigen. Missionierung stellte somit nicht nur die Einführung einer anderen Religion dar, sondern bedeutete Transkulturation im Sinne einer uneingeschränkten Annahme einer fremden Kultur. Wie im Gefolge des Kolonialismus des 19. Jahrhunderts war auch hier der Missionsgedanke im Begriff, zu einer Idee der Modernisierung primitiver Völker verweltlicht zu werden[152].

Diese Verweltlichung des Missionsgedankens entsprang dem Unvermögen der spanischen Kolonisten und Missionare, eine ihnen fremde Kultur zu begreifen[153], ein Unvermögen, das die Spanier mit den übrigen Kolonialmächten späterer Jahrhunderte durchaus gemein hatten. Die Ursachen dafür dürften zu einem großen Teil in den stark entwickelten Abwehrmechanismen gegen alles Fremdartige zu suchen sein, die schon das Verhalten der ständisch-korporativ gegliederten Gesellschaft des Mutterlandes gegenüber Mauren, Juden und Konvertiten kennzeichneten. Aus dem Unvermögen zum Verständnis einer fremdartigen Kultur entwickelte sich daher rasch ein Überlegenheitsgefühl gegenüber der unterworfenen Eingeborenenbevölkerung, aus dem heraus sich etwa Karl V. in Anlehnung an antike Vorbilder als *„domador de las gentes bárbaras"*, als Bezähmer der Barbaren, bezeichnen konnte[154]. Dieses Überlegenheitsgefühl der Spanier löste zwei verschiedenartige Verhaltensweisen gegenüber der Eingeborenenbevölkerung Amerikas aus. So entsprang ihm in gleicher Weise die proindigenistische Haltung etwa eines Las Casas, der der festen Überzeugung war, daß die Eingeborenen mit friedlichen Mitteln zu bekehren, sprich: zu europäisieren, seien, während andere, wie etwa Sepúlveda oder der Chronist Fernández de Oviedo, die Auffassung vertraten, daß die fest verwurzelten „Laster" der Indianer hinreichend deutlich dokumentierten, daß sie so wenig vernunftbegabt seien, daß jeder Versuch einer friedlichen Umerziehung keine Aussicht auf Erfolg haben könne und daher Zwangsmaßnahmen angewandt werden müßten[155]. Auch

---

[152] Franz Ansprenger, Kolonialsystem und Entkolonialisierung, p. 160, konstatiert eine solche Verweltlichung des Missionsgedankens für das 19. Jahrhundert.
[153] Vgl. dazu J. H. Elliott, The Old World and the New, p. 28ff.
[154] So in einem Gesetz im Namen von Karl und seiner Mutter Juana aus dem Jahre 1533, in dem eine ergänzte Form des *Requerimiento* mitgeteilt wurde, die aufständischen Indianern verlesen werden sollte, vgl. Diego de Encinas, Cedulario Indiano, vol. 4, p. 226.
[155] Eine Präzisierung der verschiedenen Auffassungen findet sich bei Lewis Hanke, All Mankind is One. A Study of the Disputation Between Bartolomé de Las Casas and Juan Ginés de Sepúlveda on the Religious and Intellectual Capacity of the American Indians.

wenn einzelne radikale Vertreter der proindigenistischen Richtung die Auffassung äußern konnten, daß man die Eingeborenen eher sich selbst überlassen müsse, als sie gewaltsam zu bekehren, so kreiste die Diskussion des 16. Jahrhunderts doch vor allem um die Frage, in welcher Form die Europäisierung der Indianer erreicht werden könnte. **Der Streit um die Rechttstitel gewann in zunehmenden Maße die Funktion, beiden Parteien Argumente für die Verteidigung ihrer Auffassung über die geeignete Behandlung der Indianer zu liefern.**

In dieser, um die Mitte des 16. Jahrhunderts sich zuspitzenden Diskussion hat die Krone immer wieder versucht, alle ernsthaften Zweifel an der Rechtmäßigkeit der spanischen Herrschaft in Amerika zu unterdrücken und daher sicher nicht ungern gesehen, daß die Auseinandersetzung sich mehr und mehr auf die Frage der Behandlung der Eingeborenen konzentrierte. Ihr Ziel diesbezüglich stand jedoch seit dem Übergang zur Siedlungskolonisation immer unverrückbar fest, nämlich die Umerziehung der Eingeborenen zu voll integrierten Vasallen eines christlich geprägten Staatswesens zu erreichen, d.h. den Transkulturationsprozeß zu fördern. Erst als sich erwies, daß die Förderung eines möglichst engen Zusammenlebens von Indianern und spanischen Kolonisten weniger der Erlangung dieses Ziels diente, als vielmehr zur Unterdrückung, Ausbeutung, ja, physischen Vernichtung der Eingeborenen zu führen schien, änderte sie ihre Politik und vertraute nunmehr zunehmend die Umerziehung der Eingeborenen der Geistlichkeit, insbesondere den Missionaren der Mönchsorden, an. Um die Tätigkeit dieser Missionare zu unterstützen, traf die Krone in der Folgezeit Maßnahmen, die die Kontrolle der Kolonisten über die Eingeborenen beseitigen oder zumindest lockern sollten, damit der Einfluß des Ordensklerus sich umso wirksamer entfalten könnte. Ihren deutlichsten Ausdruck fand diese veränderte Haltung der Krone in den *Leyes Nuevas*, den „Neuen Gesetzen", von 1542 und den darin enthaltenen restriktiven Bestimmungen bezüglich der Institution der *Encomienda* und der Dienstverpflichtung der Eingeborenen[156]. Man wird allerdings nicht übersehen dürfen, daß der Versuch, die *Encomienda* und damit auch die Kontrolle der Konquistadoren über die Indianer zu schwächen, nicht zuletzt auch durch die Feudalisierungsbestrebungen ausgelöst wurde, die von der *Encomienda* ausgingen[157].

Ungeachtet der Tatsache, daß in den *Leyes Nuevas* der Indianerschutz eine zentrale Rolle spielt, ein Aspekt, auf den die Forschung sich fast ausschließlich konzentrierte, unterstrich die Krone mit aller Deutlichkeit ihre Absicht, die Eingeborenen voll in den Untertanenverband einzugliedern, wie aus der Erklärung zu entnehmen ist, daß die *Indios* Vasallen der Krone von Kastilien seien und als solche zu behandeln seien[158]. Angesichts der an früherer Stelle geschilderten Bemühungen des Königtums zur Schaffung eines homogenen Staatsvolkes[159] bedeutete eine solche Erklärung aber nichts anderes, als daß auch hinsichtlich der amerikanischen Eingeborenen Christianisierung gleichbedeutend mit kultureller Anpassung und Integration in ein festgefügtes christliches, aus einer kulturell möglichst homogenen Bevölkerung bestehen-

---

[156] Vgl. den Text der auf die Indianer bezogenen Abschnitte der *Leyes Nuevas*, in: Richard Konetzke, Colección de Documentos, vol. 1, p. 216ff.

[157] Vgl. unten p. 147ff.

[158] Richard Konetzke, Colección de Documentos, vol. 1, p. 217. Im Text heißt es: „*y queremos sean tratados como vasallos nuestros de la corona de Castilla, pues lo son*".

[159] Vgl. Abschnitt II. 1. a.

des Staatswesen bedeutete. Die unter den Katholischen Königen gegenüber Mauren und Juden betriebene Integrationspolitik wird daher beginnend mit den *Leyes de Burgos* auch auf die Eingeborenenbevölkerung angewandt. In dieser 1512 erstmals detailliert fixierten, in unterschiedlicher Ausprägung aber bis zum Ende der Kolonialzeit anhaltenden Politik bedeuten die *Leyes Nuevas* von 1542 nur insofern einen Markstein, als nunmehr zunehmend die Hauptlast der Umerziehung dem Klerus aufgetragen wird. Nicht umsonst nahmen deshalb auch in der Folgezeit die großangelegten Missionsversuche ihren Anfang, die, wie beispielsweise in der Verapaz oder in Paraguay, eine weitgehende Isolation der Eingeborenen von den Kolonisten anstrebten.

Gleichzeitig lassen diese Zusammenhänge erkennen, daß die zentrale Bedeutung der Kirche in der überseeischen Kolonisation sich erst allmählich herausbildete und nicht etwa durch einen besonderen Charakter der spanischen Landnahme oder gar durch religiös begründete Rechtsansprüche von Beginn an vorgegeben war. Sie erreichte diese Stellung erst, als das Ausmaß der Entdeckungen eine staatliche Politik zur Integration der autochthonen Bevölkerung erforderlich machte und nachdem der anfangs von der Krone unternommene Versuch, die Umerziehung der Eingeborenen durch eine Organisation des Zusammenlebens mit den spanischen Kolonisten zu erreichen, gescheitert war, so daß die Hoffnungen der Krone, dieses Ziel zu erreichen, sich mehr und mehr auf den Ordensklerus konzentrierten.

Der rasch wachsende Einfluß der Kirche auf die Kolonialpolitik des Staates ist vor allem auch darauf zurückzuführen, daß insbesondere der Ordensklerus aus der Missionsabsicht heraus Erziehungsmethoden entwickelte, die eine erfolgreiche Integration der Indianer zu ermöglichen schienen, gleichzeitig aber auch der Krone immer wieder das Indianerproblem bewußt machte. So hat die Kirche die allgemein empfundene kulturelle Überlegenheit der Europäer als geistige Herausforderung verstanden, aus der heraus führende Vertreter des Klerus Konzeptionen entwarfen, die nicht nur auf die geistige Verarbeitung des Phänomens der Entdeckung einer neuen Welt abzielten, sondern gleichzeitig auch die Eingliederung der Neuen Untertanen in ein nach europäischen Vorstellungen geordnetes Staatswesen anstrebten. Diese Haltung kam den Staatsinteressen weit mehr entgegen als die eines großen Teils der Konquistadoren, deren allzu offenkundig durch das Streben nach Bereicherung und persönlichem Vorteil geprägte Vorstellungen auf die Schaffung einer Feudalgesellschaft hinausliefen, womit sie den Souveränitätsanspruch des Königtums einzuengen drohten. Die geistige und politische Führungsrolle, in die die Kirche in der Kolonisation Amerikas im Verlauf der ersten Hälfte des 16. Jahrhunderts hineingewachsen ist, wird man sicherlich zu einem großen Teil auf die Klosterreform der Katholischen Könige und insbesondere auf die geistigen Erneuerungsbestrebungen des Kardinals Cisneros zurückführen müssen. Die Erfolge, die der aus einem zivilisatorischen Sendungsbewußtsein heraus in Gang gesetzten Erziehungsarbeit der Mönchsorden beschieden waren, verdeutlichen die Richtigkeit der staatlichen Politik[160], die sich durch diesen Kurswechsel außerdem die Unterstützung der Kirche

---

[160] Zur Erziehungsarbeit des Ordensklerus vgl. die Literatur in Anm. 104. Zu den weltlichen Aspekten dieser Erziehungsarbeit auch José María Kobayashi, La educación como conquista, vor allem p. 292ff. Bedauerlicherweise liegen kaum Untersuchungen über die praktische Erziehungsarbeit des Ordensklerus vor, wenn man von der Behandlung einzelner Aspekte in regionalem Kontext absieht, obwohl diese Arbeit in der Fülle der Dokumentation teilweise sehr ausführlich belegt ist.

für ihre Auseinandersetzung mit den Kolonisten sicherte und gleichzeitig auch die der königlichen Souveränität wenig dienliche öffentliche Auseinandersetzung um die spanischen Rechtstitel zu entschärfen vermochte.

Zusammenfassend läßt sich feststellen, daß aus den verschiedenen Rechtstiteln für die spanische Landnahme in Amerika unmittelbar keine direkten Einflüsse auf die geistige und politische Grundlegung der spanischen Herrschaft in Übersee herzuleiten sind. Die Krone hat nach Möglichkeit jede eindeutige Aussage über die Rechtstitel, auf die sie ihre Besitzansprüche stützte, vermieden und sorgfältig darauf geachtet, daß ihr auch aus den Papsturkunden keine konkreten Verpflichtungen erwuchsen. Nur dann, wenn innen- oder außenpolitische Gründe dies verlangten, hat sie unterschiedlich akzentuierte, der jeweiligen Situation angemessene Stellungnahmen in möglichst unverbindlicher Form abgegeben. Besondere Verpflichtungen gegenüber der autochthonen Bevölkerung auf den entdeckten karibischen Inseln ergaben sich für die Könige nicht. Sie nahmen vielmehr dieselbe weitgehend indifferente Haltung ein, die sie auch gegenüber den Eingeborenen der Kanarischen Inseln an den Tag gelegt hatten. Von einer theokratischen oder auch nur religiösen Fundierung der spanischen Herrschaft in Amerika kann deshalb nicht die Rede sein.

Aufgeworfen wurde das Problem der Rechtstitel schließlich nach dem Übergang zur Siedlungskolonisation durch die Predigt des Dominikaners Montesinos im Jahre 1511, in der eine scharfe Mißbilligung des spanischen Verhaltens gegenüber den Eingeborenen ausgesprochen und kirchliche Zensurmaßnahmen angedroht wurden. Die sich von diesem Zeitpunkt an bis etwa zum Regierungsantritt Philipps II. zuspitzende Diskussion um die Berechtigung der spanischen Landnahme hatte nunmehr jedoch vorwiegend die Funktion, Argumente für die Auseinandersetzung zwischen der Kirche, den Kolonisten und der Krone um die Behandlung der Eingeborenen zu liefern. Streitobjekt zwischen den an der Auseinandersetzung beteiligten Parteien war daher nicht in erster Linie die Frage, kraft welchen Rechts Spanien Amerika in Besitz nehme, sondern das Problem der Konsequenzen, die sich aus der Besitznahme für die Eingeborenenbevölkerung ergaben. Eine „Lösung der Rechtstitelfrage"[161] war somit gar nicht erforderlich. Bezeichnenderweise flaute diese Diskussion rasch ab, nachdem die Krone sich in den *Leyes Nuevas* 1542 zu einer Änderung ihrer Politik im Sinne der kirchlichen Forderungen nach friedlicher Integration entschlossen hatte und schließlich unter Philipp II. auch die Bezeichnung *Conquista* durch den Begriff *Pacificación*, Befriedung, zu ersetzen begann.

Nachdem sich gegen Ende des ersten Jahrzehnts des 16. Jahrhunderts das Ausmaß der überseeischen Entdeckungen immer deutlicher abzeichnete und die aus dem Konzept der Siedlungskolonisation resultierenden Erfordernisse zur Reglementierung des Zusammenlebens von Europäern und Indianern offenkundig geworden waren, anerkannte die Krone die Notwendigkeit zur Entwicklung einer kohärenten Politik zur Integration der Indianer in den Untertanenverband, ein Vorgang, der

---

[161] Alfonso García-Gallo, Las Indias en el reinado de Felipe II. La solución del problema de los justos títulos, p. 97ff., verwendet diesen Ausdruck. Der Vf. vertritt die ziemlich abwegige Auffassung, daß Karl V. angesichts der Problematik der Rechtstitel sogar erwogen habe, Amerika wieder aufzugeben. Dies hieße denn doch, dem Kaiser jeden Realitätssinn abzusprechen. Marcel Bataillon, Charles-Quint, Las Casas et Vitoria, p. 291ff., hat diese These nicht nur widerlegt, sondern auch ihre Herkunft aufgezeigt.

maßgeblich durch die Predigt von Montesinos und die Vorstellungen kirchlicher Kreise ausgelöst wurde, allerdings auch an einige frühere staatliche Bemühungen in dieser Richtung anknüpfte[162]. In den *Leyes de Burgos* leitete Ferdinand der Katholische daraufhin eine konsequente Umerziehungs- und Integrationspolitik ein, die durch ein enges, staatlich organisiertes Zusammenleben von Eingeborenen und Spaniern vorangetrieben werden sollte. Zur gleichen Zeit erfolgte mit der Ausarbeitung des *Requerimiento* der Versuch einer Formalisierung des Vorgehens gegen noch nicht unterworfene Indianer in Anklang an europäische Gebräuche, um eine rechtlich-ideologische Absicherung der Eroberungspolitik zu erreichen. Zwar wurden diese Maßnahmen unter dem Leitgedanken einer Missionierung der Eingeborenen konzipiert, sie strebten aber bereits von Anfang an sehr viel mehr als nur die Bekehrung zum katholischen Glauben an. Missionierung bedeutete ganz offenkundig Erziehung zu einem christlichen, d.h. zu einem an europäischen Wertvorstellungen orientierten Leben, mithin also eine tiefgreifende Umerziehung der autochthonen Bevölkerung mit dem Ziel, sie in einen homogenen Untertanenverband einzugliedern. Es hieße, die Problematik extrem zu verkürzen und gleichzeitig ihre Tragweite zu unterschätzen, wollte man die in den Quellen ausgesprochene Missionsabsicht ausschließlich im religiösen Sinne als Bekehrung zum katholischen Glauben interpretieren, wie dies in der mit der spanischen Kolonisation befaßten Literatur nur allzu häufig geschieht. Es handelte sich dabei vielmehr um einen ursprünglich religiöstheologisch begründeten zivilisatorischen Sendungsgedanken, der in stark säkularisierter Form zu einer der wichtigsten Grundlagen der staatlichen Kolonialpolitik wurde und sich in unterschiedlicher Ausprägung bis zur Emanzipation der spanischen Kolonien in Amerika feststellen läßt.

Die Feststellung, daß sich hinter der zeitgenössischen Debatte um die Rechtstitel und die Missionierung der Eingeborenen vor allem das politische Problem der Behandlung der Eingeborenen verbirgt, bedeutet freilich nicht, daß die übrigen Aspekte dieser Diskussion als nebensächlich anzusehen sind. Im Rahmen der Rechtsgeschichte, der Geistes- und Kirchengeschichte, ja, auch der Kolonialgeschichte ist den im 16. Jahrhundert entwickelten Doktrinen durchaus ein bedeutender Platz einzuräumen. In dem hier interessierenden Zusammenhang galt es jedoch in aller Deutlichkeit herauszuarbeiten, daß die Geschichte der spanischen Kolonisation und insbesondere die Entwicklung der staatlichen Organisation ein eminent politischer Vorgang gewesen sind. Dem mit europäischer oder gerade auch deutscher Geschichte befaßten Historiker mag der Hinweis auf die politische Dimension der spanischen Landnahme in Übersee verwunderlich erscheinen, tatächlich sind jedoch in der Historiographie der spanischen Kolonisation die politischen Seiten der geschichtlichen Entwicklung von einer Fülle bevölkerungs-, rechts-, sozial-, wirtschafts- und kulturhistorischer Forschungsansätze überwuchert worden[163].

---

[162] Vgl. die königlichen Instruktionen aus dem Jahre 1503 „*sobre el gobierno de las Indias*", in: Richard Konetzke, Colección de Documentos, vol. 1, p. 9ff.

[163] Lediglich in der orthodox-marxistischen Geschichtsschreibung sind diese politischen Aspekte schon früh betont worden, vgl. etwa Manfred Kossok — Walter Markov, „Las Indias non [sic] eran Colonias"? Hintergründe einer Kolonialapologetik, p. 2ff. — Neuerdings wird dies aber auch von anderer Seite wieder stärker betont, vgl. Mario Góngora, Studies, p. 128.

Wie schon bei der Betrachtung des Verhältnisses von Staat und Kirche im Mutterland zeigt sich auch in der Kolonialpolitik, daß sich der Staat in besonderem Maße der Religion und der Kirche zur Erlangung seiner Ziele zu bedienen verstand. Zwar gehen die entscheidenden Anstöße zunächst vom Ordensklerus aus, was angesichts der politischen Verhältnisse im Mutterland nach dem Tode Isabellas nicht verwundern kann, doch gelingt es der Krone nicht nur rasch, die Krise der Jahre 1511/12 zu meistern, sondern auch bald danach die Kirche zur Verfolgung kolonialpolitischer Ziele des Staates einzusetzen. Bei der Untersuchung des Vordringens des monarchischen Absolutismus wird dies vollends deutlich werden. Die Gleichartigkeit der Zielsetzung in der staatlichen Politik gegenüber den Juden und Mauren im Mutterland und gegenüber den Eingeborenen Amerikas läßt aber auch erkennen, daß die Rolle des Staates in der überseeischen Kolonisation, ja, die Geschichte der Landnahme insgesamt, nicht als ein eigenständiges Phänomen anzusehen ist, sondern im Zusammenhamg mit den sich gleichzeitig im Mutterland vollziehenden geschichtlichen Entwicklungen interpretiert werden muß. Die spanische Kolonisation ist in ihren politischen Aspekten ganz wesentlich spanische Innenpolitik gewesen. Die Kolonialpolitik müßte daher in viel stärkerem Maße in den Zusammenhang der allgemeinen Politik der spanischen Herrscher des 16. Jahrhunderts gestellt werden, da die weitgehende Verselbständigung der Kolonialgeschichte die historische Forschung eher behindert hat.

b. Das Indianerproblem und seine Bedeutung für die staatliche Organisation des kolonialen Hispanoamerika

Obwohl sich die Auseinandersetzung des 16. Jahrhunderts um die Rechtstitel der spanischen Landnahme auch nicht zuletzt aus humanitären Gründen ergeben hatte und sich rasch auf die Frage nach der geeigneten Form der Integration der Eingeborenen in ein nach spanischem Vorbild organisiertes Staatswesen zuspitzte, so bedeutet dies freilich nicht, daß sich die Debatte vorwiegend auf abstrakt staatspolitischer Ebene bewegt hätte. Sie entzündete sich vielmehr an ganz konkreten Institutionen und Integrationsmechanismen, die von den Eroberern in Anlehnung an spanische bzw. mediterrane Verhaltensweisen gegenüber Ungläubigen in Amerika eingeführt und von der Krone gesetzlich sanktioniert und reglementiert worden waren. Neben der Sklaverei ist in diesem Zusammenhang insbesondere die *Encomienda* zu nennen, die beide die Phase der spanischen Landnahme in Amerika entscheidend prägten, ja, in vieler Hinsicht die Voraussetzung für die enorme Schnelligkeit der spanischen Expansion schufen, und die darüber hinaus die wichtigsten Beurteilungskriterien für die Charakterisierung der spanischen Kolonisation in Übersee durch die neuere Geschichtsschreibung lieferten. Die wirtschaftlichen, sozialen und politisch-militärischen Funktionen dieser Institutionen im Kolonisationsprozeß lassen weiter deutlich werden, daß die Interessen der an der Kolonialdiskussion des 16. Jahrhunderts beteiligten Gruppen – Konquistadoren, Mönchsorden und Krone – sich nicht so eindeutig fixieren lassen, wie dies unter dem allgemeineren Aspekt der Integrationsproblematik erscheinen mag, zumindest aber vielschichtig waren.

Für die spanischen, militärisch-kommerziell organisierten Entdeckungs-, Eroberungs- und Kolonisationsunternehmungen, die nicht, wie vielfach im Falle der englischen Kolonisation Nordamerikas, durch das Streben nach freier Entfaltung sozialer Gruppen motiviert waren, sondern auf ein vom Staat kanalisiertes individuelles Gewinnstreben mit dem Ziel der sozialen Statusverbesserung zurückgingen, war der wirtschaftliche Ertrag einer Expedition oder wenigstens die Aussicht auf finanziellen Gewinn in naher Zukunft nicht nur Motiv für die Unternehmung, sondern geradezu auch die Voraussetzung für eine Weiterführung der Entdeckungen und Eroberungen. Die Unmöglichkeit, mit Hilfe von der Krone bezahlter Faktoreiangestellter eine Kolonisation in Gang zu bringen[164], die prekäre Situation der ersten Ansiedlungen auf Santo Domingo über viele Jahre hinweg and das äußerst langsame Vordringen der Spanier in der Karibik bis zur Gründung erster Niederlassungen auf dem Festland verdeutlichen, daß die Auffindung neuer Länder allein nicht ausreichte, um eine Wanderungsbewegung einsetzen zu lassen, die eine allmähliche aber stetige und mehr oder weniger automatische Weiterführung kolonisatorischer Unternehmungen zu gewährleisten vermochte, wie sie sich in Nordamerika in der Anfangsphase und dann wieder im 19. Jahrhundert über weite Strecken vollzog. Der Umstand, daß nach der langsamen Entwicklung der ersten Siedlungen auf den Inseln das Ausgreifen Spaniens auf das amerikanische Festland und damit der Fortgang der Kolonisation bzw. der Landnahme von den bereits bestehenden Niederlassungen finanziert werden mußte und aus dem Mutterland in zunehmendem Maße nur noch rückzahlbare Warenkredite zu erhalten waren[165], läßt gleichfalls erkennen, daß wirtschaftliche Erfolge der Expeditionen nicht nur die Triebkraft, sondern auch die Voraussetzung für die spanische Expansion in Amerika waren. Die Ursache dafür ist sicherlich nicht so sehr in der durch die *Reconquista* geprägten Mentalität der Spanier zu suchen, wie bereits ausgeführt wurde, sondern wohl vor allem darin, daß die Situation des Mutterlandes keine Voraussetzung für eine mehr oder weniger spontane Wanderungsbewegung mit dem Ziel eines Seßhaftwerdens in anderen Weltgegenden bot, wie dies etwa im England des beginnenden 17. Jahrhunderts oder in weiten Teilen Europas im 19. Jahrhundert der Fall war.

Die starke Abhängigkeit der überseeischen Unternehmungen vom wirtschaftlichen Erfolg und die geringen Gewinnmöglichkeiten, die der Tauschhandel mit den amerikanischen Eingeborenen eröffnete, sowie das Fehlen eines Auswandererpotentials in Spanien, das wirtschaftlich nutzbar zu machen gewesen wäre, zwangen daher dazu, von Beginn an das wirtschaftliche Potential zu erschließen, das die autochthone Bevölkerung Amerikas darstellte. So begegnete schon bei Kolumbus der Gedanke, durch den Verkauf amerikanischer Eingeborener als Sklaven in Spanien, die Unkosten der Expeditionen durch den Rückgriff auf die „Ware Mensch" zu decken. Obwohl die Krone bereits 1500 diesen Handel untersagte und die Freilassung und den

---

[164] Vgl. dazu die — oben Anm. 51 — zitierten Arbeiten von Juan Pérez de Tudela.

[165] Dies wird deutlich bei Guillermo Lohmann Villena, Les Espinosa, aber auch in den von James Lockhart and Enrique Otte, Letters and People of the Spanish Indies, editierten Privatbriefen aus der Zeit der überseeischen Expansion ist dies offenkundig, vgl. etwa p. 17ff. und p. 24ff. Vgl. dazu auch André E. Sayous, L'adaptation des méthodes commerciales et des institutions économiques des pays chrétiens de la méditerranée occidentale en l'Amérique pendant la première moitié du XVIe siècle, p. 611ff.

Rücktransport der bis dahin verkauften Indianer anordnete[166] — wahrscheinlich wären amerikanische Sklaven aufgrund der langen Transportwege, der zu erwartenden hohen Sterblichkeitsrate und der besonderen Anpassungsschwierigkeiten an europäische Verhältnisse längerfristig gegenüber afrikanischen und insbesondere muslimischen Sklaven ohnehin nicht konkurrenzfähig gewesen –, wurde die wirtschaftliche Ausnutzung der amerikanischen Urbevölkerung in Übersee selbst zu einer unabdingbaren Voraussetzung für den Fortgang der Landnahme. Sie allein konnte die Erzielung der notwendigen Gewinne zur Bezahlung der Expeditionen und damit zur Weiterführung der Entdeckungen und Eroberungen sicherstellen. Die Organisation und Finanzierung der überseeischen Landnahme durch freie Unternehmerkräfte begründete so den Zwang zur Kapitalbildung, die wiederum nur vermittels der Ausbeutung der wirtschaftlichen Kapazitäten der amerikanischen Urbevölkerung möglich war.

Angesichts einer nicht auswanderungswilligen, zumindest nicht unter den Bedingungen eigener körperlicher Arbeit auswanderungswilligen Bevölkerung, bot die Nutzbarmachung der Arbeits- und Produktivkraft der Eingeborenen und die Übertragung von Verfügungsgewalt über dieselben an die Eroberer bzw. an die späteren Kolonisten schließlich auch die einzige Möglichkeit, den ausschließlich an wirtschaftlichem Gewinn als dem Vehikel zum sozialen Aufstieg interessierten Konquistadoren einen Anreiz zur Seßhaftwerdung zu bieten. Durch diesen Anreiz zur Seßhaftwerdung konnten die Sicherung der entdeckten Gebiete für Spanien erreicht und die Voraussetzungen für eine planvolle Kolonisation überhaupt erst geschaffen werden[167]. Nur auf diese Weise waren die wirtschaftliche Erschließung und die kolonisatorische Durchdringung, ja, die Hispanisierung des mittel- und südamerikanischen Subkontinents möglich[167a].

Sklaverei, persönliche Dienstverpflichtungen unter dem *Encomienda*-System, später vor allem verschiedene Formen staatlich verordneter und kontrollierter Zwangsarbeit und nicht zuletzt auch die Tributleistungen der Eingeborenen in Form von Edelmetallen und Naturalien als kommerzialisierbaren Gütern, waren daher notwendige Bedingungen für den Fortgang der iberischen Landnahme und Kolonisation in Amerika[168], für die politische und wirtschaftliche Stabilisierung der in Besitz genommenen Gebiete und damit auch unabdingbare Voraussetzung für die Entstehung einer staatlichen Ordnung, die das überseeische Kolonialreich mit seinen Be-

---

[166] Vgl. dazu Mario Góngora, Studies, p. 128.

[167] Wie sehr bereits die spätmittelalterliche Gesellschaft von der *codicia,* der Gier nach Reichtum als Mittel zum sozialen Aufstieg, geprägt war und wie sehr Reichtum die gesellschaftlichen Standesunterschiede, Normen und Schranken zu überwinden vermochte, wird durch zahlreiche zeitgenössische Aussagen schon seit dem 14. Jahrhundert belegt, vgl. dazu die beredten Beispiele bei Richard Konetzke, Christentum und Conquista im spanischen Amerika, p. 63ff. — Inwieweit dies bereits eine Auflösung der mittelalterlichen, feudal geprägten sozialen Wertordnung in Spanien durch ein Vordringen kapitalistischer Denk- und Verhaltensweisen signalisiert, sei hier nicht erörtert.

[167a] Das klägliche Scheitern des von Las Casas unternommenen Versuchs einer Siedlungskolonisation mit bäuerlichen Ansiedlern dokumentiert, daß zu der geschilderten Form der Landnahme keine Alternative bestand, vgl. dazu Manuel Giménez Fernández, Bartolomé de las Casas, vol. 2, p. 572ff.

[168] Einen Überblick über diese verschiedenen Formen kolonialen Arbeitszwangs bieten neuerdings Juan A. and Judith E. Villamarin, Indian Labor in Mainland Colonial Spanish America, p. 6ff.

wohnern in voller Ausdehnung erfassen konnte. Diese weitreichenden politischen Konsequenzen wirtschaflicher Zwänge lassen aber bereits deutlich werden, daß die von der Krone angestrebte Integration der Eingeborenen und die humanitären Bestrebungen des Ordensklerus nicht die erste Stelle der staatlichen Interessenskala einnehmen konnten, sondern allenfalls langfristig anzustrebende Ziele darstellten, die immer wieder vordringlicheren Gesichtspunkten geopfert werden oder zumindest vorübergehend weichen mußten. Gegenüber diesen vitalen Interessen der Konquistadoren und ersten Kolonisten konnte die Krone daher auch ihre weiterreichenden staatspolitischen Ziele erst dann durchsetzen, als die spanische Herrschaft in den einzelnen Gebieten gesichert und der Übergang von der Phase der Landnahme zu einer planmäßigen Kolonisation vollzogen war. Dies erklärt auch den in anderem Zusammenhang seltsam anmutenden Umstand, daß das Königtum den Konquistadoren bestimmter, erst später in Besitz zu nehmender Gebiete noch die weitreichenden Privilegien aus der Zeit des Beginns der überseeischen Ausbreitung verlieh, während sie in anderen, bereits etablierten und organisierten Kolonialgebieten zur gleichen Zeit den souveränen Machtanspruch des Staates gegen eben diese privilegierte Schicht der ersten Eroberer und Siedler schon durchgesetzt hatte. Hieraus folgt wiederum, daß die Privilegierung der Konquistadoren in der weitreichenden Form des Zeitalters der Landnahme von der Krone bewußt als Mittel zum Zweck angesehen wurde und mit der Absicht des Widerrufs bei frühestmöglicher Gelegenheit erfolgte, somit also nicht etwa als Ausdruck einer Verwurzelung in althergebrachten Traditionen zu verstehen ist.

Die Sklaverei, die sich vom Altertum über das Mittelalter bis in die Neuzeit in weiten Teilen insbesondere des mediterranen Europa erhalten hatte[169], wurde zwar von den Spaniern in ihrer besonderen europäischen Rechtsform nach Amerika verpflanzt, war aber auch unter der eingeborenen Bevölkerung des neuen Kontinents in verschiedenen Ausprägungen durchaus bekannt[170]. Bereits um 1500, als die Krone Freilassung und Restituierung der von Kolumbus und anderen Entdeckern in Spanien verkauften indianischen Sklaven anordnete, wurde festgelegt, daß diejenigen Eingeborenen, die sich den neuen Herren gegenüber friedlich verhielten und ihre Herrschaft anerkannten, nicht versklavt werden dürften[171]. Lediglich Kannibalen und solche Gruppen der autochthonen Bevölkerung, die nicht bereit waren, die Oberhoheit der kastilischen Krone anzuerkennen und die die Spanier bekämpften, durften neben den Eingeborenen als Sklaven verkauft werden, die bereits unter indianischer Herrschaft versklavt worden waren. Zwar bedeutete dies eine beträchtliche Einschränkung der Personengruppen, die legal versklavt werden konnten, und damit eine einschneidende Begrenzung der uneingeschränkten Verfügungsgewalt der Konquistadoren über die amerikanischen Eingeborenen, doch wurde dies weitgehend

---

[169] Vgl. dazu den kurzen Abriß bei Charles Verlinden, Les origines de la civilisation atlantique, p. 173ff., in dem der Vf. sein großes, hier nicht benutztes Werk: L'Esclavage dans l'Europe médiéval, tome 1: Péninsule Ibérique, France. Gent 1955, resümiert.

[170] Zur vorspanischen Sklaverei unter den Indianern Amerikas vgl. Friedrich Katz, Vorkolumbische Kulturen. Die großen Reiche des alten Amerika, p. 420ff. und 542 u. a.

[171] Zu diesen Vorgängen vgl. Richard Konetzke, Colección de Documentos, vol. 1, insbesondere Dokumente Nr. 5, 8, 10, 11, p. 4, 7f. und 14ff. Darüber hinaus auch die Instruktionen an Ovando und *Gobernador y los oficiales*, Dokumente 6 und 9, p. 4ff. und 9ff.

durch die gesetzliche Einführung eines Arbeitszwanges für die friedlich unter spanischer Herrschaft lebenden Indianer, durch illegale Übergriffe der Kolonisten und durch das Aufkommen von der Sklaverei ähnlichen Abhängigkeitsverhältnissen ausgeglichen[172]. Bis zum Beginn der Einfuhr von Negersklaven gegen Ende des ersten Jahrzehnts des 16. Jahrhunderts blieb die Indianersklaverei vor allem im karibischen Raum und in neu eroberten Regionen sowie in Grenzgebieten auch noch lange Zeit danach ein wichtiges Instrument zur Rekrutierung eingeborener Arbeitskraft[173].

Insbesondere für Santo Domingo und Kuba war der Sklavenraub auf den umliegenden Inseln und den angrenzenden Festlandgebieten von entscheidender wirtschaftlicher Bedeutung, da schon zu Beginn des 16. Jahrhunderts ein spürbarer Rückgang der Eingeborenenbevölkerung offenkundig wurde, gleichzeitig aber die arbeitsintensive Goldwäscherei ihrem Höhepunkt zustrebte und die sich langsam entwickelnde europäisch orientierte Landwirtschaft verstärkt Arbeitskräfte benötigte. In diesen kritischen Anfangsjahren der spanischen Kolonisation waren Sklavenjagd und -haltung die wichtigsten Mechanismen zur Arbeitskräfterekrutierung, ohne die die wirtschaftliche Entwicklung der Inseln zumindest erheblich verzögert worden wäre. Das Vorhandensein eines Arbeitskräftereservoirs im Umkreis der ersten Siedlungszentren in der Karibik, aus dem vermittels der Sklaverei Nachschub für das rasch schwindende Menschenpotential auf den beiden Hauptinseln rekrutiert werden konnte, und der glückliche Umstand der Edelmetallfunde schufen zusammen die Voraussetzungen und den Antrieb zum Ausgriff auf das amerikanische Festland, der unter anderen Bedingungen nicht so lohnend erschienen wäre, daß eine Finanzierung der Unternehmungen durch europäische Warenkredite für die hinsichtlich Waffen, Gebrauchsgegenstände jeder Art, Nahrungsmitteln und vor allem auch Nutzvieh von europäischen Importen abhängigen Kolonisten so leicht hätte erreicht werden können. Selbst auf die Gefahr allzu weitgehender Spekulation hin wird man daraus folgern dürfen, daß ohne diese Voraussetzungen der Fortgang der spanischen Landnahme in Amerika erheblich verzögert worden wäre. Die Stagnation der Kolonisation auf den Kanarischen Inseln nach dem Aussterben der dortigen Urbewohner und die lange Dauer bis zur völligen Erschließung des Archipels lassen dies deutlich werden.

Auch bei der Eroberung der verschiedenen Festlandgebiete wurden zahlenmäßig große Gruppen feindlicher Eingeborener versklavt, wie dies auch späterhin noch in Fällen regionaler Indianeraufstände und regelmäßig bis ins 18. Jahrhundert an den Indianergrenzen üblich und auch gesetzlich erlaubt blieb. Obwohl die Indianersklaverei auch in einzelnen Festlandgebieten vor allem während der Phase des Übergangs

---

[172] So etwa die Einrichtung der *naboría*, vgl. Mario Góngora, Studies, p. 128f.
[173] Eine zusammenhängende Untersuchung der Indianersklaverei in Iberoamerika liegt nicht vor. Studien über diese Institution befassen sich fast ausschließlich mit der Negersklaverei. Einen frühen Versuch zur sozialgeschichtlichen Beurteilung der Indianersklaverei unternahm Richard Konetzke, La esclavitud de los Indios como elemento en la estructuración social de Hispanoamérica, p. 441ff. Die geistigen und rechtlichen Grundlagen der Indianersklaverei skizzierte Silvio Zavala, New Viewpoints on the Spanish Colonization of America, p. 49ff. Auch in den Untersuchungen von Hanke finden sich zahlreiche Hinweise und Bezüge zu den rechtlichen und humanitären Problemen der Indianersklaverei, wie insgesamt in der kaum überschaubaren Literatur über Las Casas und die rechtstheoretische Begründung der spanischen Herrschaft über die Eingeborenen Amerikas.

von der Eroberung zur Kolonisation bis zur Errichtung eines funktionierenden Herrschaftssytems noch ein wichtiges Mittel zur Beschaffung von Arbeitskräften gewesen zu sein scheint, geht man selbst in Ermangelung gründlicher, übergreifender Untersuchungen der Problematik[174] doch wohl in der Annahme nicht fehl, daß die wirtschaftliche Bedeutung der Institution insgesamt rückläufig war. Indianersklaven wurden nunmehr zunehmend nur noch zu Bergwerksarbeiten, handwerklichen Tätigkeiten und Hausarbeit eingesetzt. Die Ursachen für diese Entwicklung sind vor allem darin zu sehen, daß die Masse der eingeborenen Bevölkerung des Festlandes die organisatorischen Möglichkeiten einer Sklavenwirtschaft überstieg, so daß die Umstände die Entwicklung neuer Formen der politischen Beherrschung und wirtschaflichen Nutzbarmachung der autochthonen Bevölkerung erforderlich machten. Auch die sich herausbildende restriktive Krongesetzgebung dürfte zur Schrumpfung der Bedeutung der Indianersklaverei geführt haben[175]. Als die Krone 1542 in den *Leyes Nuevas* die Freilassung aller Indianersklaven in den fest etablierten, befriedeten Kolonialgebieten anordnete, hatte die Institution die gesamtwirtschaftliche Bedeutung wohl weitgehend schon verloren, die sie während der Phase der Koloniegründungen besessen hatte, selbst wenn sie für den einzelnen Siedler noch immer eine willkommene Möglichkeit zum Erwerb völlig abhängiger, jeder sonstigen Kontrolle oder Einflußnahme entzogener Arbeitskräfte blieb. Die teilweise heftigen Proteste von seiten betroffener Besitzer[176], die sich gegen die königliche Anordnung erhoben, spiegeln daher eher die persönliche Interessenlage einzelner Gruppen als die tatsächliche wirtschaftliche Bedeutung der Indianersklaverei wider. Die an den Indianergrenzen auch in der Folgezeit noch mit königlicher Billigung praktizierte Versklavung von Eingeborenen besaß nun in erster Linie den Charakter einer Repressalie und sollte zur Abschreckung dienen, was daraus ersichtlich wird, daß die Kolonisten nicht mehr bereit waren, selbst auf Sklavenfang zu gehen[177].

Für die staatliche Politik der Einschränkung und schließlich der Abschaffung der Indianersklaverei war neben humanitären Gründen sicherlich das Bestreben zur Integration der Eingeborenen in den Untertanenverband als vollgültige Kronvasallen ausschlaggebend. Im Hinblick auf die Bedeutung der Sklaverei in der Phase der Eroberung und Organisation der neuen Gebiete wird allerdings deutlich, daß hinter dieser Integrationsabsicht nicht nur rechtliche oder ethisch-moralische Gründe steckten, sondern daß der Staat auch ganz konkrete politische Interessen mit der juristisch gleichberechtigten Eingliederung der amerikanischen Ureinwohner verfolgte. Die Entstehung einer Sklavenhaltergesellschaft in Übersee hätte nämlich zur Folge gehabt, daß zumindest große Teile der autochthonen Bevölkerung einer direkten Kontrolle und Einflußnahme des Staates entzogen worden wären, da Sklaven als Eigentum ihrer Bisitzer im privatrechtlichen Sinne nur mittelbar der staatlichen

---

[174] Nur wenige Untersuchungen befassen sich mit der realen Bedeutung der Indianersklaverei in den einzelnen Regionen, so etwa Silvio Zavala, Los esclavos indios en Nueva España; William L. Sherman, Indian Slavery and the Cerrato Reforms, für Guatemala; Alvaro Jara, Guerre et société au Chili. Essai de sociologie coloniale, insbesondere p. 141ff.
[175] Vgl. dazu Richard Konetzke, La esclavitud, p. 460ff.
[176] Dazu beispielsweise William L. Sherman, Indian Slavery.
[177] Wenn auch in anderer Interpretation vermerkt diesen Umstand Alvaro Jara, Guerre et société, p. 211f.

Autorität unterstanden. Da die Krone als Rechtsnachfolgerin der eingeborenen Fürsten und Herrscher auch die diesen vor der Eroberung geleisteten Tributzahlungen für sich reklamierte, bestand daher neben dem allgemein politischen auch noch ein konkret finanziell-wirtschaftliches Interesse des Staates an der Ausübung unmittelbarer Herrschafts- und Kontollbefugnisse[178]. Da Sklaven der Krone jedoch keinen Tribut schuldeten – auch wenn später die Tributzahlung für Negersklaven eingeführt wurde –, hätte eine Ausweitung der Indianersklaverei eine möglicherweise drastische Minderung der staatlichen Tributeinkünfte zur Folge haben können. Bereits hier im Zusammenhang mit der Indianersklaverei, ebenso wie auch hinsichtlich des *Encomienda*-Systems an späterer Stelle, wird deutlich, daß der Staat und die Eroberer bzw. Kolonisten miteinander konkurrierende Interessen verfolgten. Das rasch wachsende Finanzbedürfnis der in zunehmendem Maße eine Hegemonialpolitik betreibenden Krone konnte daher den Kolonisten in Übersee nur insoweit die Nutzung der Arbeits- und Produktivkraft der Eingeborenen zugestehen, als die finanziellen Interessen des Staates dies zuließen bzw. insoweit, als der Fortgang der Kolonisation die Begünstigung der spanischen Siedler unbedingt erforderlich machte.

Abgesehen von ihrer vorübergehenden wirtschaftlichen Bedeutung während der Anfangsphase der Kolonisation hatte die Indianersklaverei nachhaltigen Einfluß auf die soziale Entwicklung in den Kolonialgebieten, wenn dies auch konkret wenig faßbar zu sein scheint. Die Einführung der Sklaverei trug aber doch wohl erheblich zur Beschleunigung eines Differenzierungsprozesses zwischen Eroberern und Eroberten bei[179], der durch den sozial diskriminierenden, nahezu rechtlosen und sich vererbenden Status des Sklaven ausgelöst wurde. Dies dürfte zur Folge gehabt haben, daß ein großer Teil der Kolonisten und der späteren kreolischen Oberschicht die Eingeborenen als faul, nachlässig, unterwürfig, heimtückisch, ohne jede Initative zur Verbesserung ihrer Situation, unzuverlässig und lasterhaft ansah[180]. Wenn diese Beurteilung sicherlich auch aus dem Unverständnis herrühren mag, mit dem die Europäer den kulturellen Traditionen der Indianer und den durch sie begründeten Verschiedenheiten begegneten, so enthalten diese stereotyp wiederkehrenden Charakteristiken doch so viele Elemente dessen, was man als kennzeichnend für eine „Sklavennatur" ansah, daß sich ein Zusammenhang mit der Verbreitung der Sklaverei in den Anfängen der Kolonisation förmlich aufzudrängen scheint. Dies wird umso deutlicher, als viele Formen institutionalisierter Abhängigkeit aus späterer Zeit, wie etwa das System der Schuldknechtschaft *(peonaje)*, sich zwar rechtlich, weniger aber

---

[178] Die verschiedenen Rechtstitel, kraft derer die Krone von den Eingeborenen Tribut forderte, resümiert José Miranda, El tributo indígena en la Nueva España durante el siglo XVI, p. 144ff.

[179] Darauf verweist Richard Konetzke, La esclavitud, p. 479.

[180] In den Aktenvorgängen der Kolonialverwaltung über Indianerangelegenheiten ist diese Charakterisierung bis zum Ausgang der spanischen Kolonialherrschaft häufig zu finden. Im 17. Jahrhundert sah sich aufgrund dieser Auffassung der Bischof, *Visitador* und interimistische Vizekönig Palafox y Mendoza sogar veranlaßt, eine Schrift zur Verteidigung der Charaktereigenschaften der *Indios* zu verfassen, vgl. Memorial al Rey, por don Juan Palafox y Mendoza, de la naturaleza y virtudes del indio, in: ders., Tratados Mejicanos, vol. 2, p. 91ff. Die Qualitäten, die Palafox um die Mitte des 17. Jahrhunderts den Eingeborenen zuschreibt, erinnern in vieler Hinsicht an die Charaktereigenschaften, die die aufgeklärte Literatur über den *bon sauvage* des 18. Jahrhunderts in romantischer Verklärung den amerikanischen Eingeborenen zuschrieb.

in der Realität des Alltagslebens von der Sklaverei unterschieden, so daß charakteristische Verhaltensweisen, die in extremer Abhängigkeit lebende Menschen entwickeln, sich nicht nur in der Vorstellung der weißen Oberschicht vererbt haben dürften, sondern tatsächlich weitergegeben worden sein mögen. Vieles spricht dafür, daß die Indianer aufgrund der Erfahrungen der Eroberung und Kolonisation spezifische, einer Situation der Abhängigkeit angepaßte Verhaltensweisen ausbildeten[181], doch lassen sich dazu keine gesicherten Aussagen machen, da die kolonialgeschichtliche Forschung sich bislang nicht mit dem Problem der Mentalitäts- und Bewußtseinsentwicklung der Indianer beschäftigte.

Die mit Abstand bedeutendste Einrichtung, die das Verhältnis von Eroberern und Eroberten jeweils in der Anfangsphase der Kolonisation der einzelnen Gebiete regelte, war jedoch die *Encomienda*, die weit mehr als die Indianersklaverei neben einer ungemein wichtigen wirtschaftlichen, auch eine herausragende politische Bedeutung bei der Ausbildung des spanischen Kolonialsystems erlangte. Die moderne Historiographie hat die *Encomienda* lange als eine auch schon im 16. Jahrhundert klar umrissene, rechtlich eindeutig fixierte und aus der *Reconquista* stammende Institution verstanden, damit aber eine von den Zeitgenossen offenbar nicht empfundene Begriffsbedeutung unterlegt, die zusammen mit der lange Zeit vorherrschenden, ausschließlich rechtsgeschichtlichen Betrachtungsweise das Verständnis ihrer historischen Bedeutung erschwerte[182]. Die vergleichende Betrachtung der Untersuchungsergebnisse einer Vielzahl inzwischen vorliegender, regional begrenzter Studien über die *Encomienda* läßt nunmehr die unterschiedliche Ausprägung, die diese Institution im Verlauf der spanischen Landnahme in den einzelnen Gebieten Hispanoamerikas erfuhr, und gleichzeitig die Schwierigkeit zur Erarbeitung einer allgemein verbindlichen Definition deutlich werden[183]. Nicht zuletzt kann aus der verschiedenartigen Ausformung dieser Institution geschlossen werden, daß die überseeische Expansion Spaniens nicht mit Hilfe einer direkten Übernahme von im Verlauf

---

[181] Darauf scheint u. a. der sich immer wiederholende Appell an das Mitleid „mit den armen und unterdrückten Söhnen" hinzudeuten, der in einer Vielzahl von Eingaben einzelner Indianer oder indianischer Dorfgemeinschaften an die Kronbehörden zu finden ist. Dazu kommen häufig auch Selbstbezichtigungen wie „unwissend", „schwach", „schutzlos" und dergleichen.

[182] Darauf verweist James Lockhart, Encomienda and Hacienda: The Evolution of the Great Estate in the Spanish Indies, p. 415f., insbesondere Anm. 12, der einleitend die Entwicklung der *Encomienda*-Forschung skizziert, p. 411ff. — Wie umstritten die mit der *Encomienda* zusammenhängenden Fragen auch heute noch sind, verdeutlicht der Aufsatz von Robert C. Keith, Encomienda, Hacienda and Corregimiento in Spanish America: A Structural Analysis, p. 431ff., der Lockhart in vieler Hinsicht widerspricht. Die Ursache dafür ist wohl vor allem darin zu sehen, daß die *Encomienda* das zentrale Instrument der spanischen Kolonisation in Amerika darstellte und daher nur in diesem Gesamtzusammenhang interpretiert werden kann.

[183] Den besten Überblick über diese regionalen Verschiedenheiten bietet die grundlegende, dem Nichtfachmann sich allerdings nur schwer erschließende Neubearbeitung von Silvio Zavala, La encomienda indiana, die auch die umfangreiche Bibliographie zu dieser Thematik enthält. Später erschienene wichtige Untersuchungen dazu sind Murdo J. MacLeod, Spanish Central America. A Socioeconomic History, 1520—1720, insbesondere p. 46-142; Julián B. Ruiz Rivera, Encomienda y mita en Nueva Granada en el siglo XVII; und der recht summarische Überblick bei Mario Góngora, Studies, p. 131ff.; desgleichen ders., El estado en el derecho indiano; wenn auch in manchen Dingen überholt, so doch immer noch wichtig auch die Studie von Lesley Byrd Simpson, The Encomienda in New Spain.

der *Reconquista* fertig ausgebildeten institutionellen Mechanismen erfolgte, somit also von einer unmittelbaren Kontinuität zwischen beiden Prozessen kaum gesprochen werden kann[184].

Entsprechend der Bedeutung des häufig synonym gebrauchten Terminus *Repartimiento* erfolgte die Konstituierung einer *Encomienda* tatsächlich durch Verteilung von Indianern an einzelne Eroberer oder Kolonisten. Im Verlauf der Kolonisation der Antilleninseln erfolgte diese Verteilung vor allem mit dem Ziel, durch die Bereitstellung von Arbeitskräften die Entwicklung einer europäisch geprägten Wirtschaft einzuleiten. Die Verleihung von Indianern an einzelne Spanier war also in dieser frühen Phase zuvörderst eine Zuweisung von Arbeitskraft, deren Verwendung von der Krone gesetzlich geregelt wurde[185]. Wie alle späteren Typen der *Encomienda* basierte auch die Frühform dieser Institution auf dem Anspruch der Krone auf Tributzahlungen von seiten der Eingeborenen, der in Form von Arbeitsleistungen gefordert, vom König aber an einzelne Kolonisten abgetreten wurde. Von Anfang an bestand die *Encomienda* also in der Abtretung eines Souveränitätsrechts des Staates an Privatpersonen, die im Einzelfall nicht von der Krone direkt, sondern von den generell dazu bevollmächtigten obersten politischen Autoritäten der jeweiligen Provinz in Stellvertretung des Monarchen vorgenommen wurde. Dieser rechtliche Aspekt der Abtretung königlicher Prärogativen gegenüber den unterworfenen Eingeborenen an einzelne Angehörige der Eroberer- und Kolonistenschicht ist das wohl wichtigste gemeinsame Element aller *Encomienda*-Formen der Folgezeit.

Die Abtretung erfolgte jedoch weder bedingungslos noch auf unbefristete Zeit. Die gesetzlichen Regelungen dieser staatlich genehmigten Arbeitsdienstverpflichtung enthielten eine ganze Reihe von Auflagen an die Nutznießer des Systems, so etwa eine zeitliche Begrenzung der zu leistenden Arbeit, die Bezahlung der empfangenen Arbeitsleistung, Bestimmungen über den zur Arbeit heranzuziehenden Personenkreis, seine Behandlung und dergleichen mehr. Diese gesetzlichen Bestimmungen lassen bereits die Ursache für das unterschiedliche Verständnis der Institution bei den Konquistadoren einerseits und der Krone und ihren Behörden andererseits erkennen. Für die Eroberer und Kolonisten war die Verleihung der Verfügungsgewalt über die Eingeborenen das entscheidende Moment, während die Staatsgewalt stärker die in der Gesetzgebung fixierten Pflichten der Begünstigten zu betonen beabsichtigte. Je weiter sich die einschlägige Gesetzgebung entwickelte, um so stärker wurden die Pflichten der *Encomenderos* herausgehoben und erweitert. Dieser Gesetzgebung zufolge[186] sollten die *Encomenderos* für die Christianisierung der Eingeborenen

---

[184] Einen knappen Vergleich mit der mittelalterlichen *Encomienda* bringt Mario Góngora, Studies, p. 132f. Ausführlicher behandelt jedoch von Robert S. Chamberlain, Castilian Background of the Repartimiento-Encomienda, dessen Vorstellung von der amerikanischen *Encomienda* freilich in mancher Hinsicht veraltet ist.

[185] So etwa in den Instruktionen für den Gouverneur Ovando aus dem Jahre 1501, in denen neben der Arbeitsverpflichtung auch noch ein Tribut für die Krone gefordert wird, und insbesondere in den *Leyes* von Burgos, 1513, nebst anderen, zeitlich benachbarten Anweisungen, vgl. dazu Richard Konetzke, Colección de Documentos, vol. 1, p. 4ff.

[186] Vgl. diese Entwicklung anhand der Gesetzestexte in Richard Konetzke, Colección de Documentos, vol. 1, p. 4ff. — Dabei ist allerdings zu berücksichtigen, daß in der Anfangszeit der Kolonisation des Festlandes, die Krongesetzgebung noch häufig mit den von den Gouverneuren erlassenen Bestimmungen konfligierte.

Sorge tragen und verschiedene Schutzfunktionen übernehmen. Der *Encomendero* sollte damit die Umerziehung und Integration der autochthonen Bevölkerung vorantreiben. Die unterschiedlichen Interessen von Eroberern und Krone sind damit offenkundig: Den *Encomendero* interessierte überwiegend die Nutzung der ihm anvertrauten Indianer, während der Staat dies nur als Gegenleistung für die Erfüllung staatspolitischer Aufgaben temporär zuzugestehen bereit war. Angesichts der oft rücksichtslosen Ausbeutung der Eingeborenen durch die *Encomenderos* war eine Kollision so unterschiedlicher Interessen unausweichlich.

Die Nutznießung des von der Krone verliehenen Privilegs wurde auf die Dauer von zwei Leben begrenzt, eine Frist, die allerdings oft verlängert wurde. Mehr als alle gesetzlichen Bestimmungen, die die Verfügungsgewalt der Eroberer und Siedler über die ihnen zugeteilten Eingeborenen einschränkten, verdeutlicht die zeitliche Begrenzung dieser Verleihung, daß die Krone von Anfang an nicht die Absicht hatte, die Entstehung eines Feudalsystems in den Überseegebieten zu begünstigen, daß sie andererseits aber die Notwendigkeit anerkannte, durch den Rückgriff auf feudalen Traditionen entstammende Institutionen überhaupt erst die erforderlichen Impulse zu einer raschen Festigung der spanischen Herrschaft und zur Ausbildung einer europäisch geprägten Wirtschaft geben zu müssen, um so die Voraussetzungen für die Nutzbarmachung der neu erworbenen Überseegebiete zu schaffen. Entgegen einer verbreiteten Ansicht hatte die *Encomienda* auch nicht den Charakter eines Lehens oder einer Grundherrschaft[187], da mit dem Besitztitel keinerlei formale Jurisdiktion über die betroffenen Indianer verbunden oder, wie die ältere Geschichtsschreibung annahm, der Erwerb von Landbesitz verknüpft war[188]. Auch wurde durch die Vergabe in *Encomienda* die persönliche Rechtsstellung der Eingeborenen nicht betroffen, ihre persönliche Freiheit blieb dadurch legal völlig unangetastet. Andererseits ist nicht zu übersehen, daß die Abtretung eines Hoheitsrechts an Privatpersonen einen feudalen[188a] Charakterzug darstellt, der zumindest die Herkunft der Institution eindeutig manifestiert. Die Tendenz zur Ausbildung eines hispanoamerikanischen Feudalsystems wurde denn auch durch die *Encomienda* stark gefördert, da die Inhaber eines solchen Privilegs darin die Übertragung von Herrschaftsrechten sahen und folgerichtig auch immer wieder von der Krone die Verleihung der Gerichtsbarkeit über die ihnen anvertrauten Indianer verlangten. Allerdings wird häufig übersehen, daß diese Institution auch wirtschaftliches Unternehmertum entstehen ließ und somit gewisse kapitalistische Entwicklungen begünstigte. Beide Tendenzen, wie überhaupt die volle historische Bedeutung der *Encomienda*, wurden jedoch erst im Verlauf der spanischen Landnahme auf dem amerikanischen Festland voll ausgebildet bzw. sichtbar.

Besonders deutlich wurde dies erstmals bei der Eroberung Mexikos durch Hernán Cortés. Dieser hatte mit Hilfe weniger hundert Spanier ein ungeheuer ausge-

---

[187] Darauf verweist auch neuerdings wieder Mario Góngora, Studies, p. 133.

[188] Zur Beziehung von *Encomienda* und Landerwerb vgl. James Lockhart, Encomienda and Hacienda, p. 415ff.

[188a] „Feudal" bzw. „Feudalismus" wird hier und im folgenden bewußt in der etwas verwaschenen Bedeutung gebraucht, in der dieser Begriff in der Historiographie zur neueren Geschichte weithin benutzt wird.

dehntes und enorm dicht besiedeltes Gebiet in rasch aufeinanderfolgenden militärischen Aktionen unterworfen und stand nun vor der Notwendigkeit, mit numerisch hoffnungslos unterlegenen Kräften eine stabile Herrschaftsorganisation aufbauen zu müssen, bevor die besiegten Eingeborenen sich vom Schock ihrer Niederlage erholen und neuen Widerstand gegen die Eindringlinge organisieren konnten. Diese hohes politisches Geschick und Durchsetzungsvermögen erfordernde Aufgabe mußte zudem mit Kräften in Angriff genommen werden, die zuvörderst ihren Anspruch auf Beute und Belohnung befriedigt zu sehen wünschten, bzw. nur durch die Erwartung weitergehender Entlohnung bereit waren, sich dem Unternehmen der Befriedung und Organisation des Landes zur Verfügung zu stellen[189]. Ungeachtet des dieser Aufgabe innewohnenden Zwangs zur Aufteilung der Streitmacht in kleinere Gruppen mußte das anzuwendende Organisationsschema darüber hinaus die militärische Einsatzbereitschaft der Teilnehmer des *Conquista*-Zuges gewährleisten, zumindest aber eine schnelle Mobilisierung aller Kräfte erlauben. Drei Faktoren ermöglichten das Gelingen dieses Vorhabens: die Gründung von Städten für die Spanier als politisch-militärisch-administrative Stützpunkte[190], die Anerkennung der angestammten Rechte der mittleren und unteren indianischen Führungsschichten mit Ausnahme der Priesterschaft, verbunden mit der Zuerkennung des Adelsstatus zur Sicherstellung der Kollaboration dieser Schicht[191], und schließlich eine nun nicht mehr vorwiegend auf Arbeitskräfterekrutierung zugeschnittene *Encomienda*. Stadtgründung und *Encomienda*-Verteilung gehörten zusammen und bildeten in ihrer engen Verknüpfung Ausgangspunkt und Voraussetzung für das Ingangkommen des Kolonisationsprozesses, da die *Encomenderos* die Stadt als Organisationsbasis benötigten, andererseits die Stadt aber nur mit Hilfe der Arbeits- und Produktivkraft der *Encomienda*-Indianer zu einem Kristallisationspunkt der Kolonisation werden konnte[192].

Die Vorstellungen von Cortés zur Lösung der anstehenden organisatorischen Probleme kommen klar in den von ihm 1524 erlassenen Verordnungen zum Ausdruck[193]. Darin wurde den *Encomenderos* unter Androhung schwerer Strafen aufge-

---

[189] Hernán Cortés hatte diese Zusammenhänge in aller Deutlichkeit erkannt, wenn er schrieb: „No hay duda que para que los naturales obedezcan los reales mandamientos de V. M. y sirvan en lo que se les mandare, es necesario que haya en la tierra copia de españoles, y de tal manera que vivan y esten arraigados en ella. — Esto no puede ser sino tienen con qué sostenerse de manera quel interese les obligue á permañecer y olvidar su naturaleza, y ninguna otra manera hay sino haciéndoles V. M. que ha de ser el todo... Item: que no hay cosa que más los arraigue que tener indios... Item: que teniéndolos tienen grangerías, ques parte principal para poblarse tierras nuevas, y arraigar los pobladores, y dellas por tiempo resulta crecimiento de las rentas reales...", Memorial de Hernán Cortés al Emperador sobre el repartimiento de los indios de la Nueva España. 1537, in: Pascual de Gayangos, ed., Cartas y relaciones de Hernán Cortés al Emperador Carlos V, p. 561f. — Vgl. zum Feudaldenken bei Cortés auch Manuel Giménez Fernández, Hermán Cortés y su revolución comunera en la Nueva España, p. 125ff.

[190] Über den Vorgang und die Bedeutung von Städtegründungen für die Kolonisation vgl. Demetrio Ramos Pérez, La doble fundacion de ciudades y las „huestes", p. 107f. — Vgl. auch die Literatur in Anm. 215.

[191] Vgl. dazu etwa Charles Gibson, The Aztecs under Spanish Rule, p. 155f.

[192] Vgl. dazu die Bestimmungen in dem in der folgenden Anmerkung zitierten Dokument.

[193] Vgl. Alberto María Carreño, Cortés, hombre de estado, die im Anhang edierten *Ordenanças que Su Merced hizo para Nueva España, ...*", p. 190ff.

tragen, gestaffelt nach der Größe ihrer *Encomienda*, ständig bestimmte Waffen und militärische Ausrüstungsgegenstände einsatzbereit zu halten, die von den Autoritäten der Munizipien regelmäßig inspiziert werden sollten. Weiterhin ordnete Cortés an, daß jeder *Encomendero* pro Hundertschaft ihm anvertrauter Indianer jährlich bestimmte Mengen europäischer Nutzpflanzen anbauen lassen sollte. Außerdem wurde festgelegt, daß die *Encomenderos* für die religiöse Unterweisung der ihnen übertragenen Eingeborenen verantwortlich sein und zu diesem Zweck auf eigene Kosten Priester anstellen sollten. In diesem Zusammenhang bestimmte der Eroberer weiter, die Söhne des indianischen Adels zur Ausbildung in die neu gegründeten Städte bringen zu lassen, eine Maßnahme, die sicherlich auch mit der Absicht angeordnet wurde, im Falle indianischer Erhebungen über Geiseln verfügen zu können. Andere Bestimmungen erlegen den *Encomenderos* eine Residenzpflicht in den spanischen Städten auf, in denen sie nach der Gründung registriert worden waren und verfügten, daß alle Inhaber einer *Encomienda* innerhalb von eineinhalb Jahren ihre Ehefrauen aus dem Mutterland kommen lassen, bzw. heiraten sollten. Schließlich sicherten die Verordnungen den *Encomenderos* auch den ungestörten Besitz ihrer Privilegien zu. Cortés versprach, sich persönlich beim König für die Konstituierung der *Encomienda* als unbeschränkt vererbbare Institution einzusetzen. Indirekt geht aus dem Dokument hervor, daß die Indianer ihren *Encomenderos* Arbeitsleistungen und Naturalabgaben schuldeten, doch über die Art und Höhe der Abgaben und Dienstverpflichtungen sagt es nichts aus. In einem recht allgemein gehaltenen Passus werden die *Encomenderos* lediglich verpflichtet, die ihnen anvertrauten Eingeborenen gut zu behandeln und auf Zwangsmaßnahmen zu verzichten.

Obwohl sich am Rechtsstatus der *Encomienda* kaum etwas geändert hatte und die *Encomenderos* nach wie vor keine richterlichen Befugnisse über die ihnen unterstellten Eingeborenen besaßen, verdeutlichen die Bestimmungen des von Cortés erlassenen Reglements klar die weitgesteckten Zielsetzungen, die der Eroberer mit Hilfe der *Encomienda* verfolgte. Die Institution wurde für ihn zum entscheidenden Instrument der politischen, wirtschaftlichen, ja, sogar kulturellen Transformation des von ihm unterworfenen indianischen Reiches. Die Dienstleistungen und Abgaben, die die Eingeborenen den *Encomenderos* schuldeten, enthoben diese zumindest kurzfristig der Sorge um den von ihnen angestrebten Lebensstandard, so daß von ihnen ein hoher Grad militärischer Einsatzbereitschaft für den Eventualfall erwartet werden konnte[194]. Die Verknüpfung der *Encomienda*-Verleihung mit einer Residenzpflicht und der Auflage zur Gründung eines Hausstandes fesselte die *Encomenderos* an das Land und förderte somit die Seßhaftwerdung, gleichzeitig aber auch den Bestand und die Weiterentwicklung der neu gegründeten Städte. Auch infolge des Fehlens jurisdiktioneller Gewalt dürften sich die *Encomenderos* an die Städte gebunden gefühlt haben, da vor allem in der Anfangsphase der Kolonisation das Stadtregiment die einzig rechtmäßige, dem Oberbefehlshaber und seinen Stellvertretern nachgeordnete Autorität darstellte, deren Unterstützung für die *Encomienda*-Inhaber wichtig sein konnte. Freilich haben die *Encomenderos* auch ohne jurisdiktionelle Befugnisse weitreichende Befehlsgewalt über die ihnen anvertrauten Indianer

---

[194] Über die militärische Bedeutung der *Encomienda* vgl. Günter Kahle, Die Encomienda als militärische Institution im kolonialen Hispanoamerika, p. 88ff.

besessen und in der Praxis, nicht *de jure*, die Rolle von Gouverneuren gespielt[195]. Dies zeigt jedoch nur, wie effektiv diese Institution die Errichtung und Sicherung der spanischen Herrschaft zu gewährleisten vermochte. Gleichzeitig lassen die weitreichende Verfügungsgewalt der *Encomenderos* über ihre Eingeborenen, ebenso wie Cortés' Versprechen, sich für die unbeschränkte Vererbbarkeit der Institution einzusetzen, erkennen, wie stark die Feudalisierungstendenzen waren, die von der *Encomienda* ausgingen, ja, daß die Konquistadoren sie in politischer Hinsicht von Anfang an als eine der adligen Grundherrschaft des Mutterlandes vergleichbare Einrichtung ansahen[196].

War die politische Funktion der *Encomienda* als Instrument zur Sicherung der spanischen Herrschaft in den Anfängen der spanischen Kolonisation auf dem amerikanischen Festland nur von verhältnismäßig kurzer Dauer, so waren die wirtschaftlichen Impulse, die von der Institution ausgingen, um so nachhaltiger. Sicherlich war es zunächst einmal wichtig, daß vermittels der *Encomienda* die materielle Sicherung der Eroberer und damit ihre Freistellung für politisch-militärische und kolonisatorische Aufgaben erreicht wurde, die Bedeutung der *Encomienda* in einem allgemeineren Zusammenhang bestand jedoch darin, daß sie nun auf dem Festland in sehr viel stärkerem Maße, als dies auf den Inseln der Fall war, die rasche Ausbildung einer an europäischen Vorbildern orientierten kolonialen Wirtschaft ermöglichte. Die weit entwickelten Indianerkulturen des amerikanischen Kontinents hatten ein hoch spezialisiertes, auf Arbeitsteilung beruhendes Wirtschaftssystem ausgebildet, das gleichwohl aber alle Charakteristika einer Naturalwirtschaft trug[197]. Weitaus mehr als die vergleichsweise primitive Subsistenzwirtschaft der Eingeborenen der Antilleninseln bot sich hier nun für den von der europäischen Geldwirtschaft abhängigen bzw. ihr verpflichteten Konquistador die Möglichkeit zur Kapitalbildung und zur unternehmerischen Entfaltung. Von den organisierten und an disziplinierte Arbeit gewöhnten Eingeborenen war aber nun nicht mehr nur billige Arbeitskraft, sondern in sehr viel größerem Umfang Tribut aus der hochstehenden landwirtschaftlichen und gewerblichen Produktion zu erhalten. Die über das *Encomienda*-System erhobenen Naturalabgaben gewannen daher nun gegenüber der Arbeitskräfterekrutierung erheblich an Bedeutung und ermöglichten die rasche Entwicklung eines Binnenmarktes. Die Gewinne, die die Kolonisten durch die Vermarktung ihrer *Encomienda*-Tribute erzielten, konnten wiederum zur Investition in Handels-, Landwirtschafts-, Gewerbe- und Bergbauunternehmungen herangezogen werden, für welche zunächst über die Indianersklaverei und später ebenfalls über die *Encomienda* billige, ja, kostenlose Arbeitskraft mobilisiert werden konnte. Die erforderlichen Zahlungsmittel für die-

---

[195] Zum Verhalten der *Encomenderos* gegenüber den ihnen anvertrauten Indianern vgl. Charles Gibson, The Aztecs under Spanish Rule, p. 76ff.

[196] Darauf verweist Mario Góngora, Studies, p. 133, der allerdings auf das Vorbild in den spanischen Ritterorden hinweist, die jedoch ihrerseits nur eine besondere Form adliger Grundherrschaft darstellten. Infolge der Namensgleichheit mag tatsächlich den Konquistadoren daran gelegen gewesen sein, diese Parallele besonders zu unterstreichen.

[197] Vgl. dazu und zum folgenden die viel zu wenig beachtete Untersuchung von José Miranda, La función económica del encomendero en los orígenes del régimen colonial (Nueva España 1525—1531), p. 9ff. Vor allem bei der Interpretation des Charakters der spanischen Kolonisation sind Mirandas Ergebnisse weitgehend unberücksichtigt geblieben.

sen wirtschaftlichen Wandlungsprozeß lieferten entweder ebenfalls Edelmetalltribute oder aber man bediente sich zur Abwicklung der kommerziellen Transaktionen zunächst eines Ersatzgeldes[198].

Darüber hinaus bot die *Encomienda* noch verschiedene andere wirtschaftliche Enfaltungsmöglichkeiten. So konnte durch die in der Praxis ziemlich uneingeschränkte Befehlsgewalt über die Eingeborenen der Anbau spanischer Kulturpflanzen, etwa Obstbäume, Getreide, Gemüse und dergleichen, rasch durchgesetzt werden, wobei der Ertrag gleichfalls dem *Encomendero* zugute kam, da die Indianer die ihnen fremden Pflanzen zunächst häufig nicht zu nutzen bereit waren. Ebenso wurde mit europäischen Haustieren verfahren, die von den *Encomenderos* den Eingeborenen zur Aufzucht und Vermehrung übergeben wurden. Das den Indianern gehörende Land wurde so zumindest teilweise zum Vorteil des *Encomendero* bearbeitet. Die Institution erlangte somit auch die Funktion eines Instruments zur Steuerung der landwirtschaftlichen Produktion, wodurch die rasche Verbreitung europäischer Haustiere und Kulturpflanzen in Amerika erst ermöglicht wurde[199]. Die Vertrautheit mit den Örtlichkeiten und ihren Bewohnern bot den *Encomenderos* schließlich auch die Möglichkeit zu günstigem Erwerb herrenlosen Landes, so daß die Institution, wenn auch in indirekter Form, die Entstehung des Großgrundbesitzes in Hispanoamerika förderte[200].

Begünstigte einerseits die *Encomienda* in ihrer Eigenschaft als Instrument zur Festigung der politischen Herrschaft einer Erobererschicht die Ausbildung eines kolonialen Feudalsystems, so bot sie andererseits in wirtschaftlicher Hinsicht wiederum mannigfache Möglichkeiten zur Entwicklung kapitalistischer Wirtschaftsformen. Dies zwingt jedoch zu dem Schluß, daß aus der Verbreitung der *Encomienda* im kolonialen Hispanoamerika allein noch nicht gefolgert werden kann, das spanische Kolonialsystem sei feudal geprägt gewesen, und die Konquistadoren hätten es als „Ritter der ursprünglichen Akkumulation" nicht vermocht, eine kapitalistische Kolonisation in Gang zu setzen[201].

Tatsächlich haben die Eroberer und ersten Kolonisten durchaus die wirtschaftlichen Möglichkeiten der *Encomienda* zu nutzen verstanden und die Gewinne aus der Vermarktung der Überschüsse, die ihre *Encomiendas* abwarfen, in die verschiedensten wirtschaftlichen Unternehmungen investiert, für die sie zugleich die Arbeitskraft der ihnen übertragenen Eingeborenen heranzogen. Es scheint, daß sogar die überwiegende Mehrheit der *Encomenderos*, ebenso wie die übrigen Siedler, sich sogar gleichzeitig in mehreren Wirtschaftsbereichen unternehmerisch betätigte und

---

[198] Ein Beispiel für die Verbreitung solchen Ersatzgeldes untersucht Günter Kahle, Geldwirtschaft im frühen Paraguay (1537—1600), p. 1ff.

[199] Beispiele dafür finden sich in José Miranda, La función económica del encomendero.

[200] Darauf verweist James Lockhart, Encomienda and Hacienda, p. 416ff. — Neuere Studien scheinen darauf hinzudeuten, daß der Erwerb von Landbesitz durch einen *Encomendero* im Siedlungsbereich der ihm anvertrauten Indianer doch häufiger war, als noch Lockhart annahm, vgl. dazu etwa Elinore M. Barrett, Encomiendas, Mercedes and Haciendas in the Tierra Caliente of Michoacán, p. 71ff.

[201] Manfred Kossok—Walter Markov, „Las Indias non eran Colonias". Hintergründe einer Kolonialapologetik, p. 2, die die Bezeichnung „Ritter der ursprünglichen Akkumulation" der russischen Übersetzung eines spanischsprachigen Werkes entnahmen. Mit besonderem Engagement vertritt die Feudalismusthese Ruggiero Romano, Historia colonial hispanoamericana e historia de los precios, p. 11ff.

vielfach Aktivitäten als Produzenten landwirtschaftlicher oder gewerblicher Güter, als Händler und als Kreditgeber entfaltete[202]. Viele solcher Unternehmungen scheinen auch als Kompagniegeschäfte betrieben worden zu sein. Selbst Cortés, der wohl am großzügigsten von der Krone entlohnte Eroberer, hat sich unternehmerisch betätigt. Dagegen spricht nichts dafür, daß die *Encomenderos*, etwa aus einer adeligen Mentalität heraus oder aus dem Bestreben, es Adeligen gleich zu tun, sich nun darauf beschränkt hätten, die Früchte ihrer Mühen zu ernten und ein Rentierdasein zu führen. Zwar wären die Eroberer und ersten Siedler nicht zur Auswanderung bereit gewesen, hätte man ihnen lediglich ein Stück Land zur agrarischen Nutzung versprochen, doch vor den Mühen und Risiken unternehmerischer Betätigung schreckten sie keineswegs zurück[203]. Sicherlich haben sich reich gewordene Kolonisten nach Spanien zurückgezogen und sind in die Oligarchie ihrer Heimatorte integriert worden[204], doch war dies offensichtlich nur ein kleinerer Teil, ganz abgesehen davon, daß solch eine Verhaltensweise keineswegs auf Spanien beschränkt war, wie schon ausgeführt wurde. Angesichts der bereits an früherer Stelle betonten sozialen Heterogenität der Eroberertrupps widerspricht dies durchaus nicht dem hier konstatierten allgemeinen Trend. Wären die Spanier der frühen Kolonisationsphase tatsächlich mehrheitlich von adelig-feudaler Mentalität geprägt gewesen, wäre der erstaunlich schnelle Transformationsprozeß, der zumindest in den Zentren der spanischen Herrschaft in Übersee in wenigen Jahrzehnten aus der indianischen Naturalwirtschaft eine schon weitgehend durch europäische Waren und Erzeugnisse geprägte Geldwirtschaft entstehen ließ, nicht zu verstehen. Auch an dieser Stelle wird wieder deutlich, daß adelig-feudale Lebensweise und unternehmerische Betätigung in jener Zeit keine miteinander unvereinbaren Gegensätze darstellen, d.h. daß aus sozialen Wertvorstellungen nicht unbedingt wirtschaftliche Verhaltensnormen hergeleitet werden können, wie ja auch die bedeutenden unternehmerischen Aktivitäten des spanischen Adels in jener Zeit beweisen[204a]. Es kann denn auch kein Zweifel daran bestehen, daß von den Aktivitäten der ersten Siedler ein tiefgreifender Modernisierungseffekt ausging. Wenn nun aber noch in der Anfangsphase der spanischen Kolonisation die Möglichkeit einer kapitalistischen Entwicklung gegeben war, so müssen die Ursachen für ihren Abbruch anderswo als in der Kolonisationsform zu suchen sein, denn es kann nicht geleugnet werden, daß sich diese Tendenzen schließlich nicht durchzusetzen vermochten. Bereits an dieser Stelle sei darauf verwiesen, daß

---

[202] Vgl. dazu José Miranda, La función económica del encomendero; James Lockhart, Spanish Peru 1532—1560; sowie die bereits genannten, von James Lockhart and Enrique Otte, eds., Letters and People, herausgegebenen Briefe; desgleichen Enrique Otte, Cartas privadas de Puebla del siglo XVI, p. 10ff.

[203] In den Briefen, die die ersten Kolonisten an Angehörige im Mutterland richteten, wird immer wieder hervorgehoben, daß derjenige, der zu „arbeiten" verstünde, in Amerika rasch zu Reichtum gelange, vgl. James Lockhart, Letters and People to Spain, p. 787. — An anderer Stelle weist Lockhart ausdrücklich darauf hin, daß die ersten Kolonisten die Rolle eines modernen Unternehmertums, wie sie in neuerer Zeit vor allem von Ausländern in Lateinamerika ausgeübt wurde, in vollem Umfang vorwegnahmen, vgl. James Lockhart, The social history of colonial Spanish America: Evolution and Potential, p. 7.

[204] James Lockhart, Letters and People to Spain, p. 789ff.

[204a] Vgl. dazu auch Hans Pohl, Zur Geschichte des adligen Unternehmers im spanischen Amerika, p. 218ff.

neben den geographischen Bedingungen sicherlich die Politik des Staates gegenüber den neuen Kolonien zu einem großen Teil für die Strangulierung dieser modernen Entwicklungsansätze verantwortlich zu machen sein dürfte.

Ebenso wie die Sklaverei förderte auch die *Encomienda* den bereits erwähnten sozialen Differenzierungsprozeß zwischen Konquistadoren und Eingeborenen. Dafür wird man allerdings weniger die institutionalisierte Form der Abhängigkeit als auslösenden Faktor anzusehen haben, als vielmehr die weithin brutalen Begleiterscheinungen des *Encomienda*-Systems. Aufgrund des mit dieser Institution verbundenen Rechtsstatus hätte sich zwischen dem Inhaber einer *Encomienda* und den ihm anvertrauten Indianern allenfalls ein Verhältnis entwickeln können, wie es im Mutterland zwischen adeligen Grundherren und Grundhörigen bestand, d.h. bezogen auf die kastilische Form der Feudalherrschaft, ein recht lockeres Abhängigkeitsverhältnis, das dem Vasallen nur geringe Abgabeverpflichtungen auferlegte, seine persönliche Bewegungsfreiheit nicht einschränkte und auf seiten des Herrn durch patriarchalische Fürsorgepflicht gekennzeichnet war. Der an früherer Stelle erwähnte Abwehrmechanismus gegen alles Fremdartige dürfte eine solche Entwicklung in Amerika verhindert haben. Erst in viel späterer Zeit scheint sich so etwas wie das Empfinden einer patriarchalen Fürsorgepflicht gegenüber den Eingeborenen der eigenen *Encomienda* bei einzelnen Konquistadoren entwickelt zu haben. So wurde daher die *Encomienda* ungeachtet der frühen Indianerschutzgesetzgebung der Krone unter dem Zwang der wirtschaftlichen Bedingungen der *Conquista* in der Praxis zu einem ziemlich unverhüllten Instrument brutaler Ausbeutung der Eingeborenen, da die *Encomenderos* in ihrem Verhalten gegenüber den ihnen anvertrauten Indianern sich in erster Linie von ihren wirtschaftlichen Interessen leiten ließen. Den Eingeborenen wurden nicht nur schwere Abgaben- und Dienstleistungsverpflichtungen auferlegt, sondern sie wurden zusätzlich noch von dem Hilfspersonal der *Encomenderos* vielfältigen persönlichen, oft erniedrigenden Mißhandlungen unterworfen[205]. Diese aus einer Eroberungssituation resultierenden Bedrückungen der unterworfenen Bevölkerung wurden über die Phase der militärischen Eroberung hinaus durch das *Encomienda*-System zu einer ständigen Praxis und festigten so in den Kolonisten die Vorstellung, daß die Indianer eine untergeordnete, ja, minderwertige Schicht darstellen, die dazu bestimmt sei, den Europäern dienstbar und untertan zu sein. Wie sehr diese Auffassung unter den Kolonisten vorherrschte, zeigen vielfältige Quellenaussagen, die übereinstimmend berichten, daß sich selbst Spanier niedrigster Herkunft den Eingeborenen gegenüber als Herren aufspielten. Man hat immer wieder versucht, dieses Verhalten der Eroberer als Zeichen einer feudalen Gesinnung zu interpretieren. Tatsächlich scheint diese Auffassung aber wohl vor allem aus der Eroberungssituation entstanden, durch die kulturelle Verschiedenartigkeit von Eroberern und Eroberten verstärkt und durch die aus wirtschaftlichen und politischen Gründen erforderliche Einrichtung unterschiedlicher Formen von direkter Abhängigkeit über die Phase der Landnahme hinaus erhalten worden zu sein. Der Umstand, daß es sich dabei weniger um ein feudal beeinflußtes als vielmehr um das eigenständige Phänomen einer Kolonialherrenmentalität handelt, wird dadurch

---

[205] Über dieses *calpixques* genannte Hilfspersonal vgl. Magnus Mörner, La corona española y los foráneos en los pueblos de indios de América, p. 81ff.

verdeutlicht, daß Engländer und Franzosen gegenüber der autochthonen Bevölkerung ihrer afrikanischen und asiatischen Kolonien im 19. Jahrhundert ähnliche Verhaltensweisen entwickelten. Außerdem dürften, ähnlich wie im Mutterland gegenüber Juden und Konvertiten, auch religiöse Gründe zur Geringschätzung der Eingeborenen geführt und als Legitimierung für die sich rasch durchsetzende Abgrenzung der Europäer von den Eingeborenen gedient haben. Beide Tendenzen, obwohl ursprünglich nicht rassistisch, haben sicherlich die Rassentrennung begünstigt und den Eingeborenen eine Art niederen Kastenstatus zugewiesen.

In sozialer Hinsicht bedeutete das *Encomienda*-System mithin Integration unter den Bedingungen von persönlicher Abhängigkeit und Unterordnung, d.h. aber Integration auf einer sozial niedrigen Stufe der entstehenden kolonialen Gesellschaftsordnung. Diese aus der *Conquista* und der Realität des Zusammenlebens von Spaniern und Indianern entstandene soziale Differenzierung sollte sich als dauerhafter erweisen als alle Versuche der Krone, auf dem Wege der Gesetzgebung eine gleichberechtigte Integration der Eingeborenenbevölkerung in eine nach europäischem Vorbild strukturierte Staats- und Gesellschaftsordnung zu erreichen. Dies gilt auch angesichts der Tatsache, daß bei weitem nicht alle Indianer an Konquistadoren in *Encomienda* übergeben wurden. Diese Eingeborenen wurden jedoch als *Encomienda* der Krone angesehen und von den zivilen Autoritäten in mehr oder weniger gleicher Weise ebenfalls mit Abgabeverpflichtungen und Arbeitseinsätzen belastet, so daß sich ihre Lage kaum von der der übrigen Indianerbevölkerung unterschieden haben dürfte.

In der geschilderten, den Eroberern umfassenden Zugang zu den Ressourcen des Landes und seiner Einwohner eröffnenden Form hat sich die *Encomienda* im Verlauf der Landnahme in ganz Hispanoamerika ausgebreitet. Den Gegebenheiten der einzelnen Regionen und dem Verlauf ihrer Okkupation entsprechend, erlangten freilich die einzelnen politischen, militärischen und wirtschaftlichen Aspekte der Institution eine unterschiedliche Bedeutung, wodurch die Ausbildung der bereits erwähnten regionalen Besonderheiten begünstigt wurde, die dann von der Krone oft auch rechtlich sanktioniert wurden. In allen Fällen war die *Encomienda* jedoch das entscheidende Instrument zur Etablierung der spanischen Herrschaft und zur Auslösung eines wirtschaftlichen, sozialen und auch politischen Umwandlungsprozesses, aus dem sich unter dem Einfluß der staatlichen Politik die koloniale Ordnung entwickeln sollte. Hervorgehoben zu werden verdient jedoch, daß die Entwicklungsanstöße, die von der *Encomienda* ausgingen, entgegen einer häufig vertretenen Auffassung durchaus nicht einseitig die Ausbildung eines kolonialen Feudalsystems begünstigten, wie dies aus der weitreichenden Verfügungsgewalt der Konquistadoren und Kolonisten über die Indianer abzuleiten ist, sondern über die wirtschaftliche Nutzung der den Eingeborenen auferlegten Tributleistungen und Arbeitsverpflichtungen auch kapitalistisches Unternehmertum förderten. Dies bedeutet aber, daß die Landnahme insgesamt von sehr unterschiedlichen Kräften und Verhaltensweisen geprägt war und somit auch die spätere Entwicklung allenfalls in wenigen Teilbereichen determiniert hat. Lediglich im sozialen Bereich haben die der Besitznahme innewohnenden ökonomischen Zwänge und die institutionellen Mechanismen der Eroberung und des beginnenden Kolonisationsprozesses die Grundlagen für die Ausbildung einer gesellschaftlichen Schichtung gelegt, innerhalb derer die Eingeborenenbevölkerung eine niedere Position zugewiesen erhielt, in der sie nicht zuletzt auch aufgrund der in dieser Form nicht vorhergesehenen Auswirkungen der staatlichen Schutzpolitik über Jahrhunderte verharren sollte.

Die Aneignung der Verfügungsgewalt über die Indianer, die den Konquistadoren aus wirtschaftlichen und politisch-militärischen Gründen notwendig, aber auch aus dem Bewußtsein, Anspruch auf Belohnung für ihre Mühen zu haben, wünschenswert erschien, versetzte die Krone in eine schwierige Lage. Einerseits konnte sie nicht umhin, das moralische Recht der Eroberer auf Belohnung ebenso anzuerkennen, wie die Notwendigkeit, den aus der *Conquista*-Situation resultierenden Zwängen Rechnung tragen zu müssen, um die Festigung der spanischen Herrschaft in den neu gewonnenen Gebieten nicht zu gefährden, andererseits erkannte sie die Gefahr einer Mediatisierung ihrer Gewalt über die neuen Untertanen durch die Konquistadoren und ersten Siedler. Eine solche Mediatisierung barg nicht nur die politische Gefahr des Entstehens eines neuen Feudalsystems in sich, sondern bedrohte gleichzeitig auch die finanziellen Interessen des Staates und immer offenkundiger auch die Integrationsbemühungen der Krone. Bereits hier wird deutlich, daß die Indianerschutzpolitik des Staates sich nicht nur aus humanitären Gründen gegen die Eroberer richtete, sondern den Versuch darstellte, kurzfristige politische Erfordernisse mit langfristigen Zielsetzungen staatlicher Politik in Einklang zu bringen. Die staatliche Indianerschutzgesetzgebung war daher bis zu einem gewissen Grade immer auch absolutistische Politik. Aus dem Zwang zur Harmonisierung so unterschiedlicher Interessen erklärt sich auch der Kompromißcharakter und die häufig zu beobachtende Inkonsequenz der staatlichen Indianerschutzgesetzgebung.

Die weitreichende Verfügungsgewalt der Konquistadoren und ersten Kolonisten über die Eingeborenen beeinträchtigte aber auch die Interessen des Ordensklerus, der in der Anfangsphase der Kolonisation fast die Gesamtheit der in Amerika tätigen Geistlichkeit repräsentierte. Die Ordenspriesterschaft sah sich nun nicht nur der Gefahr ausgesetzt, ihre Tätigkeit in Abhängigkeit von den *Encomenderos* ausüben zu müssen[206], eine Vorstellung, die ihr sicherlich schon aus sozialen Gründen unbehaglich gewesen sein dürfte, sondern sie mußte auch eine wirtschaftliche Grundlage für ihre Tätigkeit schaffen. Sie war daher ebenfalls auf die indianische Arbeits- und Produktivkraft angewiesen und befand sich allein schon deshalb in einer gewissen Konkurrenzsituation zu den Kolonisten. Kirchen- und Klosterbau, der Unterhalt kirchlicher Einrichtungen sowie die Versorgung der Mönche selbst erforderten hohe Aufwendungen und massiven Arbeitseinsatz von seiten der eingeborenen Bevölkerung. Wichtiger dürfte jedoch wohl gewesen sein, daß die Missions- und Erziehungsarbeit des Klerus ein hohes Maß an Autorität und Ansehen zum Erfolg benötigte. Eine solche Autorität konnte aber nur gegen die zur rücksichtslosen Behandlung der Eingeborenen neigenden Eroberer gewonnen werden, indem die Mönche sich nämlich zu Protektoren der Indianer machten. Auf diese Weise sicherten sie sich das Vertrauen der amerikanischen Ureinwohner und erwarben so die für eine wirkungsvolle und nachhaltige Bekehrungsarbeit erforderliche Autorität über dieselben. Wie zielstrebig die Geistlichkeit vorging, um sich das Vertrauen der Indianer zu erwerben, wird allein schon aus einzelnen Verfahrensweisen bei der Etablierung der neuen

---

[206] Vgl. dazu die Bestimmungen, die den *Encomenderos* vorschrieben, auf ihre Kosten Geistliche zur religiösen Unterweisung der Indianer anzustellen, wie dies beispielsweise in den Instruktionen von Cortés (vgl. Anm. 193) angeordnet wurde.

religiösen Ordnung deutlich, etwa wenn christliche Kirchen auf den Ruinen heidnischer Tempel gebaut oder heidnische Festlichkeiten dem christlichen Festkalender angepaßt wurden, Methoden, mit deren Hilfe es dem Klerus gelang, sich im Bewußtsein der Eingeborenen als die Nachfolger der vorspanischen Priesterkaste zu etablieren und so einen tief reichenden Einfluß auf die Indianer zu gewinnen, der teilweise auch in der Gegenwart noch ungebrochen wirksam ist. Damit soll nicht unterstellt werden, daß die humanitären Bestrebungen des Ordensklerus aus einer Art machiavellistischer Haltung heraus zu erklären seien, gehen sie und die zu ihrer Durchsetzung entwickelten völkerrechtlichen Theorien doch offenkundig auf die Klosterreform und die parallel dazu erfolgende geistige Erneuerung unter Cisneros zurück. Dies soll lediglich verdeutlichen, daß neben wirtschaftlichen und geistigen Ursachen allein schon der Auftrag zur Bekehrung und Umerziehung der Eingeborenen angesichts deren Behandlung durch die Konquistadoren zwangsläufig einen Antagonismus zwischen Mönchsorden und Kolonisten begründete. In der heraufziehenden Auseinandersetzung zwischen Krone und Eroberern wurden die Orden daher zum natürlichen Verbündeten der Staatsgewalt.

Die geschilderten Tatbestände lassen erkennen, daß die Behandlung der Eingeborenen die zentrale Frage im Prozeß der staatlichen Organisation des kolonialen Hispanoamerika darstellte. Die Konstellation der unterschiedlichen Interessen von Staat, Kirche und Kolonisten zeigt darüber hinaus, daß ungeachtet der nicht hoch genug einzuschätzenden Bedeutung wirtschaftlicher Zwänge die Erringung der politischen Kontrolle über die indianische Bevölkerung sowohl für den Staat, als auch für die Kolonisten und die Kirche die vorrangige Frage sein mußte, da angesichts widerstreitender Interessen die Durchsetzung dieser Kontrolle für alle Beteiligten die Vorbedingung der wirtschaftlichen Nutzung der Ressourcen der neu gewonnenen Gebiete und seiner Bewohner darstellte. Die starken Residuen feudaler Gesinnung auf seiten der Konquistadoren und das gerade in dieser Zeitspanne besonders vordringliche Interesse des Staates an der Durchsetzung seiner souveränen Machtstellung verhinderten eine rein merkantilistisch ausgerichtete Kolonialpolitik, wie sie von anderen europäischen Kolonialmächten seit dem 17. Jahrhundert betrieben wurde. Die inneren Verhältnisse Spaniens in der Epoche der Landnahme wurden daher weitgehend nach Hispanoamerika projiziert und dokumentieren in ihrer amerikanischen Ausprägung klar die Situation des inneren Umbruchs, in der sich das Mutterland zu jener Zeit befand.

c. Die politisch-administrative Ordnung in der Anfangsphase der Kolonisation

Auch nach der Landnahme blieb die staatliche Organisation in den einzelnen Überseegebieten für eine längere, oft ein bis zwei Jahrzehnte dauernde Zeit weitgehend durch die vor Beginn der verschiedenen Unternehmungen geschlossenen Kapitulationen zwischen der Krone und den Anführern der Entdeckungs- und Eroberungszüge bestimmt. In diesen vertraglichen Abmachungen wurden die Befehlshaber vom König zum Vizekönig, Admiral und Gouverneur, wie im Falle des Kolumbus, zum *Adelantado* oder zum Generalkapitän und Gouverneur, wie bei den Nachfolgern des Genuesen verfahren wurde, bestellt. Diese Ernennungen konstituierten den jeweiligen Führer zum Repräsentanten der staatlichen Gewalt und übertrugen ihm umfassende militärische, zivile und richterliche Funktionen, in deren Ausübung er ausschließlich dem Monarchen und der jeweils zuständigen obersten Ratsbehörde verantwortlich war.

Die unterschiedlichen Amtsbezeichnungen, unter denen diese oberste Gewalt verliehen wurde, dokumentieren eher den Übergangscharakter der verfassungsgeschichtlichen Entwicklung des Mutterlandes in jener Epoche als unterschiedliche Rechtsinhalte oder Amtsbefugnisse, da in der Praxis die mit diesen verschiedenen Ämtern verbundenen Kompetenzen weitgehend gleich waren. Dagegen waren Status und Herkunft der Ämter durchaus verschieden. Während die Kolumbus verliehene Würde eines Vizekönigs aragonesisch-katalanischen Ursprungs sein dürfte[207], war die gleichfalls dem Entdecker Amerikas übertragene Stellung eines Admirals des Ozeanischen Meeres (*Almirante del Mar Océano*) ein neu geschaffenes Amt, das sich allerdings in seiner ganzen rechtlichen Konzeption an das Vorbild des mittelalterlichen, im erblichen Besitz einer Adelsfamilie befindliche *Almirantazgo de Castilla* anlehnte und daher in gewisser Weise eine anachronistische Neuschöpfung darstellte[208]. Auch das *Adelantamiento* (Amt eines *Adelantado*), ursprünglich das eines Befehlshabers von Grenzregionen zu den maurischen Reichen, umfaßte militärische, zivile und richterliche Gewalt in direkter Abhängigkeit von der Krone und war bereits im Spätmittelalter ebenfalls erblich geworden[209]. Gleichfalls alten, wenn auch weitgehend ungeklärten Ursprungs waren die Ämter eines Generalkapitäns und Gouverneurs (*Capitán General* und/oder *Gobernador*), die häufig zusammen vergeben wurden, aber nur von temporärem Charakter waren, zumindest aber nicht grundsätzlich als erblicher Besitz vergeben wurden[210]. Während mit dem Amt des

---

[207] Über die Herkunft der Würde eines Vizekönigs, die in der hispanoamerikanischen Kolonialverwaltung wenig später in etwas veränderter Form wiederbelebt wurde, entspann sich in der spanischen Geschichtsschreibung eine umfangreiche Kontroverse zwischen „Kastiliern" und „Aragonesen", die jeweils bemüht waren, das Amt aus „ihrer" mittelalterlichen Geschichte herzuleiten, vgl. dazu u. a. Jaime Vicens Vives, Precedentes mediterráneos del virreinato colombino, p. 571ff.; Alfonso García-Gallo, Los virreinatos americanos bajo los Reyes Católicos, p. 639ff.; Jesús Lalinde Abadía, Virreyes, lugartenientes medievales en la Corona de Aragón, p. 98ff. — Die Debatte erscheint freilich müßig, da das Amt eines Stellvertreters des Monarchen in Ausnahmesituationen in beiden Reichen gebräuchlich war, wenn auch die Bezeichnung *Visorrey*, bzw. später *Virrey*, für Vizekönig wohl aragonesisch-katalanischen Ursprungs sein dürfte.

[208] Zum Amt des Admirals von Kastilien und dem in Anlehnung daran geschaffenen Admiralsamt des Kolumbus vgl. Florentino Pérez Embid, El Almirantazgo de Castilla, hasta las Capitulaciones de Santa Fe, p. 1ff. — Zur Entstehungsgeschichte der verschiedenen Kolumbus übertragenen Funktionen vgl. Alfonso García-Gallo, Los orígenes de la administración territorial de las Indias: El gobierno de Colón, p. 563ff.

[209] Zum Amt des *Adelantado* vgl. Alfonso García-Gallo, Los orígenes de la adminstración territorial de las Indias: El gobierno de Colón, p. 625ff.; ferner Ricardo Zorraquín Becú, La organización política argentina en el período hispánico, p. 74ff.; zur Geschichte des Amtes in Kastilien vgl. Luis G. de Valdeavellano, Curso de historia de las instituciones españolas, p. 508ff.

[210] Über die verschiedenen Formen von *Capitán* vgl. Luis G. de Valdeavellano, Curso de historia de las instituciones, p. 620 und 627. — Studien über das Amt eines *Capitán General* in Amerika liegen nicht vor. — Zum Amt des *Gobernador* in Spanien vgl. Luis G. de Valdeavellano, Curso de historia de las instituciones, p. 501ff.; desgleichen Alfonso García-Gallo, Los orígenes de la administración territorial de las Indias: El gobierno de Colón, p. 598ff.; über die verschiedenen Gouverneurstypen in Hispa-

Gouverneurs die Regierungsgewalt und die routinemäßige militärische Befehlsgewalt in Jurisdiktionsgebieten von höchst unterschiedlicher Bedeutung verbunden sein konnte, handelte es sich bei dem Generalkapitän um den Oberbefehlshaber einer militärischen Unternehmung oder eines übergeordneten Militärverwaltungsbezirks. Beide Ämter hatten also einen allgemeineren Charakter als die vorher genannten, und ihre Vergabe verpflichtete die Krone nicht in demselben Maße, wie dies bei den durchgehend erblich gewordenen Ämtern der Fall war. Zwar wurden auch im Verlauf der *Conquista* Generalkapitanat und Gouvernement gelegentlich als Erbämter vergeben, nur haftete einem solchen Privileg der Charakter des Besonderen an, während bei den übrigen Ämtern die Vererbbarkeit bereits Bestandteil der Amtsfunktion war. In den Fällen, in denen die Vererbbarkeit ein besonderes Privileg darstellte, konnte sie daher auch unter Hinweis auf Nichterfüllung der Amtspflichten leicht widerrufen werden. Es überrascht daher nicht, wenn die Krone im Verlauf der überseeischen Landnahme in zunehmendem Maße dazu überging, die Anführer der Unternehmungen zu Generalkapitänen und Gouverneuren zu ernennen. Die Befugnisse der verschiedenen Amtsträger waren jedoch allein schon aufgrund der durch die Entfernung vorgegebenen Selbständigkeit weitgehend dieselben.

Wenn auch durch die Bestallung mit einem Amt und die damit verbundene Übertragung ziviler, militärischer und richterlicher Gewalt an den Anführer einer Entdeckungs- und/oder Eroberungsexpedition der jeweiligen Unternehmung ein öffentlich-rechtlicher Charakter verliehen wurde, auf den gestützt allein die Errichtung politischer Herrschaft im Namen der Krone Kastiliens rechtlich möglich war, so blieben diese Expeditionen andererseits doch immer auch noch privatwirtschaftlich organisierte und gewinnorientierte Unternehmungen, wie schon wiederholt betont wurde. Dies wird allein daraus ersichtlich, daß die übrigen Teilnehmer eines solchen Entdeckungs- und Eroberungszuges lediglich durch privatrechtliche Bindungen mit dem Unternehmen verknüpft waren[211]. Sie verpflichteten sich freiwillig zur Teilnahme und zu treuer Gefolgschaft gegenüber dem Anführer, durften sich dann allerdings nicht ohne dessen Erlaubnis von dem Unternehmen zurückziehen. Als Gegenleistung erhielten sie keinen festen Sold, sondern lediglich die Anwartschaft auf einen prozentualen Anteil am Ertrag des Unternehmens, dessen Höhe sich nach der Höhe ihre Einsatzes, sofern ein finanzieller Eigenbeitrag geleistet wurde, bzw. nach dem an der Ausrüstung und der Verwendbarkeit gemessenen Wert des militärischen Beitrags richtete. Unabhängig von der sozialen Herkunft der einzelnen Teilnehmer dürfte die Höhe des Anteils an der Beute die Stellung des Einzelnen innerhalb der Gruppe maßgeblich beeinflußt haben, was wiederum Konsequenzen bei der Vergabe von Belohnungen, etwa in Form von *Encomiendas*, gehabt haben wird. Über die Höhe der Beteiligung an einem solchen Unternehmen war damit bereits eine soziale Statusverbesserung auch in der entstehenden Kolonialgesellschaft möglich. Die Bedingungen der Teilnahme fanden jedoch keine Aufnahme in die Kapitulation des Anführers mit der Krone. Diese mahnte in den Vertragstexten lediglich die Teilnehmer zur Einhaltung der Gefolgschafts- und Gehorsamspflicht und drohte auch ihrerseits

---

noamerika informiert neuerdings Ricardo Zorraquín Becú, Los distintos tipos de Gobernador en el Derecho Indiano, p. 539ff.

[211] Vgl. dazu auch José Miranda, Las ideas y las instituciones políticas mexicanas. Primera parte 1521—1820, p. 30ff.

schwere Strafen in Fällen von Zuwiderhandlung an. Der Befehlshaber des Unternehmens hatte somit eine doppelte Funktion: Einmal war er Träger einer von der Krone delegierten öffentlich-rechtlichen Aufgabe mit konkreten Amtsfunktionen und zum anderen der verantwortliche Leiter eines von individuellem Gewinnstreben getragenen privatwirtschaflichen Unternehmens, dessen Rechtsform den in jener Zeit üblichen Partnerschaften entsprach[212]. Sein Verhältnis zu seinen Gefolgsleuten hatte einen der Beziehung zwischen Condottiere und Söldnern vergleichbaren Charakter.

Wie schon ausgeführt, war in dieser Verbindung von privatem Gewinnstreben und staatlichem Auftrag bereits der Konflikt zwischen Krone und Konquistadoren angelegt. Nach dem erfolgreichen Abschluß der Eroberung löste sich die ursprünglich vorhandene Interessenidentität zwischen dem Staat und dem von ihm herangezogenen privaten Unternehmertum in einen Gegensatz zwischen dem Anführer und den sich häufig um ihre gerechte Entlohnung betrogen fühlenden Teilnehmern einerseits und in einen Antagonismus zwischen der Krone und der Gesamtheit der Konquistadoren andererseits auf. Besonders der letztgenannte Gegensatz blieb zeitlich nicht auf die Eroberungsphase beschränkt, sondern mündete in ein die gesamte Kolonialzeit hindurch anhaltendes Spannungsverhältnis zwischen Staat und kolonialer Oberschicht, das in unterschiedlicher Intensität die geschichtliche Entwicklung Hispanoamerikas bis zur Unabhängigkeit prägt.

Die weitreichenden Amtsbefugnisse, die meist lebenslange und häufig sogar erbliche Übertragung der genannten Ämter und schließlich die eher privatrechtlichen Bindungen zwischen Befehlshaber und Gefolgsleuten verliehen den Anführern der Eroberungs- und Entdeckungszüge zumindest äußerlich eine mittelalterlichen Grafen vergleichbare Stellung. Neben der *Encomienda* kamen daher scheinbar auch aus der Art des Vertragsabschlusses zwischen der Krone und dem Unternehmer bzw. aus den in diesem Vertrag enthaltenen Bestimmungen starke Impulse für die Konstituierung eines kolonialen Feudalsystems[213]. Tatsächlich waren ja die Vollmachten dieser Anführer außergewöhnlich weitreichend. So konnten sie nicht nur alle nachgeordneten Amts- und Funktionsträger nach eigenem Ermessen ernennen, sondern auch an ihnen geeignet erscheinenden Orten Städte gründen und das Stadtregiment bestimmen, nach Maßgabe der Erfordernisse über die unterworfene Indianerbevölkerung verfügen, *Encomiendas* vergeben und als Richter über Leib und Leben entscheiden – Vollmachten, die wahrhaft königliche Prärogativen umfaßten. Diese weitgehende Amts- und Verfügungsgewalt, die oft auf Lebenszeit und häufig sogar mit dem Recht zur Vererbung verliehen wurde, hat aufgrund der genannten Parallelen zur Stellung

---

[212] Hier ist vor allem an verschiedene Formen von Handelsgesellschaften zu denken, die sich in Anlehnung an italienische Vorbilder auch in Spanien entwickelt hatten, vgl. dazu Luis G. de Valdeavellano, Curso de historia de las instituciones, p. 291ff.; zur Bedeutung dieser Partnerschaften in der überseeischen Expansion Spaniens vgl. André Sayous, Partnerships in the trade between Spain and America and also in the Spanish colonies in the sixteenth century, p. 282ff.; desgleichen Mario Góngora, Los grupos de conquistadores en Tierra Firme (1509—1530). Fisionomía histórico-social de un tipo de conquista, p. 47ff., 129ff. und 132ff., wo die Schlußabrechnung eines solchen Geschäfts und zwei Kompagnieverträge publiziert sind.

[213] Den Vergleich mit mittelalterlichen Grafen und den daraus abgeleiteten Hinweis auf die Feudalisierungsbestrebungen von seiten der Anführer bringt José Miranda, Las ideas y las instituciones políticas mexicanas, p. 45.

eines mittelalterlichen Grafen mehr als alle anderen im Verlauf der *Reconquista* entwickelten und in der überseeischen Expansion Verwendung findenden institutionellen Mechanismen zu dem Schluß verleitet, die spanische Landnahme in Amerika sei ein mit den Mitteln des Feudalismus durchgeführtes Unternehmen gewesen. Unter Verweis auf die bereits früher zu diesem Problemkomplex angestellten Überlegungen sei hier lediglich die Feststellung getroffen, daß diese Auffassung folgende wichtige Punkte übersieht: nämlich, daß erstens das Königtum des beginnenden 16. Jahrhunderts in seinem Selbstverständnis nicht mehr mit den Herrschern des Mittelalters verglichen werden kann, da es nicht nur über den Willen, sondern auch über Mittel und Wege verfügte, seinen Souveränitätsanspruch unbedingt zu wahren und zweitens, daß es daher bereits beim Abschluß der Kapitulationen Vorkehrungen traf, seine Autorität jederzeit durchsetzen zu können, sobald dies opportun und angesichts der Entwicklung des Kolonisationsprozesses angemessen erschien; drittens waren auch die Konquistadoren nicht mehr durchgehend in den geistigen Traditionen des Feudalwesens befangen, da die Denk- und Verhaltensweisen bürgerlich-kapitalistischer Prägung die alten Wertesysteme bereits auszuhöhlen begonnen hatten. Der Feudalcharakter der überseeischen Ausbreitung ist daher mehr oberflächlicher Natur gewesen, und die wiederholt zitierte Gefahr einer Feudalisierung der neu entdeckten Gebiete dürfte daher eher scheinbar als real gewesen sein. Mögen die Formen auch dem Feudalzeitalter entlehnt gewesen sein, so waren ihre Inhalte inzwischen anders geartet und die Träger der Expansionsbewegung eben nur noch teilweise in den Denkweisen und Wertvorstellungen des Feudalismus befangen.

Die Vorkehrungen, die die Krone getroffen hatte, um einer Feudalisierung der in Besitz zu nehmenden Gebiete vorzubeugen, sind einmal in der Auswahl der Anführer solcher Entdeckungs- und Eroberungsunternehmungen zu sehen und zum anderen waren sie in Form bestimmter Restriktionen in den Kapitulationen bzw. den im Zusammenhang mit dem Vertragsabschluß ausgefertigten übrigen Dokumenten enthalten. So hat etwa die Krone bezüglich der Auswahl der Unternehmer und Anführer von Entdeckungs- und Eroberungszügen streng darauf geachtet, Angehörige des Hochadels von der gesamten Expansionsbewegung fernzuhalten, obwohl sich einzelne Vertreter insbesondere der mächtigen andalusischen Adelshäuser mehrfach erboten hatten, sich finanziell und durch Bereitstellung von Material und Personal an den Fahrten zu beteiligen. Diesen Angeboten hat die Krone jedoch stets widerstanden und Angehörige anderer Schichten vorgezogen, die gesellschaftlich und politisch weitaus weniger einflußreich waren und daher keine mächtigen Interessen im Mutterland für sich mobilisieren konnten. Aufgrund seiner sozialen Stellung verfügte damit keiner der Entdecker und Eroberer über eine Machtbasis, von der aus er irgendwelche Ansprüche gegenüber dem Staat wirkungsvoll hätte verfechten können[213a].

Die gelegentlich in den Kapitulationen, häufiger jedoch in den den Befehlshabern von Eroberungszügen ausgehändigten Instruktionen festgelegten Bestimmungen über die Art des Vorgehens bei der Besitznahme, bei der Behandlung der Eingeborenen, bei der Einleitung von Kolonisationsmaßnahmen und so fort bedeuteten jedoch von Beginn an eine erhebliche Einschränkung des weitgespannten Kompetenzrah-

---

[213a] Vgl. dazu und zum folgenden auch p. 148.

mens und verliehen dem gesamten Unternehmen einen staatlichen Charakter, indem sie den Anführer an die Verfahrensweisen der neu entstandenen Ämterhierarchie banden. Fast immer erwiesen sich diese Reglementierungen, die im Verlauf der Landnahme immer detaillierter wurden, in der Praxis als wenig wirksam, da die Konquistadoren ständig mit unvorhergesehenen und unvorhersehbaren Situationen konfrontiert wurden, die ein Abweichen von der Regel oft genug erforderlich machten. Außerdem schützten die Eroberer nur zu oft die Unvereinbarkeit der königlichen Instruktionen mit den Bedingungen des Landes vor, um sich leichter über alle ihr Erwerbsstreben hemmenden Restriktionen der Krongesetzgebung hinwegsetzen zu können. Insgesamt sind die königlichen Anweisungen, in der in den Kapitulationen und den damit verknüpften Instruktionen fixierten Form nur selten in vollem Umfang in die Tat umgesetzt worden. Aber gerade ihre Nichtbeachtung bot der Krone jeweils den gewünschten Vorwand, um durch Widerruf der Privilegien und andere Maßnahmen die staatliche Autorität in den neu erworbenen Gebieten gegen die Konquistadoren und ersten Siedler durchsetzen zu können. Ungeachtet aller feudalen Privilegien und Mechanismen, die sich in der überseeischen Ausbreitung Spaniens beobachten lassen, manifestieren die den Eroberern erteilten Weisungen nicht nur den Willen der Krone, den Unternehmungen einen staatlichen Charakter zu verleihen, sondern auch die Bestrebungen der Zentralgewalt, die Formen der Expansion zu bestimmen und die Anführer dieser Züge auf die Verfahrensweisen des im Entstehen begriffenen Beamtentums festzulegen. Die Anführer der Entdeckungszüge zeichneten sich somit durch einen doppelten Charakter aus: einmal hochprivilegierter Militärbefehlshaber mit weitreichenden zivilen und richterlichen Kompetenzen, der in Stellvertretung des Monarchen Verträge abschließen, Unterwerfungen unter die spanische Krone entgegennehmen und Belohnungen vergeben sowie über Land und Leute verfügen konnte und zum anderen Funktionär im Dienste des Staates, der an bestimmte Verfahrensweisen gebunden und von daher auch beamtenrechtlichen Untersuchungsverfahren unterworfen war. Wenn auch nicht zu übersehen ist, daß in der Anfangsphase der überseeischen Ausbreitung der letztgenannte Aspekt gegenüber dem ersteren zurücktrat, so verschoben sich die Gewichte im Verlauf des Expansionsprozesses zunehmend zugunsten des Beamtencharakters. Die rasche Entwicklung der Krongesetzgebung über die bei der Besitznahme und Kolonisation neu erworbener Gebiete zu beobachtenden Richtlinien, die in immer detaillierterer Form auch in die Instruktionen an die Befehlshaber der einzelnen Unternehmen einflossen, dokumentiert diese Gewichtsverschiebung[214] auch dann, wenn die weitreichende Privilegierung der Befehlshaber beibehalten wurde.

Darüber hinaus wird man aber auch davon ausgehen dürfen, daß die Anweisungen der Krone zur Gründung von Städten und zur Anlage von nach urbanen Gesichtspunkten trassierten Siedlungen unter anderem als eine politische Präventivmaßnahme gegen eine übermäßige Machtentfaltung der Konquistadorengruppen geplant war. Die Historiographie hat sich in bezug auf die Rolle der Stadt in der spanischen Kolonisation mit der Feststellung begnügt, daß die urbane Siedlungsweise der Iberi-

---

[214] Den Schlußstein dieser Entwicklung markieren die *Ordenanzas de Descubrimiento, nueva población y pacificación* Philipps II. aus dem Jahre 1573, vgl. dazu die neueste Ausgabe dieser 148 Artikel umfassenden Instruktion: Ministerio de la Vivienda, ed., Transcripción de las ordenanzas de ... de las Indias, dadas por Felipe II, el 13 de julio de 1573.

schen Halbinsel nach Amerika übertragen wurde und die Kolonisation damit einen eminent städtischen Charakter annahm, dessen urbane Konzeptionen bald als Ausfluß der Kultur der Renaissance, bald als mittelalterliche Tradition interpretiert werden[215]. Davon abgesehen wird die Stadt in Hispanoamerika als Instrument der Beherrschung der unterworfenen Eingeborenenbevölkerung betrachtet, das zugleich die Funktion eines Katalysators der zivilisatorischen Bemühungen der Europäer übernahm[216], wie bereits kurz ausgeführt wurde. Vermittels der Stadtgründungen und des Zwangs zur Ansiedlung, der zumindest für die *Encomenderos* bestand, war es nun aber auch möglich, die Konquistadoren in einen institutionellen Rahmen, das spanisch organisierte Stadtregiment, einzufügen. Sicherlich würde in diesen Städten die soziale Schicht der *Encomenderos* dominieren und mit dem Stadtregiment sogar über einen institutionellen Mechanismus zur Artikulation ihrer Interessen verfügen, doch konnte die Krone davon ausgehen, daß sich mit fortschreitender Entwicklung innerhalb der Städte nicht nur unterschiedliche soziale Gruppen mit u. U. entgegengesetzten Interessenlagen herausbilden würden, sondern daß es möglich sein würde, durch einen institutionellen Anpassungsprozeß die amerikanischen Munizipien analog zur Entwicklung im Mutterland der Kontrolle der Krone zu unterwerfen[217]. Auf diese Weise konnte der Entstehung eines Landadels, der sich womöglich feste Burgen errichtete, vorgebeugt werden. Die Rolle der Städte bei der Ausbildung des monarchischen Absolutismus unter den Katholischen Königen und das gleichzeitige Vorgehen des Königtums gegen die befestigten Plätze des Landadels waren in zu frischer Erinnerung, um nicht bei der Konzipierung der wiederholten Bestimmungen der Krone über die Gründung von Munizipien auch präsent zu sein. Außerdem bedeutete die Errichtung von Städten und die gleichzeitig erfolgende Einsetzung eines Stadtregiments auch die Etablierung von Institutionen, die von der weitreichenden Befehlsgewalt der Anführer der Entdeckungs- und Eroberungszüge relativ unabhängig waren. Zwar lag die Kompetenz zur Gründung einer Stadt und zur Ernennung der ersten Mitglieder des Stadtregiments ebenso wie die Präsidentschaft über den neu errichteten Stadtrat in den Händen des jeweiligen Befehlshabers und seiner Stellvertreter, doch nach ihrer Gründung besaßen die Stadtbehörden ein gewisses Maß an Unabhängigkeit und konnten so als Gegengewicht gegen die ausgedehnten Machtbefugnisse des Anführers fungieren, wie dies ja tatsächlich auch oft genug erfolgte[218]. Den ausschließlich durch die Gefolgschaftspflicht mit dem Unternehmen verbundenen Konquistadoren eröffnete sich damit ein institutionell geregelter Beschwerdeme-

---

[215] Vgl. dazu die Jahrgänge 32 und 33/34, nos. 127—138 (1972—74) der Revista de Indias über die Rolle der Stadt im Kolonisationsprozeß, insbesondere Richard M. Morse, Introducción a la historia urbana de Hispanamérica, p. 9ff.

[216] Vgl. dazu oben II. 2. b. Über die Rolle der Stadt als Herrschaftsinstrument vgl. auch James Lockhart, Encomienda and Hacienda.

[217] Vgl. dazu oben II. 1. a.

[218] Diesbezüglich sei nur an die Klagen der Vertreter der Stadt Santo Domingo gegen Kolumbus erinnert, die zur Ablösung des Entdeckers führten. — Die Krone hat zunächst die Unabhängigkeit der Städte gegenüber den Anführern der *Conquista*-Züge begünstigt. So hat sie etwa entgegen den Versuchen von Cortés, sich das Recht zur Ernennung der jährlich auszuwechselnden Stadtbeamten zu sichern, angeordnet, daß die Stadtbürger bis auf weiteres das Recht zur freien Wahl ihres Stadtregiments haben sollten, vgl. dazu José Miranda, Las ideas y las instituciones políticas mexicanas, p. 49.

chanismus, der eine gewisse Unabhängigkeit vom Oberbefehlshaber sicherte und ihnen einen direkten Zugang zur königlichen Zentralverwaltung eröffnete. Auch wenn diese Argumente auf den ersten Blick aus der Kenntnis der geschichtlichen Entwicklung, sozusagen *ex post*, abgeleitet zu sein scheinen, ist es angesichts der Vorgänge im Mutterland in der zweiten Hälfte des 15. Jahrhunderts kaum vorstellbar, daß sie die Urbanisierungspolitik des Staates nicht beeinflußt haben sollten.

Eröffnete die Gründung von Städten den Konquistadoren einerseits auch die Möglichkeit zur Artikulation unterschiedlicher, von denen ihrer Anführer abweichender Interessen, so bedeutete sie andererseits aber auch eine potentielle Stärkung repräsentativer Gewalt. Aufgrund des im Mutterland noch ungebrochenen Privilegs des von den Vertretern der Städte repräsentierten dritten Standes zur Steuerbewilligung gegen politische Zugeständnisse der Krone stellte sich schon bald die Frage nach der Mitwirkung der kolonialen Städte an den Ständeversammlungen des Mutterlandes bzw. als Alternative das Problem der Einrichtung eigener kolonialer Ständetage. Wie aktuell die Frage der ständischen Repräsentation in den überseeischen Besitzungen war, ist daraus zu ersehen, daß sich bereits 1518 die Vertreter der Städte von Santo Domingo zur Diskussion gemeinsamer Probleme zu einem Städtetag trafen[219]. Im Verlauf des 16. Jahrhunderts fanden auch in anderen Kolonialgebieten solche von den Städten selbständig und ohne Mitwirkung der Krone einberufene Versammlungen statt. Freilich lag auch hier das Recht zur gesetzlichen Fixierung dieser Frage ausschließlich auf seiten der Krone, die damit über ein weiteres Druck- oder Lockmittel in der heraufziehenden Auseinandersetzung mit den verschiedenen Konquistadorengruppen verfügte.

Alles in allem wird man daher folgern dürfen, daß die zunächst so unzeitgemäß weitreichend erscheinenden Privilegien und Kompetenzen der Eroberer tatsächlich einer Fülle von zumindest potentiellen Beschränkungen und indirekten Restriktionen unterworfen waren, die der Staatsgewalt unter verschiedensten Vorzeichen ein Eingreifen gestatteten, vermittels dessen die durch die Kapitulationen und die durch sie ausgelösten Entwicklungen eingeschränkte Souveränität des Königtums wiederhergestellt werden konnte. Krone und Konquistadoren gingen daher bereits beim Abschluß der Kapitulationen von unterschiedlichen Erwartungen und Absichten aus, woraus ersichtlich wird, daß das moderne Phänomen des monarchischen Absolutismus und die damit zusammenhängende Ausbildung eines sich übergeordneten Interessen verpflichtet fühlenden Staatswesens noch nicht voll in das Bewußtsein der Zeitgenossen eingedrungen waren.

Welche Form besaß nun die administrative und politische Organisation der neu erworbenen Überseebesitzungen Spaniens in der Anfangsphase der Kolonisation? Verwaltungsrechtlich war die administrative Struktur der Kolonien zunächst überall, von regionalen Besonderheiten abgesehen, nach ein und demselben einfachen Schema aufgebaut. An der Spitze stand mit umfassenden militärischen, zivilen und richterlichen Vollmachten der von der Krone ernannte *Adelantado* und/oder Generalkapitän und Gouverneur, der seine Funktionen meistens mit Hilfe einiger von ihm designierter Stellvertreter *(Tenientes de Adelantado* oder *de Capitán General y Gobernador)* ausübte. Bestandteil dieser embryonalen kolonialen Zentralverwaltung bildeten auch

---

[219] Vgl. dazu Manuel Giménez Fernández, Las Cortes de la Española en 1518, p. 54ff.

die in der Regel vom König eingesetzten Finanzbeamten *(Veedor, Factor, Contador* und *Tesorero)* und einige von dem Oberbefehlshaber ernannte Amtsräger, die richterliche Aufgaben in Stellvertretung des Anführers, wie der *Alcalde Mayor*[220], notarielle Funktionen, wie der Schreiber *(Escribano)*, und militärische Kommandoaufgaben versahen, wie die verschiedenen *Capitanes* oder Unterführer. Der Befehlshaber hatte seine Stellung meist für die Dauer seines Lebens und häufig mit dem Recht zur Vererbung inne und konnte seine Vollmachten unbeschränkt delegieren. Als einzig nachgeordnete Instanz fungierte das nach kastilischem Vorbild errichtete Stadtregiment *(Cabildo)*, das allerdings im Gegensatz zu den Städten der Metropole die Mitglieder des Rates *(Regidores)* in jährlichem Turnus noch selbst wählen konnte und darüber hinaus jedes Jahr zwei Stadtrichter *(Alcaldes Ordinarios)* und städtische Polizei- und Finanzbeamte bestimmte. Da die Krone zunächst noch davon absah, die Stellung der *Regidores* zu käuflichen Erbämtern wie im Mutterland umzuwandeln und auch die Einsetzung königlicher *Corregidores* nur langsam vonstatten ging, besaßen die kolonialen Stadtmagistrate eine weitaus größere Handlungsfreiheit als ihre kastilischen Vorbilder. Da die Jurisdiktionsbezirke der einzelnen Städte nicht grundsätzlich festgelegt, sondern nur gegeneinander abgegrenzt waren, unterstand den Magistraten zumeist ein ungeheuer ausgedehntes Gebiet von der Größe ganzer Provinzen. Damit lag freilich auch die Hauptlast der kolonisatorischen Arbeit ebenfalls in den Händen des Stadtregiments, da es in einem so ausgedehnten Gebiet nicht nur für die Aufrechterhaltung von Ruhe und Ordnung verantwortlich war, sondern auch die Offenhaltung der Verkehrsverbindungen zu gewährleisten hatte und eine Fülle von baulichen, wirtschaftlichen, sozialen, ja, sogar militärischen Maßnahmen durchführen lassen mußte[221].

Komplexer war die politische Organisation lediglich in den zuerst erworbenen Besitzungen in der Karibik, in denen infolge der außergewöhnlich weitreichenden Privilegien des Kolumbus sich bereits eine hierarchische Ordnung herausgebildet hatte. An der Spitze dieser Ordnung stand Kolumbus als Vizekönig, Admiral und Gouverneur, der über die Gesamtheit der von den Spaniern besetzten Inseln Befehlsgewalt besaß. Als sein Vertreter fungierte der Bruder des Entdeckers, Bartolomé, der von Christoph Kolumbus zum *Adelantado Mayor de las Indias* ernannt worden war, ohne daß die Krone gegen diese die Kompetezen des Entdeckers überschreitende Maßnahme Widerspruch erhoben hätte. Die übrigen karibischen Inseln, soweit sie wie Puerto Rico und Kuba schon in Besitz genommen worden waren, unterstanden von Kolumbus bzw. seinem Erben ernannten Gouverneuren, die als seine lokalen Stellvertreter galten. Damit existierte hier bereits ein System von über- und untergeordneten Provinzen, wie es sich auf dem Festland erst später entwickeln sollte, wenn man von Panamá absieht, wo schon Pedrarias Dávila eine vergleichbare Stellung als Generalgouverneur erhielt, als ihm die angrenzenden Provinzen Zentralamerikas unterstellt wurden. Diese parallele Entwicklung ist darauf zurückzuführen,

---

[220] Diese *Alcaldes Mayores* sind nicht mit den späteren königlichen Distriktsbeamten in Neuspanien zu verwechseln, vgl. zu den verschiedenen Arten von *Alcaldes Mayores:* Alberto Yalí Román, Sobre alcaldías mayores y corregimientos en Indias, p. 1ff.

[221] Zu den verschiedenen Aufgabenbereichen der Stadtverwaltung vgl. John Preston Moore, The Cabildo in Peru under the Hapsburgs. A Study in the Origins and Powers of the Town Council in the Viceroyalty of Peru 1530—1700.

daß die Krone noch vor der Gründung erster Stützpunkte auf dem Festland Kolumbus' Rechte einzuschränken suchte und sein von ihm beanspruchtes Entdeckungs- und Regierungsmonopol bestritt[222]. Bekanntlich mündete die unterschiedliche Auffassung über Inhalt und Ausdehnung der kolumbinischen Privilegien in einen mehrere Jahrzehnte dauernden Prozeß zwischen der Krone und den Erben des Entdeckers, der infolge seiner Tragweite und seiner grundsätzlichen Bedeutung die Ausbildung eines für das gesamte Kolonialreich verbindlichen Territorialverwaltungssystems erheblich verzögerte. Sieht man von diesen beiden frühen Vorläufern eines mehrgliedrigen administrativen Systems ab, so ist die Entstehung administrativer hierarchischer Abstufungen durchweg erst unter dem Einfluß der staatlichen Politik zum Aufbau eines bürokratisch organisierten Verwaltungsapparats erfolgt.

Die politisch-soziale Ordnung bzw. die tatsächliche Machtverteilung war jedoch weniger durch Amtsbefugnisse als vielmehr durch die soziale Stellung des Einzelnen in der ursprünglichen Konquistadoren- und Kolonistengesellschaft bestimmt, wie sie sich aus der Vermischung von ererbtem Sozialstatus und dem im Verlauf der Eroberung erworbenen Ansehen herausgebildet hatte. Auch in dieser Hierarchie besaß der Anführer eine Vorrangstellung vor den übrigen Konquistadoren und Kolonisten, die durch die lebenslange Bestallung mit den höchsten zivilen und militärischen Würden unterstrichen wurde und ihn so über einen gewöhnlichen Amtsträger hinaushob. Das Charisma des erfolgreichen Anführers trug zusätzlich zur Festigung der herausgehobenen Position des Oberbefehlshabers bei. Ein Teil der übrigen Spanier wurde mit ebenfalls erblichen *Encomiendas* von unterschiedlicher Größe ausgestattet, was entsprechend den Vorstellungen der Zeit mit der Verleihung von Herrenrechten gleichgesetzt wurde. Macht und Einfluß dieser Gruppe richtete sich weitgehend nach der Zahl der ihren Angehörigen anvertrauten Eingeborenen und den wirtschaftlichen Ressourcen der jeweiligen *Encomienda*. Die Verleihung einer solchen *Encomienda* konstituierte den Empfänger zum *de-facto*-Gouverneur der ihm unterstellten Indianer. Unterhalb dieser politisch und sozial dominierenden *Encomendero*-Schicht begegnen auf der sozialen Stufenleiter die rasch nachrückenden Europäer, die bei der Verteilung der *Encomiendas* unberücksichtigt geblieben waren und durch verschiedene kommerzielle Aktivitäten, gewerbliche oder landwirtschaftliche Unternehmungen und durch den Erwerb von Ämtern zu Reichtum und Ansehen zu gelangen suchten, um so den Anschluß an die sich herausbildende Oberschicht nicht zu verlieren. Zwischen diesen neuen Herren und der Masse der Eingeborenenbevölkerung stand der mittlere und niedere indianische Adel, der eine für den Bestand und die Entwicklung der neuen Kolonien wichtige Mittlerfunktion ausübte und als einzige der verschiedenartigen überkommenen sozialen Gliederungen der Eingeborenenbevölkerung als gesellschaftliche Schicht überleben sollte.

In den vorangehenden Abschnitten ist deutlich geworden, daß für Spanien ebenso wie für die Kolonialmächte des 19. Jahrhunderts „das zentrale Problem war und blieb: wie sollte sich die Kolonialmacht gegenüber den Eingeborenen, die in ihren

---

[222] Vgl. Zu diesem Komplex Alfonso García-Gallo, Los principios rectores de la organización territorial de las Indias en el siglo XVI, p. 665ff. — Zum Kolumbusprozeß vgl. die Einleitung zur Publikation der Prozeßakten Antonio Muro Orejón, Florentino Pérez-Embid, Francisco Morales Padrón, eds., Pleitos Colombinos, vol 1, p. XXIIff.

überkommenen Gesellschaftsordnungen und Autoritätssystemen lebten, verhalten?"[223]. Im Gegensatz zu Portugal, das, wenn man von dem späteren Vorgehen in Brasilien absieht, eine durch Abmachungen und Verträge mit eingeborenen Herrschern und Häuptlingen abgesicherte Politik der Errichtung von Stützpunkten betrieb und damit eine indirekte Herrschaft anstrebte, steuerte Spanien nach einer nur wenige Jahre währenden Übergangszeit im Anschluß an die Entdeckung eine direkte Beherrschung der Eingeborenen in den neu erworbenen Gebieten an, wie sie im 19. Jahrhundert auch in den Kolonien Frankreichs errichtet wurde. Nur vereinzelte Stimmen, insbesondere aus dem Dominikanerorden, plädierten für eine Politik friedlicher Durchdringung, die der der Portugiesen vergleichbar war, doch verfolgten sie damit vor allem das Ziel, das Los der Eingeborenen zu verbessern. Überwiegend billigten jedoch sowohl die Kirche als auch die Konquistadoren die staatliche Politik einer direkten Unterwerfung der autochthonen Bevölkerung unter ein spanisches Herrschaftssystem und den damit verbundenen Übergang zur Siedlungskolonisation. Die Errichtung eines solchen Systems erforderte die freiwillige oder zwangsweise Integration und gleichzeitig aber auch die Durchführung eines Umerziehungsprogramms als Voraussetzung für eine dauerhafte Beherrschung. Diese Umerziehung entsprang einem religiös motivierten zivilisatorischen Sendungsbewußtsein und zielte auf eine Modernisierung aller Lebensformen der amerikanischen Urbevölkerung ab. An den Formen der Herrschaftsausübung und der Umerziehung der Eingeborenen entzündete sich bereits im Verlauf der Landnahme der Streit der an den Unternehmungen beteiligten Kräfte, wie schon ausgeführt wurde. In diesem Punkte endet auch die Parallelität zwischen spanischer Kolonisation und den vergleichbaren Koloniegründungen des 19. Jahrhunderts.

Die Ursache für das geschilderte Gegeneinander unterschiedlicher Interessen, wie es in diesem Ausmaß bei der Errichtung anderer europäischer Kolonien nicht zu beobachten ist, liegt in der Form und der Organisation der Landnahme begründet. Der in einer Phase beträchtlicher Machtentfaltung befindliche frühmoderne Staat sah sich nämlich nicht in der Lage, die überseeische Landnahme unter seiner direkten Kontrolle in die Wege zu leiten. Er mußte ebenfalls expansiven gesellschaftlichen, vom handelskapitalistischen Unternehmertum abhängigen Kräften die Möglichkeit weitgehend freier Betätigung einräumen, um seine Ziele zu erreichen. Die unter dem Zwang der beschränkten staatlichen Möglichkeiten zur Mobilisierung seiner Untertanen verfolgte Politik weitreichender Zugeständnisse und minimaler staatlicher Interventionen führte zu einer rücksichtslosen Ausbeutung des Wirtschaftspotentials der Eingeborenenbevölkerung, die sich in eigenartigen, feudale und kapitalistische Komponenten vereinigenden Formen vollzog, die jedoch aus mannigfaltigen Gründen ein staatliches Eingreifen herausforderten. Während sich die rechtlichen Anknüpfungspunkte für ein solches Eingreifen der Staat selbst geschaffen hatte, sollten die Organisation und der Verlauf der Landnahme auch vielfältige politische Vorwände für staatliche Interventionen liefern. Schon frühzeitig zeichnete sich darüber hinaus ab, daß die Staatsgewalt in der Kirche einen Verbündeten bei der Durchsetzung ihrer übergeordneten, langfristigen Zielsetzungen finden würde. Die Errich-

---

[223] Rudolf von Albertini, Einleitung, in: ders. (Hg.), Moderne Kolonialgeschichte, p. 17f. Zu den nachfolgend verwandten Begriffen vgl. ebenda.

tung einer direkten Herrschaft über die Eingeborenen schließlich, insbesondere die Formen, unter denen sie erfolgte, ließ bereits die sozialen Umwälzungen in der indianischen Gesellschaft erahnen, die sich unter den Bedingungen von Abhängigkeit und Unterordnung schon früh abzuzeichnen begannen. Es zeigte sich, daß die Errichtung einer direkten Herrschaft die Entstehung einer neuen, durch eine koloniale Situation geprägten Gesellschaftsordnung auslöste, in der die Eingeborenen aufgrund einer sich durchsetzenden allgemeinen Orientierung an europäischen Normen eine sozial untergeordnete Stellung einnehmen würden.

III. Das Vordringen des monarchischen Absolutismus und die Entwicklung der staatlichen Machtmittel

Wie schon verschiedentlich angedeutet, beanspruchte die spanische Krone die volle und uneingeschränkte Souveränität über die neu entdeckten und im Namen der Könige von Kastilien[1] in Besitz genommenen Gebiete in Übersee, verzichtete zunächst aber aus politischen Gründen auf eine nachdrückliche Durchsetzung dieses Anspruchs, ja, sie verzichtete in der Anfangsphase der Landnahme angesichts der Notwendigkeit, dem privaten Unternehmertum Anreize zur Betätigung in Übersee zu bieten, sogar in einzelnen Punkten auf souveräne Rechte des Königtums. Hier erhebt sich nun die Frage nach den Grundlagen des staatlichen Eingreifens und nach den Zielen dieses Eingreifens bzw. nach den Zielen staatlicher Tätigkeit in Übersee überhaupt. Die Klärung dieser Probleme muß die Voraussetzung für die Untersuchung der im Zusammenhang dieser Arbeit zentralen Frage nach den Methoden und Konsequenzen der Durchsetzung staatlicher Autorität in den Kolonialgebieten bilden[2].

Die Konquistadoren hatten die verschiedenen amerikanischen Gebiete im Namen des jeweiligen Herrschers im Mutterland in Besitz genommen. Die Kolonien waren somit Königsgut, und die herrscherliche Gewalt über die neu erworbenen Länder unterlag daher nur insoweit rechtlichen Einschränkungen, als sich die Krone in den Kapitulationen mit den Eroberern selbst gebunden hatte, bzw. als sie aus der Vorstellung heraus, Rechtsnachfolgerin der eingeborenen Herrscher zu sein, die Rechtsordnung der Eingeborenen anerkannte. Diese Anerkennung indianischer Rechtstraditionen erfolgte zwar grundsätzlich, jedoch mit der entscheidenden Einschränkung, daß alle Sitten, Gebräuche und Gewohnheiten der autochthonen Bevölkerung, die dem christlichen Moral- und Sittenkodex zuwiderliefen, keine Rechtskraft erlangen dürften. Bedeuteten die in den Kapitulationen den Eroberern gemachten Zugeständnisse wichtige Einschränkungen der souveränen Gewalt des Königtums, so erwuchsen der Krone aus der bedingten Anerkennung indianischer Rechtstraditionen keine Hindernisse für die Verwirklichung ihres umfassenden Souveränitätsanspruchs. Die Übernahme indianischer Rechtsordnungen wurde daher lediglich für die Regelung der Besitzverhältnisse bedeutsam. Obwohl sich die spanischen Könige als legitime Rechtsnachfolger der eingeborenen Herrscher verstanden, erfolgte keine Anerkennung irgendwelcher repräsentativer Rechte der Eingeborenenbevölkerung[3]. Während also das Königtum im Mutterland konstitutionell zur Wahrung einer Fülle von

---

[1] Vgl. dazu und zu den im folgenden Absatz enthaltenen Ausführungen über die Form der Besitznahme und die daraus erwachsenden rechtlichen Folgen Abschnitt II. 2. c.

[2] Es würde zu weit führen, hier auf die sich im Verlauf des 16. Jahrhunderts ausbildenden Konzeptionen vom Wesen des Staates einzugehen, vgl. dazu Luis Sánchez Agesta, El concepto del Estado en el Renacimiento español del siglo XVI, und den Abschnitt bei Mario Góngora, Studies, p. 68ff.

[3] Ansätze zu solchen repräsentativen Rechten fanden sich bei verschiedenen Indianerkulturen etwa hinsichtlich der Häuptlingswahl oder Bestimmung militärischer Befehlshaber und dergleichen.

Rechten und Privilegien im Besitz ständischer Organe, einzelner Korporationen usw. verpflichtet war, besaß es in den neu erworbenen Kolonien die Möglichkeit zu nahezu unbegrenzter Entfaltung seiner Macht. Angesichts des Fehlens grundlegender rechtlicher Beschränkungen der herrscherlichen Gewalt mußte die Stärke der staatlichen Autorität davon abhängen, daß es gelang, die weitreichenden Privilegien einzelner Entdecker zu neutralisieren, die teils legale, teils usurpierte Verfügungsgewalt der Konquistadoren über die Eingeborenen einzuschränken und ganz allgemein die in den überseeischen Unternehmungen überschäumende, sich ungehemmt entfaltende Privatinitiative unter Kontrolle zu bekommen.

Nun darf freilich die sich anbahnende Auseinandersetzung zwischen der Krone und den Konquistadoren bzw. den sich formierenden gesellschaftlichen Kräften nicht als bloßer Machtkampf zwischen verschiedenen innerstaatlichen Kräften angesehen werden, da die Krone sich ja gerade als Trägerin der Staatsgewalt empfand. Unter dem Einfluß der Juristen der Schule von Salamanca verstand das Königtum im 16. Jahrhundert seine Aufgabe zunehmend als aus dem natürlichen und dem göttlichen Recht hergeleitetes Amt, dem in ständiger Bindung an eben dieses Recht die Sorge für die Verwirklichung des Gemeinwohls oblag. Der Staat als ethische und teleologische Einheit wurde durch das Königtum vertreten[4], dessen Handeln daher, als der Beförderung des Gemeinwohls dienend, allgemeine Respektierung erheischte. Die Durchsetzung der monarchischen Autorität war daher auch gleichbedeutend mit der Durchsetzung der hier skizzierten Staatsauffassung bzw. der Einführung der staatlichen Ordnung des Mutterlandes auch in den Kolonien.

Hier erhebt sich nun die Frage nach den Zielen staatlicher Tätigkeit, insbesondere aber nach den Zielen staatlicher Tätigkeit in Übersee. Die Literatur hat diese Ziele nicht nur meist vor dem Hintergrund der verfassungsgeschichtlichen Wirklichkeit des Mutterlandes definiert, sondern sich auch zugleich durchgehend auf die allgemeinste und verschwommenste aller möglichen Definitionen festgelegt[5]. So werden gemeinhin nur die Wahrung des Rechts als Ausfluß der königlichen Funktion eines obersten Hüters des Rechts, die „gute Regierung" *(buen gobierno)*, als Mittel zur Erlangung des Gemeinwohls und in Weiterentwicklung des für das Mutterland geltenden Prinzips der Bewahrung und Förderung des christlichen Glaubens die Verpflichtung zur Bekehrung der Eingeborenen genannt. Unbestreitbar bildeten diese drei Punkte die Hauptziele staatlicher Tätigkeit sowohl im Mutterland als auch in den Kolonien. Neben diesen ausschließlich von der zeitgenössischen staatsrechtlichen Literatur her definierten Zielen staatlichen Handelns lassen sich jedoch zahlreiche weitere Grundkonstanten staatlicher Tätigkeit feststellen, die ursprünglich vielleicht mehr politischer Natur waren, aufgrund ihres prinzipiellen Charakters und ihrer rechtlichen Fixierung gleichwohl aber zu unverrückbaren Prinzipien bzw. Zielvorstellungen staatlicher Tätigkeit teils im Rahmen der gesamten Monarchie, teils nur hinsichtlich Hispanoamerikas wurden und bestimmte Maximen der staatlichen Politik begründeten[6].

---

[4] Vgl. dazu Mario Góngora, Studies, p. 70.

[5] Vgl. etwa Mario Góngora, Studies, p. 71f.; Ricardo Zorraquín Becú, La organización judicial argentina en el período hispánico, p. 7ff.; ders., La organización política argentina en el período hispánico, p. 38ff.; José Miranda, Las ideas y las instituciones políticas mexicanas, p. 50ff., 76ff.

[6] Diese Maximen staatlicher Tätigkeit in den Kolonien sind bislang hinsichtlich ihrer Kontinuität und hinsichtlich ihrer politischen Funktion noch nicht zusammenhängend untersucht worden, so daß hier in zusammenfassender Form nur einzelne Hypothesen vorgebracht werden können.

Neben dem allgemeineren Ziel der Friedenssicherung nach innen wie nach außen und dem daraus abgeleiteten staatlichen Monopol der Kriegführung sowie dem ebenfalls allgemeinen Ziel der Steuererhebung und der Nutzung von Kronregalen gehörte dazu etwa die gesetzlich fixierte, speziell auf Hispanoamerika bezogene Unveräußerlichkeit der Kolonialgebiete[7], die sich beispielsweise in der in den Dienstanweisungen an hohe Würdenträger in Übersee enthaltenen Anordnung niederschlug, alle Maßnahmen, die den Bestand des Kolonialreiches gefährden könnten, zu unterlassen[8]. Die Bemühungen zum Schutz der Indianerbevölkerung, deren Motiv sich in dem immer wieder zitierten Satz *„Sin Indios no hay Indias"* („Ohne Indianer keine Indien") manifestierte, gehörten gleichfalls zu den unverrückbaren Zielen staatlicher Tätigkeit in Übersee. Ursprünglich humanitär begründet und mit dem Ziel der Integration der Eingeborenen in ein europäisch strukturiertes Staatswesen entwickelt, sollte der Indianerschutzgedanke mit zunehmender Dauer der Kolonialzeit immer mehr zu einem Instrument zur Eindämmung der Machtentfaltung der europäisch-kreolischen Oberschicht in Amerika werden, mit dessen Hilfe die Aufrechterhaltung einer gewissen sozialen Balance angestrebt wurde[9]. Die Einhaltung strikter staatlicher Kontrolle über den Waren- und Personenverkehr zwischen dem Mutterland und den Überseegebieten sowie das Verbot jeglicher direkter Kommunikation zwischen dem Ausland und den Kolonien bildeten weitere Grundprinzipien staatlichen Handelns gegenüber Hispanoamerika[10]. Eine weitere Konstante staatlicher Tätigkeit

---

[7] Vgl. dazu die Gesetze aus den Jahren 1519ff. in Diego de Encinas, Cedulario Indiano, libro primero, p. 58ff., die ursprünglich als Privileg an die Konquistadoren der jeweils genannten Regionen konzipiert waren, jedoch angesichts der wirtschaftlichen Bedeutung, die die Kolonien für das Mutterland erlangten, bald zu einem existentiellen Postulat spanischer Politik wurden.

[8] Die entsprechenden Äußerungen waren Ausdruck des Bedeutungswandels, den die Privilegien der Unveräußerlichkeit erfuhren (vgl. Anm. 7). Alles in allem stellen diese Instruktionen an hohe Würdenträger insbesondere an die Vizekönige, eine hervorragende Quelle zur Untersuchung der Konstanten staatlicher Politik gegenüber den Kolonien dar. Obwohl bislang ein repräsentativer Querschnitt der wichtigsten Quellen zur Geschichte der Regierungstätigkeit vieler Vizekönige zugänglich gemacht wurde, trifft dies nicht für die königlichen Instruktionen an diese Repräsentanten des Königtums in Amerika zu. Auch in dem soeben erschienenen Werk von Lewis Hanke, Guía de las fuentes en el Archivo General de Indias para el estudio de la administración virreinal española en México y en el Perú (1535—1700), vol. 1, p. 28ff., wo der Verfasser die Quellen zur Geschichte der Vizekönige zu charakterisieren sucht, wird auf diese Instruktionen nicht weiter eingegangen. Allerdings beziehen sich die Vizekönige in ihren Tätigkeitsberichten (*relaciones de mando* — vgl. dazu Lewis Hanke, Guía ..., vol. 1, p. 19f.) häufig auch auf die erhaltenen Instruktionen, Rückbezüge, aus denen oft auch der hier angeführte Auftrag hervorgeht.

[9] Dieser Aspekt der Indianerschutzpolitik ist bislang weitgehend unbeachtet geblieben. Diese Interpretation drängt sich jedoch auf, wenn man berücksichtigt, daß Phasen entschlossenen Vorgehens gegen die koloniale Oberschicht auch immer von einer Verstärkung der Bestrebungen zum Indianerschutz begleitet waren, wie dies in den vierziger bis sechziger Jahren des 16., während der Regierungszeit Philipps IV. im 17. und während der Reformen des aufgeklärten Absolutismus in der zweiten Hälfte des 18. Jahrhunderts beobachtet werden kann und implizit in verschiedenen Untersuchungen deutlich wird, so etwa J. I. Israel, Race, Class and Politics in Colonial Mexico 1610—1670, insbesondere p. 25ff., 135ff. und 190ff.

[10] Zum Komplex Kontrolle der Handels- und Verkehrsverbindungen und zur Ausrichtung der kolonialen Wirtschaft auf die Bedürfnisse des Mutterlandes vgl. die zusammenfassende Studie von Stanley J. Stein

bezüglich der Überseegebiete wurde später das Bemühen zur Ausrichtung der kolonialen Wirtschaft auf die Bedürfnisse und Interessen des Mutterlandes, wie es sich in bestimmten Anbaurestriktionen, der einseitigen Förderung des Edelmetallbergbaus und der Behinderung des interkolonialen Handels äußerte[11].

Wie schon gesagt, mag man die genannten Punkte eher dem Bereich der Politik zuschreiben wollen, was man freilich auch mit dem von der Literatur genannten Ziel der Christianisierung der Eingeborenen tun könnte, daneben ist jedoch zu betonen, daß das Gemeinwohl und seine Realisierung ebenfalls eine grundlegend politische Dimension staatlichen Handelns ist. Schließlich ist die Verwirklichung des Gemeinwohls zu allen Zeiten Ziel staatlicher Tätigkeit gewesen, so daß die oben genannte Fixierung dieser Ziele, wie sie sich in der Literatur findet, einen Gemeinplatz darstellt, der rechtsphilosophisch eine gewisse Berechtigung haben mag, aber historisch ohne jeden Aussagewert ist. Für den Historiker ist aber entscheidend festzustellen, wer die Ziele staatlicher Tätigkeit in welcher Form definiert. Die Beantwortung dieser Frage ist jedoch ohne den Rückgriff auf die jeweilige politische Ausformung und Interpretation des Begriffs „Gemeinwohl" unmöglich, da nur die Analyse dessen, was jeweils unter Gemeinwohl verstanden wurde, die Ziele staatlicher Tätigkeit verdeutlicht.

Es kann an dieser Stelle nicht darauf ankommen, eine umfassende Definition der Ziele staatlicher Tätigkeit in bezug auf Hispanoamerika zu erarbeiten, da dies den Rahmen einer Einführung, wie sie hier beabsichtigt ist, sprengen würde, doch wird auf diese Problematik in den folgenden Abschnitten immer wieder einzugehen sein. Einstweilen möge die Feststellung genügen, daß die Ziele staatlicher Tätigkeit in ihrer konkreten Ausformung durchaus nicht voll identisch mit den im Mutterland verfolgten Zielen waren. Der Indianerschutz, der in Spanien kein Gegenstück etwa in einer Maurenschutzpolitik hat, die Einschränkung der Kommunikationsmöglichkeiten mit dem übrigen Europa, die Kontrolle und, wie hinzuzufügen ist, die Reglementierung des Verkehrs zwischen Spanien und den Kolonien sowie der Versuch zur Ausrichtung der überseeischen Wirtschaft auf die Interessen des Mutterlandes lassen erkennen, das die Krone für Hispanoamerika Vorstellungen vom Gemeinwohl entwickelte, die von den für die europäischen Reiche geltenden Prinzipien abwichen. Die sich hier aufdrängende Frage nach den Konsequenzen dieser unterschiedlichen Konzeptionen vom Gemeinwohl wird im Zusammenhang mit der Untersuchung der Stellung der Überseereiche zum Mutterland aufzugreifen sein.

Das wichtigste Mittel, mit dessen Hilfe der Staat seine Ziele verfolgte, war die Gesetzgebung. Das ganze 16. Jahrhundert, als das Zeitalter der Landnahme, beginnenden Kolonisation und Strukturierung der staatlichen und sozialen Ordnung in den Kolonien, brachte eine Fülle staatlicher Gesetze und Verordnungen zur Regelung der mannigfaltigsten Aspekte des staatlichen, wirtschaftlichen, gesellschaftlichen und kulturellen Lebens der neu erworbenen Gebiete. Die Grundlage dieser umfassenden gesetzgeberischen Tätigkeit der Krone war einmal die Durchsetzung

---

and Barbara H. Stein, The Colonial Heritage of Latin America. Essays on Economic Dependence in Perspective, insbesondere pp. 3ff. und 27ff. — Bei all den genannten Grundkonstanten staatlicher Tätigkeit handelte es sich im konkreten Sinne um durchaus strukturprägende Besonderheiten, die zu einem Charakteristikum des spanischen Kolonialsystems wurden.

[11] Vgl. dazu Anm. 10

eines allgemein verbindlichen Zivilrechts seit den *Siete Partidas*[12] und zum anderen die parallel dazu erfolgende Ausbildung eines königlichen Gesetzgebungsmonopols, das die Mitwirkung der Stände an der Gesetzgebung immer mehr einengte. In der Verbindung der Funktionen eines obersten Richters und alleinigen Gesetzgebers konnte der König erst zum allgemein respektierten Sachwalter des Gemeinwohls werden. Während das Königtum im Mutterland zur Wahrung einer Fülle von lokalen Sonderrechten, Privilegien, Gewohnheitsrechten und ständisch-korporativen Mitspracherechten verpflichtet war, konnte es in bezug auf das entstehende Kolonialreich seine gesetzgeberischen Aktivitäten weitgehend frei, lediglich in Bindung an das natürliche und göttliche Recht sowie in Bindung an die den Konquistadoren gewährten Privilegien und Rechte entfalten, wie bereits ausgeführt wurde. Die Tatsache, daß die neu erworbenen Gebiete Königsgut waren, trug daher mehr als der von der Krone postulierte Souveränitätsanspruch zur freien Entfaltung der gesetzgeberischen Funktion des Königtums bei. Gleichzeitig wird daraus aber auch ersichtlich, wie ungeheuer wertvoll der Erwerb derart ausgedehnten Königsgutes für die Krone war, ermöglichte er doch auch in umgekehrter Richtung die Durchsetzung königlicher Machtansprüche in den angestammten Reichen der Krone.

Obwohl für die überseeischen Gebiete Spaniens von Anfang an kastilisches Recht galt, entstand insbesondere durch die sich im Gefolge des raschen Voranschreitens der Entdeckungen und Eroberungen schnell ausweitende Gesetzgebung für die neuen Gebiete ein ausschließlich für die Kolonien geltendes Recht. Mehr und mehr wurden dadurch die kastilischen Gesetze auf die Funktion eines bloßen Ergänzungs- und Normenrechts für die Fälle beschränkt, die in der Sondergesetzgebung nicht vorgesehen waren. Dieses neu entstehende *Derecho Indiano*, das von der Historiographie in die Teilgebiete Geschichte der Gesetzgebung, der Privat- und öffentlichrechtlichen Institutionen und in die Geschichte des Verwaltungssytems gegliedert wird, hat seinen Ursprung jedoch nicht nur in der königlichen Gesetzgebung, sondern auch in der Rechtsetzung der kolonialen Behörden und Regierungsinstanzen der unterschiedlichen hierarchischen Ebenen, denen Rechtsetzungsbefugnisse in gewissem Umfang delegiert wurden, sowie in den sich ausbildenden unterschiedlichen Gewohnheitsrechten und schließlich auch in der Übernahme verschiedenartiger, vor allem die Besitzverhältnisse betreffender indianischer Rechtstraditionen.

Wichtigster Faktor in dieser Entwicklung war freilich die Gesetzgebung der zentralen Staatsorgane im Mutterland, die von Anbeginn steuernd und reglementierend in den Prozeß der überseeischen Ausbreitung eingriffen und damit die Grundlagen für die Entstehung des indianischen Rechts legten. Die gewichtigste Form gesetzlicher Anweisungen war das „Gesetz", *Ley*, eine Bestimmung, die von der Ständeversammlung gebilligt worden sein mußte, aber auf die Kolonialgebiete kaum Anwendung fand. Die feierlichste, allein vom König erlassene Gesetzesform bildete die *Real Pragmática*, die gleichfalls nur vereinzelt in Hispanoamerika zur Anwendung kam. Die meisten der für die Kolonien wichtigen gesetzlichen Bestimmung

---

[12] Die Tatsache, daß die Ausbildung eines allgemein verbindlichen zivilen Rechts zur Voraussetzung für die Entfaltung der umfassenden staatlichen Gesetzgebungstätigkeit in bezug auf das Kolonialreich wurde, betont auch J. H. Parry, The Spanish Seaborne Empire, p. 192ff. — Vgl. dazu auch Abschnitt II. 1. a.

wurden als *Real Provisión* erlassen, die sich in ihrer feierlichen kanzleimäßig strengen Form eng an die mittelalterlichen Königsurkunden anlehnte[13]. Die gebräuchlichste Form königlicher Willensäußerungen war die der *Real Cédula* und der *Real Carta*, die sich als einfache herrscherliche Sendschreiben sowohl an Behörden als an Privatpersonen richteten und zumeist sehr konkrete Fragen betrafen. Regelungen zusammenhängender Problemkomplexe wurden zumeist als *Ordenanzas* oder, sofern es sich um Dienstanweisungen an Einzelbeamte oder -behörden handelte, als *Instrucción* erlassen. Entweder wurden diese Dokumente vom Monarchen in der unpersönlichen Form „Ich, der König" *(Yo, el Rey)* unterschrieben, von einem königlichen Sekretär gegengezeichnet und von den zuständigen Mitgliedern des königlichen Rates, später des Indienrates, mit dem Namenskürzel abgezeichnet oder aber unter Beibehaltung der äußeren Form von gewissen nachgeordneten Behörden ausgefertigt. Sie unterschieden sich lediglich in ihrem Aufbau und in der Verwendung verschiedenartiger Siegel, wodurch eine Abstufung der Bedeutung des Gesetzesaktes ausgedrückt wurde.

Alle diese königlichen Willensäußerungen besaßen jedoch uneingeschränkt und in gleichem Maße Gesetzeskraft und mußten von den Behörden ebenso wie von den einzelnen Untertanen befolgt werden. Für Ausnahmefälle bestand die rechtliche Möglichkeit, einer königlichen Anweisung zwar zu gehorchen, sie aber nicht zu befolgen, ausgedrückt durch die Formel *Obedézcase pero no se cumpla* („Man gehorche, führe aber nicht durch"), die vor allem Behörden für die Fälle offenstand, in denen die Durchführung einer von der Krone erteilten Weisung schwerwiegende und von dem fraglichen Gesetz offensichtlich nicht beabsichtigte Folgen befürchten ließ. Da grundsätzlich alle königlichen Gesetze und Anweisungen als im Dienste des Gemeinwohls getroffen angesehen wurden, nahm man in solchen Fällen zu der rechtlichen Fiktion Zuflucht, daß die Anordnung an sich einem nützlichen Zweck dienen solle, aber aufgrund von Fehlinformationen der Krone über die mit der Regelung verbundenen Tatbestände und Folgen zustande gekommen sei. Im Verlauf der Kolonialgeschichte sollte sich dieses Rechtsmittel als wichtiges Instrument zur Mediatisierung der staatlichen Gesetzgebung durch den Behördenapparat erweisen. Mehr als alle staatsrechtlichen Traktate beweist die bloße Existenz dieser Regelung, daß die Bindung des Königtums an das göttliche und natürliche Recht auch in einer Epoche allgemein anerkannter Souveränität des Königtums keine Fiktion war, sondern in der Verpflichtung zur Realisierung des Gemeinwohl eine konkrete, die politische Praxis durchaus beeinflussende Ausformung erlangt hatte und als Schranke gegen herrscherliche Willkür diente. Gleichzeitig wird aber auch deutlich, daß die Bürokratie als das Machtinstrument des monarchischen Absolutismus für sich durchaus das Recht in Anspruch nahm, an der Definition des Gemeinwohls mitzuwirken. Diesen bürokratischen Apparat galt es freilich erst zu errichten, denn von der Existenz eines solchen, auf die Belange und besonderen Bedingungen des Kolonialreichs spezialisierten Apparats hing ganz entscheidend die Durchführung der königlichen Gesetze und Rechtsverordnungen ab.

---

[13] Vgl. dazu und zum folgenden José Joaquín Real Díaz, Estudio diplomático del documento indiano.

1. Die Entwicklung der Verwaltungsorganisation

Wie etwa bei der Behandlung der Indianerfrage und der *Encomienda*-Problematik deutlich wurde, hat die Krone schon sehr früh vom Beginn der ersten Entdeckungen an gesetzliche Regelungen erlassen, die die Entdecker und Eroberer auf bestimmte Verfahrensweisen festlegen und den Prozeß der Landnahme und Kolonisation in feste, staatlich vorgezeichnete Bahnen lenken sollten. Die Durchsetzung der königlichen Gesetze und Verordnungen erwies sich jedoch bald als schwer erreichbar, da einmal die äußeren Bedingungen, wie etwa die großen Entfernungen, die schwierige und unregelmäßige Kommunikation zwischen Kolonialgebieten und dem Mutterland, die Verbreitung und Bekanntmachung der königlichen Rechtsetzungen erheblich verzögerten, so daß die Anweisungen der Metropole oft erst eintrafen, nachdem lokale Autoritäten bereits andersartige Regelungen desselben Problems veranlaßt hatten, und da zum anderen die Konquistadoren und Kolonisten unter Berufung auf die besonderen Verhältnisse ihrer Region, die der Krone nicht im vollen Umfang bekannt gewesen seien, die Verwirklichung ihnen unangenehmer Bestimmungen umgingen, aussetzten oder auch rundweg ablehnten.

Die Krone wiederum sah sich einer rasch steigenden Flut von oft widersprüchlichen Information konfrontiert, die die Einschätzung der wahren Verhältnisse in den neuen Ansiedlungen ungemein erschwerten und eine Koordination der verschiedenen Berichte sowie die Konzipierung einer planvollen Politik schier unmöglich machten. Als Folge dieser Situation sah sich das Königtum vor allem in der Anfangsphase der Landnahme gezwungen, weit mehr auf Personen und deren Umsicht und Tatkraft als auf objektive Erfassung der Tatbestände und Sachverhalte zu vertrauen. Daraus unter anderem erklärt sich etwa auch der rasche Wechsel der Gouverneure während der ersten Jahrzehnte der Kolonisation der Antilleninseln: Auf Kolumbus folgte der Untersuchungsrichter Bobadilla, diesem der Gouverneur Ovando, der wiederum vom Sohn des Endeckers, Diego Kolumbus, abgelöst wurde, bevor interimistisch mehrfach mit der *Audiencia* ein kollegial organisiertes Gerichtstribunal und schließlich sogar der Hieronymitenorden die Regierung jener Gebiete übertragen bekamen[14].

Vor allem die ersten drei Jahrzehnte der überseeischen Territorialverwaltung müssen als ein Zeitalter ständiger Improvisationen und Provisorien bezeichnet werden, die die Notwendigkeit zum Aufbau einer durchorganisierten Behördenstruktur auch den Zeitgenossen in drastischer Weise offenkundig machten. Der umfassende Herrschaftsanspruch des aufkommenden Anstaltsstaates war ohne einen geeigneten Apparat selbst dort nicht durchzusetzen, wo keine Rechtstraditionen und -ordnungen die Entfaltung der staatlichen Autorität behinderten, eine Erkentnis, die die Kolonialpolitik Karls V. und seines Nachfolgers Philipp entscheidend beeinflussen sollte.

a. Die Entstehung der Zentralbehörden im Mutterland

Allerdings hatten schon die Katholischen Könige, insbesondere Ferdinand während seiner Regentschaft, nicht nur die rechtlichen Grundlagen für die spätere könig-

---

[14] Zur Entwicklung in den Jahrzehnten der Kolonisation unter den Katholischen Königen vgl. Manuel Giménez Fernández, Bartolomé de las Casas, vol. 1.

liche Vormachtstellung gegenüber den widerstrebenden Kräften gelegt, sondern auch erste Schritte zur Errichtung eines besonderen Behördenapparats für die neu gewonnenen Gebiete auf zentraler Ebene unternommen[15]. Bereits 1492 wurde von der Krone mit dem Bischof Rodríguez de Fonseca ein Sonderbeauftragter ernannt, der für alle administrativen und organisatorischen Angelegenheiten der beginnenden Entdeckungsfahrten verantwortlich sein und sich insbesondere um die Bereitstellung von Schiffen, Material und Mannschaften kümmern sollte. Fonseca behielt auch in der Folgezeit im Zeichen eines rasch ansteigenden Geschäftsvolumens die Leitung der mit den überseeischen Unternehmungen zusammenhängenden Verwaltungsangelegenheiten in seinen Händen und legte damit die Grundlage für die Entstehung einer kolonialen Zentralverwaltung, die in relativ kurzer Zeit ihren kommissarischen Charakter verlieren sollte.

Unter dem Eindruck der Bedeutung und der Tragweite der frühen Entdeckungen setzte sich jedoch schon die Überzeugung durch, daß zur Entwicklung und Verwirklichung einer zielstrebigen Kolonialpolitik eine zentrale Behördenorganisation erforderlich sei, die die Unabhängigkeit der königlichen Entscheidungen sichern, ihre Verwirklichung gewährleisten und die politisch-administrative Kontinuität garantieren könne. Nach der Auffassung der Zeit erfüllte diese Aufgabe am zuverlässigsten die kollegial aufgebaute und nach bürokratischen Regeln arbeitende Ratsbehörde, die in den europäischen Monarchien der frühen Neuzeit die charakteristische Verwaltungsbehörde auf zentraler Ebene war. Bereits 1503 wurde mit der Gründung der *Casa de la Contratación* in Sevilla eine erste Behörde nach diesem Vorbild errichtet, die ausschließlich für überseeische Angelegenheiten zuständig sein sollte.

Der Kompetenzbereich der neuen Behörde umfaßte alle Fragen der transozeanischen Schiffahrt, des Handelsverkehrs, der Steuereinziehung der auf dem Handel mit den Kolonien lastenden bzw. in diesen selbst einzuziehenden Abgaben und schließlich auch des Personenverkehrs und seiner Kontrolle. Um dem neuen Verwaltungsorgan die Ausübung seiner Aufgaben zu ermöglichen, wurde festgelegt, daß der gesamte Verkehr nach Übersee über den Hafen von Sevilla zu laufen hatte, der damit zum einzigen Ausgangs- und Zielhafen für den gesamten Handels-, Nachrichten-, Verwaltungs- und Personenverkehr zwischen Spanien und seinem überseeischen Weltreich wurde, ein Monopol, das Sevilla, später gemeinsam mit der Hafenstadt Cádiz, bis weit ins 18. Jahrhundert hinein zu behaupten vermochte. Neben diesen politisch-administrativen Aufgabenbereichen erhielt die *Casa de Contratación* auch technisch-wissenschaftliche Funktionen übertragen, so etwa die Prüfung der im Überseeverkehr eingesetzten Steuerleute auf ihre nautischen Kenntnisse, die Kontrolle der benutzten nautischen Instrumente, die Sammlung und Zusammenstellung aller geographischen und naturkundlichen Daten von zurückkehrenden Expeditionen und die kartographische Registrierung der entdeckten Gebiete. Für die vordringlichen Aufgaben der Kontrolle, Organisation, der Koordination und Auswertung der Ergebnisse der frühen überseeischen Unternehmungen hatte sich die Krone damit eine erste spezialisierte Zentralbehörde geschaffen.

---

[15] Hierzu und zum folgenden vgl. die bereits klassische Darstellung von Ernesto Schäfer, El Consejo Real y Supremo de las Indias, ausführlicher zu den frühen administrativen Regelungen Manuel Giménez Fernández, Bartolomé de las Casas, vol. 1.

Mehr als alle bisher angeführten Maßnahmen läßt die Gründung des Sevillaner Handelshauses und die gleichzeitig erfolgende Erhebung Sevillas zum einzigen Ausgangs- und Zielhafen für alle Schiffsbewegungen zwischen dem Mutterland und den Kolonien den Willen des Staates erkennen, die uneingeschränkte Kontrolle über die kolonialen Unternehmungen sowohl in fiskalisch-kommerzieller als auch in politisch-administrativer Hinsicht zu gewinnen. Freilich lud sich Spanien mit dem Schiffahrts-, Handels- und Verkehrsmonopol der Stadt Sevilla eine schwere Hypothek auf, da dadurch langfristig die wirtschaftliche Nutzung der Kolonialgebiete in gravierender Form beeinträchtigt wurde. Bereits an dieser Stelle wird deutlich, daß für den entstehenden modernen Staat in Spanien Herrschaft und Machtausübung mindestens einen ebenso hohen Stellenwert besaßen wie eine größtmögliche wirtschaftliche Nutzung der Kolonien, konnten sich doch auch die Zeitgenossen der Erkenntnis nicht entziehen, daß angesichts der Verkehrs- und Transportbedingungen jener Epoche ein derart weitreichendes Monopol der Entfaltung des Warenaustauschs hinderlich sein mußte[16]. So konnte den Zeitgenossen nicht entgehen, daß mit der Begründung des Sevillaner Handels- und Schiffahrtsmonopols den kommerziellen Zentren im Norden Kastiliens, vor allem Burgos und Medina del Campo, der direkte Zugang zu den Kolonien über die kantabrischen Häfen verwehrt wurde. Dies gilt selbst dann, wenn man unterstellt, daß dieses Monopol auch natürlichen Gegebenheiten entsprach[16a]. Vergegenwärtigt man sich, daß auch in Sevilla die Aufrechterhaltung der von der Krone angestrebten Kontrolle nur durch die Weiterentwicklung der *Casa de Contratación* zu einer aus zahlreichen Abteilungen bestehenden Mammutbehörde möglich war, so wird verständlich, daß angesichts der Unmöglichkeit zur Unterhaltung eines derart ausgedehnten Apparats in mehreren Häfen das Sevillaner Handels- und Schiffahrtsmonopol in hohem Maße auch auf die Unfähigkeit des frühmodernen Staates zur Schaffung einer breiten, zahlenmäßig allen Erfordernissen staatlichen Kontrollbedürfnisses entsprechenden Behördenorganisation zurückgeführt werden muß.

Besondere Beachtung verdient auch die Gründung des sich in der Folgezeit noch ausdehnenden wissenschaftlichen Apparats in der *Casa de Contratación*, die erkennen läßt, welche große Bedeutung dem Vorstoß in bis dahin unbekannte Weltgegenden beigemessen wurde. Gleichzeitig dokumentiert diese Tatsache den Willen des Staates, die wissenschaftlichen Ergebnisse der Entdeckungsunternehmen nicht nur zu sammeln, sondern auch der Politik nutzbar zu machen – ein Beweis dafür, wie nahe sich Politik und humanistisches Denken jener Zeit auch in Spanien standen.

---

[16] Obwohl diese Behauptung den gängigen Vorstellungen von Merkantilismus widerspricht, sei sie dennoch aufrechterhalten, da einmal unsicher ist, ob Spanien eine merkantilistische Politik betrieben hat, eine Frage, auf die noch einzugehen sein wird, und zum anderen die Zeitgenossen immer wieder gegen solche als für die Entwicklung von Handel und Gewerbe schädlich empfundene Monopole Protest erhoben, wie beispielsweise an den Petitionen der spanischen Ständeversammlung deutlich wird. — Aus diesem Grunde hat wohl auch Karl V. 1529 den Versuch unternommen, das Sevillaner Monopol zu durchbrechen und auch aus nordspanischen Häfen die Fahrt nach Amerika freizugeben, allerdings mit der Bedingung, auf der Rückfahrt Sevilla anzulaufen. Auf Drängen der Sevillaner Kaufleute hat Philipp II. 1573 dieses Privileg widerrufen, vgl. dazu C. H. Haring, The Spanish Empire in America, p. 303.

[16a] Vgl. dazu unten p. 170.

Berücksichtigt man, daß die Begründung des Sevillaner Schiffahrts- und Handelsmonopols im 16. Jahrhundert eine Verlagerung der Zentren der spanischen Wirtschaftsaktivitäten nach Süden weiter förderte, daß Sevilla in kurzer Zeit zu einem Zentrum des frühneuzeitlichen Welthandels aufstieg und daß in jüngster Zeit Versuche einer umfassenden Deutung der frühneuzeitlichen Geschichte gerade auf der Tatsche der wirtschaftlichen Erschließung des neuen Kontinents durch Spanien basieren[17], so wird ersichtlich, daß die Gründung der *Casa de Contratación* weit mehr als nur ein administrativer Vorgang, sondern vielmehr ein Ereignis von gesamthistorischer Bedeutung gewesen ist.

Alle übrigen zentralen Verwaltungsangelegenheiten verblieben auch nach der Gründung der *Casa de Contratación* noch in Händen des Bischofs Rodríguez de Fonseca. Mit dessen Aufnahme in den königlichen Rat *(Consejo Real)* während der Regentschaft Ferdinands brachte Fonseca diesen Aufgabenbereich in das oberste politische und administrative Organ der kastilischen Krone ein, blieb aber zunächst, unterstützt von einem kleinen Beamtenstab, auch weiterhin noch allein für die damit verbundenen Amtsgeschäfte zuständig. Bereits kurz vor Ferdinands Tod und verstärkt während der Regentschaft von Cisneros läßt sich jedoch schon eine kleine Gruppe von Ratsmitgliedern feststellen, die gemeinsam mit der Erledigung der überseeischen Verwaltungsangelegenheiten befaßt war[18]. Wenige Jahre später, 1524, wurde dieser Kolonialverwaltungsausschuß von Karl V. aus dem *Consejo Real* ausgegliedert und unter der Bezeichnung *Consejo Real y Supremo de las Indias* – gemeinhin kurz *Consejo de Indias* (Indienrat) benannt – zu einer selbständigen Zentralbehörde erhoben, die gleichberechtigt neben die übrigen zentralen Ratsbehörden der kastilischen Krone trat. Trotz Unauffindbarkeit der Gründungsakte steht fest, daß die neue Institution von Anfang an ähnlich universale Kompetenzen wie der herkömmliche *Consejo Real* – später *Consejo de Castilla* (Kastilienrat) genannt – besaß und sich ausschließlich aus geschulten Juristen, von denen einige gleichzeitig Geistliche waren, zusammensetzte. An ihrer Spitze stand mit García de Loaysa, Generaloberer des Dominikanerordens und Bischof von Burgos, nicht zufällig eine herausragende Persönlichkeit des kastilischen Klerus, Angehöriger eines Ordens, dessen Einsatz für das Wohl der Indianer der Krone wertvolle Hilfe bei der Zurückdrängung der Herrschaftsansprüche der Konquistadoren in Übersee geleistet hatte und noch leisten sollte. Der mit einer bürokratischen Infrastruktur ausgestatteten Behörde (Sekretariate, Kanzlei, Notariate etc.) wurden alle bis dahin bestehenden, mit Angelegenheiten der Überseegebiete betrauten Verwaltungseinrichtungen, insbesondere die *Casa de la Contratación,* wie auch die kolonialen Amtsinhaber selbst unterstellt.

Der Indienrat besaß von seiner Gründung an nicht nur administrative, sondern auch legislative, beratende und höchstrichterliche Kompetenzen. Als Organ der Legislative konnte der *Consejo* selbständig Weisungen erteilen und Verordnungen erlassen, ohne in jedem Fall die königliche Billigung einholen zu müssen. Als beratende Körperschaft des Monarchen arbeitete die Ratsbehörde umfangreiche und

---

[17] Hier sei vor allem auf Immanuel Wallerstein, The Modern World-System. Capitalist Agriculture and the Origins of the European World-Economy in the Sixteenth Century, verwiesen.

[18] Vgl. dazu und zum folgenden Ernesto Schäfer, El Consejo Real y Supremo de las Indias, vol. 1, p. 26ff; desgleichen C. H. Haring, The Spanish Empire in America, p. 94ff.

detaillierte Gesetzesvorschläge aus, empfahl zur Besetzung aller wichtigen weltlichen und geistlichen Ämter drei geeignete Bewerber und begutachtete alle eingehenden Gesuche um königliche Gnaden- oder Gunsterweise. In seiner Eigenschaft als Verwaltungsbehörde repräsentierte der Indienrat die hierarchische Spitze des gesamten in der Entstehung begriffenen Behördenwesens, d.h. er leitete die gesamte Zivil-, Militär-, Finanz- und Justizverwaltung. Daneben verwaltete der *Consejo* auch die königlichen Patronatsrechte über die Kirche. In dieser Eigenschaft hatte er nicht nur die kirchliche Verwaltung in Übersee, sondern auch die Kontakte zwischen dem kolonialen Klerus und der römischen Kurie zu überwachen. Schließlich war der Indienrat auch die oberste Appellations- und Revisionsinstanz in allen Zivil- und Strafprozessen, die infolge ihrer Wichtigkeit nicht von den obersten kolonialen Gerichtstribunalen abschließend behandelt werden konnten.

Nur drei Jahrzehnte nach der Entdeckung Amerikas und mehr oder weniger gleichzeitig mit dem Beginn des großräumigen Ausgreifens auf dem amerikanischen Festland im Gefolge der Eroberung Mexikos hatte sich die Krone somit schon ein voll durchorganisiertes, bürokratisch arbeitendes Verwaltungssystem auf zentraler Ebene geschaffen, mit dessen Hilfe die in ihrer Schwierigkeit kaum zu überschätzende Aufgabe der Errichtung einer staatlichen Ordnung in den neu erworbenen Gebieten in Angriff genommen und gleichzeitig dem staatlichen Bedürfnis nach Kontrolle und Lenkung Rechnung getragen werden konnte. Die Krone verfügte nunmehr über ein Instrument, das infolge seiner Spezialisierung in der Lage war, die aus Übersee einlaufenden Meldungen zu verarbeiten und auszuwerten und darauf gestützt nicht nur eine planmäßige Kolonialpolitik entwerfen und durchsetzen, sondern auch für die Kontinuität dieser Politik sorgen konnte. Die relativ rasche Ausbildung der Zentralverwaltung wurde so zu einem Faktor von ausschlaggebender Bedeutung für den Fortgang der inneren Entwicklung in den Kolonien. Mehr noch als die Monarchen war es in der Folgezeit gerade der Indienrat, der sich als ein energischer und langfristig erfolgreicher Verfechter des bürokratischen Herrschaftsprinzips des aufkommenden monarchischen Absolutismus erwies und in hohem Maße die Koninuität und den Zusammenhang staatlicher Politik gewährleistete. Weit mehr als der direkten Intervention des Königtums gelang es der beharrlichen, gleichzeitig aber stets elastischen Politik und legislativen wie administrativen Tätigkeit dieser Behörde, die nach ungehinderter Selbstverwirklichung drängenden Kräfte in den Überseegebieten zu zügeln und durch eine konsequent verfolgte Politik des Aufbaus eines hierarchisch gegliederten, bürokratischen Regeln unterworfenen und zumindest in den wichtigsten Behörden von Berufsbeamten geleiteten Verwaltungssytems in den Kolonien, die Durchsetzung des souveränen Herrschaftsanspruchs der Krone gegenüber allen gegensätzlichen Bestrebungen zu erreichen. Damit leistete der Indienrat aber auch einen wesentlichen Beitrag zur Festigung und zum Ausbau des absolutistischen Regiments im Mutterland und zwar nicht zuletzt deshalb, da die geordnete Verwaltung der Überseegebiete dem Staat die Erschließung der finanziellen und wirtschaftlichen Ressourcen der Kolonien gestattete und ihn so von den Fesseln ständischer Finanzbewilligungen in Kastilien weitgehend befreite. Wiederum wird deutlich, in welch hohem Maße die kolonialen Entwicklungen europaspanische Innenpolitik darstellten.

b. Der Aufbau der Territorialverwaltung in Übersee unter Karl V. und Philipp II.

Im Gegensatz zu dem planvollen und raschen Aufbau einer für die Angelegenheiten der neu entdeckten Gebiete zuständigen Zentralverwaltung im Mutterland vollzog sich die Entwicklung einer bürokratischen Regeln unterworfenen Territorialverwaltung in Übersee zunächst sehr zögernd und ohne daß sich diesbezüglich ein klares Konzept der Zentralgewalt erkennen ließe. Zwar hat die Krone schon in der Anfangsphase der Kolonisation die Absicht zu erkennen gegeben, die Verwaltung in Amerika nach dem Vorbild des Mutterlandes zu organisieren[19], doch stellten sich der Verwirklichung dieses Vorhabens Hindernisse entgegen, wie etwa die ungeklärten Rechtsansprüche der Erben des Kolumbus und vor allem die weitgehende Unkenntnis der Verhältnisse in den neu entdeckten Gebieten angesichts der Fülle ständig bei Hofe eintreffender, teils sich widersprechender, teils völlig neuartiger Berichte.

Das Fehlen klarer Vorstellungen von Art, Ausmaß und Tragweite der Entdeckungen und der sich daraus ergebenden rechtlichen Konsequenzen dürfte denn auch die Hauptursache für die Unsicherheit und die tastenden Versuche der kastilischen Politik in bezug auf die innere Organisation der neuen Gebiete während der ersten Jahrzehnte nach der Entdeckung Amerikas gewesen sein. Fest steht jedoch, daß die Bemühungen zur administrativen Organisation der einzelnen Regionen nicht gleichzeitig erfolgten, sondern immer erst nach Abschluß der Besitznahme und Sicherung jedes einzelnen Kolonialgebiets einsetzten, so daß für manche Regionen noch die weitreichenden Privilegien und Rechte aus der Zeit des Beginns der Landnahme an potentielle Eroberer und Kolonisatoren vergeben wurden, während zur gleichen Zeit in anderen Gebieten, die schon fest als spanische Besitzungen etabliert waren, bereits der Prozeß der Entmachtung des Anführers des Entdeckungs- oder Erobererungzuges und des Aufbaus eines geordneten Verwaltungswesens unter direkter Kontrolle der Zentralgewalt im Gange war. Die wichtigsten Maßnahmen zur territorialen Organisation in Übersee fielen gleichwohl in die Regierungszeit Karl V., sind jedoch nicht so sehr als persönliches Verdienst des Monarchen anzusehen, sondern vielmehr der Effizienz des Indienrats zu verdanken.

Ein erster wichtiger Schritt zur administrativen Durchdringung der Gebietsneuerwerbungen in Übersee erfolgte schon 1511 mit der Gründung eines kollegial zusammengesetzten Apellationsgerichts nach spanischem Vorbild, der *Audiencia* von Santo Domingo. Freilich war dies vor allem eine politische Maßnahme mit dem Ziel, die Befugnisse des Diego Kolumbus zu beschränken, der nach einer Teilanerkennung seiner vom Vater ererbten Ansprüche durch die Krone zum Gouverneur der bis dahin besiedelten karibischen Inseln ernannt worden war. Mit der aus juristisch geschulten Berufsrichtern zusammengesetzten *Audiencia* hielt die spanische Institution in der amerikanischen Verwaltung ihren Einzug, die aufgrund ihrer auf Akten basierenden Arbeitsweise, ihrer Orientierung am allgemeinen Zivilrecht und vor allem aufgrund der Schulung ihrer Mitglieder in den Prinzipien des neuen Staatsrechts den wichtigsten Beitrag zur Durchsetzung des staatlichen Souveränitätsan-

---

[19] Darauf verweist schon Alfonso García-Gallo, Los principios rectores de la organización territorial de las Indias en el siglo XVI, p. 661ff.

spruchs in den Kolonien leistete, gleichzeitig aber auch zu einem wirkungsvollen Kontrollinstrument der Regierungsinstanzen gegen Machtmißbrauch wurde. Obwohl lediglich als Gerichtsinstanz etabliert, vermochte die *Audiencia* im Verlauf der ganzen Kolonialgeschichte eine hoch politische Rolle zu spielen und in den Auseinandersetzungen zwischen den Kolonisten und der Krone bzw. den von ihr eingesetzten Regierungsinstanzen eine unabhängige, oft vermittelnde Position einzunehmen[20].

Bereits an dieser Stelle wird erkennbar, daß bei der Beurteilung des kolonialen Verwaltungssytems zwei unterschiedliche Kriterien voneinander geschieden werden müssen[21], was in der Literatur gemeinhin nur sehr unvollkommen geschieht. Einmal ist die rein rechtliche Fixierung der Aufgaben und Kompetenzen der einzelnen Behörden für die vier verschiedenen Bereiche administrativer Tätigkeit – Justiz-, Zivil-, Militär- und Finanzverwaltung – mit ihren mannigfaltigen Implikationen für den hierarchischen Aufbau des Gesamtsystems und die territoriale Gliederung im Auge zu behalten und zum anderen ist unabhängig davon die politische Bedeutung der einzelnen Behörden herauszuarbeiten, die zwar vom rechtlichen Charakter des jeweiligen Amtes nicht unabhängig war, wohl aber als eigenständige Dimension angesehen werden muß. Der Grund dafür, daß rechtliche Inhaltsbestimmung und tatsächliche politische Bedeutung einzelner Ämter vielfach unterschiedlich zu bewerten sind, liegt vor allem darin begründet, daß die Krone häufig mehrere Amtsfunktionen in der Hand eines Beamten vereinigte, so daß derselbe die Autorität der einen Amtsfunktion zur Steigerung seiner Autorität in einer anderen benutzen konnte. Ein weiterer Grund ist darin zu sehen, daß einer Institution Befugnisse verliehen wurden, die zumindest teilweise in die Kompetenz einer Behörde eines benachbarten Geschäftsbereichs hineinreichten, wodurch zwar gelegentlich eine gewisse Lähmung des Verwaltungsbetriebes auftrat, in jedem Fall aber gegenseitige Kontrolle erreicht wurde. Beide Verfahrensweisen hat die Krone in bezug auf die koloniale Verwaltung planmäßig angewandt, um eine Machtbalance zwischen den Behörden der verschiedenen Geschäftsbereiche – Zivil-, Justiz-, Militär- und Finanzverwaltung – herzustellen. Solche gegenseitigen Kontrollbefugnisse und Kompetenzüberschneidungen[22] mit dem Ziel der Errichtung einer Machtbalance erwiesen sich als ein äußerst effektives Mittel zur Ausschaltung der Gefahr eines Machtmißbrauchs, die angesichts der enormen Distanzen zwischen der Krone und den jeweiligen Amtsträgern in Übersee besonders groß war. Freilich wird man in diesen Kompetenzüberschneidungen nicht nur eine planerische Raffinesse der Zentralbehörde des Mutterlandes oder der Krone sehen dürfen, da sich viele solcher Überschneidungen aus der Tatsache ergaben, daß

---

[20] Zur Bedeutung der *Audiencias* vgl. die kurze Darstellung von J. H. Parry, The Spanish Seaborne Empire, p. 198f., die Monographie desselben Verfassers über die *Audiencia* von Guadalajara: The Audiencia of New Galicia in the sixteenth century; C. H. Haring, The Spanish Empire in America, p. 120ff.; die Fülle verstreuter Publikationen zur Geschichte dieser Institution versucht neuerdings Santiago Gerardo Suárez, Para una bibliografía de las Reales Audiencias, p. 209ff., zu erfassen.

[21] Darauf verweist sehr zu Recht Alfonso García-Gallo, Los principios rectores de la organización de las Indias, p. 664.

[22] Vgl. dazu die interessante Studie von John Leddy Phelan, Authority and Flexibility in the Spanish Imperial Bureaucracy, p. 47ff.

die Gliederung in klar voneinander getrennte Verwaltungsbereiche erst in der Ausbildung begriffen war. Vor allem Justiz- und Zivilverwaltung waren ursprünglich ja nicht voneinander geschieden, da sich die letztere als das Polizeiwesen im klassischen Sinne erst mit der Ausbildung des monarchischen Absolutismus von der Justizverwaltung zu lösen begann. Die Auswirkungen dieser Kompetenzüberschneidungen kamen jedoch dem Kontrollbedürfnis der Krone sehr entgegen, so daß die Zentrale im konkreten Fall eines Kompetenzstreites durchaus nicht immer allgemein verbindliche Entscheidungen traf, die in Zukunft derartige Fälle ausgeschlossen hätten. Hier offenbart sich daher eine strukturelle Besonderheit der Kolonialverwaltung, die ihre Ursache in den geographischen Bedingungen und den durch sie ausgelösten Problemen der Kommunikation zwischen dem Mutterland und seinen überseeischen Besitzungen hatte.

Im Falle der *Audiencia* wurde die über das Maß eines bloßen Appellationsgerichts hinausreichende politische Bedeutung einmal dadurch erreicht, daß gegen alle Dispositionen der Regierungsinstanzen, d.h. der Zivilverwaltung, bei der *Audiencia* appelliert werden konnte. Außerdem erhielt diese Behörde gewisse Aufsichtsfunktionen im Bereich der Zivilverwaltung übertragen, wie etwa die Aufsicht über die Erstellung der indianischen Tributlisten, über bestimmte Bereiche der Munizipalverwaltung und insbesondere das Recht zur Entsendung von Untersuchungsrichtern, die die Aktivitäten der übrigen Amtsinhaber innerhalb des Jurisdiktionsbezirks der *Audiencia* inspizieren sollten. Schließlich konstituierte die Krone die Angehörigen dieses Gerichtstribunals unabhängig von ihren richterlichen Funktionen zu den wichtigsten Ratgebern der obersten Regierungsinstanz einer jeweils selbständigen, direkt von der Krone abhängigen kolonialen Verwaltungseinheit, indem sie sie zu geborenen Mitgliedern eines fallweise einzuberufenden Ratsgremiums, des *Real Acuerdo*, ernannte[23]. Eine besonders bedeutsame Doppelfunktion der *Oidores* – der Richter der *Audiencia* – Kompetenzüberschneidungen und Kontrollbefugnisse waren also auch im Falle dieser Behörde die Faktoren, die ihr eine weit über ihre eigentliche Funktion hinausreichende politische Bedeutung verleihen sollten, die jedoch in vollem Umfang erst einige Jahrzehnte nach der Gründung der *Audiencia* von Santo Domingo offenkundig wurde, als das koloniale Verwaltungssystem bereits in seinen Grundzügen ausgebildet war.

Das weiträumige Ausgreifen Kastiliens auf dem amerikanischen Festland und die Gründung des Indienrats gaben schließlich wichtige Anstöße zur Weiterentwicklung der Territorialverwaltung in Übersee[24]. Bereits 1527 wurde in México eine weitere *Audiencia* gegründet, die im Gegensatz zu ihrer Vorläuferin in Santo Domingo gleichzeitig auch *Chancillería Real* nach dem Vorbild der Tribunale von Valladolid und Granada und somit letztinstanzliches Gericht mit dem Recht zur Führung des

---

[23] Auf die Tatsache, daß der *Real Acuerdo* eine unabhängige Institution war, verweist in seiner noch unveröffentlichten Arbeit Alberto Yalí Román Román, La génesis del sistema administrativo indiano, dem ich für diesen Hinweis danke. In der Literatur werden gemeinhin *Audiencia* und *Real Acuerdo* nicht streng voneinander unterschieden, was zu mancherlei Fehlinterpretationen der überseeischen Zentralverwaltung Anlaß gibt. Zur gesetzlichen Regelung des *Real Acuerdo* vgl. Recopilación de Indias, Libro III, Titulo III, Ley XLV.

[24] Zum historischen Ablauf dieser Entwicklungen vgl. Ernesto Schäfer, El Consejo Real y Supremo de las Indias, vol. 2, p. 3ff.

königlichen Siegels war. Auch in diesem Fall verfolgte die Krone die Absicht, die Befugnisse des Eroberers, Hernán Cortés, in seiner Eigenschaft als Gouverneur und Generalkapitän einzuengen. Wiederum offenbart sich hier wie schon im Falle von Santo Domingo ein für die Folgezeit charakteristischer Zug der spanischen Kolonialverwaltung in dem Bestreben der Zentralgewalt, die Vollmachten der die Regierungsgewalt in Händen haltenden Einzelbeamten durch die Beiordnung einer Kollegialbehörde auf derselben hierarchischen Ebene einzuschränken, um so eine gefährliche Machtansammlung bei einer einzelnen Amtsperson zu verhindern. Entsprechend wurden bald nach den wichtigsten Eroberungen in Mittel- und Südamerika weitere *Audiencias* errichtet, so 1538 in Panamá, 1543 in Guatemala und Lima, 1548 in Bogotá und Guadalajara (Mexiko) und schließlich 1559 in Charcas (auch: La Plata, heute: Sucre/Bolivien) und 1563 in Quito.

Zu Anfang besaßen nicht alle *Audiencias* auch schon den Rang von *Chancillerías*, wodurch sich gewisse Über- bzw. Unterordnungen im Verhältnis der einzelnen *Audiencias* zueinander ergaben, die jedoch bereits unter Philipp II. dadurch beseitigt wurden, daß allen *Audiencias* in gleicher Weise das Recht zur Führung des königlichen Siegels und damit die Vollmacht zum Erlaß von Verordnungen im Namen des Monarchen verliehen wurde[25]. Dies war deshalb von besonderer Bedeutung, da alle *Audiencias*, wie schon erwähnt, bestimmte Inspektionsaufgaben besaßen und darüber hinaus im Falle von Abwesenheit oder Tod des zuständigen Gouverneurs und Generalkapitäns dessen Vertretung zu übernehmen hatten.

Parallel zur Gründung der *Audiencias* erfolgte mit der Ernennung je eines Vizekönigs (ursprünglich *Visorey*, später *Virrey*) für Neuspanien (Mexiko) im Jahre 1535 und für Peru 1543 die Einführung der wichtigsten politischen Institution in den spanischen Überseegebieten. Die Vizekönige, die gleichzeitig die Ämter eines Gouverneurs der zu ihrer Hauptstadt gehörenden Provinz und des Präsidenten der an ihrem Regierungssitz amtierenden *Audiencia* und später auch das Amt des Generalkapitäns übertragen bekamen, wurden als Stellvertreter des Herrschers mit königlichen Attributen, wie etwa einem besonderen Zeremoniell, einer Leibwache und dergleichen, ausgestattet und sollten in den Kolonien das monarchische Herrschaftsprinzip und das Charisma des Königs auch äußerlich sichtbar zum Ausdruck bringen, zugleich aber auch die Regierungsgeschäfte führen[26]. Verkörpern die *Audiencias* in der entstehenden Kolonialverwaltung am deutlichsten das kollegiale Amtsprinzip, so repräsentierten die mit der Vollmacht, „so [zu] entscheiden, wie Wir [d.h. der König] es tun würden"[27], ausgestatteten Vizekönige in besonderer Weise das monokratische Prinzip in der kolonialen Bürokratie, jedoch überhöht durch den sakralen Charakter des Herrscheramtes, der ihnen delegiert wurde. Diese herausragende, mit der Wahrnehmung der zentralen Regierungsgeschäfte und weitreichender politischer

---

[25] Über die Unterschiede einer bloßen *Audiencia* und einer *Audiencia y Chancillería* vgl. Román Román, La génesis del sistema administrativo indiano.

[26] Vgl. zur Stellung des Vizekönigs die Gesetze der Recopilación de Indias, Libro III, Título III, Leyes I folgende. — Darüber hinaus Lillian Estelle Fisher, Viceregal Administration in the Spanish-American Colonies; ferner Jorge Ignacio Rubio Mañé, Introducción al estudio de los virreyes de Nueva España, 1535—1746, vol. 1, insbesondere p. 17ff.; Lewis Hanke, Guía de las fuentes en el Archivo General de Indias, vol. 1, p. 4ff. gibt neuerdings einen kurzen Überblick über die historische Bedeutung vizeköniglicher Tätigkeit in Amerika und über den Forschungsstand zum Thema.

[27] Recopilación de Indias, Libro III, Título III, Ley II.

Handlungsfreiheit verknüpfte Stellung befähigte späterhin verschiedene Inhaber dieses Amtes zur Entfaltung wahrhaft staatsmännischer gesetzgeberischer Aktivitäten und damit zur tiefgreifenden Einflußnahme in die innere Entwicklung der ihnen unterstellten Gebiete. Vor allem im 16. Jahrhundert hat die Krone fast durchweg besonders befähigte Persönlichkeiten mit der Würde eines Vizekönigs betraut und dadurch entscheidende Impulse zum Fortgang der Kolonisation gegeben. Während sich die *Audiencias* im Verlauf der Kolonialgeschichte immer mehr zu einem Element der Beharrung und der Verteidigung überkommener Rechte und Gewohnheiten entwickelten, waren es häufig genug gerade die Vizekönige, welche wichtige Neuerungen und Anpassungen an veränderte Verhältnisse in Gang setzten.

Über Ursprung, Herkunft und Bedeutung des Titels und der Funktionen eines Vizekönigs entspann sich in der spanischsprachigen Historiographie eine umfangreiche, allerdings recht fruchtlose Kontroverse, wobei die Institution einmal als ein der aragonesischen Tradition entstammendes, zum anderen als ein ursprünglich kastilisches Amt bezeichnet wurde. Wenn auch über die Vorgänge, die zur Ernennung des ersten Vizekönigs in Mexiko führten, wenig bekannt ist, so steht doch fest, daß alle Monarchien der Zeit die Einrichtung des Stellvertreters des Königs in Fällen von Abwesenheit oder Regierungsunfähigkeit unter verschiedenartigen Bezeichnungen aber mit weitgehend gleichen Vollmachten und Befugnissen kannten, und lediglich in Aragón das Amt eines Vizekönigs als ständige Einrichtung zur Regierung der Teilreiche Valencia, Katalonien, Sizilien und Neapel bestand. Zwar hatte sich bereits Kolumbus den Titel eines Vizekönigs ausbedungen und von den Königen verliehen bekommen, doch scheinen weder der Endecker noch die Krone daraus besondere Vollmachten oder Befugnisse abgeleitet zu haben, so daß dieses frühe Vizekönigtum in der administrativen Entwicklung des Kolonialreiches keine Spuren hinterlassen hat. Die Maßnahme von 1535 scheint daher für Kastilien eine Neuschöpfung gewesen zu sein, die sich allerdings an kastilische wie aragonesische Vorbilder anlehnte[28].

Mit der Stellung eines Vizekönigs verbanden sich jedoch keine konkreten Jurisdiktions- oder Verwaltungsbefugnisse. Die Vizekönige repräsentierten vielmehr die souveräne Gewalt des Monarchen und besaßen somit eine allgemeine politische Autorität, die sie nicht in den Grenzen eines fest umrissenen Amtsbezirks ausüben, sondern nur in besonderen Fällen gegenüber den Organen der ordentlichen Verwaltung zur Geltung bringen sollten, in denen die Amtsbefugnisse dieser Behörden zur Lösung eines Problems nicht ausreichten, bzw. Kompetenzstreitigkeiten den normalen Gang der Administration lähmten. Aus diesem Grunde hat sich die Krone auch damit begnügt, lediglich die Einflußsphären der beiden in Lima und México residierenden Vizekönige gegeneinander abzugrenzen. Aus dieser Abgrenzung entstand auch die hartnäckig in der Literatur und allen historischen Atlanten fortlebende irrige Vorstellung, daß das Kolonialreich in zwei Vizekönigreiche eingeteilt gewesen sei, die in sich geschlossene Verwaltungseinheiten dargestellt hätten. Da mit der Würde eines Vizekönigs jedoch keinerlei administrative Vollmachten verbunden waren, konnten die aus der Abgrenzung der Einflußsphären entstandenen Gebietskomplexe auch keine in sich geschlossene administrative Einheiten bilden.

Konkrete Vollmachten und Amtsbefugnisse besaßen die Vizekönige ausschließlich in ihrer Funktion als Generalkapitäne, Gouverneure und Präsidenten der *Au-*

---

[28] Zur oben angeführten Kontroverse vgl. Teil II, Anm. 207.

diencia an ihrem Regierungssitz. Die Tatsache, daß es sich hierbei um voneinander völlig verschiedene Amtsfunktionen handelte, geht allein schon daraus hervor, daß für jedes dieser Ämter eine gesonderte Ernennungsurkunde ausgehändigt wurde. Zum Verständnis der Bedeutung dieser Ämterakkumulation ist wiederum auf die rechtlichen Beurteilungskriterien zurückzukommen, die bereits vorgestellt wurden. Jedes der genannten Ämter stellte die hierarchische Spitze eines Verwaltungsbereichs dar: Der Generalkapitän war oberster Leiter eines Militärverwaltungsbezirks, der Gouverneur der Vorsteher einer Zivilverwaltungseinheit, und der Präsident einer *Audiencia* leitete zusammen mit dieser Behörde die Justizverwaltung eines bestimmten Gebiets, ohne jedoch in die Rechtsprechung eingreifen zu dürfen, sofern er nicht Jurist war[29]. Die Konstituierung einer zentralen Autorität in einer selbständigen, direkt von den Behörden des Mutterlandes abhängigen Verwaltungseinheit erforderte daher stets die Zusammenfassung aller Ämter der verschiedenen administrativen Teilbereiche in der Hand einer Person. Aus der Art dieser für die spanische Kolonialverwaltung typischen Ämterakkumulation läßt sich daher erst die politische Bedeutung der verschiedenen Amtsträger ermitteln. Die ranghöchste Autorität und der Leiter einer direkt der Krone unterstellten Verwaltungseinheit war der Generalkapitän, Präsident einer Audiencia und Gouverneur, der aus dieser Ämterhäufung eine Vorrangstellung gegenüber anderen Generalkapitänen und Gouverneuren herleiten und oft auch durchsetzen konnte, obwohl diese dem erstgenannten nur in dessen Eigenschaft als Präsident der Audiencia, d.h. im Bereich der Justizverwaltung, unterstellt waren. Entsprechend besaßen Generalkapitäne und Gouverneure ein administratives Übergewicht gegenüber einfachen Gouverneuren, das sich ebenfalls in größerer politischer Bedeutung und daher auch in einer über den eigentlich rechtlichen Rahmen hinausreichenden Weisungsbefugnis niederschlug.

Aus dieser formalistisch überspitzt anmutenden Trennung der einzelnen administrativen Teilbereiche wird gleichwohl erst das Prinzip der territorialen Gliederung ersichtlich, wie sie sich unter dem Einfluß der staatlichen Maßnahmen zur Organisation der Territorialverwaltung in Übersee durchsetzte. Aus dem Verlauf der *Conquista* hatte sich eine Einteilung in Reiche *(Reinos)* und Provinzen *(Provincias)* ergeben, ohne daß freilich die Ursachen für diese unterschiedlichen Bezeichnungen bislang geklärt wären. Im Gefolge der staatlichen Organisation wurden diese *Reinos* und *Provincias* nun zu Militär-, Zivilverwaltungs-, Justizverwaltungs- und Finanzverwaltungseinheiten umgewandelt, unterteilt oder zusammengefaßt, wobei man jedoch weitaus mehr Zivilverwaltungseinheiten (Gouvernements) als Generalkapitanate oder gar Justizverwaltungs-, d.h. *Audiencia*-Bezirke, schuf, so daß die oben skizzierte Hierarchie entstehen konnte, die sich freilich als Folge der in der ersten Hälfte des 16. Jahrhunderts getroffenen Maßnahmen erst allmählich herausbildete[30].

---

[29] Vgl. dazu Alfonso García-Gallo, Los principios rectores, p. 665ff. — Der Vollständigkeit halber sei noch erwähnt, daß der vierte Bereich, die Kassen der Finanzverwaltung, von *oficiales reales*, einem *Contador* (Rechnungsführer), *Tesorero* (Schatzmeister), *Factor* (Verwalter der Sachmittel und Naturalabgaben) und *Veedor* (Inspektor der Edelmetallschmelzen) kollegial verwaltet wurden. Neben diesen weltlichen Verwaltungsbereichen bestanden noch die verschiedenen kirchlichen Verwaltungseinteilungen.

[30] Vgl. dazu die tabellarische Übersicht im Anhang über die territoriale Gliederung, wie sie sich unter dem Einfluß des in der ersten Hälfte des 16. Jahrhunderts errichteten Verwaltungssystems bis zum Zeitalter der bourbonischen Reformen entwickelt hatte.

Über dieser verwirrenden, häufig wechselnden Vielfalt von Generalkapitänen, Präsidenten und Gouverneuren, Generalkapitänen und Gouverneuren und einfachen Gouverneuren, die freilich zueinander in einer festen, für die Zeitgenossen allerdings völlig klaren und daher gesetzlich nicht ausdrücklich geregelten Beziehung standen, befand sich der Vizekönig, der administrativ lediglich *primus inter pares* war, politisch aber als Repräsentant des Monarchen die rechtlich gleichrangigen leitenden Beamten der verschiedenen Verwaltungsbereiche weit überragte. Derselbe Mechanismus, der auf der Ebene der Generalkapitäne, Gouverneure und Präsidenten eine hierarchische Abstufung entstehen ließ, führte dann auch dazu, daß die Vizekönige aufgrund ihres allgemeinen politischen Mandats eine direkte Befehlsgewalt über einige gleichrangige Leiter von Verwaltungseinheiten erwerben konnten, so daß sich allmählich tatsächlich so etwas wie Vizekönigreiche auch als administrative Einheiten herausbilden konnten. Diese waren jedoch allenfalls im 18. Jahrhundert einigermaßen fest umrissene Gebiete und erreichten nie die ihnen in der Literatur zugeschriebenen Ausdehnungen, da es einzelnen Verwaltungseinheiten stets gelang, sich außerhalb der Einflußsphäre vizeköniglicher Befehlsgewalt zu halten.

Eine wichtige Konsequenz der durch die Maßnahmen zur territorialen Organisation unter Karl V. eingeleiteten administrativen Hierarchisierung war die Ausbildung kolonialer Metropolen, wie etwa México und Lima, die aufgrund ihrer administrativen Vorrangstellung nicht nur zu den politischen, wirtschaftlichen und kulturellen Zentren des kolonialen Hispanoamerika werden, sondern auch andere Teile des spanischen Kolonialreichs von sich abhängig machen konnten[31]. Aus der administrativen Hierarchie entwickelte sich daher auch eine viel umfassendere politische, wirtschaftliche und kulturelle Hierarchie mit weitreichenden Konsequenzen für die innere Entwicklung der verschiedenen Gebiete. Besonders deutlich wurde dies im Verlauf der Unabhängigkeitskämpfe, die in vieler Hinsicht auch eine Erhebung der kolonialen Peripherie gegen die kolonialen Metropolen darstellten. Freilich erlaubt der Forschungsstand bislang nicht, weitergehende Schlußfolgerungen aus diesen innerkolonialen Abhängigkeiten zu ziehen.

Die Einführung der *Audiencias* und die Ernennung der Vizekönige in Lima und México waren nicht nur spektakuläre Maßnahmen im Rahmen der Organisation der überseeischen Territorialverwaltung, sondern auch wichtige Schritte zur Entmachtung der Anführer von *Conquista*-Unternehmungen. Mit der Errichtung der *Audiencias* wurde diesen Anführern nämlich bereits die Kontrolle über den wichtigen Bereich der Justizverwaltung entzogen, da die Krone es grundsätzlich vermied, die ersten Konquistadoren der betroffenen Gebiete zu Präsidenten der neu errichteten zentralen Justizverwaltungsorgane zu ernennen. Somit verblieb den Befehlshabern der Eroberungszüge nur die Leitung der Zivilverwaltung und des Militärwesens. Mit der Ernennung der Vizekönige schließlich wurde Hernán Cortés in Mexiko und dem mächtigen Clan der Pizarros in Peru nun auch die Leitung der Zivilverwaltung genommen und außerdem den Eroberern der übrigen, weniger wichtigen Regionen

---

[31] Eine erste Untersuchung dieser innerkolonialen Abhängigkeiten legte Marcello Carmagnani, Les mécanismes de la vie économique dans une société coloniale: Le Chili (1680—1830), vor, der zeigt, wie Chile nicht nur administrativ und politisch, sondern gerade auch wirtschaftlich von der Metropole Peru abhängig wurde und welche Konsequenzen diese Abhängigkeit für die innere Entwicklung Chiles hatte.

eine politische Autorität übergeordnet. Cortés und den Pizarros verblieb damit lediglich noch als Generalkapitänen die militärische Führung, doch auch diese wurde ihnen wenig später entzogen, als es in Peru zur Erhebung gegen die Krone und in México zu einer vorzeitig entdeckten Verschwörung des Erben des inzwischen verstorbenen Hernán Cortés kam. Konnte sich die Krone in Mexiko deshalb so rasch durchsetzen, weil die Unternehmung von Hernán Cortés ohne vorhergehende Kapitulation mit der Krone begonnen worden war, so daß keine so weitgehende Privilegierung der Eroberer stattgefunden hatte, so kamen ihr in Peru die Auseinandersetzungen zwischen den verfeindeten Parteien Pizarro und Almagro bei der Durchsetzung ihrer Autorität zustatten, die ein königliches Eingreifen geradezu herausforderten. Zugleich wurden auch in den übrigen Gebieten in weit weniger spektakulärer Form die Anführer der Eroberungszüge durch königliche Generalkapitäne und Gouverneure mit befristeter Amtzeit ersetzt, wobei die Krone zumeist Untersuchungsverfahren einleitete und die sich ergebenden Amtsverfehlungen oder andere günstige Umstände, wie vorübergehende Abwesenheit, Tod oder innere Streitigkeiten zwischen dem Anführer und seinen Gefolgsleuten, ausnutzte, um das Gebiet unter ihre direkte Kontrolle zu bekommen. Bereits zum Ende der Regierungszeit Karls V. waren die wichtigsten Kolonialgebiete neu ernannten königlichen Generalkapitänen und/oder Gouverneuren unterstellt[32].

Zwar konzentrierten sich die staatlichen Bemühungen zur Organisation der Territorialverwaltung zunächst vorwiegend auf die zentrale Ebene eigenständiger *Reinos* und *Provincias*, doch in einzelnen Gebieten, wie etwa Neuspanien, lassen sich schon in den 30er und 40er Jahren des 16. Jahrhunderts auch Bemühungen zum Aufbau einer staatlichen Verwaltung auf mittlerer und unterer Ebene beobachten. Diese Maßnahmen waren vor allem gegen die *Encomenderos* gerichtet, deren Verfügungsgewalt über die Eingeborenen auf diese Weise eingeschränkt werden sollte. Die Krone beschränkte sich diesbezüglich aber weitgehend auf die Fixierung einer Generallinie und überließ die Regelung der Einzelheiten und die Durchführung der geplanten Schritte weitgehend den neu ernannten Generalkapitänen oder Vizekönigen. Insbesondere wurde in den Indianergemeinden das spanische Munizipalverwaltungssystem eingeführt[33] und an die Spitze der zu Dorfgemeinden konstituierten Indianerkommunitäten (*Comunidades de Indios*) aus vorspanischer Zeit ein eingeborener Gouverneur, zumeist der angestammte Kazike, gestellt. Verantwortlich für die Durchführung dieser Maßnahmen und für das ordnungsgemäße Funktionieren dieser indianischen Munizipalverwaltung war ein vom Vizekönig oder Generalkapitän und Gouverneur eingesetzter spanischer *Corregidor*, dessen Aufgaben weitestgehend denen seines kastilischen Vorbilds entsprachen. Damit verfügte die Krone in Mexiko und Zentralamerika schon sehr früh über eine geordnete Lokalverwaltung, die eine effektive Kontrolle der Eingeborenenbevölkerung gewährleisten und ein Gegengewicht gegen die *Encomenderos* darstellen konnte. Infolge des Pfründencharakters,

---

[32] Zusammenfassende Darstellungen über diese Vorgänge liegen nicht vor, lediglich Mario Góngora, El estado en el derecho indiano, p. 249ff., bietet dazu verstreute Informationen; im übrigen ist diesbezüglich vielmehr auf die zahlreichen Lokal- bzw. Regionalgeschichten älteren Datums zurückzugreifen. Einzelbeispiele finden sich auch in der in Kap. III, Anm. 5 genannten Literatur.

[33] Zur Einführung der spanischen Munizipalverwaltung in den Indianergemeinden vgl. Charles Gibson, The transformation of the Indian Community in New Spain 1500—1810, insbesondere p. 586ff.

den man diesen Ämtern gab — so sollten damit etwa Konquistadoren und ihre Abkömmlinge, die keine Encomienda erhalten hatten, bevorzugt bedacht werden —, sollte sich bald herausstellen, daß die staatlichen spanischen Lokalbeamten die Indianer ebenso ausnutzten wie die *Encomenderos*, doch ging zumindest von diesen befristet eingesetzten *Corregidores* keine Feudalisierungsgefahr aus. In Neuspanien versuchte die Krone den Exzessen der *Corregidores* von den 40er Jahren des 16. Jahrhunderts an durch die Einsetzung von Appellationsrichtern auf Distriktsebene, *Alcaldes Mayores*, zu begegnen, doch blieb diese Maßnahme weitgehend erfolglos, da man angesichts des schon bald spürbar werdenden Bevölkerungsrückgangs unter den Eingeborenen und der dadurch verursachten Minderung der Tributeinnahmen aus Ersparnisgründen dazu übergehen mußte, den *Alcaldías Mayores* einen großen Teil der *Corregimientos* anzugliedern. Man vergab mit dieser Maßnahme gleichzeitig auch die Chance zum Aufbau eines klar gegliederten, aus staatlich unmittelbar kontrollierter Lokal-, Distrikts- und Zentralverwaltung bestehenden Instanzenzuges in den kolonialen Verwaltungseinheiten, die sich späterhin nie wieder ergeben sollte[34].

Neben diesen Schritten zur administrativen Erfassung und Kontrolle des von Eingeborenen bewohnten flachen Landes setzten gegen Ende der Regierungszeit Karls V. auch schon erste Versuche zur Unterwerfung der spanischen Städte unter die Kontrolle der zentralen Staatsgewalt ein. Die *Cabildos* der spanischen Städte genossen ungeachtet der Aufsicht, die die Anführer der *Conquista*-Züge über die zumeist von ihnen selbst gegründeten Städte ausübten, eine viel weiter gehende Autonomie in bezug auf munizipale Selbstbestimmung und Wahl ihrer Repräsentanten als die Städte des Mutterlandes, wie bereits ausgeführt wurde. Aufgrund dieser von der Krone gewährten Freiheiten hatten sich vielfältige, voneinander teilweise erheblich abweichende Formen des Stadtregiments entwickelt, die die an sich zur Vereinheitlichung tendierende Staatsgewalt mit Rücksicht auf die Bedeutung, die der Entfaltung des Städtewesens für den Fortgang der Kolonisation zukam, geduldet hatte. Mit der vereinzelt einsetzenden Ernennung von *Corregidores* und eines Teils der Ratsmitglieder begann die Krone einen Prozeß der Aushöhlung städtischer Freiheiten einzuleiten, der schließlich in der zweiten Hälfte des Jahrhunderts zum Abschluß kommen sollte[35]. Insgesamt gesehen sind in der hier behandelten Zeit allenfalls erste Schritte zur Organisation und Reglementierung der unteren Verwaltungsebenen unternommen worden. Dies ist nicht zuletzt darauf zurückzuführen, daß ja gerade die Eroberung des südamerikanischen Subkontinents, des weitaus größten Teils des späteren Kolonialreiches, erst relativ spät erfolgte und zudem eine Reihe schwerer Turbulenzen nach sich zog, man denke diesbezüglich etwa an die Kämpfe zwischen den Anhängern Pizarros und Almagros in Peru, so daß sich die entsprechenden Maßnahmen notwendigerweise auf die Antillen, Mexiko und Zentralamerika beschränken mußten, wo vergleichsweise stabile Verhältnisse herrschten.

---

[34] Über die frühen Versuche zur Entwicklung einer Lokal- und Distriktsverwaltung in Neuspanien informiert Peter Gerhard, A Guide to the Historical Geography of New Spain, p. 10ff. — Allgemein über *Corregidores* und *Alcaldes mayores* informiert Alfonso García-Gallo, Alcaldías Mayores y Corregidores en Indias, p. 299ff.

[35] Auf die einsetzenden Bemühungen der Krone zur Unterwerfung der Städte verweist John Preston Moore, The Cabildo in Peru under the Hapsburgs, p. 44.

Auch in der Gesetzgebung begann die Krone nunmehr unter dem Einfluß des Indienrats in zunehmendem Maße die Initiative zu übernehmen, während sie bis dahin zumeist lediglich auf Anfragen oder an sie herangetragene Einzelprobleme reagiert hatte. Immer deutlicher läßt sich jetzt das Bestreben beobachten, allgemein verbindliche Regelungen zur Regierung der Überseegebiete zu erlassen. Der Wille des Staates zur Durchsetzung seiner Autorität begann sich allmählich zu artikulieren[36]. Freilich mußte sich die Krone auch jetzt noch darauf beschränken, allgemeine Rahmenrichtlinien festzulegen und die Ausarbeitung der erforderlichen Detailregelungen und Durchführungsbestimmungen den neu ernannten Vizekönigen und Generalkapitänen und/oder Gouverneuren zu überlassen, so daß ungeachtet aller absolutistischen Tendenzen die Repräsentanten der staatlichen Gewalt in den Kolonien ein hohes Maß an Autonomie behielten. Die geographischen Bedingungen erzwangen freilich auch in der Folgezeit immer einen beträchtlichen Grad administrativer und selbst legislativer Dezentralisation[37]. Wie auch noch in den großen Kolonialreichen des 19. Jahrhunderts durchgehend zu beobachten ist, sah sich auch im überseeischen Imperium Spaniens die Metropole stets dazu gezwungen, aufgrund der infolge der riesigen Entfernungen bestehenden Kommunikationsschwierigkeiten ihren Repräsentanten in den Kolonien einen weitgehenden Handlungsspielraum einzuräumen, um unvorhersehbaren Ereignissen angemessen begegnen zu können[38]. Ein unmittelbar absolutistisches, auf unbedingtem Gehorsam gegenüber den Weisungen der Zentrale basierendes Regiment hat sich daher in Übersee nie durchzusetzen vermocht.

Auch diese sich etwa von 1526 bis in die Regierungszeit König Philipps II. hinein erstreckende Periode der Ausbildung der Territorialverwaltung war nicht von Improvisationen, Interimslösungen und Rückschlägen frei und hat sich nicht als ein gradlinig und kontinuierlich verlaufender Prozeß vollzogen. So wurde immer wieder auf das Mittel, einer *Audiencia* kollegial die Regierung eines Gebietes zu übertragen, zurückgegriffen. Allerdings war dies nunmehr nicht in allen Fällen bloßer Ausdruck von Ratlosigkeit, wie noch im Falle der Antilleninseln unter Ferdinand dem Katholischen, sondern oft genug eine geplante interimistische Maßnahme, mit deren Hilfe die Entmachtung einzelner Konquistadoren eingeleitet wurde. Die Eroberer und ersten Siedler, die sich angesichts der zentralistischen Bestrebungen der Krone immer deutlicher als eigenständige Interessensgruppe abzuheben begannen, versuchten durch zahllose schriftliche Eingaben an den König oder den Indienrat, durch Beschwerden gegen die königlichen Funktionäre und durch düstere Prognosen über die Folgen der eingeschlagenen Politik die Entwicklung aufzuhalten und in ihrem Sinne umzuleiten. Oft präsentierten sie sich persönlich bei Hof, um den Monarchen durch Hinweis auf ihre Verdienste, ja, auch durch Bestechungen eine Wendung der Dinge

---

[36] Darauf verweist Mario Góngora, El estado en el derecho indiano, p. 252.
[37] Dieses Phänomen untersuchte Rafael Altamira y Crevea, Autonomía y decentralización legislativa en el régimen colonial español. Legislación metropolitana y legislación propiamente indiana (siglos XVI, XVII y XVIII); vgl. dazu auch Hans Peters, Zentralisation und Dezentralisation, der die verschiedenen Formen von Zentralisation und Dezentralisation definiert.
[38] Auf diese Probleme im britischen Kolonialreich verweist Rudolf von Albertini, Einleitung, in: ders., Hg., Moderne Kolonialgeschichte, p. 42.

zu ihren Gunsten zu erreichen. Von administrativen Manipulationen bis hin zu offenem Ungehorsam gegenüber den Weisungen der Zentrale ließen sie kein Mittel unversucht, um ihre Interessen zur Geltung zu bringen. Dieser massiven Opposition, die auch im Mutterland oft über Familien- und Klientelverbindungen einflußreiche Fürsprache zu mobilisieren vermochte, gelang es zwar nicht, eine Wendung der staatlichen Politik herbeizuführen, immerhin aber durch Verbreitung von Unsicherheit in den ausschlaggebenden Kreisen bei Hof die Verwirklichung dieser Politik aufzuhalten und zu verzögern. Freilich konnte auch die Krone nicht riskieren, auf einer bedingungslosen Verwirklichung ihrer Politik zu beharren, nachdem spätestens seit der Eroberung Mexikos die zentrale Bedeutung der Kolonien für die Finanzierung der europäischen Politik Spaniens offenkundig wurde und jede ernsthafte Störung des Edelmetallflusses aus Amerika nach Spanien weitreichende Auswirkungen auf die Ereignisse in Europa haben konnte. Die europäischen Interessen Spaniens haben daher alles in allem eher verzögernd auf die innere Organisation des Kolonialreiches gewirkt.

Während sich in den 30er Jahren des 16. Jahrhunderts die Opposition der Konquistadoren gegen die staatlichen Pläne einer administrativen Durchdringung zu verdichten begann, geriet die Politik der Krone aber auch von kirchlicher Seite wieder unter verstärkten Druck. Die Exzesse der Eroberer gegen die Eingeborenen in Mexiko und dann insbesondere die Greueltaten der Spanier im Verlauf der Eroberung Perus riefen neuerlich in steigendem Maße die Kirche auf den Plan, die in heftiger Form das Vorgehen der Konquistadoren kritisierte und die Krone für die Duldung dieser Verhältnisse verantwortlich machte. Gelang in dieser Situation in Mexiko mit der Ernennung des ersten Vizekönigs, Antonio de Mendoza, noch eine gewisse Beruhigung der Verhältnisse in den Kolonien selbst, so kam es gleichzeitig in Peru schon zum Ausbruch offener Feindseligkeiten zwischen den Anhängern Pizarros und Almagros, die beide um die Vorherrschaft in dem wenig zuvor eroberten Gebiet kämpften, Turbulenzen, die in den Bürgerkrieg mündeten und sich bis zur Jahrhundertmitte hinzogen. Angesichts dieser sich zuspitzenden Lage leitete Karl V. persönlich einen neuen Vorstoß in der Kolonialpolitik ein. Im Mai 1542 begann er selbst eine Generalvisitation des Indienrats, die weitreichende politische Folgen haben sollte[39].

Das Ergebnis dieser Visitation war nicht nur die Amtsenthebung einiger bestechlicher Ratsmitglieder, sondern insbesondere die Ausarbeitung der Neuen Gesetze von 1542/43[40], auf die in anderem Zusammenhang bereits eingegangen wurde[41]. Abgesehen von ihrer grundlegenden Bedeutung für die Indianerpolitik der Krone bilden die *Leyes Nuevas* aber auch einen Meilenstein in der Entwicklung der staatlichen

---

[39] Über die Hintergründe dieser Maßnahme vgl. Ernesto Schäfer, El Consejo Real y Supremo de las Indias, vol. 1, p. 61ff.

[40] Die doppelte Jahreszahl erklärt sich daraus, daß 1543 eine Ergänzung zu den 1542 erlassenen Gesetzen beschlossen wurde; beide Texte sind u. a. publiziert worden von Antonio Muro Orejón, Las Leyes Nuevas de 1542—1543. Ordenanzas para la gobernación de las Indias y buen tratamiento y conservación de los Indios, p. 561ff.

[41] Vgl. Abschnitt II. 2. a.

Organisation im kolonialen Hispanoamerika. Sie enthielten einleitend einige ergänzende Bestimmungen über die Arbeitsweise des Indienrats und ordneten dann die Errichtung des Vizekönigreiches Peru und je einer *Audiencia* in Lima und Guatemala an. Während die Präsidentschaft der *Audiencia* von Guatemala und die Regierungsverantwortung für das Gebiet noch einem ihrer Ratsmitglieder anvertraut wurde, ernannte die Krone den Vizekönig von Peru zum Präsidenten des Appellationstribunals von Lima und verankerte damit endgültig die Form institutioneller Verknüpfung von Regierung und Justizverwaltung, die sich in der Folgezeit allgemein durchsetzen sollte, nachdem bereits in Mexiko ebenso wie nun in Peru verfahren worden war[42]. Gleichzeitig wurde dem neuen Vizekönig strikt untersagt, *Encomendero* zu werden, Eingeborene in *Encomienda* zu vergeben und weder selbst neue Entdeckungen und Eroberungen zu unternehmen noch solche zu autorisieren, eine Maßnahme, die dazu diente, die Unabhängigkeit der Amtsführung zu sichern. Daran anschließend wurden neue Regelungen über die Arbeitsweise der *Audiencias* erlassen, die vor allem die Unabhängigkeit und Autorität der Rechtsprechung sichern und die Zuständigkeit dieser Gerichte festlegen sollten. Weitere Bestimmungen befaßten sich mit der Form der *Juicios de Residencia*, den Untersuchungsverfahren, die alle Beamte im Dienste der Krone nach Ablauf ihrer Dienstzeit über sich ergehen lassen mußten, und teilten die Aburteilung dieser Verfahren den Gerichten der verschiedenen hierarchischen Ebenen zu. Andere Punkte der Neuen Gesetze setzten neue Regelungen für die Steuereinziehung und für die Rechnungsführung der Finanzbeamten in Kraft. Darüber hinaus enthielten die *Leyes Nuevas* detaillierte Bestimmungen über die Durchführung neuer Entdeckungen, die künftig nicht mehr ohne die Erlaubnis der nächstliegenden *Audiencia* durchgeführt werden sollten. Besondere Aufmerksamkeit widmeten die *Leyes Nuevas* der Moral der Beamten und der Unabhängigkeit ihrer Amtsführung. So wurde ihnen generell untersagt, irgendwelche Vergünstigungen, Geschenke und dergleichen anzunehmen, und vor allem durften sie keine *Encomiendas* besitzen. Die *Encomiendas*, die sich im Besitz von Kronbeamten befänden, seien sofort einzuziehen, selbst dann, wenn der betroffene Beamte auf seine Stellung verzichten und sich für den Genuß der Erträge seiner *Encomienda* entscheiden sollte. Lediglich ein Amt, das des *Corregidor* in den Indianerbezirken, wurde ausdrücklich den Konquistadoren und ihren Nachkommen vorbehalten, die keine *Encomiendas* erhalten hatten, und damit offen zu einer Pfründe deklariert, wenn auch wohl nicht beabsichtigt war, diese *Corregidores* von den Verhaltensnormen für die übrige Beamtenschaft auszunehmen. Offenbar sollten mit dieser Maßnahme die Eroberer zufriedengestellt werden, die sich bislang bei der Verteilung von Belohnungen benachteiligt fühlten. Von den übrigen Bestimmungen, die sich durchweg mit der Indianerproblematik befaßten, ist hier lediglich das generelle Verbot für alle hohen Regierungsbeamten zur Vergabe neuer *Encomiendas* zu erwähnen, das gleichfalls darauf abzielte, die Beamtenschaft aus den Streitigkeiten um die Verteilung der Beute aus den Eroberungen herauszuhalten.

---

[42] Mit zwei Ausnahmen erhielten in späterer Zeit alle *Audiencias* einen nicht aus dieser Laufbahn kommenden Präsidenten, der als Generalkapitän und Gouverneur die Regierungsgewalt übertragen bekam; zu dem eigentümlichen Wechselverhältnis zwischen Vizekönig und *Audiencia* vgl. Horst Pietschmann, Die Einführung des Intendantensystems in Neu-Spanien, p. 70ff.

Zu Recht hat man die *Leyes Nuevas* eine „Art politischer Konstitution der Neuen Welt" genannt [43], enthielten sie doch in zusammenhängender Form die grundlegenden Vorstellungen der Krone zur staatlichen Organisation des überseeischen Kolonialreiches. Waren auch die in dem vorliegenden Zusammenhang weniger interessierenden Bestimmungen zur Behandlung der Eingeborenen, zur Abschaffung der Indianersklaverei und zur Einschränkung der *Encomiendas* die die Zeitgenossen hauptsächlich bewegenden und von ihnen als ungeheuerlich empfundenen Neuerungen, so darf man darüber nicht die gleichfalls fundamentale Bedeutung der Regelungen der administrativen Organisation übersehen. Nicht alle der diesen Aspekt betreffenden Bestimmungen waren völlig neu, ja, in mancher Hinsicht stellten die Neuen Gesetze lediglich eine systematische Zusammenstellung der Prinzipien zur territorialen Organisation dar, wie sie sich im Verlauf des vorhergehenden Jahrzehnts herausgebildet hatten und in dem wenige Jahre zuvor errichteten Vizekönigreich Neuspanien bereits durchgeführt oder zumindest aber in der Durchführung begriffen waren. Zum ersten Mal wurden nun aber diese Prinzipien in allgemeiner, zusammenhängender Form zur gesetzlichen Grundlage für das gesamte überseeische Imperium erhoben und damit der Wille zum Ausdruck gebracht, diesen riesigen Gebietskomplex nach einheitlichen Richtlinien zu organisieren. Sicherlich war vieles noch rudimentär und unvollkommen, doch mit Ausnahme der Anpassung des Stadtregiments an die spanischen Verhältnissse enthielten die *Leyes Nuevas* bereits die verschiedenen Konzeptionen zum Aufbau eines staatlich völlig kontrollierten Behördenwesens, wie sie in den vorhergehenden Passagen dieses Abschnitts dargelegt wurden. Der Wille zur Konstituierung zentraler Verwaltungen in Übersee durch Zusammenfassung verschiedener Provinzen zu einer Verwaltungseinheit findet sich in den Neuen Gesetzen ebenso wie das Prinzip, durch Ämterakkumulation die verschiedenen Verwaltungsbereiche unter einer zentralen Leitung zusammenzufassen und gleichzeitig durch die Verknüpfung der verschiedenen Verwaltungsbereiche administrative Kontrollen einzubauen. Auch die Betonung der politischen Rolle der *Audiencia*, Vorstellungen zur Schaffung eines integren Beamtentums und die Anweisung zum Aufbau einer eigenständigen, die Verfügungsgewalt der *Encomenderos* über die Eingeborenen einschränkenden Lokal- und Distriktsverwaltung sind in dem Gesetzestext schon enthalten. Hervorgehoben werden muß jedoch, daß die erwähnten Grundprinzipien nur zum Teil in expliziter Form in den Neuen Gesetzen enthalten sind. Manche Zusammenhänge erschließen sich dem modernen Betrachter erst vor dem Hintergrund der zeitgenössischen Vorstellungen von Administration bzw. aus der Verwaltungsorganisation des Mutterlandes, was freilich die Bedeutung der *Leyes Nuevas* in keiner Weise mindert.

Wie sah nun die hierarchische Gliederung der für das Kolonialreich projektierten staatlichen Organisation aus? Im Bereich der Justizverwaltung war die Audiencia mit ihrem Präsidenten an der Spitze nicht nur oberstes Gerichtstribunal, sondern auch zentrales Organ der Verwaltung des Rechtswesens bzw. der Rechtsaufsicht in einer selbständigen Verwaltungseinheit. Auf der mittleren Ebene der einzelnen Provinzen lag diese Funktion in den Händen des *Justicia Mayor*, eines Amtes, das stets mit dem entsprechenden Amt der Zivilverwaltung, d. h. also infolge der unklaren Abgrenzung

---

[43] Alfonso García-Gallo, Génesis y desarrollo del Derecho indiano, p. 136.

zwischen Provinz- und Distriktsverwaltung mit dem des Gouverneurs, des *Alcalde Mayor* oder *Corregidor*, vereinigt war und nur in Fällen von Vakanz der jeweiligen Regierungsfunktion als selbständiges Amt in Erscheinung trat[44]. Auch der *Justicia Mayor* war nicht nur Justizverwaltungsorgan, sondern besaß auch richterliche Kompetenzen und zwar je nach dem Charakter des Verfahrens die Funktion eines erst- oder zweitinstanzlichen Richters. Auf lokaler Ebene nahmen diese Aufgaben in erster Instanz die *Alcaldes Ordinarios* der spanischen Städte bzw. der Indianermunizipien wahr. Erwähnt zu werden verdient, daß der Justizverwaltung auch die Organe der öffentlichen Ordnung, also der Polizei und des Strafvollzugs, unterstellt waren. Die Zivilverwaltung lag in den Händen der Vizekönige bzw. eigenständiger Gouverneure, die gleichzeitig oft auch Generalkapitäne und Präsidenten einer *Audiencia* waren. Darunter standen in fließendem Übergang zwischen Provinz- und Distriktsverwaltung Gouverneure, die lediglich die Funktionen von *Justicias Mayores* mit ihrem Amt vereinigten, oder *Alcaldes Mayores* bzw. *Corregidores*. Auf lokaler Ebene lag die Leitung dieses Geschäftsbereichs bei den Räten der spanischen Städte oder der Indianermunizipien. An der Spitze der militärischen Hierarchie stand der Generalkapitän, dem auf mittlerer Ebene entweder die Provinzgouverneure, die grundsätzlich immer auch militärische Funktionen innehatten, oder *Tenientes de Capitán General* oder *Capitanes a Guerra* folgten, beides Ämter, die sich durchweg in den Händen der eher der Ebene der Distriktsverwaltung zuzurechnenden *Alcaldes Mayores* oder *Corregidores* befanden. Relativ unterentwickelt war dagegen noch die Finanzverwaltung. Sie war von den Zivilverwaltungsinstanzen unabhängig und verfügte lediglich auf Provinzebene über königliche Kassen *(Cajas Reales)*, die von den bereits erwähnten *Oficiales Reales* kollegial verwaltet wurden und direkt dem Indienrat unterstanden. Erst in der Folgezeit wurden den Vizekönigen beschränkte Vollmachten in diesem Verwaltungsbereich übertragen und mit der Einrichtung einer *Junta de Real Hacienda* ein Organ der Beschlußfassung für alle Notfälle geschaffen. In diesem Bereich setzte sich im Verlauf der Kolonialzeit die Zentralisation am weitesten durch.

In erster Linie aufgrund der in den Neuen Gesetzen enthaltenen Bestimmungen über die Behandlung der Eingeborenen und über die Einschränkung der *Encomienda* stieß die Verwirklichung der Kronanweisungen auf heftigsten Widerstand, der sich im Falle Perus bis zum Bürgerkrieg steigerte[45]. Infolge dieser Entwicklung verzögerte sich insbesondere in Peru auch die Durchsetzung der in den *Leyes Nuevas* enthaltenen Verfügungen über die administrative Organisation teilweise sogar bis weit in die Regierungszeit Philipps II.[46].

Zum Zwecke der Verkündigung und der Realisierung der neuen gesetzlichen Bestimmungen bediente sich die Krone in einzelnen Gebieten eines Verfahrens, das gleichfalls richtungweisend für die administrative Praxis in Übersee wurde. Während

---

[44] Vgl. dazu und zum folgenden die anschließenden tabellarischen Übersichten.
[45] Über diese wiederholt erwähnten Wirren vgl. die Chronik von Pedro de Cieza de León, Guerras civiles del Perú.
[46] So erfolgte beispielsweise die Einführung von *Corregidores de Indios* in Peru erst in der 60er Jahren des Jahrhunderts, vgl. dazu Guillermo Lohmann Villena, El Corregidor de Indios en el Perú bajo los Austrias, p. 45ff.

130   Monarchischer Absolutismus

DIE VERWALTUNGSBEREICHE UND DIE IHNEN ZUGEORDNETEN ÄMTER IN DER SPANISCHEN KOLONIALVERWALTUNG (ca. 1610).

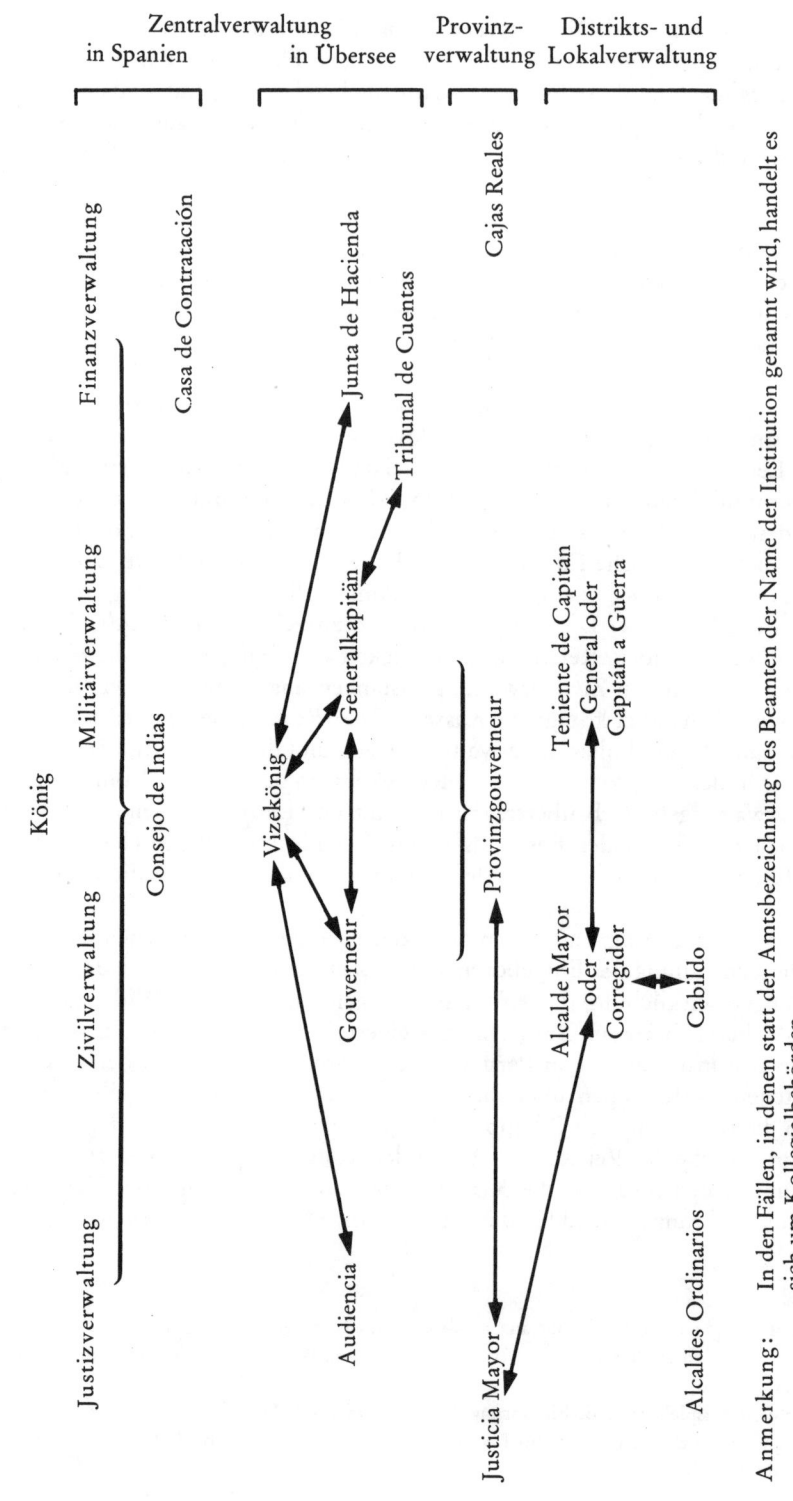

	Justizverwaltung	Zivilverwaltung	Militärverwaltung	Finanzverwaltung	Zentralverwaltung in Übersee	Provinzverwaltung	Distrikts- und Lokalverwaltung
			König				
		Consejo de Indias		Casa de Contratación			
					Junta de Hacienda Tribunal de Cuentas		Cajas Reales
			Generalkapitän				
	Audiencia	Vizekönig					
		Gouverneur					
						Provinzgouverneur	Teniente de Capitán General oder Capitán a Guerra
							Alcalde Mayor oder Corregidor
							Cabildo
	Justicia Mayor						
							Alcaldes Ordinarios

Anmerkung: In den Fällen, in denen statt der Amtsbezeichnung des Beamten der Name der Institution genannt wird, handelt es sich um Kollegialbehörden.

⎫ = Verwaltungsbereiche in der Hand eines Beamten

↕ = In Personalunion vereinte Ämter bzw. Präsidium über eine Kollegialbehörde.

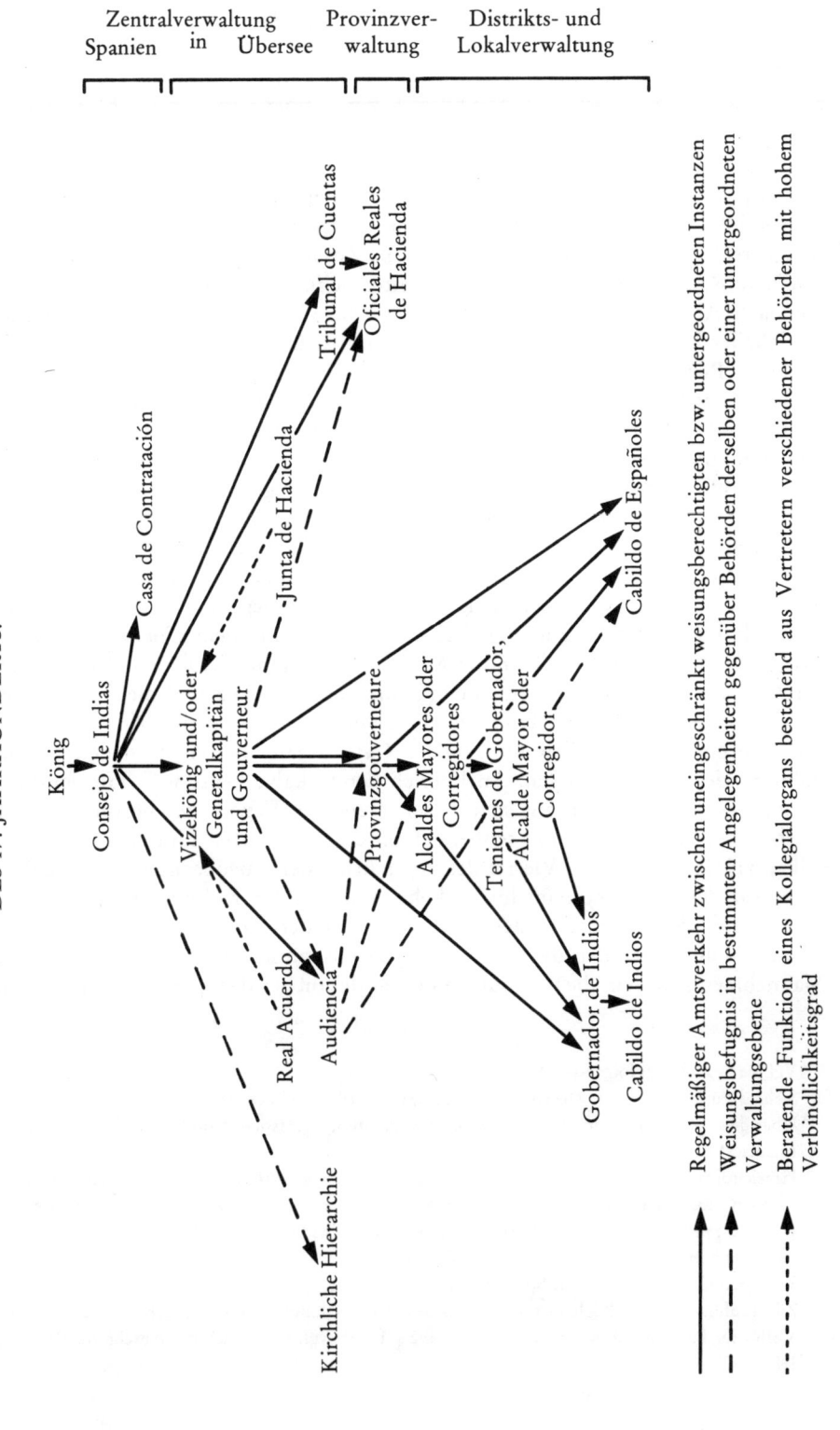

Die Entstehung der Territorialverwaltung in Übersee 131

DIE VERWALTUNGSORGANISATION DES SPANISCHEN KOLONIALREICHS ZU BEGINN DES 17. JAHRHUNDERTS.

| Zentralverwaltung Spanien | Zentralverwaltung in Übersee | Provinzverwaltung | Distrikts- und Lokalverwaltung |

- König
- Consejo de Indias
- Casa de Contratación
- Tribunal de Cuentas
- Oficiales Reales de Hacienda
- Junta de Hacienda
- Vizekönig und/oder Generalkapitän und Gouverneur
- Provinzgouverneure
- Alcaldes Mayores oder Corregidores
- Tenientes de Gobernador, Alcalde Mayor oder Corregidor
- Cabildo de Españoles
- Real Acuerdo
- Audiencia
- Gobernador de Indios
- Cabildo de Indios
- Kirchliche Hierarchie

⟶ Regelmäßiger Amtsverkehr zwischen uneingeschränkt weisungsberechtigten bzw. untergeordneten Instanzen

⇢ Weisungsbefugnis in bestimmten Angelegenheiten gegenüber Behörden derselben oder einer untergeordneten Verwaltungsebene

┈▶ Beratende Funktion eines Kollegialorgans bestehend aus Vertretern verschiedener Behörden mit hohem Verbindlichkeitsgrad

diese Aufgabe in Peru der neu ernannte Vizekönig, Blasco Núñez Vela, übernehmen sollte, entsandte der Indienrat nach Neuspanien und in andere Provinzen *Visitadores Generales* (etwa: Generalinspekteure), die nicht nur den gesamten Verwaltungsapparat auf seine ordnungsgemäße Funktion hin untersuchen, sondern gleichzeitig auch für die Durchsetzung der neu beschlossenen Maßnahmen Sorge tragen sollten. In den folgenden Jahrhunderten ist dieses Verfahren in unregelmäßigen Abständen immer wieder praktiziert worden, um tiefgreifende Neuerungen einzuführen oder auch nur, um die infolge der großen Entfernung zur Verselbständigung neigende Administration verstärkter Kontrolle zu unterwerfen. Zusammen mit dem schon erwähnten *Juicio de Residencia*, der richterlichen Untersuchung der Amtsführung eines Beamten nach Ablauf seiner Dienstzeit, bildete die Generalvisitation, die Entsendung königlicher Kommissare also, das wichtigste Instrument der Staatsgewalt zur Kontrolle des Behördenwesens auch in Übersee[47].

Waren während der Regierungszeit Karls V., der auch die Verwaltung des Mutterlandes in vieler Hinsicht verändert hatte[48], die Grundzüge des kolonialen Territorialverwaltungssystems entwickelt worden, so erfolgte unter Philipp II. der Ausbau und die Bürokratisierung des Behördenwesens. Infolge des wachsenden politischen Drucks, unter den Spanien als europäische Hegemonialmacht und Vorkämpfer der Gegenreformation geriet, erlangten auch in der Kolonialpolitik die Probleme des Finanz- und Militärwesens immer offenkundiger ein gewisses Übergewicht. Besonders der 1556 unternommene, wenig später wieder aufgegebene Versuch, das gesamte koloniale Finanzwesen dem Indienrat zu entziehen und dem Finanzrat (*Consejo de Hacienda*) zu übertragen, die in der Mitte der 60er Jahre erfolgende Konstituierung der *Oficiales Reales* zu Organen der Finanzgerichtsbarkeit und die Einführung der bedeutendsten kastilischen Umsatzsteuer, der *Alcabala*, in den Kolonien seit den 70er Jahren sowie die Gründung neuer *Cajas Reales* in verschiedenen Provinzen dokumentieren diese Tendenz im Bereich der Fiskalverwaltung[49]. Hinsichtlich des Militärwesens wiederum läßt sich dieser Trend am Beginn des Festungsbaus, dem Ausbau des Milizwesens und schließlich an der vermehrten Einrichtung von Generalkapitanaten im letzten Viertel des 16. Jahrhunderts beobachten[50]. Die definitive Fixierung des Flottensystems im Verkehr zwischen den Kolonien und dem Mutterland[51] und die Einführung des Ämterkaufs in der Kolonialverwaltung[52] stellten weitere Maßnahmen dar, die teilweise in den Zusammenhang fiskalisch-militärischer Maßnahmen gehören, die von nun an immer deutlicher der spanischen Kolonialpoli-

---

[47] Vgl. dazu auch den folgenden Abschnitt.
[48] Siehe dazu Fritz Walser, Die spanischen Zentralbehörden und der Staatsrat Karls V.
[49] Über diese Maßnahmen im Bereich der Finanzverwaltung vgl. Ismael Sánchez-Bella, La organización financiera de las Indias. Siglo XVI, p. 30ff.
[50] Hinsichtlich des Festungsbaus vgl. José Antonio Calderón Quijano, Historia de las Fortificaciones en Nueva España, p. 7ff. und 221ff. — Zum Milizwesen vgl. Alfonso García-Gallo, El servicio militar en Indias, p. 447ff. — Auf die Vermehrung der Generalkapitanate geht Ernesto Schäfer, El Consejo Real y Supremo de las Indias, vol. 2, p. 162, ein.
[51] Vgl. dazu C. H. Haring, The Spanish Empire in America, p. 304f.
[52] Zur Einführung und Reglementierung des Ämterkaufs unter Philipp II. siehe Francisco Tomás y Valiente, La venta de oficios en Indias (1492—1606); vgl. dazu auch die Abschnitte III. 1. c. und III. 2. b.

tik ihren Stempel aufdrücken sollten. Wie auch die Innenpolitik im Mutterland wurde somit die Kolonialpolitik Spaniens immer mehr zu einer Funktion der außenpolitischen Entwicklungen. Gerade der Umstand aber, daß die Krone nunmehr in stärkerem Maße als früher den Kolonisten finanzielle und militärische Lasten auferlegen konnte, verdeutlicht, wie weitgehend sich die Staatsgewalt gegenüber allen zentrifugalen Kräften in Übersee durchgesetzt hatte und wie wirkungsvoll der neue Behördenapparat zur Verwirklichung der Ziele der Kronpolitik eingesetzt werden konnte. Diese Zusammenhänge lassen aber auch erkennen, daß hinter dem Bestreben zur Durchsetzung der staatlichen Gewalt gegenüber der sich zunächst recht frei entfaltenden Konquistadorengesellschaft nicht bloß ein allgemeiner, rechtsphilosophisch begründeter Autoritätsanspruch des den Staat verkörpernden Monarchen stand, sondern ganz konkrete politische Zwänge die Krone dazu drängten, eine ihrer direkten und unmittelbaren Kontrolle unterstehende Behördenorganisation aufzubauen, mit deren Hilfe die Mobilisierung der Ressourcen ermöglicht und damit die zu einem ständig wachsenden Anteil auf den Kolonien lastende Finanzierung der europäischen Politik Spaniens gesichert werden konnte.

Philipp II. hat sich denn auch intensiver und regelmäßiger als sein Vorgänger um die Angelegenheiten der überseeischen Gebiete gekümmert und sich vor allem einer direkten Überwachung der Zentralbehörden im Mutterland befleißigt. Nachdem im Verlauf der ersten Jahrzehnte seiner Regierung der Aufbau der in den *Leyes Nuevas* projektierten Verwaltungsorganisation im wesentlichen abgeschlossen worden war und eine Reihe neuerlicher Generalvisitationen in den Kolonien in den 60er Jahren für eine strikte Durchsetzung der Krongesetzgebung gesorgt hatte, leitete der König 1569 mit dem Befehl zu einer weiteren Visitation des Indienrats abermals eine Revision der Kolonialpolitik ein. Dieses von dem Lizentiaten Juan de Ovando durchgeführte Untersuchungsverfahren führte zu der Einsicht, daß der Indienrat weder genaue Kenntnis der überseeischen Gebiete und ihrer Probleme, noch der geltenden Gesetze und Dienstanweisungen, die er zu befolgen hatte, besaß und daß dieselbe Einschätzung der Lage offenbar auch für die Zentralbehörden der Territorialverwaltung in Übersee zutraf. Nachdem bereits 1563 eine aus mehr als 300 Punkten bestehende Dienstanweisung für die amerikanischen *Audiencias* in Kraft gesetzt worden war, führte die nun durchgeführte Visitation des *Consejo de Indias* zu umfangreichen gesetzgeberischen Maßnahmen. Zunächst erfolgte die Ausarbeitung neuer, aus 122 Kapiteln bestehender *Ordenanzas* zur Regelung der Arbeit des Indienrats, die minuziös die Aufgaben dieser Behörde, ihre Verfahrens- und Arbeitsweisen festlegten. Auch die bereits früher entstandenen Pläne zur Kodifizierung des gesamten „Indianischen Rechts" empfingen starke Impulse vom Ergebnis der Visitation des Indienrats und sollten in der Folgezeit zu ersten Teilergebnissen führen. Wenig später, im Jahre 1573, erließ die Krone eine 148 Abschnitte umfassende Anweisung über die Durchführung neuer Entdeckungen und Eroberungen, die Besiedlung neuer Gebiete und die Anlage von Städten, die bekannten *Ordenanzas de descubrimiento, nueva población y pacificación de las Indias*[53]. Weitere detaillierte Dienstanweisungen für die Beamten der Finanzverwaltung, Bestimmungen über die Registrierung der Bevölkerung und insbesondere die wiederholt versandten, oft hunderte von Punkten

---

[53] Vgl. dazu Teil II. 2. c., Anmerkung 214.

enthaltenden Fragenkataloge, nach denen die amerikanischen Beamten die geographisch-demographisch-naturkundliche Landesaufnahme durchführen sollten, zeugen von den intensiven gesetzgeberischen Aktivitäten der Zentralverwaltung des Mutterlandes in jener Epoche[54]. Ein großer Teil dieser äußerst detaillierte Bestimmungen enthaltenden *Ordenanzas* zielte vor allem darauf ab, die Arbeitsweise des vielgliedrigen und verzweigten Behördenapparats einheitlich zu regeln und bürokratische Verfahrensweisen zu verankern.

Spätestens seit den Katholischen Königen läßt sich in Spanien eine rasch steigende Zahl solcher *Ordenanzas* oder *Instrucciones* beobachten, die von der Krone mit dem Ziel erlassen wurden, die Arbeitsweise der Behörden festen und einheitlichen Regeln zu unterwerfen. Die Vielzahl dieser Behördenreglements ist gleichzeitig als ein zuverlässiger Gradmesser für die schnell wachsende Bedeutung der öffentlichen Verwaltung, aber auch für die regionale Differenzierung des Behördenwesens anzusehen. Bereits hier im Spanien des 16. Jahrhunderts zeichnet sich ganz deutlich das Bestreben des Staates ab, Herrschaft nicht mehr vorwiegend politisch, sondern auch bürokratisch abzusichern und Herrschaftsausübung ausschließlich durch die Administration erfolgen zu lassen. Der Höhepunkt dieser Entwicklung wurde ohne Zweifel unter Philipp II. erreicht, der nicht zu Unrecht als bürokratischer Monarch bezeichnet wird. Vertraute Karl V. noch mindestens ebensosehr auf das Charisma des Herrschers und erwartete, durch seine persönliche Anwesenheit an den Brennpunkten des Geschehens Einfluß auf Personen und auf die politische Entwicklung nehmen zu können, so entzog sich Philipp weitgehend der Öffentlichkeit, gab seinem Reich eine ständige Hauptstadt und damit den Zentralbehörden erstmals einen festen Amtssitz und regierte buchstäblich vom Schreibtisch aus auf schriftlichem Wege sein weltweites Imperium. Dieser Wandel des Regierungsstils dokumentiert in kaum zu überbietender Klarheit, wie sehr sich mit der gestiegenen Bedeutung des Verwaltungsapparats eine bürokratische Herrschaftsform durchsetzte.

In den spanischen Überseebesitzungen ist dies besonders deutlich zu beobachten, gab es da doch keine vergleichbaren Widerstände gegen dieses Herrschaftsprinzip wie im europäischen Mutterland, wo grundherrliche Rechte, regionale und munizipale Sonderrechte germanisch-westgotischen Ursprungs und ein umfangreiches Privilegienwesen dieser modernen, vom römischen und dem kirchlichen Recht beeinflußten Entwicklung bis zum Ausgang des Ancien Régime zu widerstehen vermochten. Wohl nirgendwo sonst hat sich zumindest von den gesetzlichen Grundlagen her das Prinzip einer bürokratischen Herrschaft so früh und so vollkommen durchsetzen können, wie dies im kolonialen Hispanoamerika der zweiten Hälfte des 16. Jahrhunderts der Fall war. Bis zu welchem Grade die staatliche Organisation in Übersee tatsächlich den modernen Vorstellungen von rationaler bürokratischer

---

[54] Zusammenhängende Publikationen dieser Gesetzestexte liegen nicht vor. Zu einem großen Teil gingen sie jedoch in die später erarbeiteten Gesetzessammlungen ein, so etwa in Diego de Encinas, Cedulario Indiano, und in die bereits zitierte Recopilación de las Leyes de Indias von 1680. — Zu den Erhebungen landeskundlicher Art z.B. Richard Konetzke, Die „Geographischen Beschreibungen" als Quellen zur hispanoamerikanischen Bevölkerungsgeschichte der Kolonialzeit, p. 1ff., der auf diese Fragenkataloge kurz eingeht; allgemeiner dazu Sylvia Vilar, La trajectoire des curiosités espagnoles sur les Indes. Trois siècles d' *„interrogatorios"* et *„relaciones"*, p. 247ff.

Herrschaft im Sinne Max Webers entsprach, wird noch zu untersuchen sein. Ohne Rücksicht auf die Beantwortung dieser Frage kann aber bereits an dieser Stelle gefolgert werden, daß die Erforschung der staatlichen Organisation Hispanoamerikas nicht nur eine rein kolonialgeschichtliche Bedeutung hat, sondern geeignet ist, die zeitgenössischen Vorstellungen von staatlicher Ordnung an einem praktischen Beispiel zu studieren, denn das in Übersee errichtete Herrschaftssystem entsprach als Neuschöpfung diesen Vorstellungen weitgehend. Freilich darf sich eine solche Untersuchung nicht nur auf die rechtlichen Grundlagen beschränken, da eine Beurteilung der staatlichen Organisation ohne Berücksichtigung ihres Funktionierens im Kontext der sozialen und politischen Entwicklung und vor allem der Trägergruppe dieser Herrschaftsordnung, des Beamtentums also, zu irreführenden Ergebnissen führen müßte.

c. Das Beamtentum

Es bedarf keiner besonderen Betonung, daß zur Errichtung einer bürokratischen Herrschaft ein fachlich geschultes, an hohen ethischen Normen orientiertes, Gehorsam und Sachbezogenheit sich verbunden fühlendes Beamtentum ebenso gehört, wie die gesetzlichen Grundlagen für eine solche Herrschaftsform. Wie wurden nun in der kolonialen Verwaltungspraxis die weithin so perfektionistisch anmutenden gesetzlichen Bestimmungen tatsächlich gehandhabt? Wer waren die Beamten, die dieses komplexe Verwaltungssystem leiteten, wie waren sie motiviert und welche Amtsauffassung besaßen sie? Die Beantwortung dieser Fragen fällt schwer, da für die hier in Betracht kommende Zeit so gut wie keine Untersuchungen zu diesem Problemkomplex vorliegen. Zwar existieren Listen sämtlicher Vizekönige, Generalkapitäne, Gouverneure, Finanzbeamten und Bischöfe für die Zeit des 16. und 17. Jahrhunderts, doch ist über Herkunft, soziale Stellung und Lebensgeschichte dieser Beamten fast nichts bekannt[55]. Die folgendenAusführungen können daher lediglich als ein erster Versuch gelten, der sich vorwiegend auf die Gesetzgebung und die Kenntnis der Verwaltungspraxis stützen muß.

Insgesamt lassen sich zwei Gruppen von Beamten feststellen, nämlich einmal die vorwiegend politischen Beamten, die, dem Charakter der von ihnen versehenen Ämter zufolge, in erster Linie Regierungsaufgaben auf den verschiedenen hierarchischen Ebenen versahen, und daneben die Fachbeamten, die Tätigkeiten zu erledigen hatten,

---

[55] Diese Listen erstellte Ernesto Schäfer, El Consejo Real y Supremo de las Indias, vol. 2, p. 439ff.; unbefriedigend dazu die Ausführungen bei José M. Ots Capdequí, Interpretación institucional de la colonización española en América, p. 289ff., und p. 279ff.; ausführlicher, aber nicht zwischen Amt und Amtsinhabern trennend ders., Historia del Derecho Español en América y del Derecho Indiano, p. 128ff.; etwas besser ist die Rolle der Juristen in der Verwaltung erforscht, vgl. dazu Javier Malagón-Barceló, The Role of the Letrado in the Colonization of America, p. 1ff.; über Ausbildung und Herkunft der Juristen im Mutterland neuerdings auch Richard L.Kagan, Students and Society in early modern Spain, insbesondere p. 75ff. und 109ff. — Zur Distriktsbeamtenschaft vgl. meine Untersuchung: Corregidores, Alcaldes Mayores und Subdelegados, p. 173ff.

die besondere Qualifikationen erforderten. Zu den ersteren sind vor allem die Vizekönige, die Provinzgouverneure, die *Corregidores* und teilweise auch die *Alcaldes Mayores* zu zählen. Die Voraussetzungen zur Ernennung dieser Beamten waren insbesondere guter Leumund, Abstammung von Altchristen, persönliche Zuverlässigkeit, eigene oder durch Angehörige erworbene Verdienste um die Krone und die Vertrautheit mit den allgemeinen Prinzipien „guter Regierung" (*Buen Gobierno*), wie sie in zeitgenössischen Traktaten fixiert waren. Neben diesen allgemeinen, gesetzlich nicht oder nur sehr vage vorgeschriebenen Auswahlkriterien waren aber bei diesen wie auch bei allen anderen Beamten gute Beziehungen zum Hof, Klientelverbindungen und Empfehlungen in wechselnder Intensität mindestens ebenso entscheidend für die Übertragung eines Amtes.

Zur zweiten Gruppe gehörten die *Oidores* der *Audiencias*, die höheren Beamten der Finanzverwaltung, vor allem *Contadores* und *Tesoreros*, und die Generalkapitäne und Festungskommandanten. Letztere besaßen zugleich auch immer Regierungsfunktionen, sind jedoch in ihrer Eigenschaft als Militärs als Fachleute in diesem Teilbereich der Administration anzusehen. Je nach der Form des Erwerbs dieser Fachkenntnisse untergliedert sich diese Beamtengruppe in zwei Untergruppen, nämlich einmal die Juristen, die durch ein Universitätsstudium die fachlichen Voraussetzungen für den Erwerb ihres Amtes erlangten, und zum anderen die Beamten, die in untergeordneten Stellungen der Verwaltungs- oder Militärlaufbahn die für die höheren Ämter derselben Laufbahn erforderlichen Qualifikationen erwarben. Hierzu gehören neben den Militärs die Finanzbeamten und die verschiedenen Typen von Behördensekretären und bürokratische Hilfsfunktionen versehende sonstige Angestellte. Abgesehen von den Militärs, deren Qualifikation keiner besonderen Erklärung bedarf, bestanden diese Fachkenntnisse bei den Finanzbeamten etwa im Erwerb eines Überblicks über das Steuerwesen und die unterschiedlichen Arten der Steuereinziehung sowie in der Erlernung der Buchführungstechniken, während von den Notaren und Behördensekretären die verschiedenen Formen der gebräuchlichen Schriftsätze und Aktenstücke, die Registrierung und Exzerpierung des Dokumentenmaterials erlernt werden mußten. Neben den Fachkenntnissen, die unbedingt nur von den Juristen verlangt wurden, während man ansonsten häufig von diesem Requisit absah, galten für diese Beamtenstellen dieselben Einstellungsvoraussetzungen wie für die Regierungsbeamten. Neben ihrer eigentlich fachbezogenen Arbeit hatten diese Beamten oft auch in unterschiedlicher Form wichtige Beraterfunktionen für die die Regierungsgeschäfte führenden Amtsträger zu erfüllen. Während die Regierungsbeamten immer als Einzelbeamte in voller Eigenverantwortlichkeit ihren Dienst versahen, war der Tätigkeitsbereich der Fachbeamten, mit Ausnahme der Militärs, die kollegial organisierte Behörde oder, im Falle der Behördensekretäre, der der Öffentlichkeit weitgehend entzogene Bereich der Amtsstube.

Die Ernennung der Beamten erfolgte jeweils für unterschiedliche Zeiträume. Bei den politischen Beamten, also den Vizekönigen, Präsidenten und Generalkapitänen, Generalkapitänen und Gouverneuren, Gouverneuren, *Corregidores* und *Alcaldes Mayores*, setzte sich schon in der zweiten Hälfte des 16. Jahrhunderts eine zeitliche Befristung der Amtstätigkeit durch, die schließlich für alle aus Europa entsandten Beamten auf fünf Jahre, für alle in Amerika residierenden Anwärter auf drei Jahre festgelegt wurde. Zwar ist diese Frist infolge besonderer Umstände oft überschritten worden, doch galt sie als gesetzliche Norm. Anders dagegen die Fachbeamten, die von der Krone für unbestimmte Dauer ernannt wurden, was in der Praxis meist eine lebenslange, allerdings nicht immer ortsgebundene Anstellung im Dienste der Krone bedeutete. Die Einzelbeamten, weitgehend identisch mit den die Regierungsgewalt ausübenden Amtsträgern, schieden dagegen nach Ablauf ihrer Dienstzeit oder spätestens beim Eintreffen eines Nachfolgers zunächst aus dem Verwaltungsdienst aus. Höhere Regierungsbeamte kehrten meist ins Mutterland zurück und wurden je nach Eignung in andere Kronämter delegiert oder schieden zeitweise oder ganz aus. Die untergeordneten Beamten, Gouverneure, *Corregidores* und *Alcaldes Mayores*, konnten nach Ablauf ihrer Amtszeit ebenfalls die Weiterverwendung im Dienste der Krone beantragen, doch scheint sich auf dieser Ebene keine Ämterlaufbahn herausgebildet zu haben, wie sie in formalisierter Form ohnehin erst im Verlauf des 18. Jahrhunderts eingeführt wurde. Ebensowenig existierte ein irgendwie geordnetes Beförderungswesen. Während unter den Regierungsbeamten naturgemäß eine hohe Fluktuation zu beobachten ist, gelang es den Fachbeamten zusehends, sich nicht nur selbst auf Dauer in ihren Ämtern einzurichten, sondern häufig auch ihren Nachkommen eine Ämterlaufbahn zu ermöglichen. Durch zwei Faktoren wurde diese Tendenz zur Amtsappropriation vor allem begünstigt, einmal durch den unter Philipp II. eingeführten, mit dem Recht zur Vererbung verbundenen Ämterkauf und durch ein bestimmtes Rekrutierungsverfahren für die juristisch ausgebildeten Beamten.

Schon unter den Katholischen Königen und Karl V. wurden solche Tendenzen zur Amtsaneignung in der Vergabe von lebenslänglich auszuübenden oder gar vererbbaren Ämtern deutlich, ein Phänomen, das allerdings im Zusammenhang der allgemeinen Politik der Krone zur Begünstigung der überseeischen Kolonisation durch verschiedenartige Anreize gesehen werden muß. Sicherlich wird man unter Berücksichtigung dieses Umstandes nicht von einem allgemeinen Trend zur Patrimonialisierung der Ämtervergabe sprechen können[56], da die gesetzlich festgelegten Normen, die weit eher die Grundlinien der Politik signalisieren als einige Einzelbeispiele, gerade die Amtsaneigung untersagten[57]. Außerdem hat die Krone in der auf die Besitznahme der einzelnen Gebiete jeweils folgenden Phase der Durchsetzung staatlicher Autorität geradezu peinlich darauf geachtet, jede Art von Amtsappropriation zu verhindern und in bestehenden Fällen rückgängig zu machen, wie die Amtsenthebung zahlreicher Konquistadoren signalisiert. Diese Politik wurde in gleicher Form von den Katholischen Königen, Karl V. und Philipp II. verfolgt. Erst Philipp sah sich unter dem Druck der staatlichen Finanzkrise genötigt, von dieser Grundregel teilweise abzuweichen. Aber auch als 1559 begonnen wurde, in größerem Stil Ämter in der Kolonialverwaltung zu verkaufen, wurden von dieser Maßnahme nur die den einzelnen Behörden angeschlossenen und die öffentlichen Notariate der

---

[56] Dies behauptet Francisco Tomás y Valiente, La venta de oficios en Indias, p. 45, wobei allerdings nicht ganz klar ist, ob der Vf. „Patrimonialisierung" im Sinne Max Webers versteht. Im Weber'schen Sinne läßt sich von Patrimonialisierung jedoch sicher nicht sprechen.

[57] In dem *Ordenamiento* der *Cortes* von Toledo vom Jahre 1480 hatten die Katholischen Könige in deutlicher Form jede Amtsaneignung verurteilt: „... porque todos los derechos aborrescieron la perpetuydad del officio publico en una persona ...", in: *Cortes* de los antiguos Reinos de León y de Castilla, tomo 4, p. 161, wo auf das Problem der Beamtenmoral ausführlich eingegangen wird. Auch Karl V. hat später mehrere Erlasse zu dieser Thematik herausgegeben.

Städte und die Stellung des *Alférez Real*, der als königlicher Bannerträger Sitz und Stimme im Rat einer jeden Stadt besaß, betroffen[58]. Auch die Ausweitung dieser Praxis in den folgenden Jahrzehnten erfaßte schließlich nur die Mitgliedschaften in den Stadträten und darüber hinaus lediglich Ämter, die Hilfs- oder Exekutivfunktionen innehatten, keinesfalls aber verantwortlich mit Regierungs-, Justiz-, Militär- oder Finanzverwaltungsaufgaben befaßt waren. Die mit eigener Entscheidungsbefugnis ausgestatteten Beamten konnten sich auch weiterhin ihr Amt nicht erkaufen, da dies gesetzlich untersagt blieb. Erst im 17. Jahrhundert sollten auch von dieser Regel Ausnahmen gemacht werden. Bemerkenswert ist, daß es sich bei den verkauften Ämtern durchweg um solche handelte, die nicht mit einem festen Gehalt ausgestattet waren, sondern ausschließlich Sporteleinkünfte erheben konnten. Man wird freilich nicht bestreiten wollen, daß mit der Einführung des Ämterkaufs und damit der Amtsaneignung auf dieser untergeordneten, für eine bürokratische Verwaltung gleichwohl bedeutenden Ebene der Verwaltungsorganisation sachfremde, einer Rationalisierung hinderliche Kriterien der Rekrutierung in den Behördenapparat Eingang fanden. Eine Beamtenkaste dürfte sich dadurch freilich nicht herausgebildet haben, da sich die von der Verkaufspraxis im 16. Jahrhundert betroffenen Ämter insgesamt gesehen in der Minderheit befunden haben dürften und vor allem eine sehr unterschiedliche Bedeutung besaßen, so daß etwa zwischen einem *Regidor* irgendeines Stadtrates, einem *Alguacil* und einem Notar oder Behördensekretär sowohl hinsichtlich des Ansehens und der Amtsaufgaben als auch in bezug auf die Gewinnchancen und die Art der Realisierung der durch das Amt gebotenen Vorteile keine Ähnlichkeit bestand. Ebensowenig wird man aus dieser Entwicklung den Schluß ziehen dürfen, daß die Krone mit der Vergabepraxis von den gesetzlich fixierten Regeln zur Schaffung eines pflichtbewußten an der Aufgabe orientierten Beamtentums abgewichen wäre[59], wie immer wieder aufzufindende Sanktionen auch gegen pflichtvergessene Beamte dieser Kategorie erkennen lassen.

Der zweite Mechanismus, der eine Amtsaneignung zumindest durch eine bestimmte soziale Gruppe und weniger durch Einzelindividuen begünstigte, war der enge, modernen Studentenverbindungen vergleichbare Zusammenhalt der Mitglieder einzelner Universitätskollegien, insbesondere der *Colegios Mayores*. Diese ursprünglich zur Förderung der Erziehung mittelloser Studenten altchristlicher Abstammung gegründeten Kollegien entwickelten sich zunehmend zu Eliteinstitutionen, deren Angehörigen nach Absolvierung ihrer juristischen Studien die Aufnahme in den Staatsdienst mehr oder weniger garantiert war, da die bereits in Amt und Würden befindlichen Mitglieder dieser Gruppe bei der Besetzung von Vakanzen jüngere Absolventen ihrer eigenen *Colegios* begünstigten und hohe Staatsbeamte die Angehörigen dieser Schulen zu bevorzugen empfahlen. So findet sich in den Ratsbehörden der Metropole ebenso wie in den *Chancillerías* ein ständig wachsender Prozentsatz von ehemaligen *Colegiales*[60]. Infolge dieser Entwicklung kam über Jahrhunderte hinweg

---

[58] Über die Entwicklung des Ämterkaufs unter Philipp II. vgl. Francisco Tomás y Valiente, La venta de oficios en Indias, p. 61ff., desgleichen die immer noch grundlegende Arbeit von J. H. Parry, The Sale of Public Office in the Spanish Indies under the Hapsburgs.

[59] Eine solche Abweichung unterstellt implizit J. Vicens Vives, The Administrative Structure of the State in the Sixteenth and Seventeenth Centuries, p. 78f. unter Berufung auf J. van Klaveren und Federico Chabod.

[60] Vgl. dazu Richard L. Kagan, Students and Society in early modern Spain, p. 92ff.

die überwiegende Mehrheit der Mitglieder der *Consejos* und der amerikanischen *Audiencias* aus einer kleinen Zahl von Eliteschulen, was zunächst sicherlich die Zuverlässigkeit des juristisch geschulten Beamtentums erhöht haben, langfristig aber gewiß zu einer Erstarrung dieser Beamtengruppe in Schultraditionen und Routine sowie zu einem Mangel an geistiger Flexibilität geführt haben dürfte. Bis zu einem gewissen Grad könnte diese Rekrutierungspraxis die für die kolonialen *Audiencias* besonders typische Ausrichtung an traditionellen Verfahrensweisen einerseits und das besondere politische Gewicht dieser Behörden andererseits erklären, durften sie doch in allen Auseinandersetzungen auf die Unterstützung ihrer in der zentralen Ratsbehörde sitzenden „Bundesbrüder" zählen. Durch die Entsendung ihrer Nachkommen in eben diese *Colegios* konnten sie darüber hinaus auch ihren Söhnen eine Ämterlaufbahn ermöglichen, so daß über diese Institutionen tatsächlich eine der Amtsappropriation vergleichbare Form der Aneigung enstand. Infolge dieser Umstände läßt sich zumindest in bezug auf die im höheren Verwaltungsdienst stehenden Juristen eine gewisse Tendenz zur Herausbildung einer Beamtenkaste beobachten, die allerdings nicht völlig zur Entfaltung kam, da die Krone durch ihre Ernennungspolitik für ein relativ hohes Maß an geographischer und vertikaler Mobilität innerhalb der Hierarchie sorgte.

Abgesehen von den Notaren und von den Hilfs- oder Exekutivfunktionen versehenden Beamten der verschiedenen Behörden, die nur auf Sporteleinkünfte angewiesen waren, erhielten die Beamten der verschiedenen Kategorien Gehälter, die im Normalfall in Bargeld ausgezahlt wurden. Die Höhe des Gehaltes war jeweils in den Ernennungsurkunden fixiert und richtete sich nach einer groben Einschätzung der Bedeutung des betreffenden Amtes. Obwohl die hohen Regierungsbeamten, die *Oidores* und die Verwalter der königlichen Kassen in absoluten Zahlen durchaus ansehnliche Gehälter bezogen, reichten die Bezüge oftmals zur Bestreitung der Kosten für einen standesgemäßen Lebensstil nicht aus. Die Besoldung der Beamten der mittleren und unteren Hierarchien war durchweg so gering, daß die Inhaber dieser Ämter zu unerlaubtem Nebenerwerb förmlich gezungen waren, eine Notwendigkeit, die zusätzlich durch die Unsicherheit der Ämterlaufbahn bei den nicht lebenslang angestellten Beamten verschärft wurde. Auch die allen Beamten mit Ausnahme der *Oidores* zustehenden Sporteleinkünfte bedeuteten keine nennenswerte Verbesserung der wirtschaftlichen Lage für das Gros der Staatsdiener, da das staatlich reglementierte Gebührenwesen in der Regel nur minimale Einkünfte verschaffte. Es ist daher nicht verwunderlich, daß seit der Mitte des 16. Jahrhunderts in zunehmendem Maße neue Einnahmequellen erschlossen wurden und selbst in den höchsten Rängen der Beamtenschaft die Korruption Eingang fand[61].

Obwohl zahlreiche, miteinander freilich nicht zusammenhängende Erscheinungen für die Verbreitung der Korruption in der spanischen Verwaltung schon während des 16. Jahrhunderts sprechen, fällt eine Interpretation dieses für das Funkionieren des frühneuzeitlichen Behördenapparats so wichtigen Phänomens äußerst schwer, da

---

[61] Auf die Einzelheiten dieses Vorgangs verweist u. a. C. H. Haring, The Spanish Empire, p. 110ff. und 128ff.

zusammenhängende Untersuchungen zu diesem Komplex fehlen[62]. Sicherlich war Korruption im Mittelalter und während des *Ancien Régime* eine über ganz Europa verbreitete Praxis, doch ist über ihre Auswirkungen relativ wenig bekannt[63]. Die Literatur beurteilt die Korruption ausgehend von modernen Vorstellungen über die Integrität und die Unbestechlichkeit des Beamtentums rundheraus als schädlich und als störendes Element im Verwaltungsprozeß. Dies wird in allgemeiner Form sicherlich zutreffen, doch wird damit noch nichts über die Art der Beeinflussung des Behördenwesens ausgesagt. Mehr oder weniger deutlich wird dabei immer unterstellt, daß die Korruption die Oligarchie gegenüber den ärmeren Bevölkerungsschichten begünstigte, doch scheint dies zumindest fraglich. Bezogen auf die Kolonialverwaltung läßt sich feststellen, daß sich die Angehörigen verschiedener sozialer Schichten in der Verwaltung ohnehin nur vor Gericht einander begegneten, ansonsten aber die Administration in erster Linie das Verhältnis Untertanen – Staat betraf, da die überwiegende Mehrzahl der adminstrativen Geschäfte Angelegenheiten der öffentlichen Ordnung im weitesten Sinne, der Vergabe von Lizenzen jeder Art, der Steuereinziehung und dergleichen ausmachte. In der Rechtsprechung scheint die Funktion der Korruption weniger darin bestanden zu haben, Unrecht zu Recht zu erheben, als vielmehr darin, den Gang der Rechtsprechung zu beschleunigen. Dafür spricht, daß offensichtlich beide Prozeßparteien durch Geschenke dem Gang der Dinge nachhalfen – auch Indianergemeinden bildeten hierin keine Ausnahme – und daß bei der kollegialen Form der Rechtsprechung und angesichts der verschiedenen Apellationsmöglichkeiten einmal offene Rechtsbeugung nicht so leicht möglich war und zum anderen die Vielzahl der erforderlichen Bestechungen leicht den Streitwert zu übertreffen drohte, so daß die Korruption in diesem Bereich allenfalls Interessenten vor der Aufnahme eines Rechtsstreits zurückschrecken ließ. Viel folgenreicher scheint dagegen die Korruption in dem Verhältnis Untertan – Staat gewesen zu sein, d.h. also im rein administrativen Bereich, wo durch Bestechung die Möglichkeit bestand, staatliche Vorschriften zu umgehen, unrechtmäßige Vorteile zu erzielen oder sich von der Anwendung der Bestimmungen der staatlichen Gesetzgebung zu eximieren. Die Korruption dürfte daher vor allem dazu gedient haben, den Staat zu hintergehen, sei es im Handel, im Steuerwesen und den damit verwandten Bereichen. Die Korruption erwies sich somit als ein Mittel, welches der kolonialen Gesellschaft bis zu einem gewissen Grade gestattete, ihre Interessen auch gegen den alle Lebensbereiche erfassenden Machtanspruch des Staates durchzusetzen. In diesem Zusammenhang wird deutlich, warum und in welcher Form die koloniale Beamtenschaft in vieler Hinsicht eine Mittlerstellung zwischen Staat und Kolonisten in Übersee einnehmen konnte, denn nur so vermochte sie im Hinblick auf die geringe Bezahlung ihre eigenen Interessen zu wahren. Gleichzeitig wird daraus ersichtlich, daß die Korruption insgesamt gesehen ein wichtiges Instrument zur Stabilisierung der spanischen Herrschaft in

---

[62] Systematisch beschäftigt sich lediglich J. Vicens Vives, The Administrative Structure of the State, p. 83ff., kurz mit diesem Komplex, seine Schlußfolgerungen basieren aber mehr auf den Ergebnissen einzelner Untersuchungen über die Verhältnisse außerhalb Spaniens.

[63] Manche interessante Aussagen finden sich in der insgesamt aber wenig befriedigenden Untersuchung von J. van Klaveren, Die Historische Erscheinung der Korruption, in ihrem Zusammenhang mit der Staats- und Gesellschaftsstruktur betrachtet; zu diesem Problemkomplex.

Übersee darstellte, denn sie ermöglichte neben anderen Mechanismen den so wichtigen Interessenausgleich zwischen der kolonialen Gesellschaft und einer auf die Vorteile des Mutterlandes zugeschnittenen Kolonialgesetzgebung[64]. Da das System des Ämterkaufs, das parallel zur Verbreitung der Korruption in Amerika eingeführt wurde, ebenfalls im Sinne eines solchen Interessenausgleichs wirkte – ermöglichte es doch den Amerikaspaniern den Zugang zur Ämterlaufbahn – wird man die These, daß der Verkauf der Ämter die Reaktion des Staates auf die Ausbreitung der Korruption gewesen sei, für Hispanoamerika nur mit Vorbehalt akzeptieren können[65]. Dies insbesondere auch aus dem Grunde, da die Krone zumindest im 16. Jahrhundert alle nur denkbaren Anstrengungen unternahm, um durch regelmäßige Kontrolle die Integrität des Beamtentums zu erhalten oder wiederherzustellen.

Neben den teilweise schon erwähnten bürokratischen Kontrollmechanismen, wie etwa der den Regierungsbeamten auferlegten Verpflichtung zur Konsultation der Kollegialbehörden, der Pflicht zur regelmäßigen Berichterstattung über alle, auch außerhalb der eigenen Kompetenz anfallenden administrativen oder politischen Probleme, der Aufforderung zur Information über die Verfahrensweisen anderer Behörden oder Beamter und über die Einhaltung der umfangreichen Disziplinargesetzgebung sowie dem institutionell verankerten Spannungsverhältnis zwischen Einzelbeamten und Kollegialbehörden, verfügte die Zentralgewalt im Mutterland auch über andere, direkte Verfahren zur Überwachung der Amtsführung der einzelnen Behörden.

Das gebräuchlichste dieser Untersuchungsverfahren war das schon genannte *Juicio de Residencia*, ein juristisches Verfahren, das nach Ablauf der Dienstzeit eines Beamten seine Amtsführung begutachten sollte. Grundsätzlich waren alle Beamten diesem Untersuchungsprozeß unterworfen, doch bildete sich schon bald die Praxis heraus, es nur auf Einzelbeamte, nicht aber auf die Angehörigen von Kollegialbehörden anzuwenden. Mit der Durchführung wurde jeweils ein von der vorgesetzen Behörde ernannter Untersuchungsrichter betraut, der an Ort und Stelle die nötigen Erhebungen vornehmen sollte. Während der Dauer des Verfahrens mußte der Beamte, dessen Amtsführung Gegenstand der Inspektion war, sich an seinem Dienstort aufhalten, woher die Bezeichnung *Residencia* ihren Namen erhielt. Die Untersuchung gliederte sich in eine geheime Erhebung und einen öffentlichen Teil, in dessen Verlauf alle Einwohner des Verwaltungsbereichs aufgerufen waren, ihre Beschwerden über den scheidenden Beamten vorzubringen. Die Inspektion erstreckte sich ebenfalls auf alle übrigen, von dem Amtsinhaber ernannten Funktionsträger, wie Stellvertreter, Rechtsbeistände etc. Auf die Untersuchung folgte ein förmliches Rechtsverfahren, in dessen Verlauf die Parteien ihre Zeugen zu den verschiedenen Anklagepunkten aussagen ließen, bevor schließlich der Richter sein Urteil fällte. Die

---

[64] Zur Rolle der Gesetzgebung für das Verhältnis Kolonien — Mutterland vgl. III. 2. b. — Man wird sich in diesem Zusammenhang freilich vor einer Überbetonung der Rolle der Korruption zu hüten haben, tendenziell ist sie jedoch nicht zu bestreiten.

[65] So J. Vicens Vives, The Administrative Structure of the State, p. 85f. — Die Gleichzeitigkeit im Auftreten von Ämterkäuflichkeit und Korruption wird zu Recht auf die inflationären Tendenzen in der zweiten Hälfte des 16. Jahrhunderts zurückgeführt, doch eine kausale Verbindung erscheint für Spanien fraglich.

mögliche Sanktionen reichten von Geldstrafen über die Feststellung dauernder Amtsunfähigkeit bis zu schwerem Kerker. Gegen diese Urteile konnte Berufung bei der zuständigen *Audiencia* oder beim Indienrat eingelegt werden. Ungeachtet seiner scheinbaren Rigorosität erwies sich dieses Verfahren vor allem auf den unteren Ebenen der Verwaltungshierarchie als verhältnismäßig unwirksam, da aus Geldmangel keine wirklich unabhängigen Richter ernannt, sondern meist die unmittelbaren Amtsnachfolger oder noch im Amt befindliche Beamte derselben Kategorie aus benachbarten Distrikten mit der Durchführung des Untersuchungsverfahrens betraut wurden[66].

Ein weiteres Kontrollinstrument stellte die ebenfalls schon erwähnte Visitation dar, die weniger zur Inspektion der Amtsführung von Einzelbeamten, sondern mehr der Untersuchung der Arbeitsweise von Kollegialbehörden diente. Besonders wichtig waren die Generalvisitationen (*Visitas Generales*), die zur Überprüfung aller Behörden im Rahmen eines Vizekönigreiches oder einer selbständigen Verwaltungseinheit durchgeführt wurden. Diese wurden stets von der Krone angeordnet, jedoch nur in unregelmäßigen, meist größeren Zeitabständen realisiert, da sie nicht nur erhebliche Kosten, sondern auch eine empfindliche Störung des routinemäßigen Verwaltungsablaufs darstellten. Besonders die Generalvisitationen fanden nur relativ selten statt, wenn es galt, neue politische Richtlinien durchzusetzen oder die Beamtenmoral insgesamt zu heben. In ihrem Ablauf ähnelten diese Verfahren dem *Juicio de Residencia*, erforderten allerdings einen umfangreichen Stab von Beamten, da der Generalvisitator seine Vollmachten delegieren mußte, um seiner Aufgabe in einer überschaubaren Zeit nachkommen zu können. Die Bedeutung der Generalvisitationen liegt aber nicht so sehr in ihren richterlichen Konsequenzen, sondern in ihrer politischen Funktion als Instrument zur Reform der Verwaltung, besaßen diese Generalinspekteure doch äußerst weitreichende Vollmachten, die sie in den Stand versetzten, Beamte abzulösen, Behörden umzuorganisieren und ähnlich tiefgreifende Maßnahmen zu verwirklichen. Da die außergewöhnlichen Umstände eines solchen Verfahrens die Möglichkeit zum Erwerb von besonderen Verdiensten boten, die in der Regel beruflichen Aufstieg nach sich zogen, haben die Visitatoren gemeinhin ihre Aufgabe sehr ernst genommen und strenge Untersuchungen durchgeführt, die fast immer zu einer Verbesserung der Arbeitsweise der Behörden führten. Die Visitationen sind damit das wohl effektivste Verfahren zur Kontrolle der Behördentätigkeit gewesen, von dem immer wieder wichtige Impulse für die Verwirklichung von Recht und Gesetz und zur Durchführung von Reformmaßnahmen in den Kolonien ausgegangen sind[67].

Eine dritte Einrichtung zur Überwachung der Verwaltungsorganisation stellte die *Pesquisa*, die geheime Untersuchung der Amtsführung eines Beamten oder einer Behörde, dar, die immer aufgrund von zureichenden Verdachtsmomenten über schwere Amtsverfehlungen eingeleitet wurde. Ein solcher *Juez Pesquisidor* zog ledig-

---

[66] Vgl. zu dieser Institution José María Mariluz Urquijo, Ensayo sobre los juicios de residencia indianos; weitere Studien zum *Residencia*-Verfahren neuerdings in den Akten des 2. Venezolanischen Historikerkongresses, vgl. Literaturverzeichnis: Academia Nacional de la Historia.

[67] Guillermo Céspedes del Castillo, La visita como institución indiana, p. 984ff.; zahlreiche neuere Untersuchungen zur Geschichte auch dieser Institution sind in den Akten des 2. Venezolanischen Historikerkongresses enthalten.

lich geheime Erkundigungen ein, war aber nicht befugt, irgendwelche Maßnahmen zu ergreifen. Diese behielt sich die entsendende Behörde vor. Ziel einer solchen Untersuchung war, festzustellen, ob die Verfehlungen so schwerwiegend waren, daß eine vorzeitige Amtsenthebung angebracht erschien. War dies jedoch nicht der Fall, so wurden die Anklagepunkte bis zur Einleitung des *Residencia*-Verfahrens zurückgestellt. Auch dieses Kontrollinstrument ist in der kolonialen Verwaltung mit Vorsicht eingesetzt worden, erwies sich dann aber als effektives Mittel, um schwerste Ausschreitungen oder Verfehlungen zu verhüten.

Das soziale Ansehen der Beamten wurde durch mißbräuchliche Praktiken und durch die Verbreitung der Korruption nicht beeinträchtigt, da die Ausnutzung eines Amtes zur persönlichen Bereicherung als legitim angesehen und in gewissen Grenzen daher gesellschaftlich toleriert wurde. Aufgrund seiner politisch einflußreichen Stellung genoß das Beamtentum aller Ebenen vielmehr ein durchaus hohes Ansehen. Auch die Krone unternahm alle Anstrengungen zur Hebung des Sozialprestiges der Staatsdiener. So wurde ihr Ansehen etwa durch eine Reihe von Privilegien und sichtbaren Auszeichnungen sowohl rechtlich als auch hinsichtlich des äußeren Erscheinungsbildes unterstrichen. Die Beamtenschaft stellte daher für die koloniale Oberschicht einen umworbenen gesellschaftlichen Partner dar, so daß es trotz der Verbote, innerhalb des eigenen Jurisdiktionsbereichs zu heiraten, immer wieder zu Eheschließungen zwischen Beamten und Angehörigen der Oberschicht kam, wodurch wiederum die Interessenlage der Beamten derjenigen der sozial führenden Schicht in Übersee angenähert wurde und die Mittlerstellung des Beamtentums zwischen Krone und Kolonisten sich festigte. Da es ungeachtet der privilegierten, herausgehobenen Stellung des Beamtentums nicht, bzw. nur in sehr begrenztem Ausmaß, zu einer Amtsappropriation kam, bildete das Beamtentum auch nur sehr bedingt eine geschlossene soziale Gruppe, allenfalls einen besonders ausgezeichneten Teil der Oberschicht. Lediglich die Vizekönige und die *Oidores* der *Audiencias* stellten aufgrund ihrer prominenten, notwendigerweise überparteilichen Stellung eine eigene, zahlenmäßig allerdings sehr kleine Gruppe dar, deren juristisch geschulte Mitglieder zur Kastenbildung neigten.

Über die Herkunft der Beamten lassen sich nur schwer allgemeine Aussagen machen. Die höheren Verwaltungsbeamten waren im 16. Jahrhundert durchweg Europaspanier, schon deshalb, weil sich innerhalb der kurzen, seit der Eroberung verstrichenen Zeitspanne kein ins Gewicht fallendes Reservoir potentieller Beamtenanwärter in Übersee entwickeln konnte. Ein solches entstand erst in der zweiten Hälfte des Jahrhunderts, nachdem die ersten Universitäten in Amerika ihre Arbeit aufgenommen hatten und den Abkömmlingen der Eroberer und frühen Kolonisten eine juristische und theologische Erziehung vermittelten. Lediglich auf den unteren Verwaltungsebenen finden sich in dieser Zeit schon häufig Amerikaspanier als Kronbeamte. Auch die Politik der Krone, keine Regierungs- oder Richterämter an Personen zu vergeben, die aus dem Jurisdiktionsbezirk stammten, in dem sie ihr Amt ausüben sollten, verhinderte ein Eindringen der Kreolen vor allem in die höheren Ämter der staatlichen Verwaltung, da sie weit weniger mobil waren als Europaspanier, die sich von einem Amt in den Kolonien Reichtum und sozialen Aufstieg versprachen. Erst die sich seit Philipp II. immer weiter ausbreitende Praxis des Ämterkaufs ermöglichte den Amerikaspaniern das Eindringen in die Ämterlaufbahn in größerem Ausmaß.

Bezüglich der sozialen Herkunft ist zwischen den einzelnen Typen von Beamten zu unterscheiden. Die Vizekönige kamen im Zeitalter der habsburgischen Monarchen durchweg aus dem hohen Adel, während die Angehörigen der Ratsbehörden im Mutterland und der kolonialen *Audiencias* durchweg dem niederen Adel oder der städtischen Patrizierschicht entstammten. Für die Beamten der unteren und mittleren Ebenen fehlen Anhaltspunkte, die Rückschlüsse auf ihre soziale Herkunft erlaubten, doch scheinen die Ämter dieses Bereichs großenteils zur Belohnung verdienter Militärs oder sonstwie verdienter und gleichzeitig bedürftiger Bevölkerungsgruppen vergeben worden zu sein.

Die Einstellung der Beamten zu ihrem Amt ist naturgemäß nur sehr schwer zu charakterisieren. Verpflichtung gegenüber dem Amt, Gehorsam gegenüber den Anweisungen der Krone und die Auffassung vom Pfründencharakter eines Amtes waren die wichtigsten, miteinander oft im Widerstreit liegenden Elemente der Amtsauffassung der kolonialen Beamtenschaft. Häufig findet sich eine Betonung abstrakt verstandener, auf Sachzwängen basierender Amtsaufgaben gegenüber der Gehorsamspflicht, besonders dann, wenn die Weisungen der Krone oder vorgesetzter Behörden als nicht mit den Gegebenheiten in Einklang stehend und darum als schädlich empfunden wurden. In dem Maße, in dem sich die Interessen der Beamtenschaft denen der kolonialen Oberschicht anzunähern begannen, wurde diese Verpflichtung gegenüber höheren Zielen der Verwaltungstätigkeit oft nur vorgeschützt, um die Verwirklichung gesetzlicher Bestimmungen zu verhindern, und diente mithin lediglich zur Bemäntelung eigener Interessenpolitik. Angesichts des völligen Fehlens einschlägiger Untersuchungen fällt es schwer, die Bedeutung der genannten Komponenten der Amtsauffassung der Beamtenschaft zu beurteilen und Interessenpolitik von echter Überzeugung zu trennen. Aus diesem Grunde scheinen auch vereinzelte Systematisierungsversuche mindestens verfrüht [68], da sich aus den über die Literatur verstreuten Einzelbeobachtungen kein zuverlässiges und zusammenhängendes Gesamtbild gewinnen läßt. Sicher scheint lediglich zu sein, daß es nicht gelang, ein überwiegend von traditional patrimonialen Bindungen freies, zweckrational orientiertes Beamtentum zu schaffen und daß die koloniale Beamtenschaft in zunehmendem Maße dazu neigte, eigene Auffassungen gegenüber der Metropole durchzusetzen und damit eine größere Handlungsfreiheit und Unabhängigkeit zu erlangen, eine Tendenz, die freilich jedem bürokratischen Apparat immanent zu sein scheint.

Abschließend erhebt sich nun die Frage, wie die staatliche Organisation des kolonialen Hispanoamerika im ausgehenden 16. Jahrhundert zu beurteilen ist. In einem weiteren, die sozialen Verhältnisse einschließenden Zusammenhang hat Eisenstadt das spanische Kolonialreich sicherlich zu Recht als *„centralized historical bureaucratic empire"* charakterisiert[69] und seine Organisationsstrukturen aus dem Vergleich

---

[68] Vgl. dazu etwa S. N. Eisenstadt, The Political Systems of Empires, p. 273ff. — Die später erschienene Untersuchung von John Leddy Phelan, The Kingdom of Quito in the Seventeenth Century, ist für eine Verallgemeinerung wenig geeignet, da sie sich auf die Verhältnisse des 17. Jahrhunderts beschränkt, die in mancher Hinsicht völlig verschieden von der Situation im 16. Jahrhundert waren, da Korruption und Ämterkauf die Beamtenmoral bereits nachhaltig beeinflußt hatten und die Krone nur wenig zur Besserung der Lage unternahm.

[69] Vgl. S. N. Eisenstadt, The Political Systems of Empires, p. 22ff., wo der Vf. die Unterschiede der *historical bureaucratic empires* zu patrimonial, feudal und modern geprägten Staatswesen herausarbeitet.

mit den Reichen der Antike, dem byzantinischen Reich, dem der Kalifen und anderen außereuropäischen Machtzusammenballungen sowie den europäischen Staaten des Zeitalters des Absolutismus hergeleitet. Ein solcher auf Standardisierung und Typisierung von Herrschaftsstrukturen abzielender Vergleich ist freilich wenig geeignet, die spezifischen Kennzeichen eines bestimmten Untersuchungsobjekts hervortreten zu lassen, und insbesondere vermag er nicht, Antwort auf die Frage zu geben, welche Bedeutung der Ausbildung der staatlichen Organisation im kolonialen Hispanoamerika im Prozeß der Entwicklung des modernen Staates beizumessen ist. Immerhin zeichnet sich Eisenstadts Analyse dadurch aus, daß seine zentralisierten historisch-bürokratischen Imperien klar abgesetzt werden sowohl von feudalen und patrimonialen als auch von modernen Herrschaftsformen, wie sie Max Weber definiert hat. Die einzige von Max Webers Typisierungsversuchen ausgehende, ausschließlich auf Hispanoamerika bezogene Interpretation des spanischen Kolonialsystems aus der Feder eines Historikers[70] konstatiert dagegen eine bunte Mischung von Elementen charismatischer, traditioneller, patrimonialer und bürokratischer Herrschaft, neigt jedoch aus zum Teil nicht aufrechtzuhaltenden Gründen zu einer Überbetonung der patrimonialen Züge und bewertet damit das spanische Kolonialreich als in wesentlichen Aspekten noch mittelalterlich oder zumindest nicht modern geprägtes System, das allenfalls einige Kennzeichen moderner Entwicklung aufwies[71]. So zutreffend einerseits die Deutung dieses Autors insgesamt auch erscheint, so statisch mutet sie andererseits durch die Ausklammerung einer auf die Entwicklung der modernen, rational organisierten Bürokratie ausgerichteten Betrachtungsweise an. Sicherlich kann nicht bestritten werden, daß *„the Spanisch bureaucracy contained both patrimonial und legal features in a bewildering combination"*[72], doch ist diese Feststellung wohl auf alle zeitgenössischen europäischen Staaten anzuwenden. Ja, man wird mit Fug und Recht behaupten dürfen, daß traditionale, patrimoniale Elemente unter ausschließlichem Bezug auf die staatliche Organisation in den europäischen Staaten jener Zeit weitaus dominierender waren, als dies in der Kolonialverwaltung des 16. Jahrhunderts der Fall war. Für diesen Modernitätsvorsprung spricht allein schon das Fehlen feudaler Herrschaftsbefugnisse und überhaupt das weitgehende Fehlen eines Feudaladels im Hispanoamerika der zweiten Hälfte des 16. Jahrhunderts. Zumindest ihrem Anspruch nach erfüllte die Behördenorganisation in

---

[70] John Leddy Phelan, The Kingdom of Quito, p.320ff. — Unberücksichtigt bleibt hier eine frühere Untersuchung von Magali Sarfatti, Spanish Bureaucratic-Patrimonialism in America, da der Vf.in erhebliche Fehler in der Beurteilung des spanischen Kolonialverwaltungssystems unterlaufen sind.

[71] Phelan übersieht in seiner nur unzureichend die Gesetzgebung berücksichtigenden Analyse etwa die durch die Ämterakkumulation verdeckten Ansätze zu einer Trennung von Rechtsprechung und allgemeiner Verwaltung. Ebensowenig berücksichtigt er, daß der Monarch in zunehmendem Maße in abstrakter Form den Staat repräsentierte und dadurch seinen patrimonialen Charakter zu verlieren begann, um nur einige der genannten Mängel näher auszuführen. Schließlich erscheint es problematisch, solch allgemeine Aussagen aufgrund einer Untersuchung über das koloniale Ecuador zu formulieren, eine Provinz, die an der Peripherie der kolonialen Machtzentren lag und daher nicht in jeder Hinsicht für die gesamte Kolonialverwaltung repräsentativ gewesen ist. Man wird insgesamt davon ausgehen können, daß die Beachtung der Krongesetzgebung umso geringer war, je weiter, räumlich als auch hierarchisch, eine Verwaltungseinheit von der Metopole entfernt war.

[72] John Leddy Phelan, The Kingdom of Quito, p. 329.

Übersee einen großen Teil der Anforderungen an eine legale Herrschaft bürokratisch rationalen Typs im Sinne Max Webers[73]. Entsprach die staatliche Organisation in ihrer gesetzlich fixierten Form diesen Erfordernissen weitgehend, so wurde sie in der Praxis vor allem durch die von diesen Normen abweichenden Verhaltensweisen des Beamtentums und die immer wieder zu beobachtende Durchbrechung der gesetzlich fixierten Prinzipien seitens der Krone und ihrer Zentralbehörden mit patrimonialen Elementen angereichert. In der Theorie der Gesetzgebung war dieses System durchaus modern und in die Zukunft weisend, und nur die Praxis entsprach infolge des Beharrungsvermögens traditionaler Mentalitäten nicht den hohen Anforderungen des gesetzlich verankerten Systems. Die gesetzlich fixierten Normen boten aber den bleibenden Maßstab, an dem nicht nur das Funktionieren der Verwaltung etwa vermittels der Generalvisitationen, die in Einzelfällen wahren Razzien glichen, gemessen werden konnte, sondern die auch für die weitere Entwicklung richtungsweisend wurden. Ungeachtet aller beharrenden traditional-patrimonialen Elemente wird man daher nicht umhin können, das spanische Kolonialreich des späten 16. Jahrhunderts als das am weitesten in Richtung auf die moderne bürokratisch-rationale Herrschaft entwickelte Staatswesen jener Zeit zu bezeichnen. Diese Feststellung, die für die Praxis der Herrschaftsausübung und erst recht für ihre gesetzlichen Grundlagen gilt, schließt nicht aus, daß sich in späterer Zeit im Gefolge des Niedergangs der spanischen Monarchie im 17. Jahrhundert auch in der Kolonialverwaltung Verfallserscheinungen beobachten lassen, die in ihrer Gesamtheit viele Ansätze zu einer modernen Entwicklung wieder verschütteten, wie sie sich im Verlauf des 16. Jahrhunderts zunächst durchgesetzt hatten. Eine massive Zunahme von Ämterpatronage, Ämterkauf und Korruption, der Verfall der monarchischen Autorität unter den letzten Habsburgern und ähnliche Faktoren kennzeichnen diese rückschrittliche Entwicklung.

Wie auch immer man die im 16. Jahrhundert aufgebaute koloniale Verwaltungsorganisation hinsichtlich der Weberschen Typisierungen beurteilen mag, so ist nicht zu bezweifeln, daß dieses administrative System gemessen an den zeitbedingten Umständen hervorragend auf die Bedürfnisse und besonderen Gegebenheiten eines so ausgedehnten Kolonialreichs zugeschnitten war und zumindest im Jahrhundert seiner Errichtung die ihm zugefallene historische Aufgabe voll erfüllte. Diese bestand nicht nur in der Durchsetzung der staatlichen Autorität gegenüber einer sich zunächst relativ frei entfaltenden Eroberer- und Kolonistengesellschaft, sondern auch in der Entwicklung und Durchführung der Kolonialpolitik des Mutterlandes in einer räumlich ungeheuer entfernten, enorm ausgedehnten und für die Zeitgenossen völlig fremdartigen Weltgegend mit einer nach Sitten und Kultur in sich höchst verschiedenartigen und dem europäischen Erfahrungshorizont unbegreiflichen Bevölkerung. Sicherlich hatte die Staatsgewalt vom Beginn der überseeischen Ausbreitung an versucht, in Form von Instruktionen und gesetzlichen Regelungen politisch gestaltend in den Prozeß der Expansion einzugreifen, sich jedoch nur sehr bedingt durchzusetzen vermocht, wie eine Fülle nicht beachteter, verfälschter oder nur partiell angewandter Gesetze erkennen läßt, doch gelang es ihr erst durch den Aufbau einer von

---

[73] Siehe dazu Max Weber, Wirtschaft und Gesellschaft, p. 160ff. Es soll hier darauf verzichtet werden, die einzelnen Beispiele nochmals auszuführen. Der Vf. glaubt, diese Bezüge in den vorangehenden Abschnitten implizit bereits zum Ausdruck gebracht zu haben.

den Konquistadoren unabhängigen Behördenorganisation, diesem Gestaltungswillen uneingeschränkt Geltung zu verschaffen. Daraus wird aber ersichtlich, daß der Aufbau eines staatlicher Kontrolle und Lenkung unterstehenden Behördenwesens eine gegen die Konquistadoren gerichtete Maßnahme war. Die staatliche Organisation des spanischen Kolonialreichs erfolgte somit im Gegensatz zu den die Landnahme und die Kolonisation tragenden Kräften, der in einen die gesamte Kolonialzeit über anhaltenden Antagonismus zwischen dem Staat und den kreolischen Teilen der kolonialen Oberschicht – den Erben der Konquistadoren und ersten Kolonisten – münden sollte, wie auch in anderem Zusammenhang schon deutlich wurde.

2. Der Staat, die Partikulargewalten und die politische Ordnung

a) Die Durchsetzung der staatlichen Autorität gegenüber den Konquistadoren

Wie sehr die Errichtung eines bürokratisch arbeitenden Verwaltungssystems in den einzelnen Kolonialgebieten gegen die Konquistadoren gerichtet war, wird allein schon daraus erkennbar, daß mit der Ernennung der zentralen Amtsträger in den Überseegebieten jeweils die Entmachtung der Anführer der Entdeckungs- und Eroberungsunternehmungen verbunden war. Die erst jüngst wieder vorgetragene Auffassung, daß die Eroberer „prädisponiert" gewesen seien, „die königliche Kontrolle zu akzeptieren"[74], ist daher nicht haltbar. Der Umstand, daß es dennoch nicht zu einer organisierten Opposition gegen die Maßnahmen der Krone kam, muß einmal in dem hohen, sakralen Ansehen des Königtums erblickt werden, das Rebellion gegen den Herrscher unmöglich, zumindest aber aussichtslos machte und allenfalls Widerstand gegen einzelne Funktionäre oder Gesetze gestattete, zum anderen aber aus dem Vorgehen der Zentralgewalt erklärt werden, die den Verwaltungsaufbau von oben nach unten vorantrieb. Ausgehend von der zentralen Behördenorganisation des Mutterlandes wurde zunächst durch die Einsetzung von *Audiencias* und Vizekönigen bzw. Präsidenten, Generalkapitänen und Gouverneuren eine koloniale Zentralverwaltung konstituiert, der wiederum die Organisation der nachgeordneten Verwaltungsebenen anvertraut wurde. Dieses Vorgehen führte dazu, daß zunächst die Anführer der Konquistadorentrupps aus ihrer Stellung verdrängt wurden, während die übrigen Teilnehmer der Unternehmungen und die ersten Kolonisten noch darauf hofften, durch die Übertragung der Jurisdiktionsgewalt über ihre Eingeborenen und durch die Anerkennung ihrer *Encomiendas* als erblichen Besitz, ihre Position festigen zu können. Da sich zudem nach Beendigung des jeweiligen *Conquista*-Zuges Zwistigkeiten und Fraktionsbildungen um die Verteilung der Beute und um Rangfragen ergaben, verfügten die Anführer im Kampf um die Anerkennung ihrer Vorangstellung auf Dauer nicht über die rückhaltlose Unterstützung ihrer Mannschaf-

---

[74] So James Lang, Conquest and Commerce, p. 11.

ten, und der neu ernannte königliche Amtsträger konnte sich daher in der Regel auf einen Teil der Spanier stützen. Als in einer späteren Phase mit der Einführung königlicher Distrikts- und Lokalbeamter, der *Alcaldes Mayores* und insbesondere der *Corregidores*, und der Verschärfung der restriktiven *Encomienda*-Gesetzgebung auch die Masse der Konquistadoren von den staatlichen Bestrebungen zur Zentralisierung betroffen wurde, war diese Gruppe führerlos und daher nicht in der Lage, sich auf die Dauer der staatlichen Autorität zu widersetzen. Wie sehr dieses nach der Methode *divide et impera* angelegte Vorgehen der Krone für den Erfolg der staatlichen Politik ausschlaggebend war, zeigt das Beispiel von Peru, wo zur gleichen Zeit die Entmachtung der Anführer und die drastische Einschränkung der *Encomienda* unternommen wurde, als der neu ernannte Vizekönig gleichzeitig die *Leyes Nuevas* mit ihren gegen die Encomenderos gerichteten Bestimmungen durchführen sollte und es zur einzigen ernsthaften Rebellion gegen die staatliche Politik kam. Aber auch in diesem Fall gelang es nur, Teile der Konquistadoren zu mobilisieren, und überdies brach der Widerstand rasch in sich zusammen, als die Krone energische Gegenmaßnahmen einleitete. Alles in allem lassen auch die Vorgänge in Peru erkennen, daß es zur Autorität der Krone weder ideologisch noch politisch eine Alternative gab; ideologisch deshalb nicht, weil die zeitgenössischen Staatsauffassungen kein individuelles Widerstandsrecht vorsahen[75] und politisch nicht, da die Rebellierenden im Mutterland keine Machtbasis besaßen – ein später Beweis für die Richtigkeit der königlichen Politik, dem Hochadel die Beteiligung an den Entdeckungs- und Eroberungsunternehmungen zu verwehren.

Die Entmachtung der Anführer der Konquistadorentrupps vollzog sich überall mehr oder weniger nach demselben Muster, das sich bereits bei der Ablösung des Kolumbus bewährt hatte. Aufgrund von Klagen einzelner Eroberer- oder Kolonistengruppen gegen die Maßnahmen des Anführers nach vollzogener Besitznahme entsandte die Krone einen Untersuchungsrichter mit der Vollmacht, im Falle der Feststellung schwerer Verfehlungen aufseiten des Beschuldigten die Regierungsgewalt zu übernehmen, eine Maßnahme, die in der Regel durchgeführt wurde. Darauf erfolgte die Ernennung eines neuen Gouverneurs oder/und die Einrichtung einer *Audiencia*, die die Regierungsgewalt übernahm, während der betroffene Anführer sich bei Hofe zu rechtfertigen suchte. Selbst wenn eine Rehabilitierung erfolgte, wie sie beispielsweise Kolumbus und Cortés zumindest teilweise erreichten[76], setzte die Krone den betroffenen Entdecker oder Eroberer allenfalls in seine militärischen Funktionen als Admiral, wie im Falle Kolumbus, oder als Generalkapitän, wie Hernán Cortés, wieder ein, unterließ aber die Wiedereinsetzung in die Regierungsämter und versuchte stattdessen, die erworbenen Verdienste durch andere Vergünstigungen, wie etwa die Erhebung in den Adelsstand oder die Aufnahme in den Hochadel zu entlohnen. In vielen Fällen blieb der Staatsgewalt aber infolge Tod oder Erfolglosigkeit der Führer solcher Unternehmungen ein Eingreifen erspart. Häufig ergab sich auch ein Ansatzpunkt zum Vorgehen gegen einen Entdecker oder Erobe-

---

[75] Die scholastischen Lehren vom Widerstandsrecht gegen einen zum Tyrannen degenerierten Herrscher boten unter den Bedingungen absolutistisch-bürokratischer Herrschaft keinen rechtlichen Anknüpfungspunkt mehr für einen organisierten Widerstand einer kleinen Gruppe.
[76] Vgl. zu Kolumbus Samuel Eliot Morison, Admiral of the Ocean Sea, und zu Cortés Peggy K. Liss, Mexico under Spain, 1521–1556, p. 51ff.

rer daraus, daß dieser sich als Unterführer und Delegierter eines anderen Konquistador von der Gehorsamspflicht losgesagt hatte, um auf eigene Rechnung Gebiete in Besitz zu nehmen. Cortés ist das bekannteste Beispiel für diese Verhaltensweise aus einer Vielzahl von Fällen[77]. Der Krone stand dann frei, dieses Verhalten nachträglich zu billigen und den Anführer zu bestätigen oder einen anderen Befehlshaber zu ernennen. Selbst wenn die Krone ein solches Vorgehen nachträglich legalisierte, befand sich der betreffende Konquistador gegenüber der Zentralgewalt in einer sehr viel schwächeren Position als ein Anführer, der vor Beginn seines Unternehmens mit der Krone vertragliche Abmachungen geschlossen hatte. Die Begründung für die Ablösung des Befehlshabers eines Landnahmeunternehmens war jedoch durchweg immer „*por deméritos y por usar mal de la merced*"[78].

Bei der Ablösung der Befehlshaber der *Conquista*-Züge hielt sich die Krone somit immer streng an rechtlich unanfechtbare Verfahrensweisen, die aus dem allgemeinen Staats- und Zivilrecht abgeleitet waren. Dieses bevollmächtigte das Königtum im Dienste der Aufrechterhaltung von Recht und Gesetz jederzeit zur Entsendung von Untersuchungsrichtern im Interesse der allgemeinen Wohlfahrt. Die Staatsgewalt stellte damit das allgemeine Zivilrecht über das aus den vertraglichen Abmachungen in den Kapitulationen hervorgegangene Sonderrecht des Einzelnen, während die Konquistadoren mit Blick auf die Sonderrechte, Exemtionen und Privilegien einzelner Städte oder Korporationen, wie sie sich im Verlauf des Mittelalters herausgebildet hatten, sich im Besitz eines vergleichbar unangreifbaren Rechtstitels wähnten. Daß das Problem der Vorrangigkeit dieser unterschiedlichen Rechtstitel durchaus nicht unumstritten war, zeigt der Verlauf eines kolonialen „Musterprozesses", den die Erben des Kolumbus noch im Zeitalter der Katholischen Könige anstrengten und einschließlich mehrerer Wiederaufnahmeverfahren bis zur Mitte der 30er Jahre des 16. Jahrhunderts vor den obersten Gerichten durchfochten[79].

Streitobjekt des Prozesses war jedoch nur beiläufig das Untersuchungsverfahren gegen Kolumbus. Im Mittelpunkt stand vielmehr die Frage nach der Interpretation der in den Kapitulationen zwischen der Krone und dem Entdecker fixierten Bestimmungen. Die vertraglichen Abmachungen räumten Kolumbus so weitgehende Rechte ein und waren so unklar formuliert, daß man aus ihnen ein Entdeckungs- und Regentschaftsmonopol des Genuesen für alle im westlichen Ozean zu entdeckenden Inseln und Festlandgebiete ableiten konnte, wie dies Kolumbus und seine Erben versuchten. Die Krone dagegen vertrat die Auffassung, daß der Entdecker irgendwelche Rechte nur für die von ihm selbst entdeckten und kolonisierten Gebiete, im wesentlichen also für die karibischen Inseln, geltend machen konnte, und sie bestritt darüber hinaus, daß aus den Kapitulationen derart weitreichende administrative Befugnisse abgeleitet werden könnten wie Kolumbus dies vorgab. Die Streitfragen waren somit grundsätzlicher Art, da sie die Frage aufwarfen, inwieweit die Krone angesichts der mit Kolumbus eingegangenen vertraglichen Regelungen das Recht

---

[77] Manuel Giménez Fernández, Hernán Cortés y su revolución comunera en la Nueva España, hat diese Aufkündigung des Gehorsams sogar zu einem revolutionären Akt hochstilisiert.

[78] Antonio Muro Orejón, Florentino Pérez Embid, Francisco Morales Padrón, eds., Pleitos Colombinos, vol. 1, p. XIX. Die Formel bezieht sich hier auf Kolumbus, ist jedoch auf alle Fälle anwendbar.

[79] Vgl. dazu das *Résumé* des Prozeßverlaufs, ebenda, p. XXff., desgleichen auch zu dem folgenden.

hatte, völlig neuartige, von der vertraglich festgelegten Praxis abweichende Entscheidungen über die administrative Organisation der überseeischen Gebiete zu treffen. Letzlich stand damit in dem Prozeß die Frage zur Debatte, ob und wenn ja, in welchem Maße, die Krone sich durch den Abschluß der Kapitulationen endgültig souveräner Rechte begeben hatte, die sie aus dem allgemeinen Staats- und Zivilrecht ableiten zu können glaubte. Die Tatsache, daß mehrere der verschiedenen Richtersprüche den Forderungen der Kolumbuserben weitgehend Recht gaben und beispielsweise erklärten, daß Kolumbus als Vizekönig keinem Untersuchungsverfahren hätte unterworfen werden dürfen, spricht nicht nur für die Unabhängigkeit des Gerichts, sondern auch dafür, daß die Frage nach dem Übergewicht des allgemeinen Staats- und Zivilrechts gegenüber Sonderrechten feudaler oder volksrechtlicher Provenienz durchaus nicht eindeutig zu entscheiden war. Als in den 30er Jahren des 16. Jahrhunderts sich die Vorteile mehr auf die Seite der Krone stellten, willigten beide Parteien schließlich darin ein, sich einem Schiedsspruch zu unterwerfen. Alles in allem hatte das Verfahren rein juristisch einen unentschiedenen Ausgang, doch hatte sich gezeigt, daß die Führung eines solchen Prozesses so langwierig und kostspielig war, daß sich auch ein vermögender Konquistador ein ähnliches Vorgehen kaum erlauben konnte. Auch den Erben des Kolumbus wäre dies nicht möglich gewesen, hätten nicht enge familiäre Bande zum Hochadel Kastiliens ihnen den Zugang zu den nötigen Finanzmitteln und einflußreichen Kreisen bei Hofe eröffnet. Fest steht jedenfalls, daß kein Eroberer sich späterhin auf ein derartiges Verfahren eingelassen hat. Freilich besaßen die Nachfolger des Kolumbus auch nicht derart weitgehende Privilegien, wie sie der Entdecker der Neuen Welt erlangt hatte, so daß es sich als günstiger erwies, auf dem Gnadenwege Belohnungen für die geleisteten Dienste zu erwerben oder anzustreben.

Der langanhaltende Rechtsstreit um diese grundsätzlichen Fragen hat den Aufbau der staatlichen Verwaltungsorganisation in Amerika verzögert. So ist beispielsweise die Gründung des Vizekönigreiches Neuspanien erst 1536 erfolgt, obwohl der Entschluß dazu bereits in der zweiten Hälfte der 20er Jahre gefaßt worden war, jedoch bis zum Abschluß des Verfahrens 1536 nicht verwirklicht werden konnte. Darüber hinaus dürfte der Prozeß auch zur Klärung nicht nur der rechtlichen, sondern auch der allgemeinen kolonialpolitischen Konzeptionen der Metropole beigetragen haben, wie sich an dem seit den 20er Jahren zu beobachtenden, planvollen Aufbau einer Territorialverwaltungsorganisation nach kastilischem Vorbild in Übersee erkennen läßt. Ungeachtet seines rechtlich letztlich unentschiedenen Ausgangs brachte das Verfahren in seiner letzten Phase doch die politische Anerkennung des staatlichen Souveränitätsanspruchs über die neu gewonnenen Gebiete durch die Kolumbuserben und rechtfertigte so bis zu einem gewissen Grade das Vorgehen des Königtums gegen die Machtansprüche der Konquistadoren. Die Durchsetzung der königlichen Autorität gegen die aus dem Prozeß der Landnahme hervorgegangene Gruppe von Befehlshabern mit außergewöhnlich weitem Handlungsspielraum und ausgedehnten Rechten war freilich nicht nur eine Prinzipienfrage. Sie hatte vielmehr durchaus praktische Konsequenzen. So gelang es der Krone damit nicht nur, die Ämtervergabe auch auf mittlerer und unterer Ebene wieder völlig unter ihre Kontrolle zu bringen, sondern gleichzeitig wurde damit auch die Durchsetzbarkeit der zentralen Gesetzgebung wiederhergestellt und so dem Staat auch direkter Zugang zu den Ressourcen des Landes eröffnet. Die Gefahr einer dauerhaften Mediatisierung der Staatsgewalt durch die Anführer der *Conquista*-Züge war damit gebannt. Der Erfolg der königlichen Politik gegen das Machtstreben der Eroberer läßt sich am deutlichsten daran ablesen, daß von all den namhaften Anführern aus der Zeit der Landnahme nur die Erben des Kolumbus und Hernán Cortés mit der Herzogwürde von Veragua bzw. dem Titel eines Marqués del Valle de Oaxaca, jeweils verbunden mit den Grundherrschaften gleichen Namens, bleibende Auszeichnungen und dauerhafte materielle Vorteile für die vollbrachten Leistungen im Dienste der Krone erhielten.

Auf weitaus größeren Widerstand stießen dagegen die Bemühungen der Zentralgewalt zur Zurückdrängung der Feudalisierungstendenzen, die von der Schicht der *Encomenderos* ausgingen. Nicht nur weil es sich bei dieser Gruppe um die dominierende soziale Schicht in den Kolonien handelte, die massiven Widerstand gegen die Politik der Krone leisten konnte, sondern auch weil sie zugleich die wirtschaftlich und unternehmerisch aktivste, die Kolonisation tragende und für die militärische Sicherung der neuen Gebiete nötige Bevölkerungsgruppe darstellte, mußte die Krone den *Encomenderos* gegenüber ein höheres Maß an Rücksicht walten lassen und ihre eigenen Interessen mit der nötigen Behutsamkeit durchzusetzen suchen. Wie schon erwähnt, leiteten die sich aus den Teilnehmern der Eroberungszüge und den ersten Kolonisten rekrutierenden *Encomenderos* unter Berufung auf ihre Verdienste bei der Besitznahme des Landes einen Rechtsanspruch auf eine königliche Belohnung ab und forderten die Anerkennung ihrer *Encomiendas* als uneingeschränkt erblichen Besitz und, in konsequenter Weiterentwicklung ihrer tatsächlichen sozialen und politischen Stellung, die Verleihung der erstinstanzlichen Gerichtsbarkeit über die ihnen anvertrauten Indianer, d. h. also die förmliche Zuerkennung feudalherrlicher Rechte durch die Krone[80]. Eine wahre Flut von diesbezüglichen Bittschriften und Eingaben von Privatpersonen, Stadträten, aber auch hohen Beamten an den König dokumentiert, daß dieses Problem die Spanier in den Kolonien mehr als alle anderen Fragen beschäftigte[81]. Die Praxis der Ausbeutung der Eingeborenen unter allen nur denkbaren Formen, wie sie mit dem *Encomienda*-System verbunden war, zeigt freilich, daß es den Konquistadoren nicht darum ging, ein grundherrliches Feudalwesen nach dem Vorbild des Mutterlandes mit seiner grundsätzlich unantastbaren Freiheit des Einzelindividuums zu schaffen, sondern sehr viel weitergehendere, an die mittel- und osteu-

---

[80] Vgl. dazu die in II., Anmerkungen 182 und 183 zitierte Literatur. Vgl. ferner die Instruktionen der Krone an den ersten Vizekönig von Neuspanien, Antonio de Mendoza, insbesondere Punkt 10: „*Y por cuanto nuestra voluntad ha siempre sido y es de gratificar honesta y moderadamente a los que nos han servido en la conquista y pacificación . . . haréis asimismo memorial de lo que os parece . . . debamos hacer merced en feudo o en otro titulo . . . y ellos lo tengan con jurisdicción en primera instancia . . . presuponiendo que en remuneración de superioridad y señorío y como nuestros feudatarios de toda la dicha renta y aprovechamiento del tal lugar habemos nos de haber y llevar perpetuamente una cierta parte . . .*", Richard Konetzke, Colección de Documentos, vol. 1, p. 164f. Ob und inwieweit die Krone wirklich bereit war, in dieser Frage Zugeständnisse zu machen, wie aus dem zitierten Text hervorzugehen scheint, bleibt fraglich. Möglich wäre, daß damit dem neuen Vizekönig ein Instrument in die Hand gegeben werden sollte, um die Mehrheit der Konquistadoren für sich einzunehmen und deren Anerkennung und Gefolgschaft zu erreichen, wofür verschiedene Anzeichen sprechen.

[81] Beispiele dazu finden sich in großer Zahl in Francisco del Paso y Troncoso, ed., Epistolario de Nueva España, recopilado por . . , vol. 16, *Indice*, Stichwörter *Encomienda y Encomenderos*, p. 245ff. und *Repartimientos de Indios*, p. 281f. Im einzelnen vgl. etwa vol. 2, p. 97, vol. 5, p. 74ff., vol. 15, p. 160ff.

ropäische Leibeigenschaft mit ihren Frondiensten erinnernde Abhängigkeitsverhältnisse errichtet werden sollten.

Die Krone, der eine solche Entwicklung weder politisch noch wirtschaftlich-fiskalisch genehm sein konnte, schien daher bereits zu Beginn der 20er Jahre entschlossen, eine weitere Ausbreitung des *Encomienda*-Systems auf dem amerikanischen Festland zu unterbinden und verbot 1523 dem Eroberer von Mexiko, Hernán Cortés, *Encomiendas* zu vergeben oder *Repartimientos* vorzunehmen[82]. Sollte er bereits irgendwelche Vergaben getätigt haben, so seien diese rückgängig zu machen.

Wie schon bei anderen Gelegenheiten wird auch in der Instruktion an Cortés, die dieses Verbot enthielt, eine ausführliche Begründung theologisch-philosophisch-juristischer Art gegeben. So wird die *Encomienda* nicht nur als Ursache für den Tod zahlreicher Eingeborener genannt, sondern geradezu als ein Instrument zur Verhinderung der Christianisierung der Indianer angesehen. Unter Berufung auf die Papstbullen, den Willen Gottes, den Ratschlag der Mitglieder des königlichen Rats, zahlreicher Theologen, Kleriker, sonstiger weiser Männer und schließlich auf das königliche Gewissen wird in dem Dokument erklärt, daß es nicht Rechtens sei, die von Gott als freie Menschen geschaffenen Indianer abhängig zu machen und Cortés sie daher so frei leben lassen solle wie die Untertanen der Reiche von Kastilien. Während in den *Leyes* von Burgos auf die Erwähnung der Papstbullen völlig verzichtet wurde, obwohl durch die Predigt von Montesinos die Legitimität der Unterwerfung der Eingeborenen angezweifelt worden war, und stattdessen ein allgemeiner Missionsgedanke zur Begründung der gesetzgeberischen Aktivität herangezogen wurde, greift die Krone in der genannten Instruktion ohne sichtbaren Anlaß sowohl auf die Papstbullen als auch auf den Missionsgedanken zurück, um erstmals in einem neu erworbenen Gebiet die *Encomienda* zu verbieten, die noch in den *Leyes* von Burgos als ein Instrument zur Christianisierung angesehen worden war. Zur Begründung dieses Gesinnungswandels wird angeführt, daß „*parece que los dichos indios tienen manera y razón para vivir política y ordenadamente en sus pueblos . . .*"[83]. Die höhere Zivilisationsstufe der mexikanischen Eingeborenen diente also als zusätzliches Argument zum Verbot der *Encomienda* in Mexiko. Damit setzte sich ein Gesichtspunkt durch, der bereits 1518 zu einer königlichen Anweisung geführt hatte, all den Indianern die völlige Freiheit zu geben, die in der Lage seien, „*ordenadamente*" für sich zu leben[84]. In diesem Zusammenhang wird erstmals die in der Folgezeit noch offenkundiger werdende Tendenz sichtbar, alle nur möglichen Rechtstitel gegen die *Encomienda* einzusetzen. Die Krone begann nunmehr, sich der in der rasch anschwellenden Diskussion um die Rechtstitel Spaniens auf den Erwerb der Überseegebiete vorgebrachten Argumente unterschiedslos zu bedienen, um ideologisch ihre gegen die Konquistadoren gerichtete Politik zu rechtfertigen. Im Falle der hier analysierten Instruktion an Hernán Cortés blieb diese Politik freilich noch ohne Erfolg, da der Eroberer ungeachtet des königlichen Verbots, *das Encomienda*-System in Mexiko einführte und die Krone angesichts der massiven Vorstellungen der Konquistadoren zugunsten der Institution nicht umhin konnte, die Maßnahmen Cortés' nachträglich zu billigen.

---

[82] *Reales Instrucciones que se dieron a Hernando Cortés, Gobernador y Capitán General de Nueva España*, in: Richard Konetzke, Colección de Documentos, vol. 1, p. 74ff.

[83] ebenda, p. 74.

[84] *Real Provisión* vom 9. Dezember 1518, in: Richard Konetzke, Colección de Documentos, vol. 1, p. 68f.

Eine auf gemeinsame Beratungen des Kastilienrats, des Finanzrats und des Indienrats zurückgehende Denkschrift der letztgenannten Behörde aus dem Jahre 1529 spiegelt deutlich eine Haltung wider, die den Zwang zu Kompromissen erkennen läßt, dem die Zentralgewalt sich ausgesetzt sah. Darin wird darauf hingewiesen, daß sowohl aus religiösen als auch aus Gründen der Konvenienz die Freiheit der Eingeborenen durchgesetzt werden müsse, andererseits dies aber nicht in einem einzigen Vorstoß zu erreichen sei, da alle Aussagen darin übereinstimmen, daß in diesem Falle die Konquistadoren und Kolonisten das Land verlassen würden oder sonstige Unruhen zu befürchten seien. Da der König in jenen Gegenden aber keine andere Stütze habe als die auf die Anerkennung ihrer *Encomiendas* hoffenden Spanier, könne die Befreiung der Indianer augenblicklich nicht vorangetrieben werden. Es stünde zu befürchten, daß die Indianer, wenn sie sich selbst überlassen blieben, „*se volverían a sus ritos y bestialidades . . .*"[85]. Als Ausweg wird vorgeschlagen, den Eingeborenen einen festen Tribut aufzuerlegen, der zur Hälfte der Krone und zur Hälfte dem jeweiligen *Encomendero* zugute kommen solle. Außerdem erscheine es angebracht, den dort residierenden Spaniern Land anzuweisen. Diese letztgenannten Vorschläge lassen ebenso wie die Beteiligung der Mitglieder des Finanzrats an den Beratungen erkennen, daß neben humanitären und politischen auch starke wirtschaftlich-fiskalische Interessen der Krone im Spiele waren.

Wie sehr die Ausführungen über die Rechtstitel und die daraus abgeleiteten Konsequenzen für das *Encomienda*-System für die Öffentlichkeit bestimmt waren, lassen die bereits zitierten Instruktionen an den neu ernannten Vizekönig von Neuspanien aus dem Jahre 1535 erkennen. Diese sprechen eine sehr viel nüchternere und zweckorientierte Sprache und weisen den Vizekönig an, einen Arbeitszwang für die nicht in *Encomienda* vergebenen, direkt der Krone unterstehenden Indianer einzuführen, da sie von Natur aus Faulpelze seien[86]. Freilich wird auch die Verwendung sanfter Mittel und die Berücksichtigung des Wohlergehens der Indianer anbefohlen, doch kommt deutlich das Ziel zum Ausdruck, durch Rekrutierung indianischer Arbeitskraft im Dienste der Krone die Fiskaleinnahmen zu steigern. Gleichzeitig begegnet in diesem lediglich für den persönlichen Gebrauch eines Beamten bestimmten Dokument das schon aus den *Leyes de Burgos* bekannte Motiv von der natürlichen Faulheit der Indianer, die es erforderlich mache, sie zur Arbeit zu zwingen. Der sicherlich vorhandene Wunsch nach guter Behandlung der Eingeborenen, die ökonomischen Bedürfnisse und Interessen der Krone, das Bestreben, die Eingeborenen europäischen Vorstellungen von Arbeit und christlicher Lebensweise anzupassen, die Abneigung gegen die Entstehung eines kolonialen Feudalsystems und schließlich die von der Krone nicht wegzuleugnende moralische Verpflichtung zur Belohnung der

---

[85] *Consulta del Consejo de las Indias sobre las Encomiendas de Indios*, vom 10. Dezember 1529, in: Richard Konetzke, Colección de Documentos, vol. 1, p. 131f.

[86] Punkt 5 der Instruktion: „*Item porque acá se ha platicado que la principal y mejor manera que se podría tener para sernos servidos de la dicha tierra . . . es que no diesen servicio personal . . . fuesen obligados a echar por repartimiento personas dellos en las minas de oro y plata que por nos les fuesen señaladas y mantenellos allí a su costa a temporadas para que lo que sacasen fuese para nos . . .*" — Punkt 6: „*. . . porque los dichos indios de su natural inclinación son holgazanes, proveeréis que . . . tengan esta misma orden y granjería porque . . . nuestra hacienda será acrecentada con los quintos . . .*", in: Richard Konetzke, Colección de Documentos, vol. 1, p. 164.

Konquistadoren sowie die Notwendigkeit, den Fortgang der Kolonisation sicherzustellen, bildeten die dominierenden, miteinander häufig im Widerstreit liegenden politischen Erfordernisse, denen die Staatsgewalt Rechnung tragen mußte und die sie häufig zu widersprüchlichen und miteinander nicht in Einklang zu bringenden Maßnahmen und Anweisungen veranlaßten. Insgesamt überwog freilich die Tendenz, das *Encomienda*-System immer weitergehenden Restriktionen zu unterwerfen, um der königlichen Autorität volle Anerkennung zu verschaffen, die Verfügungsgewalt dieser Gruppe über die Eingeborenen einzuschränken und auf diese Weise auch dem Fiskus höhere Einnahmen zu verschaffen.

Die restriktive Gesetzgebung der Krone gipfelte schließlich in den schon mehrfach erwähnten *Leyes Nuevas* von 1542/43. Diese unter maßgeblichem Einfluß des Ordensklerus – erinnert sei in diesem Zusammenhang lediglich an den Dominikanerorden und dessen Angehörige Bartolomé de la Casas und Francisco de Vitoria – zustandegekommenen gesetzlichen Bestimmungen versuchten, entgegen der früher geäußerten, vorsichtigen Stellungnahme des Indienrates die mit der Behandlung der Eingeborenen zusammenhängenden Probleme endgültig im Sinne der Krone zu lösen. Das im Gegensatz zu früheren königlichen Willensäußerungen zu dieser Materie in höchst autoritärer, gleichsam in der Absicht, jeden Widerspruch von vornherein auszuschalten, abgefaßte Gesetz verweist ohne lange erklärende Vorrede darauf, daß es immer schon der Wille des Monarchen gewesen sei, sich zur Mehrung des Glaubens und zum Wohle der Eingeborenen mit den Angelegenheiten der Kolonialgebiete zu befassen, dies jedoch infolge anderweitiger Inanspruchnahme nicht möglich war, er nunmehr aber nach gründlicher Beratung die folgenden Maßnahmen beschlossen habe, die unbedingt durchzuführen seien. Abgesehen von dem Hinweis auf den königlichen Wunsch, den Glauben zu mehren und für das Wohl der Indianer zu sorgen, verzichtet dieses grundlegende Dokument auf jede doktrinär begründete Rechtfertigung der Besitznahme der überseeischen Gebiete oder der Rechtmäßigkeit der Herrschaftsausübung über die Eingeborenen, sondern beruft sich ausschließlich auf den Willen des Monarchen. Sicherlich waren die *Leyes Nuevas* zugleich auch eine Dienstanweisung an den Indienrat, die Rechtsgrundlage für die Einrichtung eines Vizekönigreiches[87] und für die Gründung mehrerer *Audiencias* in den Kolonien sowie die grundlegende Charta zur Lösung des Indianerproblems. Es muß jedoch auffallen, daß, wie schon bei den *Leyes de Burgos*, in einer Zeit, in der die Rechtstiteldiskussion sich neuerdings zugespitzt hatte[88], die Krone auf jede Anspielung auf dieses Problem verzichtete, obwohl sie zuvor bei sehr viel nichtigeren Anlässen auf die rechtlichen Grundlagen ihrer Herrschaftsausübung in Übersee Bezug genommen hatte, wenn dies propagandistischen Erfolg zu versprechen schien. Nichts beweist deutlicher die an früherer Stelle vertretene These, daß die Staatsgewalt sich zwar zur Verteidigung ihrer Ansprüche der in diesem Zusammenhang vorgebrachten Argumente bediente, wenn dies opportun erschien, sie aber nicht bereit war, sich grundsätzlich mit diesem Problem auseinanderzusetzen oder gar durch Bezugnahme auf diese Frage in wichtigen Rechtsetzungsakten, Zweifel an der Legitimität ihrer Herr-

---

[87] Der Ausdruck „Vizekönigreich" sei der Einfachheit halber beibehalten, obwohl er für diese Zeit nicht korrekt ist, wie bereits ausgeführt wurde.

[88] Es sei nur daran erinnert, daß Vitoria in den 30er Jahren seine *Relectiones de Indis* verfaßt hatte, deren Publikation Karl V. untersagte.

schaftsausübung zu nähren bzw. direkt durch eine bestimmte Stellungnahme in die Diskussion einzugreifen. Daraus ist wiederum zu folgern, daß der Staat nicht etwa die kirchliche Position zu diesem Problemkomplex übernommen hatte, sondern sich vielmehr der Kirche bediente, um seine Ziele zu erreichen. Die Durchsetzung der staatlichen Kontrolle über die *Encomenderos* und über die Indianer bildete nämlich die Voraussetzung für eine verstärkte Einflußnahme des Klerus auf die Eingeborenen und zur Entfaltung seiner missionarischen Tätigkeit. Nicht der Staat machte sich folglich zum Anwalt kirchlicher Interessen, sondern die Verwirklichung staatlicher Interessen war die Voraussetzung für die Entfaltung der zur Verwalterin der Staatsreligion gewordenen Kirche und ihrer religiösen Sendung.

Neben dem grundsätzlichen Verbot der Indianersklaverei und der Anweisung zur Freilassung versklavter Eingeborener legten die Neuen Gesetze fest, daß einzelne Eingeborene zu persönlichen Dienstleistungen im Haushalt von Europäern und zum Transport von Gütern nur noch mit ihrer Einwilligung herangezogen werden dürften. Alle Beamten, Geistlichen und Institutionen sowie diejenigen, die ihre Indianer mißhandelt haben, sollten unverzüglich ihre *Encomiendas* verlieren. Die Vergabe neuer *Encomiendas* wurde grundsätzlich untersagt und darüber hinaus festgelegt, daß nach dem Tode eines jeden *Encomendero* die jeweiligen Eingeborenen direkt der Krone unterstellt werden und die Familienangehörigen des Verstorbenen je nach Verdiensten anderweitige Vergünstigungen erhalten sollten. In den Nachtragsbestimmungen aus dem Jahre 1543 wird schließlich darüber hinaus angeordnet, daß denjenigen *Encomenderos*, die nicht innerhalb der Provinz wohnen, in der ihre *Encomienda* liegt, ebenfalls die Indianer zu nehmen und direkt der Krone zu unterstellen seien. Außerdem seien nach dem Vorbild von Neuspanien Schätzungen der Belastbarkeit der Eingeborenen vorzunehmen[89], so daß diese ihren *Encomenderos* künftig nur noch die nach eingehender und gerechter Inspektion durch einen königlichen Kommissar gesetzlich festgelegten Tributleistungen zu entrichten hätten. Zur Entschädigung der Konquistadoren befahlen die Neuen Gesetze, daß je nach Fähigkeit und Alter verdiente Eroberer und deren Abkömmlinge bevorzugt zu *Corregidores* ernannt oder durch eine angemessene Pension aus den königlichen Tributeinkünften abzufinden seien[90].

Es bedarf keiner besonderen Betonung, daß bei einer lückenlosen Verwirklichung der *Leyes Nuevas* die Institution der *Encomienda* spätestens in der darauffolgenden Generation erloschen wäre. Wie jedoch etwa ein Jahrzehnt zuvor der Indienrat vorhergesehen hatte, lösten diese Bestimmungen gegen die *Encomenderos* in den Kolonien heftige Turbulenzen aus, die im Falle Perus sogar zur Erhebung gegen die Krone und zum gewaltsamen Tod des neu ernannten Vizekönigs führten.

Aber auch in den übrigen Gebieten war die Situation äußerst gespannt, so daß die Krone sich schließlich gezwungen sah, zumindest die schärfsten Maßnahmen auszusetzen, um die Lage in den Kolonien zu beruhigen. Der Versuch, das Problem in einem Anlauf zu lösen, war damit gescheitert, auch wenn einzelne Bestimmungen

---

[89] Im Mai 1536 hatte die Krone eine gesetzliche Bestimmung erlassen, die eine solche Taxierung der Tributleistungen anordnete, vgl. Richard Konetzke, Colección de Documentos, vol. 1, p. 171ff.
[90] Vgl. die einzelnen Bestimmungen in Antonio Muro Orejón, ed., Las Leyes Nuevas de 1542—1543, p. 564ff. — Die die Indianer betreffenden Abschnitte finden sich ebenfalls in Richard Konetzke, Colección de Documentos, vol. 1, p. 216ff. und 222ff.

über die Behandlung der Eingeborenen offenbar weitgehend verwirklicht werden konnten, so daß das Los der Indianer sich alles in allem gebessert haben dürfte.

Die Unterwerfung der *Encomenderos*, die trotz aller ideologischen Unterstützung von seiten der Mönchsorden auf gesetzgeberisch-politischem Wege gescheitert war, konnte schließlich auf administrativem Wege erreicht werden. Das Mittel, dessen die Krone sich dazu bediente, war die Taxierung und schrittweise Einführung einheitlicher Tarife für die von den Indianern entweder der Krone oder den *Encomenderos* zu entrichtenden Tribute. Seit der ersten Anordnung zu einem solchen Vorgehen für Neuspanien im Jahre 1536 und nach der Beilegung der Unruhen im Gefolge der Neuen Gesetze auch in den übrigen Gebieten begannen die kolonialen Behörden eine Serie von Visitationen jedes einzelnen Indianerdorfes mit dem Ziel, unter Berücksichtigung der Bevölkerungszahlen und der wirtschaftlichen Bedingungen jährliche Tributquoten festzulegen. Die Durchführung dieser Visitationen wurde von den *Audiencias* ernannten Kommissaren anvertraut, die mit einem bürokratischen Apparat, bestehend aus Schreibern und Übersetzern, von Dorf zu Dorf reisten. Wie vereinzelt schon bei der Ablösung der Anführer der Eroberungszüge bediente sich die Staatsgewalt nunmehr in großem Stil dieses klassischen Instruments zur Durchsetzung ihrer Autorität[91]. Zunächst wurden Naturallieferungen und Dienstleistungen für jedes Dorf festgelegt und somit die Forderungen der *Encomenderos* auf ein gesetzlich fixiertes Höchstmaß begrenzt [92]. Die Verfügungsgewalt dieser Gruppe über die Eingeborenen war somit einer ersten empfindlichen Einschränkung unterworfen. Im Jahre 1549 verbot die Krone generell Tributzahlungen in Form von Dienstleistungen und ordnete an, daß die Eingeborenen nur noch Tribut in Form von Naturalabgaben oder Geldzahlungen leisten müßten[93]. Indianische Arbeitskraft konnte fortan nur gegen Bezahlung in Anspruch genommen werden. Dies machte in den meisten Fällen neue Taxierungen zur Tributfestsetzung erforderlich, die schließlich bis zum Ausgang der 60er Jahre zur Fixierung einer einheitlichen Kopfquote führten. Von nun an entwickelte sich die *Encomienda* zu einem bloßen Renteneinkommen, das später auch direkt von den königlichen Finanzkassen ausbezahlt werden sollte. Die Einführung der *Corregidores* und die geschilderten administrativen Maßnahmen hatten damit entscheidenden Anteil daran, daß die unmittelbare Gewalt der *Encomenderos* über die Eingeborenen beseitigt und die Umwandlung der *Encomienda* in ein feudales Herrschaftsinstrument verhindert werden konnte. Lediglich in kolonialen Randgebieten behielt die Institution ihre ursprüngliche Bedeutung bis gegen Ende des 18. Jahrhunderts. Letztlich war dieser Erfolg mithin dem zielstrebig verfolgten Aufbau der kolonialen Territorialverwaltungsorganisation zu verdanken. Zwar flammte die Diskussion über das *Encomienda*-Problem noch bis ins 17. Jahrhundert hinein verschiedentlich auf und angesichts ihrer sich zusehends verschärfenden Finanznot schien die Krone gelegentlich auch bereit, gegen nennenswerte Zahlungen den *Encomenderos* Zugeständnisse zu

---

[91] Dazu Otto Hintze, Der Commissarius und seine Bedeutung in der allgemeinen Verwaltungsgeschichte, p. 242ff.
[92] Für Neuspanien untersucht diesen Prozeß der Tributfixierung zusammenhängend José Miranda, El tributo indígena, p. 45ff.
[93] *Real Cédula* vom 22. Februar 1549, in: Richard Konetzke, Colección de Documentos, vol. 1, p. 252ff.

machen, doch blieb die *Encomienda*-Gesetzgebung in Kraft und die Institution wurde politisch allmählich bedeutungslos.

Wesentlich gefördert wurde diese Entwicklung durch zwei wichtige politische Entscheidungen der Krone. So wurde als Ersatz für die verbotenen Arbeitsleistungen im Rahmen der Tributzahlung etwa von 1550 an ein staatlich gelenktes System zwangsweiser Arbeitskräfterekrutierung eingeführt, das für den Bergbau, die Landwirtschaft, das städtische Gewerbe und für die anfallenden öffentlichen Arbeiten indianische Arbeitskraft in ausreichendem Maße gegen Bezahlung bereitstellen sollte[94]. Zum anderen leitete die Krone etwa von der Mitte des Jahrhunderts an eine Siedlungspolitik der Rassentrennung ein, die darauf abzielte, die Eingeborenen vor den Mißhandlungen durch die Europäer und vor deren schädlichen Einflüssen abzuschirmen und gleichzeitig dem Klerus die Bekehrungs- und Erziehungsarbeit zu erleichtern[95].

Erst zu diesem Zeitpunkt gab die Staatsgewalt endgültig die Vorstellung auf, daß der Integrationsprozeß der Eingeborenen durch möglichst engen Kontakt mit den Europäern am besten gefördert werden könnte. Stattdessen machte sie sich die Auffassung kirchlicher Kreise zu eigen, die gegen die negativen und korrumpierenden Einflüsse der Europäer auf die Indianer polemisierten und durch eine getrennte Entwicklung beider Bevölkerungsgruppen sowohl die Ausschaltung schädlicher Einflüsse als auch rasche Fortschritte im Umerziehungsprozeß der Eingeborenen zu erzielen und nicht zuletzt wohl auch die angestrebte Kontrolle über die Eingeborenenbevölkerung zu erreichen hofften. Freilich hat die Krone den kirchlichen Interessen nur teilweise nachgegeben, da sie auch weiterhin nicht auf die Einsetzung königlicher *Corregidores* als oberste zivile Instanzen der indianischen Selbstverwaltung verzichtete. Nach der durch den Versuch zur kompromißlosen Durchsetzung staatlicher Ziele gekennzeichneten Haltung der Krone, wie sie sich in den *Leyes Nuevas* geäußert hatte, verfolgte die Metropole nunmehr eine flexiblere Politik der begrenzten Anerkennung partikularer Interessen, sofern damit keine Beeinträchtigung der staatlichen Autorität verbunden war. Zu dieser Linie fand die Zentralgewalt freilich erst, nachdem sie etwa um die Jahrhundertmitte ihren Souveränitätsanspruch in großen Zügen durchgesetzt hatte. Von wenigen Unterbrechungen abgesehen behielt das Mutterland in der Folgezeit diese Politik des Ausbalancierens der Interessen der verschiedenen gesellschaftlichen Gruppen bei, geriet damit aber seit dem ausgehenden 16. Jahrhundert infolge der allmählichen Verselbständigung des kolonialen Beamtentums zunehmend in die Gefahr, die Kontrolle über bzw. die Einwirkungsmöglichkeiten auf die Entwicklung in den Kolonien zu verlieren.

Parallel zur Zurückdrängung der Feudalisierungsbestrebungen war das Königtum schon vom Beginn der überseeischen Ausbreitung an bestrebt, auch das Aufkommen anderer unabhängiger Gewalten in den Kolonien zu verhindern. Dies läßt sich insbesondere an dem Problem der Beteiligung der amerikanischen Reiche an den kastilschen Ständeversammlungen bzw. der Errichtung eigener ständischer Institutionen

---

[94] Vgl. dazu den kurzen Abriß über die Entwicklung der Arbeitssysteme bei Silvio Zavala, La evolución del régimen de trabajo, p. 158ff. — Systematischer Juan A. and Judith E. Villamarin, Indian Labor, p. 16ff.

[95] Dazu Magnus Mörner, La corona española, p. 69ff.

beobachten. Als Reiche der kastilischen Krone konnten die Überseegebiete ebenso wie die übrigen Teilreiche Kastiliens für sich das Recht beanspruchen, Delegierte zu den kastilischen *Cortes* zu entsenden. Aufgrund der Entwicklung der Ständeversammlung im Spätmittlalter und der beginnenden Neuzeit waren an einer solchen Repräsentation jedoch nur die Städte interessiert, die durch das Recht zur Steuerbewilligung politischen Einfluß auszuüben vermochten. Tatsächlich hat es Bestrebungen gegeben, zu den *Cortes* des Mutterlandes zugelassen zu werden[96], ja, einzelne Autoren glauben gar, in den Zusammenkünften von städtischen Vertretern in verschiedenen Provinzen den Ansatz zur Bildung eigenständiger, den *Cortes* vergleichbarer repräsentativer Institutionen sehen zu können[97]. Aber abgesehen von der Verleihung unverbindlicher Privilegien an einzelne Städte, die deren Bedeutung und Rang gegenüber anderen Munizipien festlegten – ähnliche Privilegien waren für kastilische Städte hinsichtlich der Rangfolge und der Reihenfolge bei den anfallenden Abstimmungen von gewichtiger Bedeutung – ist die Krone diesen Bestrebungen zunächst nicht entgegengekommen[98]. Ebensowenig unternahm sie Initiativen zu einer gesetzlichen Regelung dieser Frage. Dies fiel ihr um so leichter, als einmal der Anstoß zur Einberufung der *Cortes* ohnehin vom König auszugehen hatte und zum anderen auch deshalb, da die Bemühungen der amerikanischen Städte in dieser Richtung ohne besonderen Nachdruck betrieben wurden. Diese Zurückhaltung ist dadurch zu erklären, daß eine ständische Vertretung die Gefahr in sich barg, Steuern bewilligen zu müssen, die in den Kolonien noch gar nicht eingeführt waren, ohne dafür politische Zugeständnisse der Krone einhandeln zu können. Später, als von Philipp II. an staatliche Vorstöße zur Einberufung kolonialer Städteversammlungen mit dem Ziel erfolgten, finanzielle Zugeständnisse von den Kolonien zu erlangen, wurde deutlich, wie berechtigt diese Befürchtungen waren. Da einzelne hispanoamerikanische Städte schon in den Vorverhandlungen auf dem Recht beharrten, analog zu den *Cortes* des Mutterlandes Petitionen politischen Inhalts präsentieren zu dürfen, nahm die Krone von diesem Vorhaben jedoch wieder Abstand. Eine gewisse Bedeutung für die Artikulation des politischen Willens in den Kolonien scheinen dagegen die informellen Städtetagungen erlangt zu haben, die im Verlauf des 16. Jahrhunderts in Mexiko und in Peru häufiger stattfanden und zur Formulierung gemeinsamer Anliegen führten, die dann allerdings auf dem Instanzenwege der zentralen Staatsgewalt vorgelegt wurden. Dies läßt jedoch erkennen, daß auch die Krone allen Anlaß hatte, das Problem ständischer Repräsentation mit Vorsicht zu behandeln, um die Institutionalisierung einer den monarchischen Absolutismus einschränkenden Partikulargewalt in Übersee zu verhindern.

Um einer solchen Entwicklung vorzubeugen, leitete Philipp II. eine konsequente Politik der Unterwerfung der Stadtverwaltungen unter königliche Kontrolle ein. Trotz erster Ansätze zur Anpassung des kolonialen Stadtregiments an die Verhältnisse des Mutterlandes unter Karl V. waren die Städte noch in vollem Umfang reprä-

---

[96] Vgl. dazu Guillermo Lohmann Villena, Las Cortes en Indias, p. 655ff.; José Miranda, Las ideas y las instituciones políticas mexicanas, p. 135ff.; desgleichen Woodrow Borah, Representative Institutions in the Spanish Empire: The New World, p. 246ff.

[97] So beispielsweise Manuel Giménez Fernández, Las cortes de la Española en 1518.

[98] Dagegen behauptet Demetrio Ramos, Las ciudades de Indias y su asiento en Cortes de Castilla, p. 170ff., daß im 17. Jahrhundert eine solche Repräsentation tatsächlich zugestanden worden sei.

sentative Institutionen geblieben, deren Regiment überwiegend durch Wahl seiner Mitglieder aus dem Kreis der Vollbürger (*Vecinos*) zusammengesetzt wurde. Selbst die öffentliche Versammlung aller freien Bürger einer Stadt, die die Bezeichnung *Cabildo Abierto* trug, spielte in der Zeit der Landnahme und beginnenden Kolonisation eine wichtige Rolle im Gemeindeleben und trug oft genug zur Artikulierung eines gemeinsamen politischen Willens in der Konquistadoren- und Kolonistengesellschaft bei. Nicht nur durch die Einsetzung königlicher *Corregidores* in der zweiten Jahrhunderthälfte wurde das Stadtregiment unmittelbarer staatlicher Kontrolle unterworfen, sondern auch durch die gleichzeitig erfolgende Aushöhlung seines repräsentativen Charakters durch die Einführung des Ämterkaufs. Der Verkauf der Mitgliedschaften im Stadtrat durch die Krone, der häufig als bloßer aus Gründen staatlicher Geldknappheit eingeführter Mißbrauch angesehen wird, verfolgte sicherlich neben dem Ziel zusätzlicher Geldschöpfung auch die Absicht, den repräsentativen Charakter der Munizipalverwaltung zu beseitigen, denn nach den Erfahrungen im Mutterland konnte der Krone nicht verborgen geblieben sein, daß die Auslieferung des Stadtregiments an eine kleine Gruppe von Angehörigen der lokalen Oligarchie eine politische Neutralisierung dieser bis dahin äußerst regsamen und von einer breiteren Mehrheit der Bevölkerung getragenen Institution zur Folge haben mußte[99]. Das Ergebnis dieser Maßnahme war denn auch, daß das öffentliche Interesse an der lokalen Selbstverwaltung stark zurückging und die Leitung der Munizipalverwaltung praktisch ohne nennenswerten Widerstand den *Corregidores* anheimfiel.

Durch die bereits 1508 von Papst Julius II. verliehenen Patronatsrechte hatte der Staat auch schon frühzeitig die Kontrolle über die entstehende kirchliche Organisation in Übersee erlangt und vermochte daher den Aufbau der institutionellen Hierarchie entscheidend zu beeinflussen. Die Einrichtung von Kirchenprovinzen, Bischofssitzen, Domkapiteln, Pfründen und Pfarreien unterlag damit ebenso staatlicher Einflußnahme wie die finanzielle Ausstattung der kirchlichen Institutionen und die Besetzung der geistlichen Ämter. Obwohl also die Kirche in Hispanoamerika vom Beginn der Kolonisation an alle Kennzeichen einer Staatskirche trug, gestaltete sich das Verhältnis von Staat und Kirche nicht problemlos. Dies ist einmal darauf zurückzuführen, daß die Kirche als korporative Institution durchweg noch energische Rückzugsgefechte gegen die zur Machtausdehnung tendierende Staatsgewalt führte, zum anderen aber aus den spezifischen Bedingungen der Landnahme und der besonders starken Beteiligung des Ordensklerus an der kirchlichen Organisation Hispanoamerikas zu erklären.

Die Entdeckung und Eroberung eines neuen Kontinents mit einer Bevölkerung, die noch nie mit dem Christentum in Berührung gekommen war, fesselte besonders den Ordensklerus, der sich nicht nur durch eine besondere Berufung zur Verbreitung des Glaubens auszeichnete, sondern auch durch seine Tätigkeit an den Universitäten und durch die von der Klosterreform empfangenen religiös-geistigen Impulse eine kirchliche Elite darstellte, die dem Staat die von ihr entwickelte Missionsideologie aufzwang. Sicherlich war auch die Staatsgewalt an einer Bekehrung der Indianer als dem geeignetsten Mittel zur Integration der autochthonen Bevölkerung interessiert, doch waren die Orden, insbesondere die an den Universitäten dominierenden Domi-

---

[99] Zur Einführung des Ämterkaufs in der Munizipalverwaltung vgl. John Preston Moore, The Cabildo in Peru under the Hapsburgs, p. 90ff.

nikaner, durchaus unbequeme Verbündete der Krone. Dieser konnte weder an der vor allem vom Ordensklerus entfachten Diskussion um die spanischen Rechtstitel mit ihrer radikalen Infragestellung des Rechts zur Besitznahme jener Gebiete gelegen sein, noch an dem damit ausgelösten Gewissensdruck auf den Monarchen und seine Ratgeber, der die staatliche Handlungsfreiheit einengte. Zudem stellten die Orden den Teil der Kirche dar, der mit den institutionellen Mitteln des Patronatsrechts nur schwer zu kontrollieren war, da infolge der auf Wahlrecht basierenden Rekrutierung der Ordenshierarchie eine gezielte Personalpolitik der Krone kaum möglich war und aufgrund des Armutsgelöbnisses der vorwiegend in Übersee tätigen Bettelorden auch eine Einflußnahme auf dem Weg über die Kontrolle der wirtschaftlichen Ressourcen entfiel. Bis zu einem gewissen Grade vermochte die Krone ihre Kontrollbefugnisse dadurch zu verstärken, daß sie die in Amerika tätigen Ordensangehörigen mit den zur Verfügung stehenden Ämtern der kirchlichen Hierarchie betraute, so daß die institutionellen Kontrollmechanismen des Kirchenpatronats Anwendung finden konnten, eine Politik, die freilich auch daraus zu erklären ist, daß in Ermangelung von Weltpriestern zur Ernennung von Mönchen nur sehr beschränkte Alternativen bestanden. Gerade die Ordensgeistlichen haben sich jedoch immer wieder bei der Verteidigung kirchlicher Jurisdiktionsgewalt und Privilegien gegenüber dem Staat hervorgetan, indem sie ohne Erlaubnis der Staatsorgane Kirchen bauten, sich Jurisdiktion anmaßten oder über ihre geistlichen Aufgaben hinaus, Einfluß auf die Verwaltung der Indianerdörfer auszuüben versuchten[100]. Daraus ergaben sich häufig Konflikte mit den staatlichen Behörden, deren Autorität die Krone gegenüber den Repräsentanten der Kirche oft genug stützen mußte. Diese Fälle lassen erkennen, daß der Staat ungeachtet der weitgehenden Interessenidentität Distanz zu diesem unbequemen, gleichwohl aber unersetzlichen Verbündeten zu wahren suchte. Ausgangs des 16. Jahrhunderts begann die Krone daher allmählich den Einfluß des Ordensklerus zurückzudrängen, indem sie die Zahl der in der Indianerseelsorge tätigen Mönche reduzierte und die Pfarrstellen in verstärktem Maße dem inzwischen herangebildeten Weltklerus anzuvertrauen suchte, was freilich auf den Widerstand der Orden stieß[101]. Als probates Mittel zur Durchsetzung der königlichen Autorität in konkreten Fällen erwies sich darüber hinaus die Nutzung der Rivalitäten zwischen den einzelnen Orden, die eine geschlossene Front der Kirche gegenüber dem Staat nur selten zustandekommen ließen. Alles in allem wird man konstatieren müssen, daß es kein grundsätzliches Spannungsverhältnis zwischen Staat und Kirche im Hispanoamerika des 16. Jahrhunderts gab, nachdem der Staat der Kirche eine wichtige Funktion als Instrument zur Sicherung der spanischen Herrschaft zuerkannt hatte und ihre Missionsbestrebungen rückhaltlos unterstützte, als er durch die Erlangung des Kirchenpartronats seine Kontrollbedürfnisse rechtlich ausreichend verankert glaubte. Andererseits bedurfte die Kirche zur Verfolgung ihrer Interessen und zur Realisierung ihrer geistlichen Ziele der Unterstützung des Staates, um gegen die Ansprüche der Kolonisten Einflußmöglichkeiten auf die Eingeborenen zu erlangen, so daß die Durchsetzung staatlicher Autorität in den Kolonien, selbst unter den

---

[100] Beispiele für solche Übergriffe bringt France V. Scholes, An Overview of the Colonial Church, p. 24ff., dessen Überblick auch als allgemeine Information nützlich ist.
[101] Vgl. dazu Arthur Ennis, O.S.A., The Conflict between the Regular and Secular Clergy, p. 63ff.

Bedingungen kirchlicher Abhängigkeit vom, ja, der Unterwerfung unter den Staat, den Wünschen der Kirche nur dienlich sein konnte. Unter dem Schutzmantel der Staatsgewalt vermochte sich die Kirche in Hispanoamerika freilich eine Machtstellung aufzubauen, die schließlich selbst die des Staates übertreffen sollte.

In wenigen Jahren war es damit der kastilischen Krone gelungen, ihre Autorität gegenüber allen zentrifugalen Kräften durchzusetzen und sich ungeachtet der vielfältigen Hindernisse, die die ungeheueren Entfernungen und die durch sie bedingten Kommunikationsschwierigkeiten, der fremdartige Charakter des Landes und seiner Bewohner, das Selbstbewußtsein der Eroberer und der von ihnen getragenen Institutionen und nicht zuletzt die beschränkten organisatorisch-administrativen Hilfsmittel jener Epoche einer konsequenten Herrschaftsausübung entgegensetzten, einen entscheidenden Einfluß auf die innere Gestaltung der neu erworbenen Gebiete in Übersee zu sichern. Die zweite Hälfte des 16. Jahrhunderts dürfte alles in allem die Epoche in der spanischen Kolonialgeschichte sein, in der der Staat am nachhaltigsten in die Entwicklung der neuen Gebiete einzugreifen vermochte, da er sich auf ein im großen und ganzen zuverlässiges Behördenwesen und Beamtentum stützen konnte, mit deren Hilfe er eine planvolle Politik zu verwirklichen und gleichzeitig die Ressourcen jener Gebiete effektiv zu nutzen vermochte, wie einerseits der festgefügte institutionelle Rahmen, in dem sich fortan die Entwicklung der Kolonialgebiete bewegte, und zum anderen die ungeheueren Edelmetallströme, die von Amerika nach Sevilla flossen, deutlich zum Ausdruck bringen.

b. Die Stellung der Kolonialgebiete zum Mutterland

Im Verlauf der bisherigen Ausführungen wurden die durch zeremonielle Besitznahme, militärische Eroberung oder durch erzwungene Abtretung seitens eingeborener Fürsten der spanischen Herrschaft einverleibten überseeischen Gebiete ohne nähere Bestimmung ihres Status als Objekte der Politik des Staates, repräsentiert durch das absolute Königtum, und der Entfaltung partikularer Interessengruppen, insbesondere der Konquistadoren und ersten Kolonisten sowie der Kirche, vorgestellt und lediglich darauf verwiesen, daß Spanien die Errichtung einer direkten Herrschaft anstrebte, deren Form durch die umfangreiche Rechtstiteldiskussion des 16. Jahrhunderts unmittelbar nicht beeinflußt wurde. Durch alle vorangehenden Erörterungen wurden abwechselnd die Bezeichnungen „Kolonien", „überseeische Besitzungen", „überseeische Reiche der Krone" und dergleichen verwandt, ohne die Berechtigung für die Anwendung dieser Termini näher zu untersuchen. Es erhebt sich daher nun die Frage, in welcher Form die Eingliederung jener Gebiete in den spanischen Herrschaftsverband erfolgte und welche politischen, den Status dieser Gebiete charakterisierenden und/oder beeinflußenden Konsequenzen daraus herzuleiten sind. Für den modernen Betrachter mag diese Frage müßig erscheinen, da allein aus der Tatsache der Unterwerfung einer fremdartigen Bevölkerung und ihrer Einbeziehung in eine von den Eroberern konzipierte staatliche Ordnung mit hinreichender Evidenz hervorgeht, daß Spanien in Amerika ein Kolonialregime errichtete. Diese naheliegende Auffassung ist gleichwohl nicht unumstritten, wie ein vor wenigen Jahrzehnten gefaßter Beschluß der argentinischen Akademie der Geschichtswissenschaft erkennen läßt, der die Streichung des Begriffs „Kolonialismus" und der von ihm abgeleiteten Bezeichnungen aus der historischen Literatur zur hispanoamerikanischen Geschichte vom Zeitalter der Entdeckung bis zur Unabhängigkeit der ehemaligen spanischen Besitzungen forderte [102]. Gleichgültig, ob man ein solches Postulat als das Ergebnis einer naiven, formalrechtlichen Betrachtungsweise oder eines Zusammenwirkens von konservativ-klerikaler Hispanitätsidee und nordamerikanischem Imperialismus auffaßt[103], so macht es in jedem Fall deutlich, daß einmal rechtsgeschichtliche Gründe gegen den Gebrauch des Begriffs „Kolonie" sprechen könnten und daß diese Frage Gegenstand ideologischer Polarisierung ist.

Tatsächlich finden sich in der Literatur die verschiedensten, voneinander mehr oder minder abweichenden Charakterisierungen des Verhältnisses zwischen Mutterland und überseeischen Besitzungen. So schreibt etwa Haring, daß „*the Indies were held to belong to the crown of Castile, to the exclusion of Aragón*" und daß „*the Indies were treated as the direct and absolute possession of the King.*"[104]. Ein anderer Autor schreibt, daß das spanische Amerika „ein gleichberechtigtes Reich neben den anderen Kronländern" gewesen sei, das einen „unveräußerlichen Bestandteil der spanischen Monarchie" bildete[105]. Ein dritter Autor konstatiert, daß „*las Indias constituyen una entidad política con personalidad independiente*", was „*no impide, desde luego, que, como otras diversas formas de Estado, haya aquí una especial unión con Castilla, que falta con los restantes Reinos de la Corona*"[106]. In neuester Zeit wurden die amerikanischen Neuerwerbungen einmal als „*appendages of Castile*"[107] und ein anderes Mal als „autonome, dezentralisierte Provinzen Kastiliens"[108] bezeichnet. So werden die Überseegebiete bald als eine Einheit, bald als eine Vielzahl von Provinzen oder *appendages* bezeichnet, die einen Bestandteil der Krone bildeten oder aber direkt Kastilien als einem besonderen Staatswesen angehörten oder einen unmittelbaren Besitz des Königs darstellten und einmal eine eigene „unabhängige Personalität" besaßen, zum anderen aber lediglich als unselbständige „Anhängsel" betrachtet werden. Diese von durchweg anerkannten Fachhistorikern stammenden, leicht durch zahlreiche weitere, die Verwirrung noch mehr steigernde Beispiele zu ergänzenden Beurteilungen des Verhältnisses der amerikanischen Gebietsneuerwerbungen zum europäischen Mutterland haben lediglich gemeinsam, daß sie ausschließlich staatsrechtliche Kriterien zur Grundlage ihrer Definition machen, auch wenn diese Kriterien nicht in allen Fällen klar herausgearbeitet werden. Gegen eine solche Betrachtungsweise sind freilich dann vorab schon Bedenken vorzubringen, wenn sie, wie dies bei den spanischsprachigen der zitierten Autoren der Fall ist, unter

---

[102] Der Beschluß wurde aufgrund eines 1948 von Ricardo Levene eingebrachten Resolutionsentwurfs gefaßt, vgl. in ders., Las Indias no eran colonias, p. 161f., den Abdruck der Deklaration.

[103] Beide Möglichkeiten deuten Manfred Kossok—Walter Markov, Las Indias non eran Colonias?, p. 21f., an.

[104] C. H. Haring, The Spanish Empire, p. 97.

[105] Richard Konetzke, Die Indianerkulturen Altamerikas und die spanisch-portugiesische Kolonialherrschaft, p. 110.

[106] Alfonso García-Gallo, La constitución política de las Indias españolas, p. 500.

[107] Mario Góngora, Studies, p. 79 und ff.

[108] Ricardo Zorraquín Becú, La condición política de las Indias, wo der Vf. nacheinander die verschiedenen Aspekte seiner Definition untersucht.

Ausklammerung der Tatsache der gewaltsamen Unterwerfung jener Gebiete darauf abzielen, den Kolonialcharakter der überseeischen Besitzungen ausdrücklich in Abrede zu stellen. Eine verfassungsgeschichtliche Untersuchung des Verhältnisses von Mutterland und überseeischen Besitzungen kann nur zum Ziel haben darzulegen, wie der handelnde, d.h. der sich durch Ausdehnung neue Gebiete einverleibende Staat diese Beziehungen rechtlich verankerte. Da eine solche Betrachtungsweise ausschließlich von den Rechtsverhältnissen des sich ausdehnenden Staates ausgeht, ist sie immer dann ungeeignet, den tatsächlichen Charakter der Beziehungen zu erfassen, wenn sich in den Gebietsneuerwerbungen eine autochthone Bevölkerung vorfand, die als Folge der Expansion einer fremden Rechtsordnung unterworfen wurde und deren Belange und Interessen nach dem kulturellen Wertesystem des expandierenden Staates definiert werden. Eine koloniale Situation[109] ist dagegen ein weit über die bloßen Rechtsbeziehungen hinausreichender, die Gesamtheit der politischen, wirtschaftlichen, sozialen und kulturellen Beziehungen in ihren mannigfachen Ausprägungen erfassender Zustand, der allenfalls aus der Sicht der Unterworfenen, in keinem Fall aber unter völliger Außerachtlassung derselben diagnostiziert werden kann. Dies gilt auch dann, wenn der Begriff „Kolonialismus" in der Zeit, auf die er angewandt wird, noch gar nicht existierte, ein Umstand, der ebenfalls als Argument gegen die Verwendung des Kolonialismusbegriffs vorgebracht wurde[110]. Ohne auf das eigenartige Geschichtsverständnis eingehen zu wollen, das sich hinter einer solchen Auffassung verbirgt, sei diesbezüglich vermerkt, daß schließlich ja der gesamte Begriffsapparat des Historikers erst seit der Entwicklung der modernen Historiographie im 19. Jahrhundert ausgebildet wurde und eine solche Vorstellung den Verzicht auf die Anwendung historischer Begriffe auf frühere Epochen erfordern würde. Aus alledem wird ersichtlich, daß es sich bei dem hier zu behandelnden Problemkomplex um zwei voneinander zu unterscheidende Fragen handelt, nämlich einmal die nach den rechtlichen Beziehungen der verschiedenen Teile der kastilischen Monarchie zueinander und zum anderen die Frage nach dem allgemeinen Charakter dieser Beziehungen unter Berücksichtigung aller Teilaspekte insbesondere hinsichtlich der der Situation der spanischen Herrschaft einverleibten Ureinwohner.

Ebenso wie die aus der Personalunion der Reiche von Aragón und Kastilien entstandene spanische Monarchie der beginnenden Neuzeit bildete auch Kastilien selbst ein Konglomerat von Reichen und Herrschaften, die in sehr unterschiedlicher Form mit dem Stammland verbunden waren und rechtlich teils ihre Eigenständigkeit bewahrt hatten, teils voll in Kastilien integriert waren. So hatten beispielsweise die Herrschaften von Vizcaya und Guipúzcoa eigene Verfassungen und Ständeversammlungen, waren aber gleichwohl untrennbar mit den beiden Kernreichen Kastilien und León verknüpft. Das *Reino de Galicia* war gleichfalls unlösbar mit den übrigen Reichsteilen verbunden, besaß jedoch keine eigene Ständeversammlung und war auch auf den kastilischen *Cortes*-Tagungen nicht vertreten. Die *Reconquista*-Reiche im Süden der Halbinsel, wie etwa die *Reinos* von Jaén, Córdoba und Sevilla, sind dagegen voll in Kastilien integriert worden und waren durch ihre Hauptstädte auf den kastilischen Ständetagen repräsentiert. Diese besonders enge Bindung an Kastilien

---

[109] Vgl. dazu Georges Balandier, La situation coloniale: Approche théorique, p. 47ff.
[110] So Ricardo Zorraquín Becú, La condición política de las Indias, p. 432.

dürfte sich daraus erklären, daß Kastilien nicht nur die Eroberung dieser Gebiete durchgeführt hatte, sondern auch als rechtlicher Nachfolger des Westgotenreiches einen Anspruch auf diese Gebiete zu haben glaubte, so daß ihre Einverleibung nach Auffassung der Zeitgenossen nur die Wiederherstellung eines ursprünglich bestehenden Zustandes bedeutete. Zahlreiche feierliche Deklarationen einzelner Herrscher legten im Verlauf des Spätmittelalters in Anlehnung an ein entsprechendes Gebot in den *Siete Partidas* Alfons des Weisen die Unveräußerlichkeit und Unteilbarkeit dieses Konglomerats von verschiedenen Reichen und Herrschaften fest[111].

Als das einigende Band wird schon in den zeitgenössischen Texten jeweils die Krone (*la corona*) genannt, ein Begriff, der von modernen Autoren meist ohne nähere Erklärung übernommen wird. Der im Spätmittelalter und der frühen Neuzeit der Bezeichnung Krone in Kastilien beigemessene Sinngehalt ist in der Historiographie freilich umstritten. Der Rechtshistoriker Manzano Manzano meint dazu: „*Los elementos del Estado castellano son dos: el Rey y los Reinos o Corona*"[112] und setzt damit Krone und Königreich gleich. Dagegen vertritt García-Gallo die Auffassung, daß „*en el Estado se distinguen dos elementos diferentes: La Comunidad o Reino y la Corona . . .*"[113], d. h. er versteht unter der Bezeichnung Krone die von der Person des Herrschers abstrahierte königliche Gewalt, mithin also genau das Gegenteil der vorab zitierten Interpretation. Beide Autoren fassen die Krone jeweils als eines der beiden Elemente des mittelalterlichen Staates auf, die jedes für sich eine eigene Rechtsperson darstellen. Ein weiterer Autor schließlich versteht die Krone Kastiliens als ein „Verkörperungssymbol", als „Verkörperung des politischen Herrscherrechts", und betont ausdrücklich, daß es sich nicht um eine Rechtsperson handele[114]. Läßt man die Ansicht, daß die Krone keine Rechtsperson gewesen sei, als offensichtlich falsch außer acht – zeigt sich doch im folgenden, daß ihr etwas rechtlich einverleibt werden konnte –, so stimmt diese Auffassung weitgehend mit der vorher genannten überein. Es stellt sich also die Frage, ob unter Krone der Reichsverband oder das Königtum bzw. die diesem innewohnende Staatsgewalt oder – eine weitere Möglichkeit – gar ein Synonym für den Gesamtstaat verstanden werden muß. Da für Kastilien anscheinend keine einschlägigen Untersuchungen vorliegen, ist das Problem nicht abschließend zu klären, und es kann daher lediglich in Analogie zu den Verhältnissen in den meisten übrigen europäischen Monarchien gefolgert werden, daß auch in Kastilien der Begriff Krone stellvertretend für das von der Person des jeweiligen Monarchen losgelöste Königtum steht[115].

Die überseeischen Gebiete bildeten zunächst einen persönlichen Besitz des Herrscherpaares, das sie erworben hatte. Die Papstbullen Alexanders VI. hatten die Entdeckungen ausdrücklich Ferdinand und Isabella und ihren Nachfolgern in der Krone

---

[111] Vgl. dazu Juan Manzano Manzano, La adquisición de las Indias por los Reyes Católicos y su incorporación a los reinos castellanos, p. 29ff.
[112] ebenda, p. 12.
[113] Vgl. Alfonso García-Gallo, La constitución política de las Indias españolas, p. 498.
[114] So Theodor Maunz, Das Reich der spanischen Großmachtzeit, p. 45ff.
[115] Vgl. dazu Fritz Hartung, Die Krone als Symbol der monarchischen Herrschaft im ausgehenden Mittelalter, p. 1ff. In seinem Nachwort setzt Hellmann die Krone freilich wieder mit dem Staat gleich, vgl. p. 550.

von Kastilien überantwortet[116]. Die Tatsache, daß die Indien beiden Monarchen je zur Hälfte als persönlicher Besitz übertragen worden waren, läßt sich anhand zahlreicher zeitgenössischer Dokumente verfolgen, die zwischen dem von den Königen ererbten Krongut und ihren persönlichen Gütern und Einkünften unterschieden. Außerdem erhielt Ferdinand während der kurzen Herrschaft seines Schwiegersohnes Philipp weiterhin die Hälfte der Einkünfte aus den neu entdeckten Gebieten und titulierte sich während seiner Regentschaft nach Philipps Tod abermals als „*Señor de las Islas y Tierra Firme del Mar Océano*", wie die offizielle Bezeichnung für diese Neuerwerbungen in der Aufzählung der herrscherlichen Titel lautete. Die eine Hälfte der Gebietsneuerwerbungen war bereits nach dem Tode Isabellas, die andere Hälfte erst nach Ferdinands Ableben der Krone von Kastilien einverleibt worden. Gemäß den Papstbullen bildeten die überseeischen Besitzungen vom Tode Ferdinands an endgültig einen festen Bestandteil der Krone, d. h. *Patrimonium* des kastilischen Königtums, nicht aber Teil des Königreichs Kastilien. 1520 bestätigte Karl V. die Unauflöslichkeit der Verbindung zwischen der Krone von Kastilien und den überseeischen Gebieten und ihre Unveräußerlichkeit mit den Worten „*. . e a las Indias, Islas y tierra firme del mar Oceano, que son, o fueren de la Corona de Castilla, ninguna ciudad ni provincia, ni isla, ni otra tierra anexa a la dicha nuestra Corona real de Castilla, puede ser enagenada ni apartada della. . .*", nachdem im Jahre zuvor bereits der Insel Santo Domingo ein entsprechendes Dokument ausgestellt worden war[117]. Die überseeischen Gebietserwerbungen bildeten mithin einen festen und unveräußerlichen „Annex" der Krone von Kastilien und waren daher ein Krongut, über das das Königtum nach Maßgabe der geltenden Gesetze verfügen konnte. In der in der klaren Unterscheidung von Krongut, Zugewinn einzelner Herrscher und königlichem Privatbesitz zum Ausdruck kommenden Rationalisierung des Staatsbegriffs ist zugleich eine ins Mittelalter zurückreichende Tradition des modernen Staates zu sehen.

Hier erhebt sich nun die Frage nach der Form und den Konsequenzen der Eingliederung der in Amerika erworbenen Gebiete. Im Zeitalter der Katholischen Könige verleibte sich die neu entstandene spanische Monarchie zahlreiche neue Gebiete ein. Neapel fiel an die Krone von Aragón kann daher an dieser Stelle außer acht gelassen werden. Kastilien bzw. seiner Krone wurden in dieser Epoche die Kanarischen Inseln, Granada, das von Kolumbus entdeckte Amerika und Navarra angegliedert. Auf den ersten Blick scheinen alle diese Gebiete einen unterschiedlichen Rechtsstatus erhalten zu haben. So wurde Granada voll in Kastilien integriert, kastilischem Recht und den Organen der kastilischen Verwaltung unterstellt sowie mit Sitz und Stimme zu den kastilischen Ständeversammlungen zugelassen, obwohl es über eine fremdartige, nicht integrierte Bevölkerung verfügte. Diese behielt in beschränktem Maße ihre angestammte Rechtsordnung und eine begrenzte lokale Selbstverwaltung. Die Kanarischen Inseln, die wie Granada ebenfalls als eigenes Reich (*Reino*) bezeichnet wurden, erfuhren eine nahezu gleiche Behandlung, erhielten aber keine Vertretung in den *Cortes* zuerkannt. Navarra dagegen behielt seine angestammte Rechtsordnung, eine

---

[116] Vgl. dazu und zum folgenden Juan Manzano Manzano, La adquisición de las Indias por los Reyes Católicos y su incorporación a los reinos castellanos.
[117] Diego de Encinas, Cedulario Indiano, vol. 1, p. 58.

eigene Ständeversammlung und Verwaltungsorganisation und wurde von einem Vizekönig regiert. Unter Karl V. wurde die Leitung der Angelegenheiten Navarras einer zentralen Ratsbehörde, dem *Consejo de Navarra*, unterstellt. Die amerikanischen Gebiete wurden ähnlich wie die Kanarischen Inseln behandelt, aber von einem Vizekönig – Kolumbus – regiert. Wie aus der in den Herrschertiteln enthaltenen Bezeichnung zu entnehmen ist, wurden diese transozeanischen Neuerwerbungen ebenso wie der Kanarische Archipel als Einheit angesehen, wofür im Falle der Indien auch die zunächst einheitliche Regierung durch einen Vizekönig spricht. Ebenso wie Granada verfügten die amerikanischen Besitzungen über eine eingeborene, nicht assimilierte Bevölkerung, der gleichfalls in begrenztem Maße eine lokale Selbstverwaltung zugebilligt wurde. Im Gegensatz zu Granada erlangten die amerikanischen Besitzungen aber kein Stimmrecht in der Ständeversammlung. Später, nach der endgültigen Eingliederung der Indien in die Krone und dem weiträumigen Ausgreifen auf dem amerikanischen Festland erhielten diese Gebiete aber eine eigene, allerdings nach kastilischem Vorbild aufgebaute und von einer besonderen zentralen Ratsbehörde, dem *Consejo de Indias*, geleitete Verwaltungsorganisation, und darüber hinaus entwickelte sich auf der Grundlage des kastilischen Rechts ein eigenständiges indianisches Recht. Gleichzeitig zerfiel offensichtlich die juristische Einheit dieses Gebietskomplexes, wie aus der Ernennung zweier Vizekönige und vor allem aus der Verwendung der Bezeichnung *Reino* für eine Vielzahl überseeischer Gebiete zu ersehen ist. Offiziell blieb allerdings in der Herrschertitulatur die Fiktion der Einheit bestehen, wie die Beibehaltung der Bezeichnung *Indias, Islas y Tierra Firme del Mar Océano* verdeutlicht.

Angesichts des Umstandes, daß kein einziger der geschilderten Fälle völlig mit einem anderen identisch ist, liegt die Vermutung nahe, daß der Rechtsstatus der einzelnen Gebiete nicht automatisch durch den Akt der Eingliederung in die Krone festgelegt wurde, sondern das Ergebnis der jeweils zum Zeitpunkt der Besitznahme angetroffenen Situation und der in der Folgezeit betriebenen Politik des Staates darstellt, ein Umstand, der durch die extremen Unterschiede des jeweiligen Entwicklungsstandes auch verständlich ist. Man wird also davon auszugehen haben, daß durch die Anwendung der Bezeichnung *Reino* auf alle diese Gebiete zwar ohne Unterschied die allgemeinen Prinzipien des Staatsrechts in seiner zeitgenössischen Ausprägung angewandt wurden, diese Gebiete daher grundsätzlich einander gleichberechtigt waren, daß aber andererseits die konkrete Ausformung des Rechtsstatus dieser verschiedenen Besitzungen Ergebnis der ihnen gegenüber betriebenen Politik gewesen ist. Besonders deutlich zeigt sich dies etwa in der Beteiligung an den Ständeversammlungen. Granada als zurückerobertes, der Rechtsauffassung nach altes kastilisches Gebiet erhielt völlig selbstverständlich Sitz und Stimme auf den *Cortes*-Tagungen. Navarra behielt seine ererbten Institutionen ebenfalls aus Gründen politischer Konvenienz, um dem dortigen Adel und den Städten die Gewöhnung an das neue Herrscherhaus und den Verlust der Unabhängigkeit zu erleichtern bzw. erträglicher zu machen. Die Kanarischen Inseln und die frühen amerikanischen Besitzungen besaßen in der Anfangsphase der Kolonisation kein besonderes politisches Gewicht und erhoben von sich aus zunächst auch keine dringlichen Vorstellungen zur Erlangung eines solchen Privilegs. Als schließlich aus Übersee entsprechende Wünsche vorgetragen wurden, hatte Kastilien gerade den *Comunidades*-Aufstand überstanden, und für die Krone erschien es nun nicht mehr opportun, neue repräsentative

Organe zu schaffen oder die bestehenden zu erweitern, zumal dies eine Einschränkung der absoluten Gewalt des Königtums bedeutet hätte, die sich gerade in dieser Zeit in voller Entfaltung befand. Wie sehr es sich dabei um ein politisches Problem handelt, läßt sich schließlich daran ablesen, daß die Krone in späterer Zeit aus Gründen der Geldbeschaffung von sich aus die Einrichtung einer Ständeversammlung in Übersee erwog. Andererseits kann nun aber kein Zweifel daran bestehen, daß die Nichtbeteiligung der amerikanischen Reiche an den spanischen Ständeversammlungen und die Verweigerung der Einrichtung eigener Cortes rechtlich eine Statusminderung zur Folge hatte, selbst wenn man den Verfall des politischen Einflusses dieses Repräsentativorgans in Kastilien berücksichtigt. Dagegen läßt der Umstand, daß sich die kastilischen *Cortes* gelegentlich mit Angelegenheiten der Überseegebiete befaßten, keine Rückschlüsse auf deren Rechtsstatus zu, da die behandelten Fälle sich meistens in der einen oder anderen Form auf Probleme bezogen, die, wie etwa Fragen der Kommunikation und der finanziellen Lage des Königtums, ebenfalls Kastilien betrafen[118]. Ebenso muß es zweifelhaft erscheinen, die amerikanischen Reiche aufgrund des ausschließlich aus der absolutistischen Politik des Königtums zu erklärenden Fehlens ständischer Einrichtungen als bloße Anhängsel Kastiliens zu bezeichnen[119], da die Krone ihre überseeischen Besitzungen durchaus als eigene Rechtspersonen behandelte[120] und die kastilischen *Cortes*, etwa bei Huldigungen eines neuen Monarchen oder vergleichbaren Gelegenheiten, nicht in Stellvertretung für die amerikanischen Reiche der Krone handeln konnten.

Zahlreiche andere politische Maßnahmen der Krone hatten gleichfalls Einfluß auf den Rechtsstatus der Überseegebiete. So hatte etwa die Errichtung des Sevillaner Handels- und Schiffahrtsmonopols statusmindernde Konsequenzen, da infolge dieser Regelung die amerikanischen Reiche der Krone nicht nur von jeder direkten Kommunikation mit dem übrigen Europa abgeschnitten wurden, sondern selbst mit den anderen Reichen der Krone keine Verkehrsbeziehungen unterhalten konnten. Einige Regelungen, wie etwa die Errichtung einer eigenständigen Zentralbehörde und die Übertragung der Regierungsgewalt an Vizekönige, stärkten dagegen den autonomen Charakter dieser Reiche und verliehen ihnen im Vergleich zu anderen Reichen eine größere Selbständigkeit, wodurch eine Verbesserung des Rechtsstatus erfolgte. Wieder andere Maßnahmen der Krone gaben den amerikanischen Reichen eine Sonderstellung, die sich weder statusverbessernd noch statusmindernd auswirkten. Dies ist beispielsweise hinsichtlich der Konsequenzen der Rassentrennungspolitik der Krone zu beobachten, die dazu führte, daß Spanier und Indianer zwar von gleichartigen, voneinander aber streng getrennten Institutionen auf Munizipaleebene verwaltet wurden. Dies hatte zur Folge, daß die Bevölkerung der einzelnen amerikanischen *Reinos* nicht einen einheitlichen Untertanenverband bildete, sondern in zwei *Repúblicas*, d.h. zwei voneinander unabhängige und getrennt verwaltete Untertanenverbände zerfiel[121], von denen der indianische Teil als Rechtsperson nicht voll gleich-

---

[118] Vgl. dazu die Beispiele bei José Martínez Cardós, Las Indias y las Cortes de Castilla durante los siglos XVI y XVII, p. 32ff.
[119] So Mario Góngora, Studies, p. 125.
[120] Vgl. dazu Alfonso García-Gallo, La constitución política de las Indias españolas, p. 504.
[121] Vgl. dazu Alfonso García-Gallo, La constitución política de las Indias españolas, p. 508ff.; desgleichen Magnus Mörner, La corona española, p. 11.

berechtigt war, sondern den Status von Minderjährigen besaß[122], eine Situation, die der der Morisken in Granada ähnlich gewesen sein dürfte.

Andere Faktoren, denen bei der Bewertung des Rechtsstatus der überseeischen Gebiete gemeinhin große Bedeutung beigemessen wird, erscheinen jedoch eher zweitrangig oder gar bedeutunglos zu sein. Dies gilt etwa für die Einführung kastilischen Rechts in Übersee[123]. In einem Gebiet, in dem aus der Sicht der Europäer überhaupt keine erkennbare Rechtsordnung bestand, wie unter den auf niedriger Entwicklungsstufe stehenden Eingeborenen der karibischen Inseln, oder in denen pervertiert erscheinende oder für die Europäer jener Zeit nicht akzeptable, weil nicht auf christlichen Prinzipien basierende Rechtsverhältnisse existierten, wie in den Regionen der amerikanischen Hochkulturen, mußte eine europäisch orientierte Rechtsordnung eingeführt werden. Was lag da näher als die Durchsetzung der Rechtsordnung der erobernden Nation? Aus der Tatsache, daß in einem Gebiet ohne akzeptable Rechtsverhältnisse das Recht eines europäischen Staates eingeführt wurde, folgt ja nicht ohne weiteres, daß damit eine Unterordnung, eine Gleichschaltung oder eine Eingliederung verbunden wäre. Diese Auffassung kann um so weniger Geltung beanspruchen, als sich im Verlauf der Kolonisation sehr schnell ein eigenständiges indianisches Recht entwickelte und die kastilische Rechtsordnung immer mehr zu einem bloßen Ergänzungsrecht wurde. Gleiches gilt hinsichtlich des Umstandes, daß die überseeischen Reiche in der überwiegenden Mehrheit von europastämmigen Spaniern regiert wurden[124]. Schon aus politischen Gründen und infolge der Zusammensetzung der engsten Ratgebergremien des Monarchen sind in allen zur Krone gehörenden Reichen bevorzugt Kastilier mit den höchsten Regierungsämtern betraut worden. Außerdem folgte die staatliche Personalpolitik dem Prinzip, Beamte nicht in dem Bezirk einzusetzen, in dem sie gebürtig waren. Wenn in dieser Praxis ein diskriminierender Aspekt zu sehen ist, so dürfte er für alle Reiche der Krone mehr oder weniger gleichmäßig wirksam geworden sein, in Amerika allerdings erst vom Beginn der letzten Jahrzehnte des 16. Jahrhunderts an, nachdem die ersten Generationen von Amerikaspaniern herangewachsen waren.

Schließlich muß auch noch die Frage aufgeworfen werden, ob die Krone gegenüber allen Reichen in Übersee eine gleichartige Politik verfolgt hat, so daß der Rechtsstatus dieser Gebiete insgesamt gleich gewesen ist. Von der allgemeinen Rechtspolitik wird man dies aufgrund der bisherigen Kenntnisse sicherlich bejahen dürfen, auch wenn sich aus der Entwicklung der Kolonisation in den einzelnen Gebieten zahlreiche rechtliche Besonderheiten hinsichtlich administrativer Organisation und Kompetenz der Behörden herausgebildet haben. Es muß allerdings dahingestellt bleiben, inwiefern in der administrativen Angliederung einzelner *Reinos* an die Behörden eines benachbarten Reiches eine statusbeeinflussende Maßnahme zu sehen ist. Ebenso bleibt zu fragen, ob die Bevorzugung einzelner amerikanischer *Reinos* bezüglich des Handels und Verkehrs mit dem Mutterland nicht auch eine den Status beeinflussende Maßnahme gewesen ist. Alles in allem ist festzustellen, daß aufgrund des gegenwärtigen Forschungsstandes weder ein gründlicher Vergleich des Rechts-

---

[122] John Leddy Phelan, The Kingdom of Quito, p. 213.
[123] Darauf basiert zu einem großen Teil Mario Góngora, Studies, p. 80f., seine Interpretation.
[124] So Mario Góngora, Studies, p. 81.

status der amerikanischen Reiche untereinander möglich ist, noch diese Reiche in ihrer Gesamtheit mit den europäischen Teilreichen der Krone von Kastilien verglichen werden können.

Zusammenfassend wird man daher lediglich folgern dürfen, daß die amerikanischen Reiche der Krone von Kastilien und nicht dem Königreich Kastilien einverleibt wurden, auch wenn der Gehalt des Begriffs „Krone" nicht mit letzter Gewißheit zu klären ist. Zum Zeitpunkt der Eingliederung ist jedoch noch kein eindeutig fixierter Rechtsstatus zu erkennen, vielmehr scheint sich ein solcher erst im Verlauf des 16. Jahrhunderts als das Ergebnis der königlichen Politik zur Entwicklung einer staatlichen Organisation in Übersee herausgebildet zu haben, zumindest zeichnet er sich erst in jener Zeit einigermaßen deutlich ab. Festzustehen scheint, daß die amerikanischen Gebiete eigene Reiche bildeten und eigenständige Rechtspersonen darstellten, jedoch nicht nur von der Krone sondern auch vom Königreich Kastilien abhängig waren und diesem gegenüber in jedem Fall einen Status minderen Rechts besaßen, gleichzeitig aber auch einen eigenständigen, ja, autonomen Charakter erkennen lassen. Abgesehen von den Reichen der Krone von Aragón, besaßen innerhalb des kastilischen Reichsverbandes nur die angegliederten Herrschaften an der kantabrischen Küste und das Reich Navarra einen vollen Autonomiestatus, während die amerikanischen Reiche wiederum mehr Autonomie besaßen als vergleichsweise Granada oder die Kanarischen Inseln. Aufgrund ihrer inneren Verfassung – man denke diesbezüglich nur an die Gliederung in zwei *Repúblicas* – unterschieden sie sich jedoch von allen anderen autonomen Teilreichen der Krone und besaßen daher einen besonderen, nur ihnen eigenen Sonderstatus. Trotz der in einzelnen Bereichen zu beobachtenden Abhängigkeit kann man aus staatsrechtlicher Blickrichtung die Indien sicherlich nicht als Kolonie bezeichnen und zwar nicht nur aus dem Grunde, weil es die Rechtsform einer Kolonie noch nicht gab, sondern vor allem aufgrund des Umstandes, daß diese Abhängigkeiten nicht der Ausfluß einer entsprechenden staatsrechtlichen Statusdefinition, sondern Ergebnis einer politischen Entwicklung waren, die nicht primär die Herstellung von Abhängigkeiten bezweckte. Man wird daher Pierre Chaunu zustimmen müssen, wenn er sagt: „*Castilla et Indias ne sont pas Métropole et Colonies, elles sont les royaumes inégaux d'un même Souverain, ou si l'on veut encore, fils aîné et fils cadet d'une même grande famille patriarcale*"[125].

Hier erhebt sich nun die Frage, ob es gerechtfertigt ist, von den amerikanischen Reichen in allgemeiner Sicht als Kolonien zu sprechen. Während die spanischsprachigen Historiker in ihrer Mehrzahl die Verwendung dieses Begriffs ablehnen, meint etwa Richard Konetzke, daß als Kolonien auch Siedlungen von Europäern in Übersee im Sinne von „Siedlungen oder Pflanzungen ... von Menschen außerhalb ihres Heimatgebietes"[126] bezeichnet werden und die Begriffe „Kolonialgründung, Kolonialherrschaft und Kolonisation" in dieser Bedeutung unentbehrlich sind. Zwar ist damit in einleuchtender Form die Verwendung dieser Begriffe gesichert, doch wird zugleich durch einen Kunstgriff die Frage umgangen, ob die spanischen Überseegebiete Kolonien im Sinne des modernen Kolonialismusbegriffs gewesen sind. Um in

---

[125] Pierre Chaunu, Séville et l'Atlantique (1504—1650), tome VIII₁, p. 164.
[126] Richard Konetzke, Die Indianerkulturen Altamerikas und die spanisch-portugiesische Kolonialherrschaft, p. 110.

dieser Bedeutung von Kolonien sprechen zu können, müssen im wesentlichen zwei Voraussetzungen erfüllt sein: nämlich einmal die Unterwerfung fremder autochthoner Völkerschaften, wobei gleichgültig ist, ob diese aus einem Missionsgedanken heraus oder aus anderen Gründen geschieht und zum anderen eine Kolonialpolitik, die darauf abzielt, zum Nutzen des Mutterlandes wirtschaftliche Vorteile aus den erworbenen Gebieten zu ziehen, d.h. also eine merkantilistische Kolonialpolitik.

Tatsächlich wurden beide Voraussetzungen erfüllt. Während jedoch die Unterwerfung einer andersartigen Bevölkerung evident ist und keines weiteren Kommentars bedarf, ist eine merkantilistische Ausrichtung der spanischen Wirtschaftspolitik gegenüber den Überseegebieten zumindest in der Frühzeit der Kolonisation nicht ohne weiteres feststellbar. Zwar scheint bereits die Errichtung des Sevillaner Schiffahrts- und Handelsmonopols die Existenz einer solchen Politik anzuzeigen, doch ist inzwischen offenkundig geworden, daß die Begründung dieses Monopols zunächst noch keinen drastischen Eingriff in die Entfaltung der Beziehungen zwischen beiden Kontinenten darstellte, sondern durch geographische Bedingungen, wie Strömungsverhältnisse des Meeres, Periodizität der Luftzirkulation, die Nähe der Kanarischen Inseln als einer wichtigen Relaisstation und ähnliche Ursachen, und durch das Gewicht einer Metropole von der Bedeutung Sevillas in vieler Hinsicht natürlich bedingt war, so daß die rechtliche Fixierung nur eine Formalisierung gegebener Umstände bedeutete[127]. Erst die Konstituierung einer privilegierten Kaufmannskorporation in Verbindung mit der Einführung des Flottensystems brachte die Nachteile dieser Maßnahme voll zum Tragen. Auch die starken wirtschaftlichen Interessen, die die Krone zur Unterstützung der Kolumbusfahrten bewogen hatten und sie zunächst zum Ausschluß des freien Unternehmertums veranlaßt hatten, können nicht als ein ausreichendes Indiz für das Vorhandensein einer merkantilistisch orientierten Kolonialpolitik angesehen werden. Nicht umsonst attestiert die Literatur dem Spanien des 16. Jahrhunderts noch keine voll ausgebildete merkantilistische, sondern lediglich eine monetaristische Politik, eine Vorform des späteren Merkantilismus, die auf den Erwerb, die Thesaurierung und die Verhinderung des Abflusses von Edelmetallen abzielte[128]. Ebenso wie der Begriff Merkantilismus selbst ist auch diese Interpretation der spanischen Wirtschaftspolitik jener Zeit nicht unumstritten[129], doch wird man tatsächlich in der Anfangsphase der Kolonisation noch keine organische Wirtschaftspolitik feststellen können, die auf die Ausbeutung der Kolonien ausgerichtet gewesen wäre. Die Krone unternahm zunächst vielmehr alle Anstrengungen, um die wirtschaftliche Entwicklung zu fördern und begünstigte sowohl den Anbau aller europäischen Agrarprodukte als auch die Ausbildung der verschiedenen Gewerbezweige ohne Rücksicht auf die Exportinteressen der europäischen Reiche. Zwar waren die Überseegebiete in dieser Phase der beginnenden Kolonisation von europäischen Einfuhren extrem abhängig, doch war dies eine Folge der Umstände und nicht das Ergebnis einer auf die Herstellung solcher Abhängigkeiten abzielenden Politik.

---

[127] Vgl. dazu Pierre Chaunu, Séville et l'Atlantique, tome VIII$_1$, p. 161ff.
[128] Vgl. dazu Fritz Blaich, Die Epoche des Merkantilismus, p. 180f.
[129] Zur Problematik des Begriffs Merkantilismus vgl. Fritz Blaich, Die Epoche des Merkantilismus, p. 1ff.; gegen die Auffassung, daß in Spanien eine Wirtschaftsauffassung des Monetarismus oder Bullionismus vorherrschte, wendet sich mit guten Argumenten Pierre Vilar, Los primitivos españoles del pensamiento económico. „Cuantitativismo" y „bullonismo", p. 175ff.

Dies begann sich um die Mitte des 16. Jahrhunderts zu ändern. Unter dem Eindruck der wirtschaftlichen Schwierigkeiten des Mutterlandes griff die Krone in immer stärkerem Maße zu protektionistischen Maßnahmen, um kastilische Exporte nach Amerika zu begünstigen. So wurde der Anbau von Wein beschränkt, die schnell aufgeblühte Seidenfabrikation durch Vernichtung der Maulbeerbäume ruiniert, die Tuchindustrie Restriktionen unterworfen und der interamerikanische Handelsaustausch durch Verbote interprovinziellen Verkehrs eingeschränkt[130]. Die Einführung des Flottensystems um die Jahrhundertmitte ermöglichte schließlich dem durch die Errichtung einer privilegierten Handelskorporation, dem *Consulado* von Sevilla, entstandenen Handelsoligopol die Steuerung des Warenaustauschs zum Nachteil der Überseegebiete[131]. Zugleich verschärfte die Krone die Fiskalpolitik und begünstigte durch die Errichtung von *Consulados* in den Zentren der amerikanischen Reiche ebenfalls die Ausbildung von weiteren Handels- und Finanzoligopolen, die nicht nur den Import und Export, sondern durch Kreditvergabe auch die wichtigsten Zweige der Binnenwirtschaft unter ihre Kontrolle brachten, ihrerseits aber weitgehend von der den gesamten Warenaustausch mit Übersee steuernden Großkaufmannschaft in Sevilla abhängig waren. Das Zusammenspiel der verschiedenen Kaufmannsgilden ermöglichte denn auch in zunehmendem Maße den direkten Transfer eines erheblichen Teils der in Amerika gewonnenen Edelmetalle nach Europa, so daß die in so großen Mengen gewonnenen Zahlungsmittel kaum im Lande selbst zirkulierten und daher nur in wenigen Regionen Hispanoamerikas belebende Impulse für die wirtschaftliche Entwicklung geben konnten[132]. Alle diese Maßnahmen trugen somit dazu bei, die Überseegebiete wirtschaftlich unmittelbar auf das kastilische Mutterland auszurichten und sie teilweise auch untereinander zu isolieren. Die Ausbildung dieser das Wirtschaftsleben kontrollierenden Oligopole ist von der Krone schließlich nicht nur geduldet, sondern sogar gefördert worden, da das von diesen getragene, starre und nur ein begrenztes Handelsvolumen ermöglichende System des Warenaustauschs den staatlichen Finanzbedürfnissen entgegenkam, bildete doch die jährlich aus Amerika zurückkehrende Flotte eine kalkulierbare Größe, die Kreditaufnahmen, Pfändungen und andere fiskalische Manipulationen erlaubte und so die Finanzierung der europäischen Politik Spaniens berechenbar machte. Freilich nahm die Krone durch die Begünstigung dieser Gruppen den gleichzeitig eingeleiteten Maßnahmen zur Förderung kastilischer Exporte weitgehend ihre Wirkung, da diese am Handel beteiligten Kaufmannschaften nicht an einer Steigerung der Ausfuhr, sondern an einer exorbitante Gewinne ermöglichenden Verknappung der Ausfuhr interessiert waren.

Diese Zusammenhänge lassen insgesamt erkennen, daß von der Mitte des 16. Jahrhunderts an nicht nur auf seiten der Krone erste Ansätze zur Verwirklichung

---

[130] Beispiele zunächst für die Förderung der wirtschaftlichen Entwicklung in Amerika und für die spätere Restriktionspolitik bringt C. H. Haring, El comercio y la navegación entre España y las Indias en época de los Habsburgos, p. 141ff.

[131] Durch Verknappung der Lieferungen vermochten die Sevillaner Kaufleute Gewinnspannen von mehreren hundert Prozent zu erzielen, vgl. dazu Guillermo Céspedes del Castillo, La sociedad colonial americana en los siglos XVI y XVII, vol. 3, p. 416.

[132] Diesen Mechanismus schildern Stanley J. Stein and Barbara H. Stein, The Colonial Heritage of Latin America, p. 27ff.

einer merkantilistischen Kolonialpolitik erkennbar sind, sondern gleichzeitig auch private spanische Wirtschaftsinteressen die Überseegebiete als Objekte wirtschaftlicher Ausbeutung anzusehen begannen. Zwar vermochte die unter den Folgen der Preisrevolution zunehmend hinter den Niederlanden, England und anderen europäischen Staaten zurückbleibende kastilische Wirtschaft die Möglichkeiten des Überseehandels nicht auszunutzen, doch setzte sich die Auffassung immer mehr durch, daß die amerikanischen Reiche im Gesamtkomplex der spanischen Monarchie die Funktionen von Abnehmern europäischer Fertigwaren und Lieferanten von Edelmetallen und Rohstoffen tropischen Ursprungs haben sollten. Im 18. Jahrhundert schließlich ist von spanischen Autoren auch explizit und unter Verwendung des Begriffs Kolonie eine auf diesen Prämissen basierende Wirtschaftsauffassung formuliert worden. Ebenso wie sich aus der staatlichen Politik im Verlauf des 16. Jahrhunderts allmählich für die amerikanischen Reiche ein Status minderen Rechts herausbildete, so hat sich spätestens von der Mitte des 16. Jahrhunderts an langsam auch die Auffassung vom Kolonialcharakter jener Gebiete entwickelt und die wirtschaftliche Abhängigkeit vom Mutterland institutionalisiert. Man wird daher mit vollem Recht den Begriff Kolonie auch im modernen Sinne verwenden können.

IV. Schlußbetrachtung: Die Rolle des Staates in der inneren Entwicklung der spanischen Überseegebiete

Die vorangehende Untersuchung hat gezeigt, daß sich die historische Entwicklung auf der Iberischen Halbinsel an der Wende vom Mittelalter zur Neuzeit in großen Zügen analog zu der des übrigen Europa vollzog. Sie war gekennzeichnet vor allem durch das Aufkommen des Staates als eines im Rahmen der Gesamtgesellschaft sich vom Untertanenverband abhebenden Machtfaktors und durch tiefgreifende wirtschaftliche und soziale Transformationen, wie die Entstehung des modernen Kapitalismus in der Frühform des Handelskapitalismus, die parallel dazu erfolgende Ausbildung eines städtischen Bürgertums und in enger Verbindung damit die langsame Aushöhlung der traditionalen sozialen Normensysteme und Wertordnungen. Während hinsichtlich der letztgenannten Aspekte die spanischen Reiche gegenüber vielen Gebieten Mitteleuropas und insbesondere Italiens eher einen Entwicklungsrückstand aufwiesen, war die Ausbildung des monarchischen Absolutismus und damit die Entwicklung zum modernen Staat außergewöhnlich weit fortgeschritten und hatte unter den Katholischen Königen zu Ende des 15. und Beginn des 16. Jahrhunderts einen ersten Höhepunkt erreicht. Besonders hervorstechend ist die Entschlossenheit, mit der beide Herrscher die Einigung der christlichen Reiche der Halbinsel betrieben und die Relikte der mittelalterlichen *Reconquista* durch die planmäßig organisierte Eroberung des letzten Maurenreiches und die Zwangsbekehrung der starken jüdischen und maurischen Minderheiten zu beseitigen bestrebt waren. Den politischen Einigungsbestrebungen stand somit im Inneren das Bemühen um die Schaffung eines einheitlichen, homogenen Staatsvolkes gegenüber, ein Ziel, das durch die religiöse Vereinheitlichung erreicht werden sollte. Noch vor Ausbruch der Glaubensspaltung des 16. Jahrhunderts wurde damit in einem europäischen Staat erstmals bewußt die Religion zur Erlangung staatspolitischer Ziele eingesetzt. Parallel dazu unterwarf der Staat die Kirche seiner Kontrolle und schuf sich in der Inquisition ein höchst wirkungsvolles Instrument zur Überwachung der geistigen und politischen Strömungen im Lande. Religion und Kirche traten damit in den Dienst staatlicher Politik und wurden zu einer Stütze des monarchischen Absolutismus. Mit der Wiederherstellung der im Verlauf des 15. Jahrhunderts weitgehend verfallenen herrscherlichen Autorität gelang es dem Königtum, eine in den spätmittelalterlichen Rechtstheorien verankerte, herausgehobene, allen übrigen gesellschaftlichen Schichten und Gruppen übergeordnete Stellung einzunehmen und sich als allgemein respektierte, unabhängige und die Staatsgewalt verkörpernde Kraft zu konstituieren, eine Position, die unter den Nachfolgern der Katholischen Könige durch die Einführung eines strengen, die Distanz zwischen Monarchen und Untertanen sichtbar betonenden Hofzeremoniells unterstrichen wurde. Zugleich begann das Königtum, gestützt auf einen Souveränitätsgedanken, die Machtausübung zu monopolisieren, worin sich erste Tendenzen zur politischen Nivellierung erkennen lassen. Darüber hinaus ist in der Rationalität der innen- und außenpolitischen Konzeptionen die

Existenz einer Vorstellung von Staatsraison zu erkennen, die auf die Realisierung des Gemeinwohls gerichtet war und die Maximen staatlichen Handelns lieferte. Der Staat tritt nunmehr deutlich als eigenständige historische Größe in Erscheinung und beginnt, sich im Sinne der zeitgenössischen Unterscheidung zwischen Krone und Gemeinwesen vom Untertanenverband abzuheben.

Ungeachtet aller Bestrebungen zur Verbesserung der Verwaltungsorganisation, die sich in dieser und der nachfolgenden Epoche im spanischen Mutterland beobachten lassen, war der Absolutismus der Katholischen Könige nicht in erster Linie bürokratisch-organisatorisch, sondern vornehmlich politisch begründet. Die Herstellung einer Balance zwischen den verschiedenen sozialen Gruppen, die Neutralisierung mächtiger Korporationen, wie der Ritterorden und der Kirche, die Schaffung eines Polizeiwesens zur Durchsetzung von Recht und Ordnung und eine planmäßige Expansionspolitik als Ventil für soziale Unrast waren die wichtigsten Mittel, deren sich die Könige zur Verwirklichung ihrer Ziele bedienten. Einzeln und für sich betrachtet waren weder die Zielvorstellungen der Monarchen noch die zu ihrer Durchsetzung verwandten Mittel völlig neu, sondern in der politischen Konstellation, in den Bestrebungen früherer Herrscher, den verschiedenen Rechtsordnungen und insbesondere der staatsrechtlichen Literatur bereits vorgegeben. Auch die wirtschaftlichen und sozialen Umschichtungen begannen sich bereits lange vor dem Zeitalter der Katholischen Könige abzuzeichnen, so daß aus der Perspektive einzelner Entwicklungsstränge mannigfache Kontinuitäten vom spanischen Spätmittelalter ins 16. Jahrhundert hinein zu beobachten sind. Es erweist sich freilich, daß diese Kontinuitäten oft formaler Art sind oder aber Teile von sich insgesamt im Wandel befindlichen Strukturen darstellen, Wandlungen, die sich im politischen, kirchlich-religiösen, wirtschaftlichen, sozialen und geistigen Bereich in gleicher Weise feststellen lassen. Die in der Literatur häufig unternommenen Versuche, das Spanien des beginnenden 16. Jahrhunderts als überwiegend mittelalterlich geprägt oder aber als wesentlich neuzeitlich orientiert zu charakterisieren, sind daher nicht nur deshalb müßig, weil in dieser allgemeinen Form „mittelalterlich" und „modern" im wissenschaftlichen Sinne keine antagonistischen Begriffe darstellen und schon gar keine brauchbaren Beurteilungskriterien abgeben, sondern auch aus dem Grunde, weil hinter diesen beiden Interpretationen unterschiedliche, jeweils auf die Verabsolutierung von mehr oder weniger repräsentativen Teilaspekten gerichtete Betrachtungsweisen stehen. Gleiches gilt von der oft herausgestellten Kontinuität zwischen der *Reconquista* und der überseeischen Expansion, weil trotz formaler Analogien und des zeitlichen Zusammenhangs zwischen der Eroberung Granadas und der Entdeckung Amerikas beide Vorgänge von höchst unterschiedlicher Zielrichtung und Tragweite waren, die sich zudem sehr rasch hinsichtlich ihrer organisatorischen Strukturen auseinanderentwickelten, ganz abgesehen davon, daß die Eroberung Granadas nicht stellvertretend für die in sich uneinheitliche und in vielfältigen Formen sich vollziehende *Reconquista* gesetzt werden kann.

Das einzig wirklich neue, sich schon klar inmitten von miteinander in Widerstreit liegenden Entwicklungstendenzen abzeichnende Element in dieser Epoche des Umbruchs ist der aus einer spezifischen Konstellation von einer Vielzahl von verschiedenartigen, überwiegend traditionalen Faktoren erwachsende frühneuzeitliche Machtstaat, der fortan in sich stetig intensivierender Form in die inneren Verhältnisse reglementierend eingreifen sollte. Wenn sich auch in anderen europäischen Reichen früher und deutlicher Ansätze zur Ausbildung dieses im monarchischen Absolutismus gipfelnden Machtstaates verfolgen lassen, so war Spanien, genauer gesagt Kastilien, doch die zeitgenössische Monarchie, in der sich diese Entwicklung am schnellsten konsolidierte und im Verlauf des 16. Jahrhunderts ungestört weiterbilden konnte. In diesem Entwicklungsvorsprung wird man einen der wesentlichen Gründe sowohl für die europäische Hegemonialstellung Spaniens im 16. und dem beginnenden 17. Jahrhundert als auch für die Entstehung und die rasche innere Festigung des spanischen Kolonialreichs sehen müssen.

Möglichkeiten und Grenzen dieses frühneuzeitlichen Staates zeigten sich bereits in der Anfangsphase der überseeischen Landnahme. Diese zunächst als handelskapitalistisches Partnerschaftsgeschäft von Krone und Entdecker konzipierte Unternehmen scheiterte schon bald an der Unmöglichkeit zur Bereitstellung ausreichender Mittel zur wirtschaftlichen Nutzung der neu entdeckten Gebiete und an Schwierigkeiten des Leiters mit den in Übersee tätigen besoldeten Faktoreiangestellten. In nüchterner Einschätzung dieses Tatbestandes und entgegen den mit Kolumbus getroffenen Abmachungen eröffnete die Krone daher durch Lockerung der Auswanderungssperre und des zusammen mit dem Entdecker betriebenen Monopols privater Initiative die Beteiligung an den transatlantischen Unternehmungen und ebnete so schon ausgangs der 90er Jahre des 15. Jahrhunderts den Weg zur Siedlungskolonisation. Unter Berufung auf ihre Souveränitätsrechte über die Neuentdeckungen behielt sich die Krone jedoch die direkte Kontrolle und Lenkung aller transozeanischen Entdeckungsfahrten und Eroberungszüge vor und bestand darauf, diesen Unternehmungen einen staatlichen Charakter zu geben. Das Mittel, mit dessen Hilfe dies erreicht wurde, war weiterhin der der handelskapitalistischen Zielsetzung entstammende Abschluß von Verträgen zwischen dem Souverän und dem interessierten Unternehmer, in denen dieser mit der Durchführung der Expedition betraut wurde, durch die Verleihung entsprechender Ämter den militärischen Oberbefehl und die oberste zivile und richterliche Gewalt in dem zu besetzenden Gebiet übertragen bekam und allgemeine Instruktionen zur Organisation und Regierung seiner Provinz erhielt. Diese Kapitulationen brachten gleichzeitig das Bestreben des Staates zur Errichtung einer direkten Herrschaft über jene Gebiete zum Ausdruck und legten in groben Umrissen die staatliche Organisation der Kolonie in der Gründungsphase fest. Nach dem von der Krone vollzogenen Übergang zur Siedlungskolonisation zielten die Kapitulationen staatlicherseits nicht mehr vorwiegend auf die kommerzielle Nutzung der zu besetzenden Region ab, wie dies noch in den Abmachungen mit Kolumbus der Fall war, sondern auf die Errichtung einer dauerhaften Herrschaft und die Sicherstellung einer kontinuierlichen Kolonisation. Diese Verfahrensweise signalisiert einerseits das Eingeständnis des frühneuzeitlichen Staates, die Aufgabe der Landnahme nicht in eigener Verantwortung und mit eigenen Mitteln organisieren zu können, sie bringt andererseits aber auch klar den staatlichen Willen zur Gestaltung der Verhältnisse in den neu erworbenen Besitzungen zum Ausdruck.

Die Motivationen der Entdecker und Eroberer waren dagegen ganz anderer Art. Diese mit Ausnahme des Hochadels das gesamte Spektrum einer im Umbruch befindlichen Gesellschaft repräsentierende Gruppe war nicht in erster Linie von Kolonisationsabsichten durchdrungen, sondern am Erwerb von Reichtum als Mittel zum sozialen Aufstieg interessiert. Die Möglichkeit, durch Besitzvermehrung sozialen Aufstieg zu erreichen, läßt erkennen, daß die von festgefügten gesellschaftlichen

Ordnungsvorstellungen geprägte mittelalterlich-feudale Gesellschaftsstruktur unter dem Einfluß der Geldwirtschaft wenn nicht in Auflösung, so doch in einem Veränderungsprozeß begriffen war, der zumindest ein höheres Maß an sozialer Mobilität ermöglichte. Die soziale Wertordung war freilich noch adelig-feudal ausgerichtet, so daß oberstes Ziel eines sozialen Aufstiegs vor allem für das handelskapitalistisch orientierte Bürgertum immer noch die Aufnahme in den Adel oder zumindest eine adelige, d.h. auf Renteneinkommen und Grundbesitz basierende Lebensweise darstellte. Eine bürgerliche Lebensform, die wiederum ihre Grundlage vorwiegend im Handel besaß, war ihrerseits nur für die aus den unteren, insbesondere ländlichen Schichten stammenden Elemente ein erstrebenswertes Ziel. Sozialer Aufstieg war daher für die Konquistadoren nicht durch friedliche Ansiedlung, verbunden mit dem Betreiben von Ackerbau oder Gewerbe, sondern nur durch den Erwerb von Kriegsbeute, durch Handelsgeschäfte und – als oberstes Ziel – durch die Erlangung und die Ausübung von Herrschaft möglich. Herrschaft wurde aber nicht nur als ein Mittel zum Zweck, sondern auch als Statussymbol und dauerhafter, möglichst vererbbarer Besitz im Sinne feudaler Herrenrechte angestrebt.

Aufgrund dieser noch stark in adelig-feudalen Denkweisen verwurzelten Auffassung sah sich die Krone bereits bei den Verhandlungen über die Kapitulationen von seiten der Anführer mit der Forderung konfrontiert, die zur Sicherstellung des staatlichen Charakters der Besitznahme und der Kolonisation verliehenen Ämter als erblichen Besitz übertragen zu bekommen. Auf diese Weise suchten die Führer der Konquistadorentrupps, sich eine dauerhafte und institutionalisierte Herrschaft über die von ihnen zu besetzenden Gebiete zu sichern. Um Anreize zur Durchführung dieser Landnahmeunternehmungen zu geben, sah sich das Königtum genötigt, diesen die herrscherliche Souveränität einschränkenden Forderungen nachzukommen. Darin ein Kennzeichen für einen vorgeblich feudalen Charakter der überseeischen Landnahme sehen zu wollen, ist freilich voreilig. Allein aus der Parallelität der Durchsetzung staatlicher Gewalt in bereits gefestigten Kolonialgebieten und gleichzeitiger Neuvergabe solch weitgehender Privilegien zur Förderung der Besitznahme neuer Gebiete wird deutlich, daß die Krone nicht willens war, diesen Tendenzen zur Feudalisierung der Überseegebiete nachzugeben, sondern sich ihrer ausschließlich als Mittel zum Zweck bediente. Die Praxis der Vergabe erblicher Ämter ist mithin allenfalls ein Indiz für die Denkweise dieser zumeist aus dem niederen Adel stammenden Anführer und ein Beweis dafür, daß das Phänomen des monarchischen Absolutismus den Zeitgenossen noch nicht hinreichend vertraut war. Andererseits wird man nicht verkennen dürfen, daß von dieser Grundhaltung die Gefahr der Entstehung einer feudalstaatlichen Ordnung in den Kolonien ausging, auch wenn angesichts der Machtmittel des erstarkten Königtums und seiner anerkannten Autorität diese Gefahr mehr hypothetischer als realer Natur gewesen sein dürfte. Man wird daher davon ausgehen können, daß die bei allen frühneuzeitlichen Kolonisationsunternehmungen europäischer Mächte zu beobachtende Tendenz zur Feudalisierung im spanischen Bereich am schwächsten ausgeprägt war[133]. Dies gilt zumindest für die Be-

---

[133] Diese bereits an anderer Stelle herausgestellte Gemeinsamkeit betont besonders Charles Verlinden, Le problème de la continuité en histoire coloniale. De la colonisation médiévale à la colonisation moderne, p. 472.

reitschaft des Staates, entsprechenden Bestrebungen nachzugeben, was nicht ausschloß, daß solche Konzessionen verschiedentlich ins Auge gefaßt wurden.

Aufgrund der Intervention der Krone erhielten die spanischen Entdeckungs- und Eroberungszüge den Charakter staatlich gelenkter und kanalisierter, jedoch privat finanzierter und organisierter Unternehmungen. Verfolgten die staatlichen Eingriffe das Ziel, die Einhaltung bestimmter Formen und Verfahrensweisen zu gewährleisten, so gingen auch von dem privaten Charakter der Unternehmung starke Zwänge auf das Verhalten und Vorgehen der Konquistadoren aus. Diese waren vorwiegend wirtschaftlicher Natur. Die hohen Kosten einer solchen Expedition und die Abhängigkeit von Nachschublieferungen in Form von Warenkrediten setzten sie unter einen hohen ökonomischen Erfolgszwang, der durch die Erwartungen der Teilnehmer auf rasch erworbenen Reichtum noch verstärkt wurde. Die erforderlichen Gewinne waren aber, wenn überhaupt, so nur vermittels der rücksichtslosen Ausbeutung der Arbeits- und Produktivkraft der eingeborenen Bevölkerung zu erzielen. Um diese organisieren und sicherstellen zu können, mußten die Konquistadoren die unmittelbare Verfügungsgewalt über die Ureinwohner zu erlangen trachten. Gleichzeitig war, neben den von der Krone angeordneten Städtegründungen, die Übertragung von Verfügungsgewalt und damit von Herrschaft über die Eingeborenen an die Konquistadoren aber auch das einzige Mittel, mit dessen Hilfe die Anführer der Eroberungszüge den Übergang von der Besitznahme zur Errichtung eines dauerhaften Herrschaftssystems und zum Beginn kolonisatorischer Tätigkeit bewirken konnten, da nur auf diese Weise die Seßhaftwerdung der Teilnehmer der Unternehmungen und in deren Gefolge das Nachrücken weiterer Einwanderer aus dem Mutterland gewährleistet zu werden vermochte. Die Sklaverei und auf den dicht besiedelten und kulturell höher entwickelten Festlandgebieten insbesondere die *Encomienda* waren die institutionellen Mechanismen, die die Verwirklichung dieser Ziele ermöglichten. Entgegen einer weit verbreiteten Auffassung gingen von diesen Institutionen nun aber nicht nur weitere Impulse zu einer Feudalisierung der Kolonialgebiete aus, sondern sie vermittelten auch nachhaltige Anstöße zur Ausbildung kapitalistischer Verhaltensweisen. Zwar ist nicht zu übersehen, daß die Eroberer und Kolonisten die ihnen übertragene Verfügungsgewalt über die Eingeborenen durch die Verleihung von Jurisdiktion im Sinne der europäischen Grundherrschaft formalisiert und institutionalisiert und durch die Gewährung unbegrenzter Vererbbarkeit auch endgültig verankert sehen wollten, doch ist andererseits auch nicht zu verkennen, daß die eingeborene Arbeitskraft und insbesondere die erhobenen Naturalabgaben in großem Umfang in kapitalistische Unternehmungen investiert wurden. Nur diese Verhaltensweise hat die rasche Transformation der indianischen Naturalwirtschaft in eine europäisch geprägte, geldwirtschaftlich orientierte Kolonialwirtschaft ermöglicht. Diese aus ein und demselben Phänomen resultierenden, unterschiedlichen, ja, geradezu einander entgegengesetzten Entwicklungstendenzen sind daraus zu erklären, daß die Konquistadoren keine einheitliche und in sich geschlossene, sondern vielmehr eine äußerst heterogene und schwer charakterisierbare Gruppe darstellten, die die ganze Vielfalt der sozialen Elemente des Mutterlandes in ihrer Umbruchsituation repräsentierte und daher auch die in Übersee entstehenden Institutionen in unterschiedlicher Weise nutzte und sehr verschiedenartige Verhaltensweisen entfaltete, die einen wirtschaftlichen und insbesondere auch gesellschaftlichen Differenzierungsprozeß auslösen mußten.

Einfacher ist dagegen die Beurteilung des dritten Faktors, der in der Kolonisation und im Prozeß der staatlichen Organisation der neu erworbenen Gebiete eine gewichtige Rolle spielte, nämlich der Kirche. Gestärkt durch die von den Katholischen Königen betriebene Klosterreform und die von Kardinal Cisneros geförderte geistige Erneuerung, entwickelte die Kirche, bzw. deren reformerisch gesinnte Teile, rasch ein missionarisches Sendungsbewußtsein. Träger dieses Missionsgedankens waren insbesondere die Mönchsorden, allen voran die Dominikaner und Franziskaner, die die geistige Führung der Missionsbewegung übernahmen. Die Bekehrung der Eingeborenen zielte jedoch nicht bloß auf die Annahme des christlichen Glaubens ab, sondern strebte eine sehr viel weitergehende Anpassung der Indianer an christliche Verhaltens- und Lebensweisen an. Vor allem in der vom Staat übernommenen Form handelte es sich bei der Missionsidee um einen zivilisatorischen Sendungsgedanken, der aus dem Bewußtsein der Überlegenheit der eigenen Kultur und der Notwendigkeit zur Einordnung der amerikanischen Ureinwohner in einen möglichst homogenen Untertanenverband entsprang und insgesamt auf eine radikale Umerziehung der unterworfenen Indianerbevölkerung ausgerichtet war. In der vom Staat zunächst tolerierten Ausbeutung der Eingeborenen sahen die Mönchsorden in zunehmendem Maße eine Behinderung ihrer Bekehrungsarbeit. Indem sie sich zu Verteidigern der Eingeborenen machten und für deren humane Behandlung eintraten, suchten sie verstärkten Einfluß auf die autochthone Bevölkerung zu gewinnen, um deren Bekehrung und Adaptation zu erleichtern. Vornehmlich aus diesem Grunde entfachten vor allem die Dominikaner die Diskussion um die Rechtstitel der Krone auf den Besitz der überseeischen Gebiete. Vermittels der Zweifel an der Rechtmäßigkeit der spanischen Besitznahme sollte ein Gewissensdruck auf das Königtum ausgeübt werden, um die Staatsgewalt dazu zu bewegen, durch gesetzgeberische Maßnahmen den Kolonisten die unmittelbare Verfügungsgewalt über die Eingeborenen zu entziehen und deren Einfluß auf die Indianer nach Möglichkeit ganz auszuschalten. Die Frage der Behandlung der Eingeborenenbevölkerung war damit zum zentralen Problem der inneren Organisation der Kolonialgebiete geworden, ähnlich wie dies auch bei den Kolonisationsunternehmungen anderer europäischer Mächte geschah. Aus jeweils unterschiedlichen Gründen wetteiferten die Kirche und die Kolonisten um die Kontrolle und die Verfügungsgewalt über die amerikanischen Ureinwohner. In diesem Streit waren jedoch zunächst die Kolonisten im Vorteil, da sie die politischen Notwendigkeiten und Sachzwänge auf ihrer Seite hatten und als Träger eines staatlichen Auftrags auch über die institutionellen Mittel zur Durchsetzung ihrer Interessen verfügen konnten.

Gegenüber diesen unterschiedlichen Interessen bezog der Staat anfangs eine unabhängige und vermittelnde Position, reagierte aber auf den von seiten der Kirche ausgeübten Druck mit dem Entwurf einer politischen Konzeption zur Integration der Eingeborenen als freie Untertanen der kastilischen Krone. Umerziehung durch Mission und durch den Kontakt mit den Siedlern lautete in etwa das Programm, mit dessen Hilfe die Integration der Eingeborenen erreicht und der Konflikt zwischen den beteiligten Parteien beigelegt werden sollte. Zugleich wurden gesetzliche Richtlinien über die Behandlung der Indianer erlassen, um die Übergriffe der Kolonisten zu verhindern. Dagegen hat es die Krone verstanden, eine Festlegung in der Frage der Rechtstitel zu umgehen und eine klare Stellungnahme zu diesem Problem zu vermeiden. Es zeigt sich vielmehr, daß eine Bezugnahme auf diese Frage immer nur in solchen Fällen erfolgt ist, in denen gegenüber den Untertanen, insbesondere den Konquistadoren und Kolonisten, die königliche Politik einer moralischen Rechtfertigung bedurfte, wie dies im Zusammenhang mit dem *Requerimiento* hinsichtlich der Fortführung der Eroberungen oder hinsichtlich einzelner restriktiver Maßnahmen gegenüber den Kolonisten der Fall war. In allen grundsätzlichen, die innere Organisation der neu erworbenen Gebiete betreffenden Rechtsetzungsakten wurde dagegen eine Begründung der eigenen Rechtsposition vermieden. Man wird daher auch nicht von einer theokratischen, missionarischen oder sonstwie gearteten rechtlichen Fundierung des spanischen Kolonialimperiums sprechen können. Die einzigen konkreten Auswirkungen dieser zeitgenössischen Diskussionen um die Rechtstitel waren Maßnahmen zum Schutz der Eingeborenen vor Mißhandlung und Willkür durch die Konquistadoren. Der von der Kirche über die Rechstiteldiskussion ausgeübte Gewissensdruck auf den Monarchen hatte somit als erstes die Entstehung eines besonderen Verantwortungsbewußtseins des Staates gegenüber seinen autochthonen Untertanen in Übersee zur Folge[134], eine Erscheinung, die in dieser Form ein neues Element in der Geschichte europäischer Kolonisationsunternehmungen darstellt. Die aus diesem Bewußtsein heraus sich ergebende intensive Beschäftigung mit den Problemen der eingeborenen Bevölkerung schärfte wiederum das Bewußtsein von der staatspolitischen Bedeutung dieser neu gewonnenen Untertanen.

Auch aus diesem Blickwinkel mußte die Verfügungsgewalt der Konquistadoren und Kolonisten über die Indianer nachteilig erscheinen. Dieses ursprünglich nur zur Förderung des Erwerbs neuer Gebiete und zur Festigung der spanischen Herrschaft gewährte Zugeständnis an die Siedler, erwies sich nun nicht mehr bloß als Einschränkung der staatlichen Souveränität, sondern drohte durch die physische Vernichtung dieser dem Staate tributpflichtigen Untertanen den Wert dieser Gebietsneuerwerbungen beträchtlich zu mindern, eine Konsequenz, die vorauszusagen der Klerus nicht müde wurde. Das staatspolitische Interesse verlangte vielmehr, für den Erhalt und eine möglichst effektive Integration der Indianer in den Untertanenverband zu sorgen, um langfristig die spanische Herrschaft über die neuen Gebiete zu sichern, ihre Prosperität zu gewährleisten und den Nutzen des Staates zu garantieren. Nur die kurzfristigen Interessen der Krone geboten daher eine möglichst weitgehende Unterstützung der Konquistadoren, während auf lange Sicht weder die von dieser Gruppe geforderten Herrenrechte über die Eingeborenen noch deren unkontrollierte Ausbeutung in staatlichem Interesse liegen konnten. Inwieweit diese maßgeblich von der Kirche beeinflußte Auffassung den Realitäten in den Kolonien entsprach, läßt sich heute immer noch schwer abschätzen. Sicherlich ist der katastrophale Bevölkerungsrückgang unter den Eingeborenen zu einem überwiegenden Teil auf Krankheiten und Epidemien zurückzuführen. Auch die Umwälzungen, die die Eroberung mit sich brachte, und der psychologische Schock, den die Eingeborenen durch die Beseitigung ihrer herkömmlichen Lebensordnung erlitten, dürften für den Rückgang der Eingeborenenbevölkerung verantwortlich zu machen sein. Daneben haben sicherlich auch Mißhandlungen von seiten der Eroberer, insbesondere aber wohl zu hohe Belastungen unter der Sklaverei und vor allem in Gefolge des *Encomienda*-Systems zu hohen Sterblichkeitsraten unter den Indianern geführt, dürften insgesamt aber wohl

---

[134] John H. Parry, A Secular Sense of Responsibility, p. 295.

eher von zweitrangiger Bedeutung für das Fortschreiten des Entvölkerungsprozesses gewesen sein. Ob nun vornehmlich unter dem Eindruck kirchlicher Vorstellungen über die Exzesse der Eroberer oder ob in erster Linie aus machtpolitischen Gründen, fest steht in jedem Falle, daß die Krone sich immer deutlicher dem Standpunkt kirchlicher Kreise näherte und bereits ausgangs des zweiten Jahrzehnts des 16. Jahrhunderts restriktive Maßnahmen gegen die Verfügungsgewalt der Konquistadoren zu ergreifen begann und in der Folgezeit die Ausnutzung der indianischen Arbeits- und Produktivkraft durch die Kolonisten immer weiter einzuschränken suchte, Maßnahmen, die häufig auf Widerstand stießen und sich nicht durchsetzen ließen. Immerhin zeichnete sich ein zusehends enger werdendes Bündnis zwischen Staat und Kirche gegen die Ansprüche der in Übersee ansässigen Spanier ab, ein Bündnis, das aus der Perspektive des Staates freilich insbesondere dazu diente, die Politik zur Durchsetzung der staatlichen Autorität gegenüber der politisch und sozial dominierenden Schicht in den Kolonien moralisch und ideologisch abzusichern.

Diese Politik setzte sich aus zwei parallel laufenden Vorgängen zusammen, nämlich der Entmachtung der Anführer der Entdeckungs- und Eroberungszüge und dem gleichzeitig erfolgenden Aufbau eines weitgehend zentralisierten Verwaltungssystems in den Kolonien. Nachdem aufgrund des staatlichen Bedürfnisses zur Kontrolle der überseeischen Unternehmungen, des Schiffs-, Personen- und Handelsverkehrs mit den neu erworbenen Gebieten schon sehr früh eine auf diesen Aufgabenbereich spezialisierte Behörde, die *Casa de la Contratación*, in der mit einem diesbezüglichen Monopol ausgestatteten Hafenstadt Sevilla entstanden war und sich im Gefolge der raschen Zunahme kolonialer Verwaltungsgeschäfte mit dem Indienrat eine für die kolonialen Angelegenheiten zuständige Zentralbehörde im Mutterland konstituiert hatte, begann die Krone unter Widerruf der in den Kapitulationen den Anführern der einzelnen Unternehmungen erteilten Privilegien auch mit dem Aufbau einer staatlichen Behördenorganisation in den Kolonien selbst. Die dabei in den verschiedenen Kolonialgebieten angewandten Verfahrensweisen ähnelten einander weitgehend. Unter Berufung auf die Mißachtung königlicher Anweisungen und/oder aufgrund von Klagen einzelner Konquistadorengruppen gegen ihre Anführer bzw. infolge von Parteikämpfen unter den Eroberern entsandte die Metropole mit weitreichenden Vollmachten ausgestattete Untersuchungsrichter zur Inspektion der Amtsführung des jeweiligen Anführers, ein Vorgang, der ausnahmslos zu dessen Absetzung führte. Gleichzeitig oder wenig später ordnete die Krone die Errichtung einer kollegial organisierten Gerichtsbehörde, einer *Audiencia*, an, der häufig interimistisch die Regierungsgewalt anvertraut wurde, bevor mit der Ernennung von Vizekönigen und/oder Generalkapitänen und Gouverneuren die Installation einer neuen zivilen und militärischen Autorität erfolgte, die in enger Zusammenarbeit mit der *Audiencia* die administrative Organisation des betreffenden Territoriums nach allgemeinen Richtlinien der im Mutterland residierenden Zentralbehörde durchführen sollte. Damit wurde die rudimentäre, aus den Kapitulationen hervorgegangene und einseitig auf die Machtbefugnis des Anführers eines Entdeckungs- und Eroberungsunternehmens ausgerichtete staatliche Ordnung aus der Zeit der Landnahme beseitigt und schrittweise durch ein differenziertes, direkter staatlicher Kontrolle unterstehendes Behördenwesen ersetzt.

Das während der Regierungszeit Karls V. auf- und unter seinem Nachfolger Philipp II. ausgebaute Verwaltungssystem stellte das erste im Zeichen der Entwicklung des frühneuzeitlichen modernen Staates und nach dessen Erfordernissen und organisatorischen Möglichkeiten errichtete administrative System überhaupt dar. Basierend auf einer prinzipiellen, in der Praxis freilich noch unzureichenden Trennung der Verwaltungsmaterie in vier verschiedene Sachgebiete mit festem Instanzenzug, gliederte sich das System in vier hierarchische Ebenen, bestehend aus Lokal-, Provinz- und kolonialer Zentralverwaltung sowie einer im Mutterland ansässigen, direkt dem König unterstellten und auf die Belange der Überseegebiete spezialisierten Zentralverwaltung. Die verschiedenen administrativen Teilbereiche waren durch ein komplexes Verfahren der Ämterakkumulation miteinander verknüpft, um Kompetenzstreitigkeiten nach Möglichkeit zu vermeiden. Lediglich auf der Ebene der kolonialen Zentralverwaltung diente die Verflechtung der Kompetenzen der verschiedenen Behörden in den jeweiligen administrativen Teilbereichen auch wechselseitiger Kontrolle der verantwortlichen Institutionen. Zwei voneinander unabhängige, in Lima und México residierende Vizekönige bildeten die obersten, mit königlichem Charisma ausgestatteten politischen Instanzen, waren aber sowohl zum Zweck der Erteilung konkreter Verwaltungsbefugnisse und zur Vermeidung von Kompetenzstreitigkeiten als auch mit dem Ziel der Machtbeschränkung auf dem Wege der Ämterakkumulation in das administrative System eingebunden, so daß ihre auf der Repräsentanz des Monarchen gründenden allumfassenden Vollmachten nur in außergewöhnlichen, die innere oder äußere Sicherheit der ihnen anvertrauten Gebiete betreffenden Angelegenheiten zum Tragen kamen. Die Arbeitsweise dieses Verwaltungssystems erfolgte auf schriftlicher Grundlage nach streng bürokratischen Regeln. Von ausgebildeten Juristen geführte Kollegialbehörden gewährleisteten auf den beiden zentralen Ebenen im Mutterland und in den Kolonien die Kontinuität administrativer Tätigkeit und sorgten für die Orientierung der Verwaltungstätigkeit am gesetzten, allgemein verbindlichen Zivilrecht. Die Behördenorganisation folgte weitgehend kastilischem Vorbild und arbeitete nach kastilischen Rechtsnormen. Allerdings bildete sich, gestützt auf die die besonderen Verhältnisse der Kolonien berücksichtigende Gesetzgebung der Metropole, rasch ein eigenständiges Indianisches Recht heraus, das das kastilische Recht auf die Position eines bloßen Ergänzungsrechts zurückdrängte. Ein hoher Grad administrativer, ja, sogar legislativer Dezentralisation sollte die aus den riesigen Entfernungen und aus den dadurch bedingten schwierigen Kommunikationsverhältnissen resultierenden Probleme überbrücken und die Effizienz des Verwaltungssystems garantieren. Rechtsetzungsakte und Regierungsmaßnahmen der überseeischen Behörden unterlagen freilich immer der letztinstanzlichen Billigung der Behörden der Metropole. Darüber hinaus wurde versucht, durch eine umfangreiche Disziplinargesetzgebung ein zuverlässiges, sachbezogen arbeitendes Beamtentum zu schaffen, Bemühungen, die vor allem in der zweiten Hälfte des Jahrhunderts durch diesem Ziel widersprechende staatliche Maßnahmen, die den Pfründencharakter des Amtes betonten, durch Unterbezahlung der Beamten, die Duldung von Ämterpatronage und durch die schrittweise erfolgende Einführung des Ämterkaufs in der Praxis teilweise wieder zunichte gemacht wurden. Allerdings gelang es zunächst, durch häufig durchgeführte, rigorose Untersuchungsverfahren die schädlichen Folgen dieser Entwicklung unter Kontrolle zu halten.

Trotz nicht zu übersehender patrimonialer Züge insbesondere im Bereich der Ämtervergabe besaß das Verwaltungssystem überwiegend bürokratischen Charakter. War die Errichtung dieser Verwaltungsorganisation bereits mit der Entmachtung der Anführer der Entdeckungs- und Eroberungsunternehmungen verbunden, so gelang mit ihrer Hilfe auch die Zurückdrängung der von der Schicht der *Encomenderos* ausgehenden Feudalisierungstendenzen durch die auf administrativem Wege erfolgende Umwandlung der *Encomienda* in ein formalisiertes System von Renteneinkommen, das schließlich sogar auf dem Wege über die staatliche Administration bezogen wurde. Die direkte Verfügungsgewalt der Konquistadoren über die Eingeborenen konnte auf diese Weise beseitigt werden, ohne daß ihre Ansprüche auf Belohnung übergangen zu werden brauchten. Zugleich vermochte der Staat, die Bestrebungen zur Institutionalisierung repräsentativer Organe unter Kontrolle zu halten und so das Aufkommen auch anderer partikularer Gewalten zu verhindern. Im Gegensatz zu dem vornehmlich politisch abgestützten monarchischen Absolutismus im Mutterland gelang damit in den Kolonien die Errichtung einer von allen institutionalisierten feudalen und ständischen Elementen freien, zumindest dem Anspruch nach bürokratischen Herrschaft, ein Vorgang, der in den beiden ersten Jahrzehnten der Regierungszeit Philipps II. im großen und ganzen abgeschlossen werden konnte.

Parallel zur Durchsetzung staatlicher Autorität vermittels der Entwicklung eines bürokratischen Herrschaftssystems bildete sich auch der Rechtsstatus der Überseegebiete heraus. Zunächst als Neuerwerbungen persönlich verfügbares Gut der Katholischen Könige, wurden sie entsprechend der von Ferdinand und Isabella schon in den Papstbullen Alexanders VI. verankerten Bestimmung nach dem Ableben beider Herrscher unveräußerlicher Bestandteil der Krone von Kastilien. Entgegen einer verbreiteten Auffassung war damit jedoch noch keine endgültige Fixierung des Rechtsstatus der Überseegebiete verbunden. Diese war vielmehr Ergebnis des geschilderten Prozesses der Entwicklung der staatlichen Organisation in den Kolonien selbst. Aus dieser Entwicklung ergab sich ein begrenzter Autonomiestatus, verbunden mit einer Stellung minderen Rechts in bezug auf Kastilien und andere voll autonome Gebiete wie Navarra und die baskischen Provinzen. Diese Rechtslage dürfte jedoch hauptsächlich das Resultat der auf unbedingte Durchsetzung staatlicher Souveränität im Sinne des monarchischen Absolutismus ausgerichteten Politik der Krone gewesen sein. Bis zur Mitte des Jahrhunderts finden sich dagegen keine Anzeichen dafür, daß das Mutterland bewußt Maßnahmen zur Herstellung und rechtlichen Verankerung wirtschaftlicher Abhängigkeiten ergriffen hätte. Erst in der zweiten Jahrhunderthälfte lassen sich deutliche Tendenzen zur Ausbildung einer von merkantilistischen Prinzipien beeinflußten Kolonialpolitik feststellen. In zunehmendem Maße wurden nunmehr die Überseegebiete auf die Rolle von Rohstofflieferanten und Abnehmern europäischer Erzeugnisse festgelegt. Eine planmäßige merkantilistische Kolonialpolitik wurde freilich nicht verwirklicht. Die in diese Richtung zielenden Maßnahmen bildeten vielmehr einen Teil der unter dem Druck der sich drastisch verschärfenden Finanznot der Krone unternommenen, untereinander kaum abgestimmten Versuche zu einer größtmöglichen Geldschöpfung in den Überseegebieten, wie sie zur gleichen Zeit auch in Kastilien zu beobachten ist. Obwohl eine voll ausgebildete Kolonialkonzeption erst von einigen spanischen Staatsmännern des beginnenden 18. Jahrhunderts formuliert worden ist, wird man aufgrund dieser frühen Versuche zur Herstellung wirtschaftlicher Abhängigkeiten und insbesondere aufgrund des Umstandes, daß die Spanier in Übersee eingeborene Völkerschaften unterwarfen, diese neu erworbenen Gebiete durchaus als Kolonien im Sinne des Kolonialismusbegriffs bezeichnen dürfen.

Die Wirtschaftspolitik der Krone seit der zweiten Hälfte des 16. Jahrhunderts dürfte zusammen mit der rigorosen Durchsetzung staatlicher Autorität gegenüber den europäischen Ansiedlern aber auch die Ansätze zur Ausbildung eines kapitalistischen Unternehmertums wenn nicht ganz ausgelöscht, so doch in ihrer Entwicklung entscheidend behindert haben. Die Beschränkung der Verfügungsgewalt der Kolonisten über die Eingeborenen verwies die wirtschaftliche Aktivität dieser Gruppe auf den Bereich der Landwirtschaft. Zugleich wurden aber gewinnbringende Anbauformen, wie die Seidenraupenzucht und der Weinanbau verboten bzw. eingeschränkt, und insbesondere wurde durch die Errichtung des Flottensystems der entstehenden Landwirtschaft der europäische Markt versperrt, so daß nur für einen sehr begrenzten Binnenmarkt produziert werden konnte. Der Landbesitz verlor so zusehends seinen Charakter als Produktionsfaktor und wurde vielfach zu einem bloßen Statussymbol, eine Entwicklung, die vor allem die Ausbildung des Großgrundbesitzes begünstigte, der sich bezeichnenderweise erst seit der zweiten Hälfte des 16. Jahrhunderts zu formieren und sehr schnell abhängige Arbeitskraft an sich zu binden begann. Neuerdings wird freilich auch offenkundig, daß Landakkumulation auch in dieser unproduktiven Form wirtschaftliche Bedeutung hatte, indem sie als Mittel zur Ausschaltung von Konkurrenz diente. In dem unproduktiven, neue Formen von abhängiger Arbeitskraft entwickelnden und die soziale Stellung das Inhabers erhöhenden Großgrundbesitz hispanoamerikanischer Prägung organisierten sich die von feudalen Denk- und Verhaltensweisen durchdrungenen gesellschaftlichen Kräfte neu, nachdem sie in der Auseinandersetzung mit der Krone um die Errichtung eines institutionalisierten Feudalsystems im Bereich der staatlichen Organisation unterlegen waren. Nachdem es dem Staat gelungen war, den Feudalismus als politisch-rechtliche Institution in seiner Entwicklung zu hindern, hat er im Zeichen einer auf Befriedung und innere Konsolidierung abzielenden Politik zumindest indirekt zur Festigung von Elementen einer feudalen Kultur in Übersee beigetragen. Auch die spätere Politik der Krone zur Errichtung und Förderung traditioneller Institutionen der ständisch-korporativ organisierten Gesellschaft, die sich in dem umfangreichen Privilegienwesen, der staatlichen Begünstigung von Zünften und Standesvereinigungen, der Einführung von Marktordnungen und der Reglementierung des städtischen Wirtschaftslebens niederschlug, begünstigte mehr die traditionellen gesellschaftlichen Kräfte als das frühe kapitalistische Unternehmertum, das sich nur noch im Bergbau und vereinzelt im Handel und der Plantagenwirtschaft relativ ungehindert entfalten konnte. Diese sich ebenfalls seit dem Ausgang des Jahrhunderts verstärkt abzeichnenden Tendenzen zielten darauf ab, das Sozialgefüge innerhalb der Gesellschaft der europäischen Siedler im Sinne der herkömmlichen ständischen Ordnung zu stabilisieren und durch Erteilung korporativer Privilegien die Unterstützung der begünstigten Gruppen für die Politik der Krone zu gewinnen. Bis zu einem gewissen Grade bedeuteten die Maßnahmen des Staates den Versuch, wirtschaftliche und soziale Kompensationen für die Mißachtung der Interessen der Kolonisten in der Phase der Durchsetzung staatlicher Autorität zu gewähren. Insgesamt wird man daher folgern müssen, daß sich unter dem Einfluß des Staates, die relativ offene, mannigfache Aufstiegsmöglichkeiten bietende Konquistadorengesellschaft aus der Zeit der Landnahme erneut ständisch-feudal zu verfestigen begann. Wirtschaftlicher Erfolg als Mittel zu sozialem Aufstieg blieb freilich in der Kolonialgesellschaft in sehr viel stärkerem Maße als im Mutterland als gesellschaftlicher Differenzierungsmechanismus erhalten.

Mehr oder weniger zur gleichen Zeit, zu der die Durchsetzung staatlicher Autorität in den Kolonien in großen Zügen erreicht war, leitete die Krone eine konsequente Rassentrennungspolitik ein und errichtete zur Versorgung der kolonialen Wirtschaft mit Arbeitskräften ein staatlich gelenktes System indianischer Zwangsarbeit. Diese einerseits den kirchlichen Vorstellungen von den optimalen Bedingungen zur Umerziehung der Indianer entsprechenden, andererseits den Bedürfnissen des von den Kolonisten in Gang gesetzten Transformationsprozesses der indianischen Wirtschaft entgegenkommenden Maßnahmen sollten die Rivalität zwischen Kirche und Kolonisten beenden, gleichzeitig aber auch dem Staat die Kontrolle über die Eingeborenen sichern und die Nutzung der wirtschaftlichen Kapazität der Indianer erleichtern. Gleichzeitig bedeutete dies die endgültige Abkehr von der zunächst verfolgten Politik der Assimilierung der Eingeborenenbevölkerung durch die Förderung und Reglementierung des Zusammenlebens von europäischen Siedlern und Ureinwohnern. Die Vorstellung von dem guten Vorbild der Europäer für die Indianer war der Auffassung gewichen, daß diese vor den Europäern geschützt werden müßten. Auch wenn sich diese Haltung in der verfolgten Politik nicht durchgehend niederschlug, verdeutlicht sie doch, daß der Staat nunmehr die diesbezüglichen Grundvorstellungen des Klerus übernommen hatte. Ganz abgesehen davon, daß damit der Verzicht auf die Hoffnung zur raschen Eingliederung der autochthonen Bevölkerung zum Ausdruck gebracht wurde, hatte diese Politik auch die Fixierung eines rechtlichen Sonderstatus für die eingeborene Bevölkerung zur Folge. Die Indianer bildeten fortan eine *República*, d.h. ein Gemeinwesen, für sich und erhielten rechtlich den Status von Minderjährigen, der ihren Handlungsspielraum und ihre Entfaltungsmöglichkeiten in mancher Hinsicht einschränkte und die traditionell kollektiven sozialen Organisationsformen der Indianer festigte. Zeichnete sich bereits in der Anfangsphase der Kolonisation unter der Sklaverei und dem *Encomienda*-System eine Integration der Indianerbevölkerung auf niedrigster sozialer Stufe ab, so wurde diese gesellschaftliche Stellung durch die Politik der Rassentrennung und des staatlich reglementierten Arbeitszwangs nunmehr unabsichtlich gesetzlich festgeschrieben. Die Rassentrennung, ursprünglich als Mittel zur Erleichterung der religiösen Unterweisung und der zivilisatorischen Umerziehung sowie zum Schutz der Eingeborenen konzipiert, wurde so zugleich zu einem sozialen Unterscheidungsmechanismus, der auch auf die im Gefolge der spanischen Herrschaft schnell zunehmende Zahl von Mischlingen übertragen wurde. Wie im Mutterland aus der Diskriminierung der *Conversos* entwickelte sich auch in den Kolonien aus ursprünglich religiös-zivilisatorisch begründeten Unterscheidungen eine rassische Diskriminierung der autochthonen Bevölkerung. Neben den aus der Landnahmesituation resultierenden wirtschaftlichen und neben den vom Staat geförderten ständischen wurden so in die koloniale Gesellschaft auch die Stratifikationsprinzipien einer rassisch fundierten Kastengesellschaft eingeführt. Aus dem Zusammen- und Gegeneinanderwirken dieser drei Faktoren entwickelte sich die sehr differenzierte und komplexe Sozialstruktur der späteren Kolonialzeit, die neben den Kennzeichen einer Stände- sowohl die Merkmale einer Kasten- als auch einer Klassengesellschaft tragen sollte, eine Entwicklung, die vom Staat zwar nicht ausgelöst, aber doch begünstigt wurde.

Die vorausgehenden Überlegungen haben verdeutlicht, daß nach einer den Verlauf der Landnahme bestimmenden Phase freier, staatlich begünstigter Entfaltung der verschiedenen an der *Conquista* beteiligten gesellschaftlichen Kräfte und einer darauffolgenden Zeitspanne, die überwiegend im Zeichen der Durchsetzung staatlicher Autorität stand, sich in der zweiten Hälfte des 16. Jahrhunderts eine sehr viel differenziertere, die verschiedenen Bevölkerungsgruppen in unterschiedlicher Form betreffende Politik beobachten läßt, so daß die 60er Jahre des Jahrhunderts durchaus einen Einschnitt in der kolonialen Entwicklung bedeuten. Freilich sind weder die Ziele und Zusammenhänge dieser staatlichen Politik in vollem Umfang zu übersehen, noch läßt sich abschätzen, welche Konsequenzen diese Politik für die innere Entwicklung der Kolonien hatte. Ein erster Überblick scheint die Auffassung nahezulegen, daß diese Politik auf die Konsolidierung und Stabilisierung der Verhältnisse in den Kolonien ausgerichtet war, eine Hypothese, zu deren Bestätigung es freilich einer weiteren Monographie bedürfte, die darüber hinaus vor allem die Frage untersuchen müßte, inwieweit der Prozeß der Verselbständigung des administrativen Apparats dem Staat noch die Durchsetzung seiner Politik ermöglichte. Immerhin sollten die vorangegangenen Ausführungen deutlich gemacht haben, daß die Untersuchung des Staates als handelnder Größe und daran anknüpfend die Darstellung der staatlichen Politik, der Machtmittel zu ihrer Durchsetzung und der Folgen dieser Politik für die allgemeine Entwicklung einen durchaus fruchtbringenden Forschungsansatz auch für die hispanoamerikanische Kolonialgeschichte darstellen.

Quellen- und Literaturverzeichnis

Academia Nacional de la Historia, ed.: Memoria del Segundo Congreso Venezolano de Historia. 3 vols. Caracas 1975.
Altamira y Crevea, Rafael: Autonomía y decentralización legislativa en el régimen colonial español. Legislación metropolitana y legislación propiamente indiana (siglos XVI, XVII y XVIII). Lisboa 1944.
Albertini, Rudolf von (Hg.): Moderne Kolonialgeschichte. Neue Wissenschaftliche Bibliothek, 39. Köln-Berlin 1970.
Angermann, Erich: Das Auseinandertreten von „Staat" und „Gesellschaft" im Denken des 18. Jahrhunderts, in: E.-W. Böckenförde, Staat und Gesellschaft. Darmstadt 1976, p. 109ff.
Ansprenger, Franz: Kolonialsystem und Entkolonialisierung, in: Karl Dietrich Bracher und Ernst Fraenkel (Hgg.), Internationale Beziehungen. Fischer Lexikon, Bd. 7. Frankfurt/M. 1969, p. 158ff.
Armas Medina, Fernando de: Cristianización del Perú (1532-1600). Sevilla 1953.
Azcona, Tarcisio: La elección y reforma del episcopado español en tiempo de los Reyes Católicos. Madrid 1960.

Balandier, Georges: La situation coloniale: Approche théorique, in: Cahiers Internationaux de Sociologie, II (1951), p. 47ff.
— Politische Anthropologie. München 1976.
Barrett, Elinore M.: Encomiendas, Mercedes and Haciendas in the Tierra Caliente of Michoacán, in: Jahrbuch für Geschichte von Staat, Wirtschaft und Gesellschaft Lateinamerikas (Köln—Wien), Bd. 10 (1973), p. 71ff.
Bataillon, Marcel: Erasmo y España. Estudios sobre la historia espiritual del siglo XVI. 2 vols. México-Buenos Aires 1950.
— Charles-Quint, Las Casas et Vitoria, in: ders., Études sur Bartolomé de Las Casas. Paris 1965, p. 291ff.
Baudot, Georges: Utopie et histoire au Mexique. Les premiers chroniqueurs de la civilisation mexicaine (1520—1569). Toulouse 1976.
Bauer, Clemens: Studien zur spanischen Konkordatsgeschichte des späten Mittelalters. Das spanische Konkordat von 1482, in: Spanische Forschungen der Görresgesellschaft. Gesammelte Aufsätze zur Kulturgeschichte Spaniens, Bd. 11 (1955), p. 43ff.
Bennassar, Bartolomé: Valladolid au Siècle d'Or. Une ville et sa campagne au XVIe siècle. Paris 1967.
— Recherches sur les grandes épidémies dans le Nord de l'Espagne à la fin du XVIe siècle. Problèmes de faits et de méthode. Paris 1969.
— Consommation, investissement, mouvements de capitaux en Castille aux XVIe et XVIIe siècles, in: Conjoncture économique, structures sociales. Hommage à Ernest Labrousse. Paris—Den Haag 1974, p. 139ff.
Bishko, Charles Julian: The Castilian as Plainsman: The Medieval Ranching Frontier in La Mancha and Extremadura, in: Archibald R. Lewis and Thomas F. McGann, eds., The New World looks at its History. Austin 1963, p. 47ff.
Blaich, Fritz: Die Epoche des Merkantilismus. Wiesbaden 1973.
Böckenförde, Ernst-Wolfgang: Staat und Gesellschaft. Wege der Forschung CDLXXI. Darmstadt 1976.
Borah, Woodrow: Representative Institutions in the Spanish Empire: The New World, in: The Americas, XII: 3 (1956), p. 246ff.
Boxer, C.R.: The Church Militant and Iberian Expansion 1440—1770. The Johns Hopkins Symposia in Comparative History, no. 10. Baltimore and London 1978.
Braudel, Fernand: La Méditerranée et le Monde Méditerranéen à l'Époque de Philippe II. IIe édition revue et augmentée. 2 vols. Paris 1966.

Burckhardt, Jakob: Die Kultur der Renaissance in Italien. Ein Versuch. Hg. von Werner Kaegi. Berlin-Leipzig 1930.

Cabrera Muñoz, Emilio: La oposición de las ciudades al régimen señorial: el caso de Córdoba frente a los Sotomayor de Belalcázar, in: Historia. Instituciones. Documentos. Vol. 1. Sevilla 1974, p. 11ff.
Calderón Quijano, José Antonio: Historia de las Fortificaciones en Nueva España. Sevilla 1953.
Carande, Ramón: Carlos V y sus banqueros. 3 vols. Madrid 1949—1967.
— La economía y la expansión ultramarina bajo el gobierno de los Reyes Católicos, in: ders., Siete Estudios de Historia de España. Barcelona 1969, p. 7ff.
Carbía, Rómulo D.: Historia de la Leyenda Negra Hispanoamericana. Madrid 1944.
Carmagnani, Marcello: Les mécanismes de la vie économique dans une société coloniale: Le Chili (1680—1830). Paris 1973.
Carreño, Alberto María: Cortés, hombre de estado, in: Boletín de la Real Academia de la Historia (Madrid), tomo CXXIII, cuaderno 1 (1948), p. 171ff.
Carro, Venancio D., O.P.: La teología y los teólogos-juristas españoles ante la conquista de América. Salamanca 1951.
Castañeda Delgado, Paulino: La teocracia pontificial y la conquista de América. Victoriensia. Publicaciones del Seminario de Vitoria, vol. 25. Vitoria 1968.
Castro, Américo: España en su historia. Cristianos, Moros y Judíos. Buenos Aires 1948.
— La realidad histórica de España. México 1954.
Cepeda Adán, José: En torno al concepto de estado en los Reyes Católicos. Madrid 1956.
Céspedes del Castillo, Guillermo: La sociedad colonial americana en los siglos XVI y XVII, in: Jaime Vicens Vives, ed., Historia social y económica de España y América. Barcelona 1972, vol. 3, p. 321ff.
— Latin America: The Early Years. New York 1974.
— La visita como institución indiana, in: Anuario de Estudios Americanos, III (1946), p. 984ff.
Chamberlain, Robert S.: Castilian Backgrounds of the Repartimiento-Encomienda, in: Carnegie Institution of Washington, ed., Contributions to American Anthropology and History, vol. V (1939), p. 19ff.
Chaunu, Pierre: L'Espagne de Charles Quint. 2 vols. Paris 1973.
— Séville et l'Atlantique (1504—1650). Partie interprétative. Tome VIII_1. Paris 1959.
— L'expansion européenne du XIIIe au XVe siècle. Nouvelle Clio, 26. Paris 1969.
— Conquête et exploitation des Nouveaux Mondes. (XVIe siècle). Nouvelle Clio, 26 bis. Paris 1969.
Cieza de León, Pedro de: Guerras civiles del Perú. Ed. por Marcos Jiménez de la Espada. 2 vols. Madrid 1877—1881.
Colección de Documentos para la Historia de Costa Rica relativos al Cuarto y Último Viaje de Cristóbal Colón. San José 1952.
Cortes de los antiguos Reinos de León y de Castilla. Tomo 4. Madrid 1882.
Crahan, Margaret E.: Spanish and American Counterpoint: Problems and Possibilities in Spanish Colonial Administrative History, in: Richard Graham and Peter H. Smith, eds., New Approaches to Latin American History. Austin and London 1974, p. 36ff.

Dawson, Christopher: The Dividing of Christendom. London 1971.
Diccionario de Historia Eclesiástica de España, eds. Quintin Aldea Vaquero, Tomás Marín Martínez, José Vives Gatell. 4 vols. Madrid 1972—1973.
Domínguez Ortiz, Antonio: El Antiguo Régimen: Los Reyes Católicos y los Austrias. Historia de España Alfaguara, vol. 4. Madrid 1973.
— Los judeoconversos en España y América. Madrid 1971.

Eisenstadt, S. N.: The Political Systems of Empires. New York-London 1963.
Elliott, J. H.: The Old World and the New 1492—1650. Cambridge 1972.
— Imperial Spain, 1469—1716. London 1963.
Encinas, Diego de: Cedulario Indiano. 4 vols. Faksimileausgabe Madrid 1946.
Engel, Josef: Von der spätmittelalterlichen respublica christiana zum Mächte-Europa der Neuzeit, in: Th. Schieder (Hg.), Handbuch der Europäischen Geschichte, Bd. 3. Stuttgart 1971, p. 1ff.

Ennis, Arthur, O. S. A.: The conflict between the Regular und Secular Clergy, in: Richard E. Greenleaf, ed., The Roman Catholic Church in Colonial Latin America. New York 1971, p. 63ff.

Fernández Alvarez, Manuel: La sociedad española del Renacimiento. Salamanca 1970.

Fernández-Santamaría, J. A.: The State, War and Peace. Spanish Political Thought in the Renaissance 1516—1559. Cambridge Studies in Early Modern History. Cambridge, London, New York, Melbourne 1977.

Ferrari, Angel: La secularización de la teoría del Estado en las Partidas, in: Anuario de Historia del Derecho Español, XI (1934), p. 449ff.

— Fernando el Católico en Baltasar Gracián. Madrid 1945.

Fisher, Lillian Estelle: Viceregal Administration in the Spanish-American Colonies. Berkeley, Cal. 1926.

Frank, André Gunder: Capitalism and Underdevelopment in Latin America. New York 1967.

García de Cortázar, José Angel: La época medieval. Historia de España Alfaguara, vol. II. Madrid 1974.

García-Gallo, Alfonso: Los orígenes de la administración territorial de las Indias: El gobierno de Colón, in: ders., Estudios de Historia del Derecho Indiano. Madrid 1972, p. 563ff.

— La constitución política de las Indias españolas, in: ders., Estudios de Historia del Derecho Indiano. Madrid 1972, p. 489ff.

— Los virreinatos americanos bajo los Reyes Católicos, in: ders., Estudios de Historia del Derecho Indiano. Madrid 1972, p. 639ff.

— El desarrollo de la historiografía jurídica indiana, in: ders., Estudios de Historia del Derecho Indiano. Madrid 1972, p. 11ff.

— El servicio militar en Indias, in: Anuario de Historia del Derecho Español, 26 (1956), p.447ff.

— Las bulas de Alejandro VI y el ordenamiento jurídico de la expansión portuguesa y castellana en Africa e Indias, in: Anuario de Historia del Derecho Español, vol. 27/28 (1957/58), p. 461ff.

Las Indias en el reinado de Felipe II. La solución del problema de los justos títulos, in: ders., Estudios de Historia del Derecho Indiano. Madrid 1972, p. 425ff.

— Génesis y desarrollo del Derecho Indiano, in: ders., Estudios de Historia del Derecho Indiano. Madrid 1972, p. 123ff.

— Los principios rectores de la organización territorial de las Indias en el siglo XVI, in: ders., Estudios de Historia del Derecho Indiano. Madrid 1972, p. 661ff.

— Alcaldías Mayores y Corregidores en Indias, in: Academia Nacional de la Historia (Caracas), ed., Memoria del Primer Congreso Venezolano de Historia. Caracas 1972, vol. 1, p. 299ff.

Gayangos, Pascual de, ed.: Cartas y relaciones de Hernán Cortés al Emperador Carlos V. Paris 1866.

Gerhard, Peter: A Guide to the Historical Geography of New Spain. Cambridge Latin American Studies, 14. Cambridge 1972.

Gibson, Charles: The Transformation of the Indian Community in New Spain. 1500—1810, in: Cahiers d'Histoire Mondiale (Paris), vol. II: 1 (1954), p. 581ff.

— The Aztecs under Spanish Rule. Stanford 1964.

Giménez Fernández, Manuel: Nuevas consideraciones sobre la historia y el sentido de las letras alejandrinas de 1493 referentes a las Indias, in: Anuario de Estudios Americanos, I (1944), p. 173ff.

— Hernán Cortés y su revolución comunera en la Nueva España, in: Anuario de Estudios Americanos, V (1948), p. 1ff.

Bartolomé de las Casas. 2 vols. Sevilla 1953—1960.

— Las Cortes de la Española en 1518, in: Anales de la Universidad Hispalense, XV: 2 (1954), p. 47ff.

Góngora, Mario: El estado en el derecho indiano. Santiago 1951.

— Los grupos de conquistadores en Tierra Firme (1509—1530). Fisionomía histórico-social de un tipo de conquista. Santiago 1962.

— Studies in the Colonial History of Spanish America. Cambridge Latin American Studies, 20. Cambridge u. a. 1975.

González Alonso, Benjamín: El corregidor castellano, 1348—1808. Madrid 1970.

Guilarte, Alfonso María: El régimen señorial en el siglo XVI. Madrid 1962.

Gutiérrez Nieto, Juan Ignacio: La estructura castizo-estamental de la sociedad castellana del siglo XVI, in: Hispania, vol. 33 (1973), p. 519ff.

Hanke, Lewis: The Spanish Struggle for Justice in the Conquest of America. Philadelphia 1949.
— La lucha por la justicia en la conquista de América. Buenos Aires 1949. (Die Übersetzung des vorstehend genannten Werkes wurde wegen der darin in spanischer Sprache reproduzierten Dokumente benutzt).
— All Mankind is One. A Study of the Disputation Between Bartolomé de Las Casas and Juan Ginés de Sepúlveda on the Religious and Intellectual Capacity of the American Indians. DeKalb 1974.
— Guía de las fuentes en el Archivo General de Indias para el estudio de la administración virreinal española en México y en el Perú (1535—1700). Lateinamerikanische Forschungen, Bd.7. 3 vols. Köln-Wien 1977.
Haring, C. H.: El comercio y la navegación entre España y las Indias en época de los Habsburgos. Paris-Brüssel 1939.
— The Spanish Empire in America. Neuausgabe der Auflage von 1952. New York 1963.
Hartung, Fritz und Mousnier, Roland: Quelques problèmes concernant la Monarchie absolue, in: Comitato Internazionale di Scienze Storiche, Roma 4-11 Settembre 1955, Relazioni, vol. IV. Firenze s. a., p. 1ff.
Hartung, Fritz: Die Krone als Symbol der monarchischen Herrschaft im ausgehenden Mittelalter, in: Manfred Hellmann (Hg.), Corona Regni. Wege der Forschung, Bd. III. Darmstadt 1961, p. 1ff.
Hintze, Otto: Staatenbildung und Verfassungsentwicklung, in: ders., Staat und Verfassung. Gesammelte Abhandlungen zur allgemeinen Verfassungsgeschichte. 2. erw. Aufl., hgg. von Gerhard Oestreich. Göttingen 1962, p. 34ff.
— Wesen und Wandlung des modernen Staates, in: ders., Staat und Verfassung. Gesammelte Abhandlungen zur allgemeinen Verfassungsgeschichte. 2. erw. Aufl., hgg. von Gerhard Oestreich. Göttingen 1962, p. 470ff.
— Der Commissarius und seine Bedeutung in der allgemeinen Verwaltungsgeschichte, in: ders., Staat und Verfassung. Gesammelte Abhandlungen zur allgemeinen Verfassungsgeschichte. 2. erw. Aufl., hgg. von Gerhard Oestreich. Göttingen 1962, p. 242ff.
Höffner, Joseph: Kolonialismus und Evangelium. Spanische Kolonialethik im Goldenen Zeitalter. 2. verb. Aufl. Trier 1969.
Hubatsch, Walther (Hg.): Absolutismus. Wege der Forschung, Bd. 314. Darmstadt 1973.
Huddleston, Lee Eldridge: Origins of the American Indians. European Concepts, 1492—1729. Austin-London 1967

Israel, J. I.: Race, Class and Politics in Colonial Mexico 1610—1670. Oxford University Press 1975.

Jara, Alvaro: Guerre et société au Chili. Essai de sociologie coloniale. Paris 1961.
Juderías, Julián: La Leyenda Negra. 8. völlig veränderte Aufl. Barcelona 1917.

Kagan, Richard L.: Students and Society in early modern Spain. Baltimore-London 1974.
Kahle, Günter: Die Encomienda als militärische Institution im kolonialen Hispanoamerika, in: Jahrbuch für Geschichte von Staat, Wirtschaft und Gesellschaft Lateinamerikas (Köln-Wien), Bd. 2 (1965), p. 88ff.
— Geldwirtschaft im frühen Paraguay (1537—1600), in: Jahrbuch für Geschichte von Staat, Wirtschaft und Gesellschaft Lateinamerikas (Köln-Wien), Bd. 3 (1966), p. 1ff.
Kamen, Henry: The Spanish Inquisition. London 1965.
Katz, Friedrich: Vorkolumbische Kulturen. Die großen Reiche des alten Amerika. Kindlers Kulturgeschichte. München 1969.
Keen, M. H.: The Laws of War in the Late Middle Ages. London—Toronto 1965.
Keith, Robert C.: Encomienda, Hacienda and Corregimiento in Spanish America: A Structural Analysis, in: Hispanic American Historical Review, 51: 3 (1971), p. 431ff.

Klaveren, J. van: Die historische Erscheinung der Korruption, in ihrem Zusammenhang mit der Staats- und Gesellschaftsstruktur betrachtet, in: Vierteljahrschrift für Sozial- und Wirtschaftsgeschichte, Bd. 44 (1957), p. 289ff; Bd. 45 (1958), p. 433ff. und Bd. 46 (1959), p. 204ff.

Kobayashi, José María: La educación como conquista. México 1974

Konetzke, Richard: Geschichte des spanischen und portugiesischen Volkes. Die Große Weltgeschichte, Bd. 8. Leipzig 1939.

— Das spanische Weltreich. Grundlagen und Entstehung. München 1943.

— Las ordenanzas de gremios como documentos para la historia social de Hispanoamérica durante la época colonial, in: Revista Internacional de Sociología (Madrid), vol. 5, nos. 17—18 (1947), p. 1ff.

— La esclavitud de los Indios como elemento en la estructuración social de Hispanoamérica, in: Estudios de Historia Social de España. Madrid 1949, p. 3ff.

— Estado y sociedad en las Indias, in: Estudios Americanos (Sevilla), vol. 8, no. 8 (1951), p. 33ff.

— Colección de Documentos para la Historia de la Formación Social de Hispanoamérica 1493—1810. 3 vols. in 5. Madrid 1953—1962.

— Der weltgeschichtliche Moment der Entdeckung Amerikas, in:Historische Zeitschrift, 182: 2 (1956), p. 267ff.

— Überseeische Entdeckungen und Eroberungen, in: Propyläen-Weltgeschichte, Bd. 6. Berlin u. a. 1964, Sonderdruck.

— Die Indianerkulturen Altamerikas und die spanisch-portugiesische Kolonialherrschaft. Fischer Weltgeschichte, Bd 22: Süd- und Mittelamerika 1. Frankfurt 1965.

— Die spanischen Verhaltensweisen zum Handel als Voraussetzungen für das Vordringen der ausländischen Kaufleute in Spanien, in: Hermann Kellenbenz (Hg.), Fremde Kaufleute auf der Iberischen Halbinsel. Kölner Kolloquien zur internationalen Wirtschaftsgeschichte, Bd. 1. Köln-Wien 1970, p. 4ff.

— Die „Geographischen Beschreibungen" als Quellen zur hispanoamerikanischen Bevölkerungsgeschichte der Kolonialzeit, in: Jahrbuch für Geschichte von Staat, Wirtschaft und Gesellschaft Lateinamerikas, Bd. 7 (1970), p. 1ff.

— Christentum und Conquista im spanischen Amerika, in: Saeculum, XXIII: 1 (1972), p. 59ff.

— Territoriale Grundherrschaft und Landesherrschaft im spanischen Spätmittelalter, in: Mélanges en L'Honneur de Fernand Braudel, vol. 1. Toulouse 1973, p. 299ff.

— Para un estudio de la historia del estado y la sociedad en la Hispanoamérica colonial, in: Instituto de Estudios Americanistas, ed., Homenaje al Doctor Ceferino Garzón Maceda. Córdoba 1973, p. 51ff.

Kossok, Manfred – Markov, Walter: „Las Indias non [sic] eran Colonias"? Hintergründe einer Kolonialapologetik, in: Lateinamerika zwischen Emanzipation und Imperialismus. 1810—1960. Studien zur Kolonialgeschichte und Geschichte der nationalen und kolonialen Befreiungsbewegung, hgg. von Walter Markov. Berlin 1961, p. 1ff.

Ladero Quesada, Miguel Angel: La hacienda real de Castilla en el siglo XV. La Laguna 1973.

Lalinde Abadía, Jesús: Virreyes y lugartenientes medievales en la Corona de Aragón, in: Cuadernos de Historia de España (Buenos Aires), vols. 31—32 (1960), p. 98ff.

Lang, James: Conquest and Commerce. Spain and England in the Americas. Studies in Social Discontinuity. New York u. a. 1975.

Lapeyre, Henri: Une famille de marchands: les Ruiz. Paris 1955.

Lemistre, Annie: Les origines du „Requerimiento", in: Mélanges de la Casa de Velázquez (Paris), VI (1970), p. 161ff.

Levene, Ricardo: Las Indias no eran colonias. Buenos Aires 1951.

Liss, Peggy K.: Mexico under Spain 1521—1556. Society and the Origins of Nationality. Chicago-London 1975.

Lockhart, James: Spanish Peru 1532-1560. A Colonial Society. Madison 1968.

— Encomienda and Hacienda: The Evolution of the Great Estate in the Spanish Indies, in: Hispanic American Historical Review, 49: 3 (1969), p. 411ff.

— The social history of colonial Spanish America: Evolution and Potential, in: Latin American Research Review, VII: 1 (1972), p. 5ff.

— Letters and People to Spain, in: Fredi Chiappelli, ed., First Images of America. The Impact of the New World on the Old. Berkeley, Los Angeles, London 1976, vol. II., p. 783ff.

— and Otte, Enrique, eds.: Letters and People of the Spanish Indies. Sixteenth Century. Cambridge Latin American Studies, 22. Cambridge u. a. 1976.

Lohmann Villena, Guillermo: Las Cortes en Indias, in: Anuario de Historia del Derecho Español, vol. 18 (1947), p. 655ff.

— El Corregidor de Indios en el Perú bajo los Austrias. Madrid 1957.

— Les Espinosa: une famille d'hommes d'affaires en Espagne et aux Indes à l'époque de la colonisation. Paris 1968.

Lüthy, Herbert: Variationen über ein Thema von Max Weber, in: Seminar: Religion und gesellschaftliche Entwicklung. Studien zur Protestantismus-Kapitalismus-These Max Webers, hgg. von Constans Seyfahrth und Walter M. Sprondel. Suhrkamp Taschenbuch Wissenschaft, 38. Frankfurt 1973, p. 99ff.

Lunenfeld, Marvin: The Council of the Santa Hermandad. Miami 1970.

Lynch, John: Spain under the Habsburgs. 2 vols. Oxford 1965—1969.

MacKay, Angus: Popular Movements and Progroms in Fifteenth-Century Castile, in: Past & Present, 55 (1972), p. 33ff.

MacLeod, Murdo J.: Spanish Central America. A Socioeconomic History, 1520—1720. Berkeley, Los Angeles, London 1973.

Magalhães Godinho, Vitorino: L'économie de l'Empire Portugais aux XVe et XVIe siècles. Paris 1969.

Malagón-Barceló, Javier: The Role of the Letrado in the Colonization of America, in: The Americas, XVIII: 1 (1961), p. 1ff.

Manzano Manzano, Juan: La adquisición de las Indias por los Reyes Católicos y su incorporación a los reinos castellanos, in: Anuario de Historia del Derecho Español, XXI—XXII (1951—52), p. 5ff.

Maravall, José Antonio: El pensamiento político de Fernando el Católico, in: Congreso de la Corona de Aragón, V. Estudios, vol. 2. Zaragoza 1956, p. 7ff.

— Los „hombres de saber" o letrados y la formación de su conciencia estamental, in: ders., Estudios de historia del pensamiento español. Edad Media. Madrid 1967, p. 345ff.

— Del régimen feudal al régimen corporativo en el pensamiento de Alfonso X., in: ders., Estudios de historia del pensamiento español. Edad Media. Madrid 1967, p. 87ff.

— Estado moderno y mentalidad social. Siglos XV a XVII. 2 vols. Madrid 1972.

Mariluz Urquijo, José María: Ensayo sobre los juicios de residencia indianos. Sevilla 1952.

Martínez Cardós, José: Las Indias y las Cortes de Castilla durante los siglos XVI y XVII. Madrid 1956.

Maunz, Theodor: Das Reich der spanischen Großmachtzeit. Hamburg 1944.

Mauro, Frédéric: L'Expansion européenne (1600—1800). Nouvelle Clío, 27. 2e édition revue et complétée. Paris 1967.

Menéndez Pidal, Ramón: España y su historia. Vol. 1. Madrid 1957.

— Die Spanier in der Geschichte. Darmstadt 1970.

Ministerio de la Vivienda, ed.: Transcripción de las ordenanzas de descubrimiento, nueva población y pacificación de las Indias, dadas por Felipe II. el 13 de julio de 1573. Madrid 1973.

Miranda, José: Las ideas y las instituciones políticas mexicanas. Primera parte 1521—1820. México 1952.

— El tributo indígena en la Nueva España durante el siglo XVI. México 1952.

— La función económica del encomendero en los orígenes del régimen colonial (Nueva España. 1525—1531). Segunda edición. México 1965.

Mörner, Magnus: La corona española y los foráneos en los pueblos de indios de América. Estocolmo 1970.

Moore, John Preston: The Cabildo in Peru under the Hapsburgs. A Study in the Origins and Powers of the Town Council in the Viceroyalty of Peru 1530—1700. Durham, N. C. 1954.

Morales O. F. M., Francisco: Ethnic and Social Background of the Franciscan Friars in Seventeenth Century Mexico. Washington, D. C. 1973.

Morales Moya, Antonio: El estado absoluto de los Reyes Católicos, in: Hispania, 129 (1975 [1976]), p. 75ff.

Morison, Samuel Eliot: Admiral of the Ocean Sea. 2 vols. Boston 1942.

Morse, Richard M.: Toward a Theory of Spanish American Government, in: Journal of the History of Ideas, vol. XV, no. 1 (1954), p. 71ff.
— Introducción a la historia urbana de Hispanoamérica, in: Revista de Indias, año XXXII (1972), p. 9ff.
Mousnier, Roland: Les hiérarchies sociales de 1450 à nos jours. Paris 1969.
— Les institutions de la France sous la Monarchie absolue. 1598—1789. Tome 1: Société et état. Paris 1974.
Moxó, Salvador de: De la nobleza vieja a la nobleza nueva. La transformación nobiliaria castellana en la Baja Edad Media, in: Cuadernos de Historia. Anexos de la revista Hispania, vol. 3. Madrid 1969, p. 1ff.
— El señorío, legado medieval, in: Cuadernos de Historia. Anexos de la revista Hispania, vol. 1. Madrid 1967, p. 105ff.
Muro Orejón, Antonio: Las Leyes Nuevas de 1542—1543. Ordenanzas para la gobernación de las Indias y buen tratamiento y conservación de los Indios, in: Anuario de Estudios Americanos, vol. 16 (1959), p. 561ff.
— ed.: Los capítulos de Corregidores de 1500. Sevilla 1963.
— Pérez-Embid, Florentino; Morales Padrón, Francisco, eds.: Pleitos Colombinos. Vol. 1. Sevilla 1967.

Näf, Werner: Frühformen des ‚modernen Staates' im Spätmittelalter, in: Hanns Hubert Hofmann (Hg.), Die Enstehung des modernen souveränen Staates. Neue Wissenschaftliche Bibliothek, 17. Köln—Berlin 1967, p. 101ff.

Oestreich, Gerhard: Strukturprobleme des europäischen Absolutismus, in: ders., Geist und Gestalt des frühmodernen Staates. Ausgewählte Aufsätze. Berlin 1969, p. 179ff.
Ots Capdequí, José María: El estado español en las Indias. 4ª edición México-Buenos Aires 1965.
— Historia del Derecho Español en América y del Derecho Indiano. Madrid 1969.
— Interpretación institucional de la colonización española en América, in: Instituto Panamericano de Geografía e Historia, ed., Ensayos sobre la historia del Nuevo Mundo. México 1951, p. 287ff.
Otte, Enrique: Cartas privadas de Puebla del siglo XVI, in: Jahrbuch für Geschichte von Staat, Wirtschaft und Gesellschaft Lateinamerikas (Köln—Wien), Bd. 3 (1966), p. 10ff.
— Träger und Formen der wirtschaftlichen Erschließung Lateinamerikas im 16. Jahrhundert, in: Jahrbuch für Geschichte von Staat, Wirtschaft und Gesellschaft Lateinamerikas (Köln-Wien), Bd. 4 (1967), p. 226ff.

Palafox y Mendoza, Juan de: Memorial al Rey, por don Juan Palafox y Mendoza, de la naturaleza y virtudes del indio, in: ders., Tratados Mejicanos, vol. II. Biblioteca de Autores Españoles, CCXVIII. Madrid 1968, p. 91ff.
Parker, Geoffrey: The Army of Flanders and the Spanish Road 1567—1659. The Logistics of Spanish Victory and Defeat in the Low Countries' War. ²Cambridge 1975.
Parry, J. H.: The Audiencia of New Galicia in the sixteenth century. Cambridge 1948.
— The Sale of Public Office in the Spanish Indies under the Hapsburgs. Ibero-Americana: 37. Berkeley and Los Angeles 1953.
— The Spanish Seaborne Empire. London u.a. 1966.
— A Secular Sense of Responsibility, in: Fredi Chiappelli, ed., First Images of America. The Impact of the New World on the Old, vol. 1. Berkeley u. a. 1976, p. 287ff.
Paso y Troncoso, Francisco del, ed.: Epistolario de Nueva España, recopilado por ..., 16 vols. México 1939—1942.
Pérez de la Canal, Miguel Angel: La justicia de la corte de Castilla durante los siglos XIII al XV, in: Historia. Instituciones. Documentos, vol. 2. Sevilla 1957, p. 383ff.
Pérez de Tudela, Juan: Castilla ante los comienzos de la colonización de las Indias, in: Revista de Indias, no. 59 (1955), p. 11ff.
Pérez Embid, Florentino: El Almirantazgo de Castilla, hasta las Capitulaciones de Santa Fe, in: Anuario de Estudios Americanos, vol. 1 (1944), p. 1ff.
Pérez, Joseph: La Révolution des „Comunidades" de Castille (1520—1521). Bordeaux 1970.
— L'Espagne du XVIᵉ siècle. Paris 1973.

Peters, Hans: Zentralisation und Dezentralisation. Berlin 1928.
Phelan, John Leddy: The Millennial Kingdom of the Franciscans in the New World: A Study of the Writings of Gerónimo de Mendieta, 1525—1604. Berkeley 1956.
— Authority and Flexibility in the Spanish Imperial Bureaucracy, in: Administrative Science Quarterly, vol. V (1960), p. 47ff.; deutsche Übersetzung in: Renate Mayntz (Hg.), Bürokratische Organisation. Neue Wissenschaftliche Bibliothek, 27, 2. Aufl., Köln-Berlin 1971, p. 342ff.
— The Kingdom of Quito in the Seventeenth Century. Madison u. a. 1967.
Pietschmann, Horst: Die Einführung des Intendantensystems in Neu-Spanien im Rahmen der allgemeinen Verwaltungsreform der spanischen Monarchie im 18. Jahrhundert. Lateinamerikanische Forschungen, Bd. 5. Köln-Wien 1972.
— Corregidores, Alcaldes Mayores und Subdelegados, in: Jahrbuch für Geschichte von Staat, Wirtschaft und Gesellschaft Lateinamerikas (Köln—Wien), Bd. 9 (1972), p. 173ff.
Pike, Ruth: Aristocrats and Traders. Sevillian Society in the Sixteenth Century. Ithaca and London 1972.
Pohl, Hans: Zur Geschichte des adligen Unternehmers im spanischen Amerika (17./18. Jahrhundert), in: Jahrbuch für Geschichte von Staat, Wirtschaft und Gesellschaft Lateinamerikas (Köln-Wien), Bd. 2 (1965), p. 218ff.

Quaritsch, Helmut: Staat und Souveränität. Band 1: Die Grundlagen. Frankfurt 1970.

Ramos Pérez, Demetrio: Las ciudades de Indias y su asiento en Cortes de Castilla, in: Revista del Instituto de Historia del Derecho Ricardo Levene (Buenos Aires), vol . 18 (1967), p. 170ff.
— La doble fundación de ciudades y las „huestes", in: Revista de Indias, nos. 127—130 (1972), p. 107ff.
Ranke, Leopold von: Die Osmanen und die spanische Monarchie im sechzehnten und siebzehnten Jahrhundert. 3. Aufl., Berlin 1857.
Raumer, Kurt von: Absoluter Staat, korporative Libertät, persönliche Freiheit, in: Hanns Hubert Hofmann (Hg.), Die Entstehung des modernen souveränen Staates. Neue Wissenschaftliche Bibliothek, 17. Köln—Berlin 1967, p. 173ff.
Real Díaz, José Joaquín: Estudio diplomático del documento indiano. Sevilla 1970.
Recopilación de Leyes de los Reynos de las Indias. 4 vols. Neudruck Madrid 1973.
Reigosa, Fernando, ed.: Alonso de Contreras. Vida, nacimiento, padres y crianza del capitán Alonso de Contreras. Madrid 1967.
Revista de Indias, años XXXII—XXXIV, nos. 127-138 (1972—1974): números monográficos dirigidos por Francisco de Solano sobre la Ciudad Iberoamericana.
Ricard, Robert: La conquista espiritual de México. Ensayo sobre el apostolado y los métodos misioneros de las órdenes mendicantes en la Nueva España de 1523—24 a 1572. México 1947.
Rios, Fernando de los: Religión y Estado en la España del siglo XVI. México—Buenos Aires 1957.
Ritter, Gerhard: Die Neugestaltung Deutschlands und Europas im 16. Jahrhundert. Frankfurt-Berlin 1967.
— Die Weltwirkung der Reformation. 3. Auflage. Darmstadt 1969.
Román Román, Alberto Yalí: Origen y evolución de la secretaría de Estado y de la secretaría del despacho, in: Jahrbuch für Geschichte von Staat, Wirtschaft und Gesellschaft Lateinamerikas (Köln—Wien), Bd. 6 (1969), p. 41ff.
—Sobre alcaldías mayores y corregimientos en Indias, in: Jahrbuch für Geschichte von Staat, Wirtschaft und Gesellschaft Lateinamerikas (Köln—Wien). Bd. 9 (1972), p. 1ff.
— La génesis del sistema administrativo indiano. (unveröffentlichtes Manuskript).
Romano, Ruggiero: Historia colonial hispanoamericana e historia de los precios, in: Temas de historia económica hispanoamericana. Paris-Den Haag 1965, p. 11ff.
— Les mécanismes de la conquête coloniale: les conquistadores. Paris 1972.
Rubio Mañé, Jorge Ignacio: Introducción al estudio de los virreyes de Nueva España, 1535—1746. Vol. 1. México 1955.
Ruiz Martín, Felipe: Demografía eclesiástica, in: Diccionario de Historia Eclesiástica de España, eds.: Quintin Aldea Vaquero, Tomás Marín Martínez, José Vives Gatell. Madrid 1972—1973, vol. 2, p. 682ff.

Ruiz Rivera, Julián B.: Encomienda y mita en Nueva Granada en el siglo XVII. Sevilla 1975.

Salomon, Noël: La campagne de Nouvelle-Castille à la fin du XVIe siècle, d'après les „Relaciones topográficas". Paris 1964.

Sánchez Agesta, Luis: El „poderío real absoluto" en el testamento de 1554 (Sobre los orígenes de la Concepción del Estado), in: Carlos V (1500—1558), Homenaje de la Universidad de Granada. Granada 1958, p. 439ff.

— El concepto del Estado en el Renacimiento español del siglo XVI. Madrid 1959.

Sánchez-Albornoz, Claudio: España, un enigma histórico. 2 vols. Buenos Aires 1956.

— The Frontier and Castilian Liberties, in: Archibald R. Lewis and Thomas F. McGann, eds., The New World looks at its History. Austin 1963, p. 27ff.

Sánchez-Bella, Ismael: La organización financiera de las Indias. Siglo XVI. Sevilla 1968.

Santa Cruz, Alonso de: Crónica de los Reyes Católicos. Edición y estudio por Juan de Mata Carriazo. Sevilla 1951.

Sarfatti, Magali: Spanish Bureaucratic-Patrimonialism in America. Berkeley 1966.

Sayous, André: Partnerships in the trade between Spain and America and also in the Spanish colonies in the sixteenth century, in: Journal of Economic and Business History (Cambridge, Mass.), vol. 1 (1928—1929), p. 282ff.

— L'adaptation des méthodes commerciales et des institutions économiques des pays chrétiens de la méditerranée occidentale en l'Amérique pendant la première moitié du XVIe siècle, in: Wirtschaft und Kultur, Festschrift zum 70. Geburtstag von Alfons Dopsch. Frankfurt 1966, p. 611ff.

Schäfer, Ernesto: El Consejo Real y Supremo de las Indias. Su historia, organización y labor administrativa hasta la terminación de la Casa de Austria. 2 vols. Sevilla 1935—1947.

Scholes, France V.: An Overview of the Colonial Church, in: Richard E. Greenleaf, ed., The Roman Catholic Church in Colonial Latin America. New York 1971, p. 19ff.

Sherman, William L.: Indian Slavery and the Cerrato Reforms, in: Hispanic American Historical Review, 51: 1 (1971), p. 25ff.

Sicroff, Albert: Les controverses des statuts de „pureté de sang" en Espagne du XVe au XVIIe siècle. Paris 1960.

Siete Partidas, Código de las, in: Los Códigos Españoles concordados y anotados, vols. 2-4. ^{2}Madrid 1872.

Silva, José-Gentil da: En Espagne, développement économique, subsistance, déclin. Paris 1965.

Simpson, Lesley Byrd: The Encomienda in New Spain. ^{2}Berkeley and Los Angeles 1966.

Stein, Stanley J. and Stein, Barbara H.: The Colonial Heritage of Latin America. Essays on Economic Dependence in Perspective. New York 1970.

Straub, Eberhard: Das Bellum Iustum des Hernán Cortés in México. – Beihefte zum Archiv für Kulturgeschichte, Bd. 11. Köln-Wien 1976.

Suárez, Santiago Gerardo: Para una bibliografía de las Reales Audiencias, in: Academia Nacional de la Historia (Caracas), ed., Memoria del segundo Congreso Venezolano de Historia. Caracas 1975, vol. 3, p. 209ff.

Suárez Fernández, Luis: Documentos acerca de la expulsión de los judíos. Valladolid 1964.

Suárez Fernández, Luis y Fernández Alvarez, Manuel: La España de los Reyes Católicos. 1474—1516. Historia de España dirigida por Ramón Menéndez Pidal, vol. XVII$_2$. Madrid 1969.

Sylvest, Jr., Edwin Edward: Motifs of Franciscan Mission Theory in Sixteenth Century New Spain Province of the Holy Gospel. Washington, D. C. 1975.

Tomás y Valiente, Francisco: La venta de oficios en Indias (1492—1606). Madrid 1972.

Trevor Roper, Hugh Redwald: Religion, Reformation und sozialer Umbruch. Die Krisis des 17. Jahrhunderts. Frankfurt-Berlin 1970.

Valdeavellano, Luis G. de: Curso de historia de las instituciones españolas. De los orígenes al final de la Edad Media. II^a edición corregida y aumentada. Madrid 1970.

Verlinden, Charles: Le problème de la continuité en histoire coloniale. De la colonisation médiévale à la colonisation moderne, in: Miscelánea Americanista (Madrid), vol. II (1951), p. 459ff.

— Précédents médiévaux de la Colonie en Amérique. México 1954.
— Les origines de la civilisation atlantique. Neuchâtel-Paris 1966.
Vicens Vives, Jaime: Precedentes mediterráneos del virreinato colombino, in: Anuario de Estudios Americanos, vol. V (1948), p. 457ff.
— The Administrative Structure of the State in the Sixteenth and Seventeenth Centuries, in: Henry J. Cohn, ed., Government in Reformation Europe 1520—1560. Stratum Series. London 1971, p. 58ff.
— The Economy of Ferdinand and Isabella's Reign, in: Roger Highfield, ed., Spain in the Fifteenth Century 1369—1516. Stratum Series. London 1972, p. 248ff.
Vilar, Pierre: La Catalogne dans l'Espagne moderne. Recherches sur les fondements économiques des structures nationales. 3 vols. Paris 1962.
— Los primitivos españoles del pensamiento económico. „Cuantitativismo" y „bullonismo", in: ders., Crecimiento y desarrollo. Ecomonía e historia. Reflexiones sobre el caso español. Barcelona 1964, p. 175ff.
Vilar, Sylvia: La trajectoire des curiosités espagnoles sur les Indes. Trois siècles d'„interrogatorios" et „relaciones", in: Mélanges de la Casa de Velázquez (Peris), vol. VI (1970), p. 247ff.
Villamarin, Juan A. und Judith E.: Indian Labor in Mainland Colonial Spanish America. Newark 1975.

Wallerstein, Immanuel: The Modern World-System. Capitalist Agriculture and the Origins of the European World-Economy in the Sixteenth Century. New York u. a. 1974.
Walser, Fritz: Die spanischen Zentralbehörden und der Staatsrat Karls V. Bearbeitet, ergänzt und herausgegeben von Rainer Wohlfeil. Göttingen 1959.
Weber, Max: Wirtschaft und Gesellschaft. Studienausgabe hgg. von Johannes Winckelmann. Köln-Berlin 1964.
Weckmann, Luis: The Middle Ages in the Conquest of America, in: Speculum, vol. 26 (1951), p. 130ff.
Wolff, Inge: Regierung und Verwaltung der kolonialspanischen Städte in Hochperu 1538—1650. Lateinamerikanische Forschungen, Bd. 2. Köln-Wien 1970.
Wolff, Philippe: The 1391 Progrom in Spain. Social Crisis of not?, in: Past & Present, 50 (1971), p. 4ff.
Wyman, Walker D. and Kroeber, Clifton B., eds.: The Frontier in Perspective. Madison 1957.

Zavala, Silvio: New Viewpoints on the Spanish Colonization of America. Philadelphia 1943.
— La evolución del régimen de trabajo, in: ders., Ensayos sobre la colonización española en América. Buenos Aires 1944, p. 158ff.
— The Frontiers of Hispanic America, in: Walker D. Wyman and Clifton B. Kroeber, eds., The Frontier in Perspective. Madison 1957, p. 35ff.
— Los esclavos indios en Nueva España. México 1967.
— Las instituciones jurídicas en la Conquista de América. 2ª edición corregida y aumentada. México 1971.
— La encomienda indiana. Segunda edición revisada y aumentada. México 1973.
— Orígenes de la colonización en el Río de la Plata. México 1978.
Zorraquín Becú, Ricardo: La organización judicial argentina en el período hispánico. Buenos Aires 1952.
— La organización política argentina en el período hispánico. Buenos Aires 1959.
— Los distintos tipos de Gobernador en el Derecho Indiano, in: III Congreso del Instituto Internacional de Historia del Derecho Indiano. Madrid 17—23 de enero de 1972, Actas y Estudios. Madrid 1973, p. 539ff.
— La condición politica de las Indias, in: Memoria del Segundo Congreso Venezolano de Historia, 3 vols. Caracas 1975, vol. III, p. 387ff.